儀式論

一条真也

弘文堂

はじめに　なぜ儀式が必要なのか

儀式と聞くと多くの人は、結婚式と葬儀という人生の二大儀礼を思い浮かべるのではないだろうか。結婚式ならびに葬儀の形式は、国によって、または民族によって著しい差異がある。これは世界各国のセレモニーには、その国で長年培われた宗教的伝統や民族的慣習などが反映しているからである。儀式の根底には「民族的よりどころ」があるのだ。

哲学者のウィトゲンシュタインは、人間とは「儀式的動物」であると言った。儀式は、地域や民族や国家や宗教を超えて、あらゆる人類が、あらゆる時代において行ってきた文化である。すなわち、儀式なくして文化はありえないのである。儀式とは「文化の核」と言えるだろう。

日本には、茶の湯・生け花・能・歌舞伎・相撲といった、さまざまな伝統文化がある。そして、それらの根幹にはいずれも「儀式」というものが厳然として存在する。しかし、いま日本では冠婚葬祭を中心に儀式が軽んじられる傾向にある。

批判を承知の上で、ここでは一つの例を挙げたい。

厚生労働省の「平成二七年（二〇一五年）人口動態統計の年間推計」によれば、二〇一五年の離婚件数は二二万五〇〇〇件にのぼる。一九九八年以降、日本人の離婚率が三〇％台を切ることはなく、三組に一組が離婚している状態が続いているのだ。価値観の多様化といえば聞こえはいいが、自由気ままに結婚し、子育てもいい加減にやり過ごした挙句、「価値観」の相違を理由に離婚してしまう。そんな日本人が増えている。

中国の『大学』には八条目という思想がある。「格物　致知　誠意　正心　修身　斉家　治国　平天下」であるが、自己を修めて人として自立した者同士が結婚し、子どもを授かり家庭を築いていく。国が治まり世界が平和になるかどうかは、「人生を修める」という姿勢にかかっている。

かつての日本は、孔子の説いた「礼」を重んじる国であった。しかし、いまの日本人は「礼」を忘れつつあるばかりか、人間の尊厳や栄辱の何たるかも忘れているように思えてならない。それは、戦後の日本人が「修業」「修養」「修身」「修学」という言葉で象徴される「修める」という覚悟を忘れてしまったからではないだろうか。

「みんなのウェディング」の「『ナシ婚』に関する調査二〇一五」（有効回答数三一六）によれば、二〇一四年の婚姻件数約六五万組（厚生労働省二〇一四年人口動態統計）に対し、結婚式件数は約三五万組（二〇〇五年　サービス産業実態調査）、つまり入籍者のおよそ半数弱が結婚式をしていないと考えられる。このアンケートによれば、「ナシ婚」の三大理由は四年連続で、「経済的事情」「さずかり婚」「セレモニー的行為が嫌」となっている。これは、冠婚葬祭に代表される儀式の意味を子どもに教えることができなかった「この親」にして「この子」ありとでも言えばいいだろうか。

「荒れる成人式」が社会問題となって久しい。毎年のように検挙される「若者ならぬ馬鹿者」が後を絶たない。成人式で「あれこれやらかす輩」が登場するのは一九九〇年代の半ば以降という。いまの四〇歳以降の世代である。

結婚式も挙げず、常軌を逸した成人を持つ親たちを待っているのは「直葬」という遺体処理である。この親たちは自分の両親を「家族葬」や「直葬」で送っているが、果ては自分も子どもたちから「直葬」されるか、死んでも遺体処理もされず「生きていること」にされ、年金の不正受給の盾にされかねない。

家族以外の参列を拒否する「家族葬」という葬儀形態はかなり普及している。この状況から、日本人のモラル・バリアはすでに葬儀にはなくなりつつあることは言を待たない。家族葬であっても宗教者が不在の無宗教が増加している。インターネットで僧侶を依頼するのはまだ手厚いとすら考えることもできる。

さらには、通夜も告別式も行わずに火葬場に直行する「直葬」も都市部を中心に広がっている。究極は遺骨を火葬場に捨ててくる「0葬」の登場である。しかしながら、わたしたちは「直葬」や「0葬」がいかに危険な思想を孕んでいるかを知らなければならない。葬儀を行わずに遺体を焼却するという行為は、「人間の尊厳」を最も蹂躙する行為であり、かつてそれを実行したナチス、オウム真理教、イスラム国の巨大な心の闇に通じているのである。

とはいえ、日本人の儀式軽視は加速する一方である。「儀式ほど大切なものはない」と確信しているわたしですら、「自分の考えがおかしいのか」と悩むこともあった。そしてその結果、儀式必要論という当初の立場をいったん放棄することにしたのである。つまり、「儀式など本当はなくてもいいのではないか」という疑問を抱きつつ、儀式について改めて考えていこうと思い至ったのである。

そして、儀式に関連した諸学——社会学、宗教学、民俗学、文化人類学、心理学などの文献を渉猟して書いたのが本書『儀式論』である。大上段に「儀式とは何ぞや」と構えるよりも、さまざまな角度から「儀式」という謎の物体に複数の光線を浴びせ、その実体を立体的に浮かび上がらせるように努めた。その結果、全部で十四の章立てとなった。

以下、各章のねらいについて簡単に述べる。

第一章「儀礼と儀式」では、よく似た言葉である儀礼と儀式の違いについて考察し、民俗学者や文化人類学者を中心とする先人たちの儀礼研究の歩みを追う。

第二章「神話と儀式」では、人類は神話と儀式を必要とし、両者は古代の祭儀において一致したことを明らかにする。

第三章「祭祀と儀式」では、日本語の「まつり」の意味について確認し、祭祀は儀式によって神と人、人と人とのつながりを強化することを示す。

第四章「呪術と儀式」では、儀式について考える上で呪術の問題を避けることはできず、呪術を支配している原理は「観念の万能」であることを明らかにする。

第五章「宗教と儀式」では、宗教とは「聖なるもの」との交流であり、「聖なるもの」と会話をする言語が儀式であることを述べる。

第六章「芸術と儀式」では、芸術は古代の祭式から生まれ、音楽や演劇や茶道の本質がすべて儀式にあることを明らかにする。

第七章「芸能と儀式」では、芸能は儀式によって成り立っていること、また歌謡や歌舞伎や能や相撲の本質についても述べる。

第八章「時間と儀式」では、儀式とは世界における時間の初期設定であり、時間を区切る意味をもつことを確認する。それは時間を肯定することであり、ひいては人生を肯定することなのである。さまざまな儀式がなければ、人間は時間も人生も認識することはできないであろう。

第九章「空間と儀式」では、祭祀空間や儀礼空間や聖地について考察し、洞窟から儀式が生まれたことに注目する。

第十章「日本と儀式」では、日本の宗教の本質が神道、仏教、儒教からなるハイブリッド宗教であることを述べ、結婚式や葬儀の歴史をたどる。

第十一章「世界と儀式」では、オリンピックやキリスト教、ナチス、ディズニーランドといった地球規模の文化と、その伝播に深い影響を与えた儀式との関連を追う。

第十二章「社会と儀式」では、儀式には人々の精神的つながりを強め、秩序を維持する社会的機能があると論じる。

第十三章「家族と儀式」では、家族とは本来、お互いに迷惑をかけ合う関係であり、儀式を行うことは面倒なゆえに意味があると論じる。

第十四章「人間と儀式」では、最終章にふさわしい内容として儀式の心理的機能を考察し、儀式的動物としての人間の本質について論じる。

僭越ながら、わたしは本書を、日本人のみならず、人類の未来のために書いたと自負している。それは、人類のさまざまな謎は、儀式という営みの中にすべて隠されていると信じるからにほかならない。

儀式という営みが、個人にとって、日本人にとって、そして人類にとって、必要であるか、それとも不要であるか。

その結論は、本書をお読みいただいた読者の判断に委ねたい。

目次

第九章　空間と儀式――317

第十章　日本と儀式――357

第十三章 家族と儀式 473

引用について

・原則として旧字は新字に、旧かなづかいは新かなづかいに変更した。
・ルビは原典の通りに引用したが、傍点は省略した。
・著作名の後ろに入れた西暦は原著の刊行年を示す。

第一章　儀礼と儀式

儀礼と儀式の違い

儀礼と儀式との違いとは何であろうか。

この二つの言葉はよく混同される。言葉の定義とはやっかいなものだ。『広辞苑』をはじめ、国語辞書を引く習慣のある者ならば、ある字義を調べても辞書が解決してくれないことがままあることを知っているだろう。

「儀式」と「儀礼」についても、辞書的な意味合いとしては明確に違いを説明することは難しいのだが、おおむね、「儀礼」とは社会固有の礼を示すものであり、「儀式」とは儀礼を具体化するための個々の行事である、といった区別がされているように思われる。

しかし、ここでは辞書的な解説にとどまらず、このふたつの言葉の相違を「具体的な行為」

として明らかにしておく必要がある。それは儀礼との違いを見ることによって、本書の主役である「儀式」の意味がより明確になるからである。

英語では儀礼は「ritual」であり、儀式は「rites」あるいは「ceremony」である。一般的に前者はより抽象的な概念であり、宗教性が強いとされている。

文化人類学者の青木保は、『儀礼の象徴性』（一九八四年）において、程度の差はあっても、いかなる社会にも「儀礼」は存在し、それが、「ハレ－ケ」の対照のように、はっきりと日常の営みとちがった性質をもつことも事実であると述べている。また、人々は、ある社会現象が儀礼か儀礼ではないかを社会生活において明確に区別しているとして、「儀礼」と「儀式」の違いについて述べている。

「儀礼」と「儀式」という、これまで社会人類学でさまざまに論じられてきた問題に対して、両者を分けて考える必要があるとすれば、一方の極に、超越的なまた象徴的な事象と大きくかかわる、旧来考えられてきた「儀礼 ritual」をおき、他方の極に、「儀式」をおいて、パフォーマンスを含む日常的な出来事と重なるレベルを含むこととする。この全体を指して、儀礼 ritual という用語をあてる。しかし、実際に用いるときには、時と状況に応じて、この二つのことばを、そこに示された形式と内容の性質によって使い分けてゆくということにしておく。

（青木保『儀礼の象徴性』）

また、アメリカの宗教学者であるW・R・コムストックは、『宗教　原始形態と理論』（一九七二年）で、宗教思想というものは人間の行為との関連においてのみ重要な意味を持つと考えた。彼は、儀礼を神話や教義の意味を維持強化するものとして捉え、「儀礼を詳細に考察しないと、文化や宗教を正しく理解することはできない」とした上で、次のように述べている。

「儀式」（ceremony）という言葉は、広い意味に解釈すべきであって、手の込んだ公的な儀礼もさることながら小さな社会単位で行なわれる簡単な動作、例えば、食事の前に家族が互いにお辞儀をかわすこととか、二人の友人が出会うと握手をすることなどの所作をも含んでいると考えるべきである。さらに、儀礼は神々や超自然界に関わる聖なる祭典と結びつけて考えられがちであるが、世俗的、あるいは非宗教的な儀礼もあるということを忘れてはならない。例えば、或る共同体でかつての英雄がきまった朗唱やその他の象徴的な行為によって定期的に記念されあるいは祝福されるというのは、世俗的儀式の一例である。

（コムストック『宗教　原始形態と理論』）

つまり、「儀式」は必ずしも宗教的な要素を必須とするものではなく、日常的、世俗的に反復される、社会的な行為であるというのである。

キリスト教の教会文書では、「儀礼」は礼拝の形式であり、「儀式」は礼拝をとり行う具体的方法として「儀礼」と「儀式」を区別するのが習慣である。しかし、イギリスの牧師であり、『言語としての儀礼』の著書があるロジャー・グレンジャーは、「儀礼 ritual」という用語をその双方を同時に意味するものとして使ってきている。

イギリスの女性社会人類学者で英国王立人類学協会の会長も務めたJ・S・ラ・フォンテインは、著書『イニシエーション』（一九八五年）の冒頭において、「儀礼」と「儀式」について見事な定義を行っている。まずは、「儀礼」の定義を見てみよう。

儀礼とは社会的行為である。その執行には諸個人の組織化された協力が必要とされ、特定の指導者もしくは複数の指導者が必要である。そこにはどのような人々がどのような機会に参加すべきかについての規則があり、ある種の範疇に属す人々を除外する規則が、それ以外の人々の参加を認めたり、要求したりする規則よりも重要視されることが少なくない。儀礼とはまた、ある特定のパフォーマンスのなかで踏襲されるべき正確かつ倫理的に正当な様式についての一般的承認を持つという意味で、社会的なものでもある。もちろん儀礼の手順に変化が生じることもあるが、それは特定の偶然性を受け入れるか、もしくは、より長期的な意味では、社会のなかでの組織上の変化へ適応するというかたちで生起する。一方で、儀礼は固定化された構造を持っているという一般的了解も存在する。儀礼を理解する上での本質、すなわち、それが必ずなされなければならないものであるという考え方は、人類学的な儀礼の定義の大半において見受けられる。そうした定義はすべて儀礼の社会的本質を認め、この点で、〝儀礼〟を反復的で形式化された行為を意味するものとして捉える倫理学者や精神分析学者らの視点とは一線を画す。踏襲された行為であるだけでは、それがいかに反復的なものであっても、儀礼とはみなせない。

（ラ・フォンテイン『イニシエーション』）

ラ・フォンテインによれば、社会的関係は儀礼の編成に反映される。集団の構成、一連の行為における役割分担、そして、誰が進行を司るのかといったことが、儀礼を行う結社の構造中に表れているというのだ。一方、「儀式」については以下のように述べている。

儀式（rites）とは、それがいかに曖昧かつ一般的なものであろうと、ある一定の目的を伴った行為の集成である。そしてその目的とは、人々の平和や善意に向けたものであったり、またより限定的にいえば、干ばつに終止符を打たせる雨をもたらすことであったりする。儀礼の特徴であるとされる結果と手段との関係は、通常、それを合理的もしくは技術的な行為と呼ばれるものと対照することにより表現される。

（ラ・フォンテイン、同書）

つまり、儀礼は社会的関係を象徴的に確認・反復するためのものであるのに対して、儀式は具体的な目的をもつ行為であるとしているのである。

これは非常に明確な定義と言えよう。ここから、儀礼とは文化を文化たらしめるもの、限りなく「文化」の同義語に近いものと考えることができる。そして、儀式とはそれを具象化するもの、つまり文化の「核」になるものと言ってもいいだろう。

ジークムント・フロイトは、『幻想の未来』（一九二七年）において、「文化とは、人間の生を動物的な条件から抜けださせるすべてのものであり、動物の生との違いを作りだすもののことである」と定義しているが、これは「文化」をそのまま「儀礼」に替えたとしても意味が通る。

フロイトによれば、人間はたえず不安におびえながら、将来を予期して暮らさざるをえない。そのために人間にとってごく自然なものであるナルシシズム（自己愛）は深刻に傷つけられる。そして、人間は文化の機構に抵抗し、文化に敵意を抱くという。フロイトは「文化との和解の道」として、次のように述べる。

宗教のもつ歴史的な痕跡を認識することによって、わたしたちは宗教的な教義をいわば、神経症的な遺物として理解することができるようになるのである。神経症の患者を精神分析によって治療するのと同じように、抑圧のもたらした結果を、理性的な精神の働きによって克服すべき時期が到来しているのだと言えるのである。

この作業のプロセスにおいては、文化的な規範を儀礼によって神聖なものとすることをやめねばならない。それだけではなく文化的な規範が全般的に手直しされるとともに、多くの規範を廃止しなければならなくなるだろう。これは十分に予測されることであるが、悲しむべきことではないのである。

（フロイト『幻想の未来』）

ここでフロイトは「文化的な規範を儀礼によって神聖なものとすることをやめねばならない」と述べているが、じつはここで使われている「文化」という言葉そのものが「儀礼」という言葉に置き換えることができる。そのことにフロイト自身が気づいていないのは、彼にとっての「儀礼」の意味する範疇が狭かったからであろう。

「人類の文化は墓場からはじまった」という説がある。約七万年も前、旧人に属するネアンデルタール人たちは、近親者の遺体を特定の場所に葬り、ときには、そこに花を捧げていたという。死者を特定の場所に葬るという行為は、その死を何らかの意味で記念することにほかならず、儀礼的行為であると言える。

ネアンデルタール人たちに何が起こったかは明らかではないが、そうした行動を彼らに実現させた想念こそ、原初の宗教を誕生に導いた原動力だったのである。このことを別の言葉で表現するなら、人類は埋葬という儀礼的行為によって文化を生み、人間性を「発見」したのだと言ってよい。

「儀礼」と「文化」をほぼ同義語と捉えてさしつかえないとすれば、埋葬はもちろん、言語も儀礼であり、恋愛や消費や戦争も儀礼である。つまり「儀礼」とは、人間の精神的営為の総称と考えられる。

では、もう一方の「儀式」とは何であろうか。儀式は「儀礼」すなわち人間の精神的営為の行動化であり、「儀礼の核」、「文化の核」であると言ってさしつかえないだろう。

日本には、茶の湯・生け花・能・歌舞伎・相撲といった、さまざまな伝統文化がある。そして、それらの伝統文化の根幹にはいずれも「儀式」が厳然として存在することは偶然とは考えがたい。そこで本書では、「儀式なくして文化は成立しえない」という仮説を立ててみたい。

たとえば、人生における二大儀式は結婚式と葬儀である。しかし、その形式は、国により、民族によって、きわめて多様な差異がある。世界各国のセレモニーは、その国の文化そのものである以上、長年培われた宗教的伝統や民族的慣習などが反映している。儀式の根底には「民族的よりどころ」が凝縮されているのである。

儀礼とは何か

儀礼についてより深く考えるにあたり、社会学、宗教学、民俗学、文化人類学などを中心に、「儀礼」研究の歩みを振りかえっておこう。これらの諸学問は、それぞれがクロスオーヴァーしており、混然一体としている。そして「儀礼」はそれらを貫く共通テーマである。「儀礼」についての論考を見ていけば、「儀式」の本質も自然に浮かび上がってくるであろう。

まずは、「フランス社会学の父」と呼ばれるエミール・デュルケムの大著『宗教生活の原初形態』（一九一二年）を取り上げたい。デュルケムはオーギュスト・コント後に登場した代表的な総合社会学の提唱者であり、その学問的立場は、方法論的集団主義と呼ばれた。同書は彼の遺作であるが、宗教の本質に迫った名著として、ウィリアム・ジェームズの『宗教的経験の諸相』（一九〇一年）とよく比較される。ジェームズが個人的な体験としての宗教を活写した一方、デュルケムは宗教を、集合的実在を表明する集合表象として理解している。宗教には「内面の関係性」と「集団の関係性」の両面があるが、デュルケムはとくに後者に着目した。そのため、彼はいわゆる「未開社会」の儀礼から宗教生活の原形を見出そうとしたのである。

なぜ人間は儀礼を行うのか。デュルケムは以下のように述べている。

最初の宗教的観念は、しばしば、人間が世界との関係に立ち入るときに捉えられる脆弱さや依存・恐怖や苦悩の感情に帰される。自らが作者である一種の悪夢の生贄となって、人は怖るべき敵である威力に囲まれていると信じ、儀礼はこれを鎮めることを目的としているといわれた。ところが、われわれは、最初の宗教がまったく別の起源をもつことを示してきたのである。著名な定式 *Primus in orbe deos fecit timor*（世界では最初に怖れが神を作った）は、何ら事実によって立証されていない。原始人は、その神々を、自らあらゆる価値を払ってもその好意と妥協しなければならない外者・敵者・根本的にまた必然的に悪意ある存在とは見なかった。まったくそれとは反対に、神々はむしろ親友・縁者・当然の保護者であった。これらこそは、原始人がトーテム種の諸存在に与えた名前ではないか。礼拝が向けられる威力を、原始人は自身の上に非常に高く馳け廻ってその優越で圧してくるものとしては表象しない。この威力は反対に、まったくその身辺にあって、しかも、彼が自身の性質としてはもたない有用な力能を交付してくれるのである。おそらく、神性は、歴史のこの瞬間におけるほどに、人に近づいたことはかつてなかった。というのは、神性はその直接の環境を占めている事物に現存し、かつまた、一部は人に内在しているからである。トーテミズムの根本にあるものは、要するに、恐怖や束縛のそれ以上に、悦ばしい信任の感情である。かりに、弔葬の儀礼——あらゆる宗教の陰気な一面——を取り除くならば、トーテム的礼拝は歌謡・舞踊・劇的演出のただ中で執り行なわれる。

（デュルケム『宗教生活の原初形態』）

ここでいう「トーテミズム」とは、社会がいくつかの集団に分かれ、各集団が特定の動物や植物などをトーテムとして崇める信仰である。その集団は、トーテムと同一の祖先をもつと信じられ、同じトーテムを崇める集団内での婚姻が禁じられたりすることが多い。トーテミズムは、ネイティブ・アメリカンやオーストラリアのアボリジニにとりわけ顕著に見られる。

デュルケムは聖／俗二分論に関係づけた儀礼論を組み立て、さらに儀礼を「消極的儀礼」と「積極的儀礼」に大別した。消極的儀礼とは聖と俗の二領域が互いに他を侵害することを防ぐための儀礼を意味する。それはつねに対象を回避する、つまりタブー（禁忌）の形式を取る。このタブーという形式によって、人は俗界から分離し、聖界に接近することができる。

これに対して積極的儀礼は「聖存在」とのコミュニオン、供犠《くぎ》、奉献などの行為により、聖なる力を高める。それとともに、集団の集合的感情を強化する。すなわち、聖性高揚のための積極的な儀礼である。消極的儀礼および積極的儀礼は表裏の関係にあり、両者はしばしば同じ機能を果たすという。人は断食、禁戒、自己裁断などによって、コミュニオンや奉献と同じ結果をうるからである。また逆に供物、供犠はあらゆる種類の欠乏と放棄を含むからである。

個々の儀礼がそれぞれに両面性を含むということは、つまり、儀礼の固有性を超えたところにその本質があるとは言えないだろうか。儀礼や儀式はその内容ではなく、存在そのものに意義があり、それは文化の継承であり、自らのアイデンティティの確認作業なのである。

通過儀礼

儀礼についての研究の歴史を振り返るとき、古典的名著『通過儀礼』（一九〇九年）を忘れてはならない。著者のファン・ヘネップはフランスの文化人類学者、民俗学者で、「通過儀礼」概念の提唱によって後世に多くの影響を残した。当時、フランスではデュルケム学派が主流だったが、彼らは実地調査を行わなかった。対して、ファン・ヘネップは民族的習慣を生きた文化として重視し、精力的に民族学資料を集めた。

「通過儀礼 rite of passage」という言葉は、今日の文化人類学、民族学、社会学あるいは政治学や社会史などの分野において頻繁に用いられているが、この言葉は同書のタイトルに由来するものである。ファン・ヘネップの天才的洞察力がもたらした優れた造語と言えよう。

彼が「通過儀礼」という言葉を用いてからは、この概念を使わずに儀礼研究を行うことがきわめて難しくなった。それほどの古典的意義をもつ『通過儀礼』の第一章「儀礼の分類」の冒頭にある「個人の一生における諸段階」には以下のように書かれている。


ある個人の一生は、誕生、社会的成熟、結婚、父親になること、あるいは階級の上昇、職業上の専門化および死といったような、終わりがすなわち始めとなるような一連の階梯からなっているのである。これらの区切りの一つ一つについて儀式が存在するが、その目的とするところは同じである。つまり、個人をある特定のステータスから別の、やはり特定のステータスへと通過させることに目的がある。目的が同じであるため、その達成手段は、細部に至るまで全く同じということはないにしても、少なくとも類似するようになるのである。さらに細部の相違は、儀礼を受ける個々の人間がすでにいくつかの段階を経、いくつかの境界を越えていて、各々異なった背景を持っていることからくるのである。出生、幼年期、社会的成熟期、婚約、結婚、妊娠、出産、父親になること、宗教集団への加入礼および葬儀などの儀式が一般に似ているのはこうした事情による。かつまた、個人も社会も自然や宇宙から独立した存在ではなく、その宇宙自体が、一定のリズムに従っており、このリズムは、人間の生活にも余波を及ぼすことになるのである。宇宙にも種々の発展段階と移行の期間、前進と停滞、停止などの期間がある。したがって、天界における推移に関する儀式つまりある月から次の月への推移（例えば満月の祭り）とか、季節の移り変わり（冬至・夏至・春分・秋分などの祭り）や年の変わり目の祭り、新年の祭りなども人間の通過儀礼に含めるべきである。（ファン・ヘネップ『通過儀礼』）

ファン・ヘネップはデュルケムにならって、儀礼を、意志が行為の形をとった「積極的儀礼」と、「消極的儀礼」とに区別した。後者は通常「タブー」と呼ばれる。また儀礼を、「直接的儀礼」と「間接的儀礼」とに大別した。直接的儀礼とは呪詛《じゅそ》、呪縛などのように、他者の介在なしに直接効果をあげるような性質を具えているものをいう。他方、間接的儀礼とは、鬼神（デモン）、魔神（ジン）たち、神々といった、儀礼を執り行った人間のために働く自律的な力、人格化された力や、一連のこうした力全体の作用を起動させるための最初の一撃のようなものである。例としては、誓い、祈り、祭祀などがあげられる。

しかし、ファン・ヘネップの最大の業績は、通過儀礼が「分離儀礼」「通過儀礼」「統合儀礼」の三つで構成されると指摘したことである。彼は、以前の世界からの分離の儀礼を「プレリミネール儀礼」、過渡期に執り行われる儀礼を「リミネール儀礼」、新世界への統合の儀礼を「ポストリミネール儀礼」と呼んだ。この三つの下位分類は同一民族の間でも、またある儀礼複合体の中でも同じ程度に発達しているわけではない。分離儀礼は葬式、統合儀礼は結婚式によく見られる。通過儀礼は妊娠期間や婚約期間の儀礼、ある集団への加入礼などにおいて重要な役割を占めることがある。しかし養子縁組、第二子以下の誕生、再婚、あるいは第二から第三の年齢集団へ移行する際などには、こうした儀礼は最小限にとどめられる。

すなわち、通過儀礼の完全な図式には理論上は境界前（分離）、境界上（過渡）、境界後（統合）を含んでいるにしても、実際にはこの三つは同等ではなく、同じ程度に発達しているというわけではない。ファン・ヘネップはこのことについて、次のようなたとえ話をしている。

一般社会はおそらくいずれも、各部屋と廊下に分かれた一種の家のようなものと考えることができる。ある社会の文明が形態的にわれわれのに近ければ近いほど、その間の仕切りはうすくなり、コミュニケーションの窓口が広くなる。反対に、半開社会においては、その各部屋は相互に入念にへだてられ、一つの部屋から他の部屋へ行くためには、今まで述べてきた実質的通過儀礼に非常に似ている手続きや儀礼が必要である。（ファン・ヘネップ、同書）

つまり、未開と言われる社会において、同じコミュニティに属すると認定されるためには儀礼はたいへん重要であるというのである。では、人生の二大儀式とされる結婚式および葬儀について、ファン・ヘネップはどう考えたのかを見てみよう。

まずは結婚式についてであるが、ファン・ヘネップは結婚式が時には細かい点に至るまで養子縁組の儀式に似ていると指摘する。これは結婚というものが、とどのつまり異人をある集団に統合するものであるという点を考えればごく自然ななりゆきであるという。

また、結婚式は細かい点で即位式とも似ているという。新郎新婦の上に掛けられるベール、冠、婚約者につきものの神聖な品々はちょうど未来の王の即位の宝器に相当するというわけである。結婚式と即位式の類似がとくにはっきりしているのは、北アフリカ、インドのいくつかの地域、キリスト教徒の婚姻の儀礼などである。婚約者たちはおのおの、王、スルタン、王子、および女王、スルタナ（スルタンの妃）、王女などと呼ばれる。中国では婚約した若者を「官人（マンダリン）」と呼ぶことがある。

ファン・ヘネップによれば、結婚が再生であるとみなされるのは珍しいが、加入礼あるいは聖職授与式とみなされるのは珍しくない。それは、結婚式にしろ、養子縁組の儀式にしろ、あるいは即位式にしろ、いずれも社会的状況の変化を表す同一の観念を基礎とする通過儀礼だからであるという。

次に葬儀の場合はどうであろうか。ファン・ヘネップは次のように述べる。

葬いの儀式についてまず考えられるのは、主流をなしているのは分離儀礼であって、これに対し過渡および統合の儀礼はあまり発達していないのではないか、ということである。ところが実例にあたってみるとそうではなくて、分離儀礼は数も少なく単純で、かえって過渡期の儀礼の方が持続期間も長く、複雑化しており、それだけを独立したものと認めてもよいくらいのものもある。さらにまた、葬いの儀礼の中で最も複雑化しかつまた重要視されるのは、死者を死者の世界に統合させる儀礼である。

（ファン・ヘネップ、同書）

ファン・ヘネップは、葬儀の中で最も念入りな構成を持ち、最も重要と見なされているのは、死者を死者の世界へと合体させる儀礼であるとする。移行儀礼としての葬式に注目したわけである。そして、「喪」を実際は生き残った者のための移行期間であるとした。

生き残った者たちは「喪」の期間に分離儀礼を通して死者と共にあの世に入り、一般社会への再統合の儀礼、つまり「喪明けの儀礼」によってそこから出るというのである。ある場合には、この生き残った者の移行期間は、死者の移行期間に相対しており、前者の終わりが後者のそれ、すなわち死者のあの世の合体に対応することがあるという。つまり、「喪」とは、死者と生者が同じ「過渡」の段階、あの世とこの世の境界に不安定な状態で置かれたまま、ともにすごす期間のことなのである。

葬儀の分離儀礼としての側面は、遺体を家の外に運ぶさまざまな方法、死者の道具、家屋、宝石、財産などを焼くこと、妻、奴隷、気に入りの動物などを殉死させること、遺体を洗ったり、油を塗ったり、また一般的に浄化と呼ばれる儀礼、いろいろな種類のタブーなどである。具体的な分離の方法としては、墓穴、棺、墓地、すのこ、木や石をつみ重ねたものなどの上に遺体を置くことなどがある。

葬儀の合体儀礼としての側面は、弔いに続く食事と、記念祭での食事である。日本でいえば、通夜ぶるまいや法事・法要に伴う法宴である。こうした食事は生き残った者のあいだ、そして時には彼らと死者のあいだの、その環が一つ失われたことによって断ち切られた鎖を、もう一度つなぎなおすことを目的としている。

一方、葬儀の統合儀礼としての側面について、ファン・ヘネップは以下のように述べている。

統合の儀礼としてまず掲げるべきものは、葬式の後の祭宴と記念祭である。この宴の目的は遺された集団の全成員間の、そして時には彼らと死者との間の絆、ちょうど環の一つがぬけたために切れてしまった鎖のごとき絆を新たなものにすることである。この種の祭宴はよく喪が明けた時にも行なわれる。葬式を二度行う場合（仮葬と本葬）には仮葬の後に供養の宴があり親族が出席するが、これには死者も参加していると考えられている。結局、もし部族、クラン、あるいは村全体が関係している時は、呼び集めの方法（太鼓、ふれ廻り役、使者など）に、関係諸集団の成員が招ばれる供養宴の集合儀礼的性格が一層鮮明にあらわれるのである。

（ファン・ヘネップ、同書）

このように、ファン・ヘネップは、人間の年齢、身分、状態、場所などの変化や移行の際に催される儀礼に「通過」という概念を与えることによって、さまざまなことを明らかにしたと言える。その中でも注目すべき発見の一つは、時間の経過や場所の移動をともなう儀礼のほとんどすべてに、これまでの位置からの「分離期」、どっちつかずの中間の境界の上にある「通過期」、そして新しい位置への「統合期」を表す儀礼が観察されることを示したことであろう。

儀礼の過程

儀礼研究の歴史でファン・ヘネップと並び称せられるのが、アメリカの文化人類学者ヴィクター・ターナーである。ターナーはスコットランドで生まれ、一九五〇年から五四年にかけての期間、妻のエディスと共に中央アフリカのンデンブ族の調査を行った。この調査の間にターナーは宗教儀式と通過儀礼に興味を持つようになったという。

当時のマンチェスター学派の人類学者たちの多くと同じく、彼もまた「葛藤」に興味を持ち、ンデンブの村人たちの葛藤と危難の解決における象徴性を説明するために社会劇についての新しい概念を作り上げた。彼はその経歴の大半を儀礼の探求に過ごし、宗教儀式と通過儀礼についての研究成果を世界の宗教や宗教的英雄の生涯に対して適用する試みを始めた。彼の儀礼に関する業績は、二〇世紀の人類学において最も影響力のある理論の一つとされている。そのターナーの代表作が、一九六九年に刊行された『儀礼の過程』（一九六九年）である。

この本は、ファン・ヘネップによる通過儀礼の三段階構造理論をより深化させたのに加えて、「過渡期」についての理論を拡張したことによって高く評価されている。ファン・ヘネップによる通過儀礼の図式は、分離期・過渡期・統合期の各段階からなるが、二つの段階の中間に位置する過渡期において、個人は「中途半端」である。すなわち、彼らはそれまで自身が一部を成していた社会にもはや所属してはおらず、しかもまだ当該の社会へ再度取り込まれてもいないからである。ターナーは、それが「リミナリティ」と呼ばれる境界状態（二つの位相の間の過渡的な状態）であると指摘した。

境界状態としての「リミナリティ」では、人々はそれまで占めていた社会上の地位や位置からはずれて、まったく異なる存在になってしまうことがある。この典型例がンデンブの即位式儀礼である。首長となる者は即位する前には共同体から隔離され、辱《はずかし》めを受けるという地位逆転の儀礼が行われる。首長が任命を受ける直前には、①匿名的状態、②従順と沈黙、③白紙の状態、④性的禁欲、⑤役職の公益性などが強く表現され、危険な反構造の状態が現出する。

地位が逆転し、境界状態を示す儀礼は他の社会でも見られる。子どもが精霊の仮面を被って大人にもてなしを強要するハロウィーンもその一例だし、アフリカの部族社会には自然災害によって脅かされた折に、女性が男性の役割を演じる儀礼がある。インドのホーリー祭でも地位逆転の儀礼が行われるが、それによって階級組織を支える原理が転覆されることはない。むしろそれは強化され、村落生活の骨格は温存されていく。さらにターナーは、南アフリカの黒人分離主義の教会や宗派の天国についての観念や、メラネシアのカーゴ・カルトにも地位逆転の儀礼の要素を見出している。

価値観の逆転をともなう境界状態としての「リミナリティ」と並ぶ、もうひとつの重要な概念として「コミュニタス」がある。コミュニタスは、社会構造が未分化ですべての成員が平等な共同体として定義される。身分や地位や財産、さらには男女の性別など、ありとあらゆるものを超えた自由で平等な実存的人間の相互関係のあり方である。平たく言えば、「心の共同体」ということになるであろう。コミュニタスが顕著に現れたものとしては、千年王国運動を挙げることができるし、ヒッピーや弱者の力として表出してくることもある。

ターナーによれば、コミュニタスはまず宗教儀式において発生する。一般に儀式とは、参加者の精神を孤独な自己から解放し、より高く、より大きなリアリティーと融合させることを目的にしている。とくに、宗教儀式においては、一般の信者には達し得ないような宗教的な高みを彼らに垣間見させるという意味合いが大きいと言える。カトリックの神秘家の目的は「神秘的合一」の状態に達すること、すなわち、神の存在を実感し、一つになるという神秘体験をすることにあるし、熱心な仏教徒が瞑想をする目的は、自我がつくり出す自己の限界を打ち破り、万物が究極的には一つであると悟ることにある。

けれども、稀代の高僧ならいざしらず、誰もが独力でこうした高みに到達できるわけではない。そこで、一般の信者にも参加できる効果的な宗教儀式というものを考案して、彼らにもおだやかな超越体験をさせ、その信仰を深めさせようとしたわけである。このとき、全員に一体感をもたらし、超越的な感覚を起こさせるものがコミュニタスである。

これは、キリスト教や仏教などの大宗教に限らない。これまで地球上に登場した人類文明のほとんどすべてが、何らかの宗教儀式を生み出してきた。そのスタイルは無限と言ってよいほど多様だが、一つだけ共通点がある。それは、宗教儀式が成功した場合には（当然のことながら常に成功するわけではない）、脳による自己の認知や情動に関わる知覚に、ある共通の変化が起きるという点である。そして、あらゆる宗教人たちは、この変化を「自己と神との距離が縮まった経験」として理解するのである。

もちろん、すべての儀式が宗教的であるわけではない。政治集会から、裁判、祝日、求愛、スポーツ競技、ロック・コンサート、そして冠婚葬祭に至るまで、いずれも立派な社会的・市民的な「儀式」である。こうした世俗的な儀式にも、個人をより大きな集団や大義の一部として定義しなおすという意義がある。個人的な利益を犠牲にして公益に奉仕することを奨励し、社会の団結を強めるための機構としては、世俗的な儀式は、宗教的な儀式よりもはるかに実践的である。この機能を軽視してはならない。そもそも、社会に利益をもたらすからこそ、儀式的行動が進化してきたとも考えられるのである。
ターナーも、コミュニタスは何より宗教儀式において発生するとしながらも、それを大きく超えて、広く歴史・社会・文化の諸現象の理解を試みている。そしてターナーは、この「心の共同体」としてのコミュニタスに気づくことにより、「社会とは、ひとつの事物ではなく、ひとつのプロセスである」という進化論的な社会観に到達したのである。

このように、儀式は共感の源となりうる。わたしは、これまで数え切れないほど多くの結婚式や葬儀に立ち会ってきた。もちろんすべてがそうではないにせよ、冠婚葬祭とは人々の共感を生み出す装置であると言ってよいと思う。とくに、披露宴で花嫁が声をつまらせながら両親への感謝の手紙を読む場面や、葬儀の告別式で故人への哀惜の念が強すぎて弔辞が読めなくなる場面などでは、他者に対しても非常に強大な共感のエネルギーが生じ、それをその場に立ち会った者同士が共有するという現象が起こる。結婚式や葬儀から生まれる共感のエネルギーは、明らかにターナーが「コミュニタス」と名づけたものに通じている。
ターナーは『象徴と社会』（一九七四年）において、儀礼について以下のように述べている。

儀礼には、はっきりとした脚本と総譜が含まれている。現代人が儀礼をみると、人々は儀礼が有する厳格でぴしっとした性質のみを強調してしまう。けれども部族社会で行なわれる儀礼は決して厳格一点張りのものではない。部族社会での儀礼は、単なる楽曲よりは複雑であり、むしろさまざまな演技行為の分野をくみ換え、さらにそれらを混合してでき上る交響曲としてその儀礼を考えるべきである。部族社会の儀礼のうちには、踊り、身振り、歌、詠誦、いろいろな楽器の使用、ものまね、芝居が含まれており、それらは儀礼の中心的な話題が語られるときに演ぜられる。すなわち、儀礼の場ではすべての感覚が動員され、感覚を表わすあらゆるコードにもとづいて象徴的な行為と象徴的なものが利用されるのだ。

（ターナー『象徴と社会』）

『儀礼の過程』で扱われる事象は文化人類学の枠にとらわれず、じつに広範なテーマに及んでおり、まさに談論風発といった印象を受ける。同書について、ターナーは「序文」の最後に、専門分野の枠を超えているがために、本書には前置きに終始するようなさまざまな限界性がみられると告白している。そして、そうした欠陥は同書のあちこちに侵入する遊牧民的な性格によるものであるという。しかし、彼は「人文科学の営為にもっと通暁して、人間の思考や芸術を追求する大家たちの棲息する領域に住み込めるようになってほしいと希望する」と人類学者たちに向かって告げ、さらに次のように述べている。

人間に関する綜合科学という真正の人類学を可能にするためには、それは不可欠なことなのである。とはいっても、これまでの行動科学的方法を放棄せよというわけではない。ただ、革新的かつ境界的な人間像にそうした方法を適用すべきであるといいたいのだ。人間という種には、ガリレオ、ニュートン、アインシュタインのみならず、ホメロス、ダンテ、シェイクスピアもいることを忘れてはなるまい。

（ターナー、同書）

この最後の一文に、わたしは深い感銘を受けた。ターナーが名づけた「コミュニタス」という概念には、人文科学における普遍理論を構築するという志が込められていたのではないだろうか。

言語としての儀礼

続いて、ロジャー・グレンジャー『言語としての儀礼』（一九七四年）を取り上げたい。グレンジャーは、一九三四年イギリス生まれの牧師、神学者である。

儀礼とは何だろう。それは、集合的な芸術という形を与えられた宗教的熱望である。神と人間のことを語る特殊な言語である。この目的をはたすために、生きた人々、その身体、心、想像力を駆使するがゆえに、それは人間のこと、すなわち、人間の性格、力、限界に関して極めて率直、的確に物語ることができる。

（グレンジャー『言語としての儀礼』）

グレンジャーによれば、儀礼において、人は「頭で考えたことを自分の身体でやってみる」という。つまり演技の言語を用いるのだが、そこで演じられるのは、感情、思考、態度、生活の経験そのものがすべて共有されるような人々の真の出会いだというのである。したがって儀礼は、「人間の基本的欲求の一つに対応」している。それは、単に精神にのみ関わるものではなく、全人格を巻き込む一種の自己表現の欲求である。それは他人の存在によって阻害されるどころか、むしろ他人がいることによって自由に発現されることになる。

この事実は、現在よりも過去の時代に、よく理解され、受け入れられてきた。とくに古代において、儀礼は毎日の生活に力強く貢献した。エーリッヒ・フロムは「人間存在の基本的問題は、芸術的、ドラマ的な形において表現されたのである」と述べたが、儀礼はまさに聴衆参加の劇であり、集団的儀礼の力と強さを得たドラマであった。

グレンジャーによれば、宗教の根本の形態は儀礼であり、基本的に加入式のシナリオであるという。また、宗教の自律性、すなわちその独自の存在意義は、儀礼が普遍的に行われているばかりでなくさまざまな文化を通じて一貫しているということに示されているという。さらに彼は、「儀礼とは何か」について次のように核心を衝く。

儀礼は芸術である。劇である。これを何か他のものと考えることは、その真の存在を壊すことである。すぐれた儀礼は、すぐれた劇と同じく、想像力の範囲内で自身を演じきる。英国国教会の祈禱書でさえ、「読むというよりは演ずる」ものである。儀礼は完結した経験であり、完成品である。それが行なわれるうちに、その特色を発揮する。儀礼は聖なるものについて語る故に真剣である。それは、聖なるものに属する生命を伝達可能な形でもっている。すなわち聖なるものの聖性はまったくの別物でありながら、その生命は余すところなく遍満している。したがって、儀礼は、最も無意識の時でさえ、常に自己を強く意識する。それは他の経験に比べて独特な異質さをもつ。神聖なことを行なっているという意識的経験を保つために自分の回りに殻を作る——そして教会で泣き出す赤ん坊、あるいは礼拝中とは知らずに侵入した観光客など、この殻を破るものは誰であれ呪われる。（グレンジャー、同書）

心理学者のエリク・ホーンブルガー・エリクソンは、「儀礼は社会が用いる一つの言語を構成する」という社会学者エミール・デュルケムの主張を受け入れている。宗教的儀礼は「コミュニケーションを目的とするシナリオ」であるというのだ。これについて、精神治療院専任牧師も務めたグレンジャーは、「世界の諸宗教を研究していくと、おびただしい数にのぼる儀礼が、子宮のイメージや存在の原初的状態への回帰の思想をめぐって、その形式をうちたてているという事実につきあたる。このことを考えれば、神経症を原初の安全な状態に退行したいという欲求の表われとして捉え、『失われたもの』——安全な子宮、心地良い胸——への幼児的探索の再現として捉える理論が、宗教儀礼の説明としていかにふさわしいかがわかる」と述べる。

グレンジャーによれば、精神のこの原初的状態は、単に安全な状態として考えられているだけではない。それは、力に満ちた完全に自律的な状態とも見なされているのだ。したがって幼児は、周囲の環境を完全に統制可能な自己の延長として経験する。そこにおいては、彼が空腹なときはいつでも食物があり、満腹なときには煩わされない。つまり、感覚的に充足した状態である。この事実は、いうまでもなく、儀礼の呪術的目的に対する魅力的な理論的根拠を提供するという。また、彼は以下のようにも述べている。

集団儀礼は「分離における関係の具現化」であり、相互に独立した個人の一体化である。（中略）そこでは、儀礼行為をとおして個々の精神が、ある意味で新たな身体を獲得し、一つの新しい集合的人格、彼自身と関係のある何者か、彼自身の中の他者性、すなわち神秘的な統合とその完全さの象徴を形成するようになる。この新しい統合は自らを表現するのに必ず身体のシンボリズムを用いる。というのも、それは新しい身体であり、集合的な成熟と全一性、人間的に表現された理想だからである。
（グレンジャー、同書）

グレンジャーは、「わたしは何者で、どこからやってきたのだろうか」という問い、そして「われわれは何者でこの世界は何なのだろうか、その目的は、その意味は？」という問いを提示する。そして、これら二つの問いは双方の視点から同時に回答を与えられるとして、グレンジャーは「人間とその世界は共に同じ起源をもつと見なされるのである」と述べる。

人類の発生は、天地創造における帰属と全体性、すなわち全体の一致を表現するために、内的生成として語られる。人間は、神話を自然に投影するだけではなく、自然から神話をとって自分を解釈し、そうすることで二つの世界を関連づける。したがってファン・ヘネップが指摘するように儀礼は直接的な意味をもっている。すなわち、儀礼が描くのは秘密なことではない。それは、平和と安泰が宇宙との一体性に依存しているという社会の一般生活に関する的確な情報であるという直接的な意味なのである。儀礼は単にイメージを作る個々人の能力ばかりでなく、世界をも示すのだ。儀礼は人間と世界とを和解させる。

心理学者カール・グスタフ・ユングは、儀礼は「根源的な宗教経験の結晶化された形」であるとし、その機能は「集合的無意識の強烈な力」から個人の意識を保護することにあると主張した。このユング説を紹介した後で、グレンジャーは以下のように述べる。

> すなわち、宗教的儀礼において得られるのは、知的な理解ではなく、このような認識に課せられた限界の意識である。儀礼の中に現われる原型的な象徴の形態は、意味深くもあり、不明瞭でもある。それは人類全体に関わる真理を求めての手探りである。人類についての集合的真理を探究する行為は、もし許されるならば、知的理解の先入観を介在させずに、その真理の幾分かを伝えるのである。
>
> (グレンジャー、同書)

つまり、グレンジャーは本当の意味で象徴的な儀礼効果、すなわち命題によってはとらえられない背後の現実と真理を、自らを越えて指し示すような集合的儀礼の効果は、その現実と真理をある意味で、そしてある程度、参加する者の手に届くものにすることにあると言うのだ。これは、わたしたちが存在について学ぶことによって、どのように存在したらよいかを教えられる一つの学習過程である。それは関わりを通しての関わりについての学習、分析不可能な全体についての、その全体性の経験に浸ることを通しての学習である。この学習によって、通常の現実は、もっとずっと貴重な何かに変形される。このような儀礼において表現される象徴的形態は、ユングが「錬金術的」と名づけた効果をもっていると言えよう。

イニシエーション

儀礼の問題をイニシエーションという視点から考えたのが、先に紹介したJ・S・ラ・フォンテインである。イニシエーションは「秘儀」と深い関わりがある。一人の人間をまったく別の存在に変容させるイニシエーションの本質とは秘儀であり、それは「錬金術の人間版」であると言える。イニシエーションについて、ラ・フォンテインは次のように述べている。

儀礼というものが常に秘儀的に行われることに鑑みれば、秘儀性は――無論それが重要な要素であることには変わりないが――、イニシエーション儀礼にとっての必要不可欠な属性ではない。成人への移行に際するイニシエーションの多くは公的性格か、行列を秘密で固め、ありふれた知識を用心深く覆い隠すケースにおけるような、公然と維持された虚構としての秘儀性のいずれかを持つ。

（ラ・フォンテイン、前掲書）

しかし、すべてのイニシエーションは、儀礼を終えたものだけが排他的にもちうる知識と力の伝授を主眼とする点においては同じであると、ラ・フォンテインは言う。したがって、成員の名前や儀礼に使用する道具、歌、言葉などの性質といった情報および明かされた真実や謎解きを受けた神秘の理解と、伝達が不可能で今なお神秘性を残す経験そのものとを別個に考察することは有用である。知識とは、これらのいずれか、もしくは三種類すべてを包含するものなのだ。秘密結社は、秘密の知識への関与、秘密裏の活動もしくは破壊活動、またはその両方を伴うためにこそ「秘密」結社として分類されるのである。

また、儀礼の持つ機能について、ラ・フォンテインは以下のように述べている。

儀礼はまた、知識よりはるかに分かりやすい資産へのアクセスを統制してもいる。大きな組織の運営、財産のコントロール、世帯の確立、専門家への謝礼などがそうだ。イニシエーションがもたらす報酬は、儀礼の社会的背景から来るのであって、儀礼で何が行われ、何が言われたかという細部に由来するのではない。こうした儀礼の細部は、「究極的価値」とでもいうべき誕生、死、神秘的力および人間的成長などと明示的にかかわっている。おそらく、儀礼の象徴的意味ばかりに注意が向いて、儀礼に付随する社会的要素を見逃してしまった多くの解釈者たちを誤った方向へ導いていったのも、おそらくはこの究極的な価値の過度の強調だった。

（ラ・フォンテイン、前掲書）

ラ・フォンテインは、ファン・ヘネップの『通過儀礼』を取り上げて、「ファン・ヘネップの著書は象徴論に対する関心と、儀礼は単に原始的思考の表れとしてではなく、単一の活動として分析されねばならないという考えの双方に裏打ちされている」と述べている。

儀礼というものは、その全体像としてのみ理解できるということを、ファン・ヘネップは証明しようとしたというのである。呪術の残存であると解釈されていた多くの行為が、儀礼の中のある段階を区切るためのものであり、「状況の変化、あるいは呪術＝宗教的または世俗的集団からもうひとつの集団への移行を確定するために」行われ、その際の個々の形式は、それぞれの目的により決定されると、ファン・ヘネップは指摘した。ラ・フォンテインによれば、成人のイニシエーションと秘密結社のイニシエーションが似ているのは、どちらも通過儀礼のなかの過渡儀礼であるということに由来する。通過儀礼という単一の集合の中には、境界を越えること、時間および社会的地位の変化といった種々の儀礼が含まれているのである。

さらに、儀式というものは「シンボル」の問題と切り離すことはできない。ラ・フォンテインは、儀礼のコンテクストからシンボルを分離することが最も端的に表れているのが、シンボルの意味を発見するためにレヴィ＝ストロースが開発した分析手法を用いた構造主義者たちの研究であると言う。レヴィ＝ストロースは文化人類学者であったが、ほとんど儀礼を取り上げることがなく、彼の恐るべき分析力はもっぱら神話の徹底的研究に注がれた。しかし儀礼研究における彼の影響は、エドマンド・リーチら後継者の研究にみられるように甚大であった。ラ・フォンテインは、シンボルについて次のように述べている。

物語であれ、神話であれ、儀礼のドラマ的過程であれ、各要素の単位が順序良く並んでいるかどうかは問題ではなく、肝要なのは対立項と同一項の連なりで、これがリーチのいう「シンボルを結合する論理」である。パターンを明らかにするために、分析者は各要素を再編成する必要があり、ここにおいて要素は儀礼から切り離されるのである。

（ラ・フォンテイン、前掲書）

ラ・フォンテインによれば、こうした手法の極端なものでは、行為、行動に影響を与える価値観、自然環境から来る制約などばかりでなく、多様な人間社会を特徴付ける文化的差異までが相互に関連を失ってしまうという。残るのは人間の思考を表す普遍的シンボルのみなのだ。

シンボルの問題を追求した人物に、ユダヤ系ドイツ人の哲学者エルンスト・カッシーラーがいる。彼は、人間を「シンボルを操るもの」と定義した。カッシーラーは新カント派の泰斗として、シンボル＝象徴体系としての文化に関する壮大な哲学を展開した。遺作である『人間シンボルを操るもの』（一九四四年）はカント以来の「哲学的人間学」という伝統的ドイツ哲学の知的集大成であり、フランスの哲学者ミシェル・フーコーの『知の考古学』（一九六九年）に多大な影響を与えたことでも知られる。

『人間』で、カッシーラーは「人間性への鍵――シンボル（象徴）」として、ユクスキュルの生物学を援用しながら、動物の世界が感受系と反応系からなるおのおのの種に特有の「機能的円環」を形作っていることを確認する。カッシーラーの立脚点は、人間の行動を生物学的説明に還元する自然主義の立場とはなから無縁であり、逆に感受系と反応系の間に人間に特有の第三の連結、すなわち「シンボリック・システム」を見いだすのである。

この「シンボリック・システム」という新たな機能を獲得することによって、人間は他の動物とは異なる「新次元の実在」の中に生きることになるのである。カッシーラーは「人間はただ物理的宇宙ではなく、シンボルの宇宙に住んでいる。言語、神話、芸術および宗教は、この宇宙の部分をなすものである」と喝破している。人間がシンボルの宇宙に住む存在であるとするならば、儀礼のもつシンボリズムこそは人間の核心を描きだすものである。つまり、シンボルの宇宙の中核にあるものは儀礼であると言っても過言ではないだろう。

儀礼文化とは何か

ここまで儀礼についてのさまざまな解釈を振り返ってきたが、最後に「儀礼文化」という言葉を取り上げたい。先に述べたように、本書では「儀礼」と「文化」はほぼ同義語であるととらえているので、「儀礼文化」という言葉は重複表現に近いものとなる。元國學院大學教授で現在は儀礼文化学会理事長である倉林正次は、長く「儀礼文化」という言葉を使ってきた一人である。『儀礼文化学の提唱』（二〇一一年）において、倉林は「儀礼」そのものの定義を以下のように述べている。

儀礼とは、信仰伝承や社会的習慣、または生活的習慣などによって生じ、または形成されたところの一定のカタ（型）を有する行為。

わが国の場合、これに相当するものとしては、まず宗教および民俗信仰に伴う各種の儀礼が挙げられよう。わが国には多種にわたる宗教が行われている。その点、キリスト教一つを信奉するヨーロッパの諸国などとは様相を異にしている。

神道をはじめ仏教・道教・儒教・キリスト教などがある。この中で、神道はわが国の固有信仰を基盤として形成されたものであり、その発展過程には仏教その他の影響を受けているが、まず在来のものといえよう。これに対して神道以外の各宗教はすべて外来のものであり、中世にヨーロッパから伝道されたキリスト教を除いて、仏教・道教・儒教の各宗教は、中国大陸から伝来されたものであった。かつて中国大陸に行われた宗教をこの日本列島に持ち込んで来て、それらをこの国に適合するように育て上げたのが、これらの宗教であった。

（倉林正次『儀礼文化学の提唱』）

なぜ、日本ではさまざまな宗教が共生しているのか。その謎を解くキーワードは「和」であろう。「和」は日本文化そのもののキーワードでもある。陽明学者の安岡正篤によれば、日本の歴史には断層がなく、文化的にも非常に渾然として融和しているという。征服・被征服の関係においても同様である。諸外国の歴史を見ると、征服者と被征服者との間には越えることのできない壁、断層がいまだにある。しかし、日本には文化と文化の断層というものがない。

天孫民族と出雲民族とを見ても、非常に早くから融和している。三輪の大神神社（奈良県桜井市）はオオクニヌシノカミ（大国主神）、それからスクナヒコナノミコト（少彦名命）を祀ってあるが、スクナヒコナは出雲族の参謀総長であったのだから、本当なら征服時に惨殺されているはずである。それが完全に調和して、日本民族の酒の神様、救いの神様になっているのだ。『古事記』や『日本書紀』を読むと、日本の古代史というのは和の歴史そのものであり、日本は大和の国であることがわかる。

「和」を一躍有名にしたのが、かの聖徳太子である。太子の十七条憲法の冒頭には「和を以て貴しと為す」と書かれている。聖徳太子は、仏教興隆に尽力し、多くの寺院を建立した。平安時代以降は仏教保護者としての太子自身が信仰の対象となり、親鸞などは「和国の教主」と呼んでいる。しかし、太子は単なる仏教保護者ではなかった。その真価は、神道・仏教・儒教の三大宗教を平和的に編集し、「和」の国家構想を描いたことにある。

これは日本人の宗教感覚にも反映されている。日本には、神道も仏教も儒教も入り込んでいる。よく「日本教」などとも呼ばれるが、それを一種のハイブリッド宗教としてみるなら、その宗祖にはブッダでも孔子もなく、聖徳太子の名をあげなければならないだろう。

聖徳太子は、まさに宗教における偉大な編集者であった。儒教によって社会制度の調停をはかり、仏教によって人心の内的平安を実現する。すなわち心の部分を仏教で、社会の部分を儒教で、そして、自然と人間の循環調停を神道が担う、三つの宗教がそれぞれ平和分担するという「和」の宗教国家構想を説いたのである。

聖徳太子が行った宗教における編集作業は、やがて日本人の精神的伝統となり、鎌倉時代に起こった武士道、江戸時代の商人思想である石門心学、そして、今日にいたるまで日本人の生活習慣に根づいている冠婚葬祭へと、さまざまな形で開花していった。

聖徳太子という偉大な宗教編集者の存在もあって、日本ではさまざまな宗教が共存してきた。それらの宗教は互いに影響を与え合い、さらには混ざり合ってきた。このような歴史の中で、日本における儀礼は発達してきたのである。

倉林は同書の中で、「儀礼文化」を「生活の儀礼文化」「芸術の儀礼文化」「宗教の儀礼文化」の三種類に分類している。このうち、「宗教の儀礼文化」とは祭式や有職故実、「芸術の儀礼文化」とは、茶道、華道、香道、芸能、武道などであり、「生活の儀礼文化」とは、わたしたちの暮らしに最も身近な年中行事や料理である。

年中行事は、とかく単調になりやすい日々の連続にリズムと折り目を与えてくれる。

倉林は以下のように述べている。

年中行事には儀礼的要素がある。七夕など各地で盛んになり、観光祭のようになったところもあるが、元来は家々で行なうなつかしい行事である。正月には前年の暮れの中から種々の行事が続き、元日は若水汲みに始まる祝いの行事が、家々によって違った方式によって営まれる。このように考えてみると、年中行事は儀礼文化そのものであるといえよう。

（倉林正次『儀礼文化序説』）

儀礼が行われる単位には、大きく分けて家単位のものと社会規模のものがある。家を基盤として催される年中行事に対して、社会的単位で行われる儀礼が村々の鎮守の祭礼である。年中行事は一年を単位とするが、よく見るとそこには「まつり」のサイクルと呼ぶべき枠組みがあることに気づく。年中行事は宮廷や神社の祭祀と組み合わせることで一つの祭祀体系を形成しているのである。つまり、村々の神社の祭礼と年中行事は本質的に同じものなのである。個人ならびに家を単位とした儀礼はさらに二種類に分けられる。年中行事と人生儀礼である。この二つは時間軸において明確に区別される。一年を単位として繰り返される年中行事に対して、人生儀礼は原則的に一回限りのイベントである点が最大の特色である。「生活の儀礼文化」には、年中行事とともに人生儀礼、すなわち冠婚葬祭がある。

中国では「五礼」といって、儀式を五つに分類した。吉礼（祭祀）凶礼（喪礼）賓礼（賓客）軍礼（軍旅）嘉礼（冠婚）。これは公式の儀式で、最もオーソドックスな分け方であった。わが国で一生に関する儀式を冠・婚・葬・祭とわけるが、これは中国のこの嘉礼・凶礼などの考え方に則ったわけ方である。

（倉林正次、同書）

人生儀礼の主役をなす冠婚葬祭は、中国式の儀式を典拠とした考えなのである。わたしたちの祖先は、この考えにもとづき、成育の過程に応じて、また年齢を重ねるのに準じて、種々の祝い行事を催してきた。

倉林も「そこには人生に対する深い配慮が感じられる。それらを思うと、日本人は人生に対して労りと慈しみをもって、大切に考えていたことがよくわかる」と述べている。冠婚葬祭とは人生を肯定し、一度きりの生を謳歌することと同義なのである。
つまり、誕生・結婚・死に関する儀礼、すなわち「人生儀礼」も、広義の「まつり」と言ってよいのである。倉林は、広い意味を持つ「まつり」について次のように述べる。

「まつり」という言葉の原義は、「献る」の古語である「まつる」から出ている。神に御《み》食《け》・御酒《みき》をさし上げるというのが、その原義であった。神に神饌を献供し饗応申し上げるところに、わが国の「まつり」の根本はあり、そこから祭りのカタチ（形）は始まったのである。
本居宣長の説く「神に仕え奉ること」とする定義づけの内容は、このカタチの実践の結論として生まれたものであった。祭りには、まずこうした神饌献供を主体とする「祭典」の部分がある。
その次に神人共食を本義とする「直会《なおらい》」の部分が存する。人々が神の威霊に触れ、神の恩恵にあずかる部分である。「祝い」の源はこの部分に存するのである。おのれの身を慎み、斎戒の状態を続け、そして神霊の威徳の分与にあずかるのである。これが「祝い」の本来の意味であった。神の威霊の分与にあずかった者に対して、他の者たちが祝福を行うわけである。

（倉林正次、前掲書）

ここで登場した「カタチ」という言葉に注目してみたい。倉林は「カタチ」は「カタ」の完成品であると定義している。その上で、「カタチ」が具体的・即物的であるのに対して、「カタ」は抽象的・形式的であるとする。

たとえば、芸能や武道の場合、そこに存在するカタは、規範性を有するものである。それをカタチに表現する時には、当然、カタの有する規範性が働きかけることになる。舞踊はカタに従って行われることは勿論、そのカタが完全に表現されなければならない。カタの完成化が求められるわけである。それがカタチだというわけである。

カタが完全に具現されなければ、それはカタチと言うことはできない。つまり、「カタチにならない」というのはそういうことなのである。また、儀式・行事は故実に則って行われなければならない。なぜなら、そうした儀式・行事は優れた祖先たちの作り定めたことだからである。中国風に言えば、「先王の道」だからである。これが故実の考え方である。しかも、それはカタの志向と一致することなのである。

（倉林正次、前掲書）

「故実」とは、昔の儀式・法制、作法などの決まりや慣わしであり、先例となる事例のことである。これに「有職」がついて「有職故実《ゆうそくこじつ》」になると、古来の儀式・礼法の典型的方式であり、それを研究する学問ということになる。

ここではもっとわかりやすく、儀式をカタチ、作法をカタと言い換えてもよいだろう。カタは時代を経て継承され、洗練されることでカタチとなり、やがてその実践が「道」となるのである。「カタからカタチへ」いたる実践過程、その道程こそが「道」である。

宗教では、「悟り」という精神的境地が求められる。倉林によれば、これは「カタチからカタへ」の過程に属するものと考えられるという。「悟り」は会得の方式の中において見出される境地であり、それは実践の後にはじめて到達する深甚なる境地なのだ。

つまり、儀式（カタチ）と作法（カタ）の関係には、「カタ→カタチ＝道」、および「カタチ→カタ＝悟り」という二つの過程があるわけである。

「道」にしても「悟り」にしても、カタとカタチがあるからこそ、意識の集中、さらには無我の境地への到達をもたらすのであり、それこそが本来の儀式の意義なのである。言いかえれば、カタもカタチもないところに儀式は成立しないのである。

以上、この章では儀礼と儀式の違いについて明確にし、儀礼は文化の表出に他ならないことを明らかにした。換言すれば、儀礼なき文化はその存在基盤をもたないということになるであろう。このことをふまえつつ、次章以下では儀式のさまざまなカタチについてさらに触れていきたい。

第二章　神話と儀式

謎への対応と生命のエコロジー

神話と儀式には深いつながりがある。そして、ともに文化や宗教、民族のアイデンティティを代表する存在でもある。なぜ人類は、古代から神話と儀式を必要としてきたのだろうか。

『セム族の宗教』（一八八九年）の著者として知られる聖書学者のウィリアム・ロバートソン・スミスは、神話とは儀式を説明するために作られたと主張した。彼によれば、古代人が何らかの目的を持って儀式を始めたときには神話とは何ら関係がなかった。しかし時が過ぎると、儀式の元来の目的が忘れ去られてしまう。そのときに、「なぜ儀式を行うか」を説明するために神話を創り出し、それを祝うためという理由で儀式を行うようになったというのである。

『金枝篇』を書いたジェームズ・フレイザーも、よく似た説を唱えた。古代人の信仰は人智が及ばぬ法則を信じることで始まったが、やがてそのような感情は失われてしまった。そこで、人々は神話を創り出し、それまで行っていた魔術的な儀式を、神を鎮める儀式にすりかえたというのである。しかし、儀式が先行し後に神話が作られたというフレイザーらの説を立証する証拠はほとんど見つかっていない。反対に、ネイティブ・アメリカンのゴースト・ダンスのように神話が先行して存在し、儀式は神話の補強として発達する例が多いようだ。

現在では、神話と儀式の関係には普遍的な判断をつけないのが一般的である。そして、それぞれの民族ごとに判断すべきであるという意見で一致している。

フランスの哲学者であるロジェ・カイヨワは、人々の想像力をほぼ完全に神話が支配する社会では、儀式の形をとった神話が人生においてなすべきことを定めていると述べる（『人間と聖なるもの』）。そのような社会での神話の役割を考慮するなら、神話が表にあらわれていない社会でも現実には何かがその役割をはたしているにちがいないと確信できる。が、それを暴くのは容易ではない。なぜなら神話のはたすべき役割とは儀式に重みをあたえること、人々にそれを信じこませ、必要なもの、あって当然なものと思わせることにあるからだという。

一例として、人間にとって最大の問題である「死」を取り上げてみよう。

愛する者が死ぬこと、そして自分自身が死ぬこと、これ以上に重要な問題など存在しない。「死」は、いまだ人間にとって最大の恐怖である。わが国の神話学の第一人者であった大林太良は東北ニューギニア族の「死の起源」神話を紹介した後で次のように述べている。

人間はなぜ死ぬのか？　この問題に答えるため、世界各地の民族は、さまざまな答えを神話の形で語り伝えてきた。『古事記』や『日本書紀』にも、また『旧約聖書』にも死の起源の神話が語られている。

この死という人生の重大な、そして不可解な現象に対するもう一つの対応のしかたは、葬儀である。現世における生活にしめくくりをつける死は葬儀をもってしるしづけられる。

（大林太良『葬制の起源』）

つまり、神話と儀式は、「死」という人間にとっての最大の謎に対する二大対応であると大林は言うのである。もちろん、人生の謎は死だけではない。出産や成人や結婚も、死と同様に人生の謎である。それゆえに、人類は各種の通過儀礼という形でそれぞれの未知なる恐怖に対応してきた。

そしてそれ以外にも、人間はさまざまな謎と折り合いをつけてきた。自然界は謎の宝庫であり、とくに人類が文化を問わず普遍的に信仰の対象とした太陽および月は、古代の人間にとって大きな謎であった。宗教学者の小林道憲は『宗教とはなにか　古代世界の神話と儀礼から』（一九九七年）で次のように述べている。

この天空に輝く太陽は、原初の人間にとって、世界を明るくし、生きとし生けるものの命を養う生命力の源泉と観念された。太陽は、認識と生命力の象徴であった。太陽は、月とともに、天空神の息子であり、天空神の眼であり、地上のあらゆる生物を生かす無限の力をもった神として尊ばれた。しかも、この太陽神は、やがて天空神にとってかわって、天空の最高存在者となっていく。さらに、人間社会の発展とともに、共同社会の統率者自身、しばしば太陽神の子として崇拝されるようになっていった。古代エジプトをはじめ、アフリカ、太洋州、日本、古代メキシコ、古代ペルーなどで発達した様々の太陽信仰は、原初の太陽崇拝の発展していったものであった。

月も、天空の眼として、夜を照らし、夜を支配した。特に、月は、時を測定して人に知らせ、月々の区切りを教えた。また、月の満ち欠けは、死と再生を表わし、生命の永遠を表わした。人々は、月の満ち欠けを通して、死が最終的なものでなく、新たな生の始まりだということを知ったのである。この月に対する信仰は、農耕の発見よりも遙か以前の後期旧石器時代のオーリニャック期（およそ三万年前）からすでにあったと言われている。この頃から、人々は、すでに、月のサイクルを利用して、日月を骨などに刻んでいたのである。

（小林道憲『宗教とはなにか』）

人類は、太陽と月に対して、それぞれの神話を生み、それぞれの儀式を生んできた。神話と儀式は古代の祭儀において一致した。小林によれば、儀礼とは世界の表現であり、その社会の世界観の表現であった。ゆえに、祭儀は社会を統合することもできた。そのことは各地の王権儀礼にも現れている。古代バビロニアの新年祭や古代インドの馬の供犠などにも見られるように、儀礼は、世界そのものの再現であると同時に、社会統合の表象でもある。古代では、人間の営む社会の秩序も、宇宙の大きな力に支えられているものと考えられていたからである。古代人にとって、自分たちの生きるこの世界がどのように創造されたかということも大きな謎であった。そこで「創造型神話」が生まれた。

「世界がどのようにして創成されたか」を説く世界創成神話には二つの大きな類型がある。一つは混沌からの生成を説く生成型神話、もう一つは超越神による創造を説く創造型神話である。『古事記』に描かれた日本列島の誕生は前者であり、『旧約聖書』の万物創造は後者である。創造型神話では一人あるいは複数の神が特殊な能力で万物を創造したというパターンが多く、聖書に代表されるヘブライ神話は、唯一の至高神が単独で世界を創造する。小林は世界中の神話には「創造と破壊」のモチーフが描かれていると指摘する。

太陽は、朝、天に昇り、夕べには地に沈む。そして、それを繰り返す。月も満ち欠けを繰り返す。季節も、また、勢いの盛んな春夏を過ぎ、秋冬になれば衰える。それにつれて、植物も、春から夏にかけて、芽を出し生長し花を咲かせるが、秋から冬にかけて、実を結ぶとともに、枯れ萎《しぼ》んでいく。そして、それを繰り返す。世界の創造物は、どれもが死と再生を繰り返す。それと同じように、創造された世界全体も、死と再生を繰り返すと考えられたのである。世界の死と再生という観念、つまり、世界は創造と破壊の反復であり、混沌への復帰とそこからの再創造の繰り返しであるという考えは、このような世界万物の生命力の循環から想像されたのであろう。

（小林道憲、同書）

世界の本質が死と再生の反復であると捉え、それを生命力の象徴とすることで、人間は死の恐怖を克服しようとしたのである。神話と儀礼は、死と再生のモチーフをストーリー化したものであり、その社会の世界観を表している。そして多くの場合、儀礼は神話を省略し、パターン化したものとして、人間とその営む社会の安定原理として働く。神話は原初の時代と神々の時代を物語り、その社会の精神的な原型を形づくる。そして、祭儀や儀礼を通して再現されるのである。つまり、神話的原型は、絶えず儀礼として再現されることで人間の意識に深く刷り込まれるのである。

小林の指摘によれば、神話はしばしば儀礼の中で朗誦され、演じられ、それが儀礼の重要な一部をなしているという。人々は、儀礼を通して、神話的な原初の時間に立ち返り、そこで死と再生を疑似体験することで、社会を更新し、秩序づけるのである。

小林の神話と儀礼についての記述をもう少し見ていこう。

一つの世界観は、神話として表現されるとともに、儀礼という身体行為としても表現されて、はじめて現実のものとなる。儀礼は神話によって基礎づけられ、その社会の世界観や宇宙観を表現する。人々は、儀礼という共同の芸術作品の中に入ることによって安定するが、それは、儀礼が神話に基礎づけられ、大きな世界観、宇宙観に基礎づけられているからである。

もっとも、神話と儀礼はいつも結びついているとはかぎらず、何ら連関をもっていない場合もある。また、神話から儀礼が生まれる場合もあれば、逆に、儀礼から神話が生まれる場合もある。ただ、神話と儀礼は、相互に作用し合って、社会を維持する原理となる。古代社会では、世界観、神話、儀礼、社会が有機的に連関し、全体が、一つの芸術作品のように、見事な表現体系を成している。（小林道憲、同書）

古代社会では物事の本質を象徴によってとらえ、象徴と象徴の有機的な連関によって、ある一つの世界観が表現されると小林は言う。神話も儀礼も、象徴による世界観の表現である。神話は言語による表現だが、儀礼は身体行為を通した表現であり、身体そのものを象徴とする表現である。小林は「古代人の象徴志向を、近代の概念的志向からみて、不合理とすることはできない」と指摘し、続けてこう述べる。

儀礼という演劇性を備えた身体行為の中に、その社会の宇宙観や世界観は表現される。儀礼は、そのような普遍的意味を集約する象徴である。儀礼は、その意味で、一つの世界解釈である。宇宙、自然、社会、人間の諸関係の解釈である。だから、その社会の儀礼を見れば、その社会の世界観が読み取れる。

（小林道憲、同書）

象徴は、人生と世界の根源的真実を表現する。古代人は、象徴と象徴の連鎖によって構成される象徴体系を持ち、それによって世界観を表現した。古代社会では、儀礼や神話が定着するに従って宗教が確立し、社会基盤がより強固になっていったのである。宗教を「象徴を通して世界と人間に究極的意味を与える象徴の体系」と見る小林は、古代社会における儀礼について以下のように述べる。

古代社会の儀礼は、宇宙論的な意味体系の中で、人間存在の根源的意味を、その象徴群によって表現している。それゆえ、儀礼に参加することによって、人は自分自身を理解することができる。人間は単に個人として存在するのではなく、大宇宙の中の小宇宙として、全体の中の部分としてあることを理解する。そして、自己一個の生と死を越えて、自己の生命は、永遠に存在する宇宙の生命と一つであることを理解するのである。この時、人は、その存在の意味を獲得し、安定的基盤を得て、一個の人格として統合される。儀礼が人々を結びつけ、

社会の統合原理となるのも、そのことによる。（小林道憲、同書）

古代世界の神話や儀礼には、大いなるものへの畏怖と帰一、すなわち宇宙生命への畏怖と帰一という原初的な宗教感情が表現されている。それは世界のどこの神話でも同じである。古代人は、万物の中に宇宙の偉大な生命力が宿ると考えた。そして、そこに神的なものを感じ取りながら偉大な自然の力に従ったのである。すべての生きとし生けるものは、大自然の偉大な力に生かされている。たとえ死んでも、大自然の中に帰って、そこから再生してくると考えられた。宇宙の一員であるかぎり自分の生命もまた永遠であり、永劫に回帰するものと感じていたのである。これこそ「生命のエコロジー」というべきものであろう。古代人は、世界のどこでも、この「生命のエコロジー」を神話や儀礼の形で表現してきたのである。

神話と祭儀

神話と儀式の関係を考えた人物の一人に、ドイツの古典文献学者であるワルター・フリードリヒ・オットーがいる。二〇世紀を代表する神話学者であるカール・ケレーニイは、オットーはニーチェとともに、文献学者でありながら、ドイツ哲学史の上に確固たる地位を要求しうる思想家でもあったと述べている。ここでは『神話と宗教』（一九五七年）に示されたオットーの神話論を見てみよう。

　本来の神話ならばどんなものにも、なんらかの神が生き生きとしたその拡がりを伴って現われている。その神が何と呼ばれようと、また他の神々からどう区別されていようとも、それは個別的な威力といったものでは決してない。その神固有の開示に立つ世界の全存在を意味している。ある限られた活動領域に縛られた力を、われわれはダイモーンとか霊《ガイステル》とかと呼ぶ。だが、いずれにせよそうした力の一つが、神にまで成長した、などとは進化論の空疎な主張にすぎない。（オットー『神話と宗教』）

ここでオットーが主張しているのは、神話に先立って神があったのではなく、世界の存在から神話が生まれ、神が生みだされたという神話の発生論である。つまり創造神とは後付けの発明品なのである。オットーによれば、真の神話には真の創造力があるという。そして、神話は行為としての祭儀も生みだした。祭儀は荘厳な所作をともなうことにより、人間をより高い領域に高揚させるのである。

神話と祭儀との関係については、時代によってさまざまな考え方がなされてきた。最初は、神話こそ根本で、祭儀はいわばその演出として、これに付随したものと考えられた。しかし、合理的で技術的な解釈が支配する時代になると、この関係は逆転し、今度は祭儀が根源的なものとされた。祭儀の形式がたいてい大昔にまでさかのぼるのに対し、神話は比較的新しい時代に現れるとされたのである。祭儀は神話から創造されたのではなく、呪術から発展したものであるとされた。そして、祭儀が本来目的としていた行為が時代の変遷を経て理解されなくなったとき、神話はそれを空想的に説明したものだと信じられた。その後、より周到な研究の結果、神話を伴わない祭儀はほぼ存在しないこと、また過去においても存在するはずのなかったことが確かめられた。このような流れを踏まえて、オットーは神話と祭儀は本来ひとつのものであると述べている。

祭儀を神話の単なる演出とみる、かつての見方に帰ることは不可能だった。なぜなら、今日にまで伝えられている祭儀が教えるとおり、祭儀は神話の出来事の単なる写しでは決してなく、十全な意味で、神話の出来事そのものであるからだ。さもなくば、救いの力を祭儀に期待することは、なんとしても不可能であろう。誤りは問題提起そのものに、つまり主従関係を問うたところにある。神話を伴わぬ真の祭儀がないばかりか、祭儀を伴わぬ真の神話もまた存在しない。両者は元来同じひとつのものである。この事実は両者を理解するうえに、決定的な意味をもっている。

（オットー、同書）

さらにオットーは、神話と祭儀が明らかにしようとするものは言葉のみによって表現されるものを超える点を指摘する。言葉におけると同様、むしろいっそう根源的に、人間の行為とか、いきいきとした創造的な造形とかを神話と祭儀は示すのだという。この点において、神話と祭儀の両者が根本において一つであることが理解されるだろう。祭儀のさいの身振り、姿勢、動きの感動的な崇高さ、あるいは神殿建築と神々の像、それらと交流するために語られる壮大な言葉などもまた、神話のもつ神性の直接的な現れである。人々は言葉による告知を神の啓示の唯一のものとみなしたがるが、古代においてその言葉は祭儀のもつドラマトゥルギーと一体化することによって初めてリアリティをもったのである。オットーは「祭儀においては、人間は自ら神的なもののうちにまで高揚し、神々と共に生き、行為する。他方、狭義の神話においては、神的なものが自ら身をひくくし、人間的なものに化するのである」と述べている。祭儀の先には「神の顕現」がある。オットーは後に著書『ディオニューソス　神話と祭儀』（一九三三年）で以下のように述べている。

ありとあらゆる種類の彫刻家や創作家が啓示や閃きについて知り、且つそれらが大きければ大きいほど、それらの上にはたらく神話への畏敬の念にますます包まれながら、注意を喚起するのに対して、祭儀は神的なものの顕現を証しする。あらゆる宗教の中心に位置するのが神の顕現なのである。神の来たりませること、現前し給えることが、宗教のあらゆる原＝形式に意味と生命《いのち》を賦与する。それを以て私たちは、もはや人間の思考、造型、生活環境の所産として捉えられうるのでなく、むしろ神の顕現する前提を成す第一義的な出来事に迎え入れられる。

（オットー『ディオニューソス』）

祭儀には典礼行事がつきものである。オットーは「典礼行事がそれの由来したとされる表象とどんなに釣り合っていないかが、もっとはるかに生き生きと感じられていたらよかったのに」と述べている。つまり、典礼行事が神話のもつ生命力をもっと直接的に表象していたとすれば、さらによかったであろうというのだ。もっとも、典礼行事の性格を先入観なしで吟味する者であれば、それらの典礼行事が存在しえたのは、気高き心、情熱的な昂揚のおかげなのだという印象を抱くに違いない。そしてこのような昂揚は、人間精神を捉える神話的相貌を通してのみ呼び醒まされたはずであるという。オットーは、典礼行事の根本にある神話について述べる。

この神話がどのような類のものであったか――それが開顕したのは、動物の本質的形相《すがた》なのか、生殖力の目覚めゆくドラマなのか、太陽の運行の物語なのか、干戈《かんか》にうったえる霊なのか、等々――ともあれそれは儀式の所作〔筋書〕として現実世界の中に歩み入って来ざるをえなかった。それこそは人間たちの間で神話が現に生きてある形式《かたち》だったのである。それがかつて物語として表明されたものであろうと、否であろうと。ところが、もしこの神話の生命が掻き消え、魂の抜け殻みたいな儀式の所作《ストーリー》ばかりが世代から世代へと受け渡されてゆくならば、いつしか思想の亡霊が虚《うつ》ろなる足場のうちに巣喰うようになる。そうなると、零落し貧寒となった文化が恐らくはみずからこう信じてしまうかもしれない。すなわち、手の込んだ建造物だって、我らだけがまだ理解する実践的な必要からこそ築き上げられたものなのだ、と。そうして科学の方も、問わねばならぬとしているのは、中身なきあのような形式《かたち》に影響力を満しえた心性《メンタリティ》とは、そもそもいかなる素姓なのかというただただそれだけでしかなかった。

（オットー、同書）

祭儀の本質とは何か。オットーによれば、伝統的な祭儀の源流には、祭儀の所作がその思い出を維持しているとされた高次の神界の出来事があったという。ということは、祭儀とは、ある偉大な事件を出だしに据え、その限りにおいて祭儀的創造の真の本質と完全に合致していることになる。

また、祭儀が神話といかに固く結びついているか。祭儀のどれほど多くの所作が超人間的存在や出来事の反映にほかならないか。そのことをよく示しているのが、ディオニューソスの宗教である。ディオニューソスはギリシャ神話に登場する豊穣とブドウ酒の神で、ゼウスと人間の間に生まれた。そのためゼウスの妻の嫉妬により、苦境と追跡にさいなまれ、彼を取り巻く女性たちもまた不幸な最期を遂げる。ギリシャではディオニューソスを祀る儀礼をもとにした悲劇の創作が競われたため、ディオニューソスをめぐる悲劇的な物語にはいまも多くの異説が残っている。これもまた、儀礼が神話から派生したものにとどまらないことの証左である。

オットーは「いかなる民族にも神的なものは出現した。神的なものが授けたのは、ひとり彼らの諸々の祭儀だけではない。祭儀と同時に、彼ら自身の存在と行実に性格を賦与したのであった。民族性に刻印を残したのであった」と述べている。

神話と儀礼

アメリカの宗教学者W・R・コムストックは、『宗教　原始形態と理論』（一九七一年）において、神話と儀礼の関係について述べている。彼によれば、英語のmyth（神話）という言葉は、ギリシャ語のmythosからきているが、mythosは字義通り「物語」という意味であり、元来、神々についての多くの物語を指して用いられていたという。しかし、哲学者は合理的な「ロゴス」ないしは哲学的思想の名の下に、キリスト教神学者は信仰の名の下に、ギリシャ宗教の「物語」（ミュトス）を捨ててしまったのである。その結果、myth（神話）という言葉は、西洋においては侮蔑する意味内容と結び付けられ、通俗的な言葉づかいでは、「真実でない」「虚偽の」「ばかばかしく空想的」などの言葉とほぼ同義語になってしまったという。

コムストックは、儀礼と神話とは本質的な相関関係のあるものだとし、一つの文化における神聖な神話はつねにその文化における儀礼の言葉による表現、解釈になっていると主張する。

彼は「一部の極端な説では、つねに儀礼が神話に先行するという因果関係が成立していて、本来神話はその文化の基礎にある儀礼行為の言語的表現とみなすべきであると主張されている」と書いているが、これは本章の冒頭で紹介した『セム族の宗教』でロバートソン・スミスが展開した「神話‐儀礼論」のことを指しているのだろう。

コムストックによれば、儀礼が神話の「原因」であるとか、または逆に、神話が儀礼の「原因」であるという仮説を普遍的に一般化することは不可能であるという。神話と儀礼との関係は、むしろ、複雑な相互依存の関係である。それは相異なった文化においては、あるいはまた同じ文化においても異なった時期には、異なった構造を持つのである。

コムストックは、神話と儀礼について次のように述べている。

> 神話と儀礼とは、すべての文化において、互いに影響し合っている。時間的に一方が先にあって他方がでてきたという仮説は、不必要でしかも確証不能である。要するに、この理論は、実証的な調査よりも先験的《アプリオリ》な説明といえる。（コムストック『宗教』）

また、コムストックは「儀礼は、宗教的文化的諸現象の中でもとくに強調すべきものであり、その重要性を低く評価する誤りよりは、むしろ儀礼を過大評価する誤りの方が好ましいくらいなのである」とも述べている。西洋の知識人は、文化や生活の中の観念的要素を重く考える習慣の中で育っている。そのために、儀礼という現象を軽視する傾向がきわめて強い。したがって、宗教現象を考察するときにも、まず第一に宗教の思想的内容を重視し、その民族ないし宗教集団の「信仰」を知ろうとする傾向があるとして、コムストックは次のように述べる。

もっと幅広い経験によって研究対象の枠が拡げられて、神話やその他のイメージなど、より「具体化」された要素を含むようになっても、宗教のありかたはこれらの観念的要素に対する信仰であると考える傾向から抜けきれない。彼らがどのような神話を信じているかによって、人々の宗教的な存在論の本質を明確にしたがる傾向がある。儀礼を重視するならば、或る宗教のありかたが決定されるにあたっては、観念的要素と同じように、いや観念的要素以上に、行為、行動、活動などが重要な要素であることを明らかにすることができるのである。

（コムストック、同書）

ロジャー・グレンジャーは、『言語としての儀礼』で、神話は儀礼と同じところに属していると述べ、したがって多くのことは明瞭であるという。神話と儀礼は双方ともに実存的危機の表現であり、象徴的行為の中で再認識されなければならない不可避的な宗教意識の表明なのであるとして、以下のように述べている。

儀礼とはそれと感ぜられた危機であり、神話とは思考されうるにいたった危機である。神話はそれが儀礼から派生したとか、儀礼に対する一種の注釈としてその高みに位置するとかいう意味でこれを説明するものではない。それは儀礼の意義と意図を截然と区別しながら儀礼の中に生きていて、「神話的歴史」に蓄えられた出来事の権限を儀礼に授け、それによって現在起こりつつある出来事としての現実性をそこに付与する。「神話的歴史」とは宗教的信仰をとおして把握された歴史であり、その出来事は儀礼と不可分に結びついている。いかなる儀礼もそれぞれの神話をとおして初めて「説明可能」といえる。これは、神話そのものが儀礼的演出と分かちがたく、また言葉で表現するにはあまりにも深遠な事柄についての、すなわち人間の魂の非合理的で論証不可能な活動についての儀礼のシナリオからそれが出現するとしても妥当することである。

（グレンジャー『言語としての儀礼』）

儀礼とは象徴の具体的表現である。グレンジャーによれば、宇宙全体の、ひいてはその外部におよぶ意味を担いながらも、個々人を対象としてまったく個性的な状態を作りあげるところに象徴の機能がある。英雄たちの範型的な生涯を描く神話と、その神話を再現し再体験する場としての儀礼が結合するにいたるのはこの象徴においてのみであるという。超越性と内在性は象徴の中でのみ接合しうるのである。儀礼と神話が結びつくにいたるのは、前者が後者にそのまま符合してゆくという意味ではない。両者は一定の象徴を基軸としているのである。

儀礼への参加者から直接性と力を獲得するのは神話であるとしても、その神話から意味、力、生命を汲みとり、儀礼固有の実在と生命に豊かさを与えるのは象徴である。神話は範型的な生から生まれるが、象徴は現在にたいする神話の意味から生まれる。

最後に、この象徴は儀礼的「演出」を施され、共有の経験に翻訳されることになる。つまり、英雄の生涯とはすなわち神話であり、その神話のもつ意味が象徴ということになる。そして、儀礼とは象徴の具体的表現にほかならない。グレンジャーは、儀礼を「肉体から肉体へと象徴を媒介として」移行する運動と表現している。

そして彼は、神話と儀礼は神的存在との出会いから生じ、絶対的他者に対する原初の応答の言葉を表現したものであると述べる。かくして「儀礼（すなわち儀礼行為と神話）は様々な行為の中の単なるひとつの型ではない。それは、此岸の世界での人間の表現と了解を意味する原初の言葉に結びつくかぎり、また、その表現と了解が本来そのままにして宗教的である程度に応じて典型的な人間行為なのだ」と言うのである。

儀礼行為は、神話に対して優位を占める。それは、儀礼の根源的意味を伝達し内包する象徴が形成されるのは儀礼行為によってのみ可能だという意味においてである。神話は儀礼行為に座標軸を与える。神話なくしては、儀礼はすぐさま呪術に堕してしまうのである。

この「神話なき儀礼は呪術にすぎない」という指摘は重要である。グレンジャーによれば、神話によって時間の内部にある生特有の状況が顕わにされるのである。言い換えれば、時間を超越したところに歴史的枠組が与えられるのである。神話という衣装を身につけた儀礼は、生成しつつあるものとして表現されてゆく。

グレンジャーは、神話と儀礼について以下のように述べる。

> 神話と儀礼行為、想像力と演技、精神と身体といった組合せは儀礼全体を通じて対の関係にある。そもそも儀礼とは、一つの物語でありながら複数の演技者でもあり、一つの意図でありながら複数の身体でもある。儀礼に生命を与えるのが両者のいずれであるかといえば、それは両者である。神話と行為は相互に関係しあいながら儀礼にそれ固有の生命と特徴を付与してゆく。
>
> （グレンジャー、同書）

神話はそれ自体の中から創造物を生み落す想像力をもつという意味で、一般に儀礼行為に対する優位が与えられているという。たとえ神話が世界の無意味と人間の不条理についての物語でしかない場合でさえ、儀礼が神話を必要とするのに対して、必ずしも神話は儀礼を必要としていないのである。

神話と古代宗教

「神話は荒唐無稽な作り話などではなく、古代人の生（ビオス）であり、実存であった」と主張したのが、ハンガリー生まれの神話学者・宗教史学者カール・ケレーニイである。

ギリシャ神話や古代宗教の研究に大きな足跡を残したケレーニイは『神話と古代宗教』（一九六二年）において、ギリシャ・ローマ古代宗教の神話的位相を解明し、「ビオスとしての宗教」を提示する。そして、その根幹から大いなる時間＝祝祭を導き出し、学問・芸術・宗教などが根元的に一つの根から生じたことを明らかにする。さらに、人間存在の裏側にある巨大な非存在の領域を探り、存在は非存在によって支えられ、存在の意味を賦与されているという位相を示すのだ。

ケレーニイは同書において、「神話、教養、祭式、制度、生活慣習、共同体、彫刻作品、建築物など、これらすべては一つの様式をあらわしている作品なのである」と述べる。その中でも、最も中核になるのが「神話」すなわち「ミュトス」である。ミュトスは、それを生み出し、語り伝えてきた古代人たちの思惟や感性そのものの表現にほかならない。古代人はミュトスを生きていたのであり、その基盤にあるのは古代人の生としての「ビオス」であった。ミュトスは古代的リアリティであり、現実に生きられるものだったのである。ビオスは単に動物的な生命ではなく、現代風に言い換えれば「実存」であると言えよう。

ケレーニイは「神話は生のなかで、遊びのように引用されることが許されていた。そうであることによって、ギリシア人の場合と同様、ローマ人においても〈ビオス〉は神話との正しい関係を保ちえていた」として、以下のように述べている。

ギリシア人の最大の、最もひろく行われていた生贄の祭りである牡牛の生贄でさえも〈神話的引用〉と見做すことを許されるだろう。この祭祀では、いわゆるプロメーテウスのごまかしの模倣が行われた。プロメーテウスは、生贄の捧げものの御馳走を、神々と人間のあいだで人間の方が得をするように、不公平に分配した。まるで〈引用〉のように、人間たちはすべての年齢の扮装をした。いわば遊びのように、アテーナイの娘たちはブラウローンの小さな〈牝熊〉になって、九歳から結婚までのアルテミスを模倣した。アポローンが青年たちによって模倣されたことを立証するのは、クーロス像とエウリピデースの悲劇『イオーン』である。こういう祭りは、つねにある特定の時を目標とした〈神話に含まれた生〉にほかならない。何よりもそのために存在していたのが祝祭である。（ケレーニイ『神話と古代宗教』）

ケレーニイは、さまざまな祝祭の実例を挙げながら、「純粋に人間的な努力とか、日常的な義務の遂行とかは祝祭とは言えないのだ。非祝祭的世界の立場では、祝祭を行うことも理解することもできないのだ。普段ならば不可能なことも可能になるような何ものかが、そこに付け加わらなければならない」と述べる。祝祭において、人々はすべてが〈劫初《ごうしょ》の日のごとく〉輝かしく、新しく、〈最初〉となるような次元へと引き上げられるのである。そこにおいては、人々は神々と共にある。いや、彼ら自らが神々となる。そして創造の香が漂い、人々は創造に加わる。これが祝祭の本質であるというのだ。「すべてが〈劫初の日のごとく〉輝かしく、新しく、〈最初〉となるような次元へと引き上げられる」。祝祭とは、人間を「初期設定」させる文化装置にほかならないだろう。

ケレーニイは、古代ギリシャ人の祝祭について、「祝祭のために我が身を飾り、死すべき人間として、祝祭のときできうる限り美しくなること、それによって、人間が神々に似た存在となること」が祝祭性の基本特性であると述べている。これは芸術にとってはおあつらえむきのものだ。おそらく祝祭的なものと美とは根源的に似ているのだろうが、それがギリシャ人のように大きく前面に立ち現れ、祭祀を支配していた民族は他になかったという。祝祭、祭儀、祭式、つまり儀式の背景には神話がある。そのことを、ケレーニイは以下のように述べる。

ある神を殺し、ナイフでその神の肉を切り裂くという神話がかつて存在していたのである。それが、〈牡牛の息子〉の神話と、牡牛の姿となってあらわれるディオニューソスの神話だった。これはまたしても、かなり初期のギリシア宗教のなかから頭を擡《もた》げている一つの岩のようなものである。たとえば、斧が罰せられるのではなくて、ナイフが罰せられるという事実がその証拠である。生贄とは、動物によって表現された神にほかならないということを示したこの行為は、聖でもあり、聖ならざるものでもあるが、この行為の記憶は、今日のわれわれには、その祭儀自体によってというより、むしろ神話を通じて保たれ、伝えられている。こういう祭式は、まだギリシア様式を帯びるに至らなかった比較的初期のディオニューソス宗教に属していた。

（ケレーニイ、同書）

ところでケレーニイは、ユングとの共著である『神話学入門』において、生きた神話を目の当たりにしながら長期間現地で過ごした一人の野外調査家を紹介している。人類学者のブロニスラフ・マリノフスキーである。マリノフスキーは、トリブリアンド諸島で神話の本質について考察し、『未開人の心理における神話』という研究を一九二六年に出版した。彼は同書で以下のように述べている。

未開社会の神話、すなわち生命をもった原初的な形での神話は、単に物語られた出来事であるだけではなく、一つの生きられた現実である。原初的な神話は、今日われわれが小説の中で読むような仮構の物語といったものではなく、生きた現実なのである。つまり、そういう物語は事実大昔に起こった、そしてそれ以来ずっと、世界と人間の運命に影響を与え続けているのだ、という信念に基づく現実そのものなのである。……これらの出来事は単なる好奇心によって生命を保たれているのではない。仮構の物語として維持されているのでもなく、また真実の物語として維持されているのでもない。そうではなくて、これらは原住民にとってみれば、原初的で、より偉大、かつより重要な現実を証言するものである。人類の現在の生、運命、行動を規定しているのはこのような現実であって、このような現実の認識が、一方では人間に祭儀的慣習的な行為への動機を与え、他方ではそうした行為を実行するための指針を人間に与えるのである。

（マリノフスキー『未開人の心理における神話』）

ケレーニイによれば、神話は根拠を説明するものである。神話は本来、「なぜ」に答えるものではなく、「どこから」に答えるものであるという。そして、神話の出来事は世界の根拠を形づくる。というのは、一切が神話の出来事を基礎とするからである。ケレーニイは述べる。

神々は「根源的」である。根源的であるがゆえに、一つの新しい神とともに常に一つの新しい世界——新しい宇宙時代、あるいは新しい宇宙位相——が誕生する。神々はそもそもの初めに、つまり神々が生れた瞬間においてのみ存在するのではなく、またあの最初の創造の周期的な反覆、すなわち神々の広大無辺な再現と祝祭時の顕現においてのみ存在するのではない。神々はいついかなるときでも存在はするが、しかし神々の形姿に含まれるものを物語の形式で展開する神話素は、つねに太古に始まる。始原と太古への回帰が、あらゆる神話の基本的特徴なのである。

（ケレーニイ『神話学入門』）

ケレーニイによれば、神話において重要なのは問うことではない。重要なのは、始原（アルケー）へのためらうことなき直線的な回帰、つまり「根拠」への無意識的な後退としての根拠の説明なのである。彼によれば、闘牛士のように一歩後退したり、潜水器にもぐり込むように過去にすべり込んだりするのは、与えられた神話を体験し、それに従って行動する者だけではない。真の神話作者も神話素の創造者、あるいは再創造者でもこの点では同様であるという。何が「真実である」かを語るためには、哲学者なら自己を取り巻く現象世界に押し入るかもしれない。しかし、「神話の語り手」は違う。何が「原初的であった」かを伝えるために太古へと回帰するのである。神話の語り手にとっては太古の世界が本来の実相にほかならないのである。ケレーニイは「本来の実相、すなわち主体と客体との真の直接性が、このようにして現実に獲得されるかどうかについてあえて語らずとも、われわれは神話的な根拠の説明の手段と方法を理解する」とし、次のように述べている。

神話は、神話の語り手が物語を身をもって体験しながら、太古への帰路を見出すことによって根拠を説明する。事実、神話の語り手は、周辺をうろついたり嗅ぎ回ったりすることなく、調査したり緊張したりすることもなしに、自分の関わり合うあの太古に、彼の語り伝えている始原世界のただ中に、突如として現われる。人間は現実にどんな始原世界のなかに存在し得るのか。どの始原世界に直接もぐり込めるのか。人間には人間独自の始原世界がある。すなわち人間の不断の自己形成を可能にする人間の有機的存在という始原世界がある。人間は人間自身の根源を発達した有機的存在として経験する、——あたかも人間が一千倍も増幅された一つの反響音であるとともに、人間の根源が最初の響音であるかのような、ある種の同一性に基づいて経験する。人間はこの根源を彼自身の絶対的な始原《アルケー》として体験する。それ以来人間が人間の未来の存在と生命のあらゆる対立物を自己の内部に融和させる一個の統一体となるところの、あの始まりとして経験する。（ケレーニイ『神話と古代宗教』）

一つの新しい宇宙統一の始まりとして理解されるこの根源は、童児神の神話素によって示される。同じように自己の根源として経験されるもう一つの根源、同時にそれに前後する無数の存在物のアルケーでもあるあの根源を示すのは、少女神の神話素である。個体はこの根源によってすでにその萌芽のうちに無限性を与えられるとして、ケレーニイは二つの神話素が、さながら道標のように人間的な成長と植物的な成長という比喩を借りることによって、ある軌道をわたしたちに暗示すると述べる。すなわち、この軌道の上で始原世界への通路としての根拠の説明が始まり、発展の道を再びあの比喩形式で歩むことになるというのである。

わたしたちの全体性の生命ある萌芽に通ずるのは、わたしたち自身への一種の沈潜であるという。この沈潜の習慣が神話的な根拠の説明である。そしてケレーニイは、このような習慣の結果は、わたしたちが根底から流れ出る比喩に開眼したことによって、二つの神話素の始原世界が一致する場所にわたしたちが戻ったということであると述べる。

人類学と神話

ここで、三人の著名な人類学者が神話についてどう考えたかを紹介し、比較してみたい。まず一人目は、ブロニスラフ・マリノフスキーである。彼は、『呪術・科学・宗教・神話』（一九四八年）で、以下のように述べている。

神話は明らかに物語（narrative）でもあり、従って文学的側面をもっている。その側面は、ほとんどの学者によって過度に強調されてきたが、しかしまた、完全に無視されるべきものではない。神話は叙事詩や、ロマンスや、悲劇の萌芽を含んでいる。そして、神話はそれらの中で、住民の間の創造的な天才や、文明的ともいうべき意識的芸術によって描かれる。これまで、いくつかの神話はほとんど叙述的表現を持たず、劇的な出来事を含まない、乾燥した簡潔な記述に過ぎないことを見てきた。またほかの神話は、愛の神話や、カヌー呪術や外洋航海の神話のように、非常に劇的な物語である。もし紙数に余裕があるのなら、鬼を殺し、母親の仇を打ち、幾つもの文化的課題を成し遂げる、文化英雄ツダヴァの長く手の込んだ冒険談を繰り返すことが出来るのだが。

（マリノフスキー『呪術・科学・宗教・神話』）

マリノフスキーは、それらの物語を比較すれば、「なぜ、ある形式の神話が文学的な入念さをまとい、他のものは芸術的に不毛なまま留まっているか」を示すことができるかもしれないと述べる。彼は、単なる社会的優位性や、法的資格や、リネージ（氏族）や地域的要求の弁護は、人間感情の領域の奥深くまでは導いてくれないと指摘する。そして、そのことによって、文学的価値の要素を欠いているというのである。他方、呪術や宗教における信仰は、人間の最も深い欲望や、恐怖と希望や、情熱や感傷と深く結びついている。マリノフスキーによれば、愛と死の神話、不死性の喪失や、過ぎ去った黄金時代と楽園からの追放の物語、近親相姦や邪術の神話などは、悲劇や、叙事詩や、ロマンティックな物語といった芸術的形式に関与する真の要求と共に働いているのである。それらは、信仰との密接な関係を説明し、儀礼と伝統との親密な関係を明らかにすると、マリノフスキーは述べている。

次に、ヴィクター・ターナーの述べる神話のもつ結合力について見てみたい。

ターナーは『象徴と社会』（一九七四年）において、文化と社会構造の多くの領域に拡散されてきたものの大半が、中枢的かつ多義的なシンボルや神話から構成される複合的な意味体系の中で結び合わされたり、あるいは特別な価値を与えられることとなると述べている。これらのシンボルや神話は強力な結合力をもっている。そして、「霊感」と呼ぶべきものが、そこに生じてくるという。神話においては一見、社会関係の法‐政治的な構造性が失われたかのように思われるが、その構造性とはもちろん社会関係に固有の構造ではない。それはまた、社会的人格や地位の関係でもなく、シンボルと観念および価値の関係に分かち与えられてきたものである。そこで、この分類の枠組から外れた無時間性と無空間性のうちに、文化における重要な分類と範疇とが、神話、シンボルそれに儀礼を通して表現されるのであるとして、ターナーは以下のように述べる。

神話や儀礼においては墓や子宮によって象徴される、境界性の深みに沈潜し、屈辱と卑下という深層体験をした人びとは、通過儀礼をへて、政治上ないし社会構造の分野のなかで以前よりも高い地位に達するのである。その結果、彼らは自分の母集団に対して偏狭で特別の忠誠心をもたないようになる。たとえば、長時間の割礼儀礼を実施する部族社会の場合、新入者は部族のさまざまな分節単位から集まるが、儀礼が終わっても彼らの結びつきは一生のあいだ続いてゆく。こうした連帯には、生まれついての地位とそれ以降の獲得的な地位との裂け目をつなぐ、相互的な権利および義務がつきものになっている。（ターナー『象徴と社会』）

そして三人目の人類学者は、構造主義の祖として名高いクロード・レヴィ＝ストロースである。彼は未開社会の親族体系を贈与や言語から分析することで、構造言語学や記号論をより進化させた。人類学の射程を未開社会から現代社会にまで広げた功績は大きく、社会学や哲学、精神医学などの隣接分野にも多大な影響を与えた。
レヴィ＝ストロースは神話と歴史について以下のように語っている。

私たちの社会では、神話に代わって歴史がそれと同じ機能をはたしているのだと言ってしまっても、それは私の信ずるところをあまりはずれておりません。文字や古文書をもたない社会においては、神話の目的とは、未来が現在と過去に対してできる限り忠実であること――完全に同じであることは明らかに不可能ですが――の保証なのです。ところが私たちは、未来はつねに現在とは異なるものであるべきだ、またますます異なったものになってゆくべきだ、と考えます。そして、どのような相違を考えるかは、ある範囲までは、もちろん私たちの政治的傾向によって左右されます。私たちの心のなかで、神話と歴史のあいだにはある断絶が存在します。しかしながらこの断絶は、歴史の研究によっておそらく打ち破られるでしょう。ただしそれは、歴史を神話から切り離されたものとは見なさず、神話の延長として研究することによって可能になるのです。
（レヴィ＝ストロース『神話と意味』）

レヴィ＝ストロースは、トーテミスムのような神話体系が社会の秩序を保証していたこと、それは現代社会における歴史観念の役割と本質において似ていることを指摘した。また彼はクラシック音楽の素養にもすぐれ、音楽と神話を比較した。音楽を聞く人の心にも、神話の物語を聞く人の心にも、たえず一種の再構成が行われるというのである。しかもそれは、全体的に似ているだけではない。音楽にはいろいろな特定の形式があるが、それについても、音楽がそれらの形式を作り出したとき、神話のレベルですでに存在していた構造を再発見しただけだと言ってもよいくらい似ていると述べる。

彼は「音楽と神話とは、いわば、言語から生まれた二人姉妹のようなものですが、別々に引き離され、それぞれ異なる方向に進んでいます。ちょうど神話の人物のように、一方は北へ、他方は南へと進んで行って、二度と会うことはありません。そういう事実に気がついてみますと、音を用いて作曲することは私にはできなかったけれども、もしかしたら、意味を用いてそれをすることはできるかもしれないと思ったのです」と語っている。このような文学的で深遠な思想は多くの読者を魅了し、神話学の興隆へとつながっていったのである。

神話と夢想と秘儀

ここまで哲学者や神話学者、人類学者の神話に対する考え方を見てきたが、わたし自身が最も共感するのは、ルーマニア生まれの宗教学者ミルチャ・エリアーデの神話観である。

エリアーデは、『神話と夢想と秘儀』（一九五七年）の「序文」において、いきなり次のような神話論を展開している。

神話はその存在の仕方によって自らを規定している。つまり神話は、あるものを十分に表示されたものとして啓示してゆき、その表示がひとつの人間的行動と同時にあるリアルなものの構造の基礎となる点で創造的でかつ典型的なものである限りにおいて、はじめて神話は神話として把握されうる。神話はつねにある事柄が、実際に起こったものとして――たとえ世界の創造とか、ごくつまらぬ動物なり植物、あるいは一つの制度なりが造り出されることを述べるにしても、言葉の正しい意味で実際にそのことが起こったものとして語っている。生起した事柄について語るというまさにそのことが、問題の事柄がどのようにして実現したかを明らかにしている（しかもこのどのようにしては等しくなぜの代わりにもなっている）。また実在しはじめるという行為は、同時にひとつの現実の出現であり、その根源的構造の解明ともなる。宇宙開闢説的神話がこの世界はどのように創造されたかをわれわれに語る場合に、その神話は宇宙というこの総体的な現実の出現とその存在論的法則とを明らかにしている。つまりこの世界がいかなる意味において実在するのかを教える。宇宙進化論はまた存在《オント》示現《ファニー》、つまり存在の完全な顕在化でもある。またすべての神話は何らかの仕方で神話の宇宙論的な型に関与するので、――というのは、かの時に（in illo tempore）何が起こったかについてのあらゆる説明は、原型的な歴史つまりどのようにしてこの世界が実在するようになったかのヴァリエイションに過ぎないので、——当然すべての神話は存在示現となる。

（エリアーデ『神話と夢想と秘儀』）

エリアーデによれば、神話はリアリティの構造とこの世界における存在の多様な様態を顕示するという。だからこそ神話は人間の行動の典型的モデルとなるというのだ。つまり真実の物語を明らかにし、リアリティに関わりをもってゆく。しかし存在示現はつねに神体示現ないし聖体示現を含んでいる。この世界を創造し、とりわけ人間的なものから昆虫の存在様式に至るまでの無数のこの世の存在様式を設定したのは神々ないし神に近い者たちである。

神話は、かの時に何が起こったかの歴史を明らかにすることによって、同時に聖なるものがこの世界に侵入したことを明らかにする。ある神ないし英雄がある行動様式を取った場合、その行動がその神の発明したものであるというまさにそのことによって、それは神聖な創造となる。たとえば、神や英雄が特殊な方法で食事をした場合、人間はその神ないし英雄と同じような仕方で食事をし、その身振りを繰り返し、いわば彼らの存在に関わり合うのである。

神話はリアルでかつ神聖であるゆえに典型となり、人間が繰り返しうるものとなる。そうしてひとつの模範として、と同時に正当化の手段として、あらゆる人間的行為に波及する。言い換えれば、神話は、時間の始まりにおいて生起し、かつ人間的行動の模範として役立つという意味において、真の歴史なのである。人間は、ある神ないしある神話的英雄の典型的行為を模倣することにより、あるいはたんに彼らの英雄的行為を物語ることによって、世俗的時間から離れて、聖なる時間という大いなる時間のなかに入ってゆくことが可能である。現代社会に生きるわたしたちにとってはなかなか想像がむずかしいが、つまり神話とは生きた歴史であり、いつでも体験できる規範なのである。

現代社会と神話のかかわりについてエリアーデは、もし神話および集団的シンボルに対する何らかの《かかわり》が現代世界にもなお残存しているとしても、伝統的社会において神話が演じていた中心的役割を果たすのとはほど遠く、伝統的な社会に比較すれば現代社会は神話に欠乏しているように思えると述べている。現代社会の病患と危機とは、まさにその適切なる神話の欠如に帰せられるのだとさえ主張している。

神話と儀式あるいは儀礼は不可分の関係にあることは前にも述べた。エリアーデはこのことを「儀礼的起源」という言葉で説明している。現代人は自らの《歴史》から解放され、質的に違ったある時間的リズムを生きようと努力しており、そうすることによって知らず知らずのうちに神話的行動に回帰しているとした指摘した上で、このことは、現代人が利用している「逃避」の二大方法である「見ること」と「読むこと」を考察すれば一層はっきりわかるだろうと述べている。

エリアーデによれば、見る娯楽の神話的手順にいちいち言及しなくとも、闘牛、競争および体操競技の儀礼的起源を思い起こせば十分であるという。こうしたものはすべて、ある「集中化した時間」、神話的宗教的時間の剰余ないし継承としての強化された時間のうちに現れているという共通点がある。

この「集中化した時間」については、芝居や映画を考えてみればよくわかる。芝居や映画には、儀礼的起源と神話的構造とが色濃く反映されている。しかしながら、それらを全然考慮に入れなくても、芝居と映画はわたしたちを「世俗的持続」とはまったく違った性質の時間の中に入れてくれる。それは、一切の美的意味内容とはまったく別に、観客の心に深い反響を呼びさます、集中的でかつ屈折した時間的リズムの効果である。わたしたちが二時間の映画で人の一生分のドラマを知った気持ちになるのと同じように、神話は古代の人に世界のなりたちと仕組みを理解させることができたのである。おそらくはそこから得られる深いカタルシスも同様であったろう。

『神話と夢想と秘儀』の白眉ともいうべき第九章「秘儀と精神的再生」では、さまざまな事例をあげた後で、エリアーデは怪物の腹のなかに呑みこまれることによる死のシンボリズムを見出す。そして、このシンボリズムが成人の通過儀礼（イニシエーション）においてきわめて重要な役割を果たしていることを指摘する。ここで、エリアーデは秘儀結社への入会儀式が部族生活におけるイニシエーションにあらゆる点で照応していることに注目する。すなわち、隠遁生活、イニシエーション的な拷問と試練、死と復活、新しい名前の賦与、秘儀の言葉の伝授などである。
イニシエーションにおいてポイントになるのも「死と再生」のモチーフである。子どもの自分が死ぬことによってしか、大人としての生は得られないのである。そして、肉体的な痛みや精神的な試練を怖れる存在であるかぎり、社会的な個としての生存は認められない。精神的再生の最高の方法としての象徴的な「死」は、キリスト教のような世界規模の宗教においてすら継承され、イニシエーション的筋書きを構成していることには重要な意味があるのである。

それはあらゆる新たな宗教体験によって更新され再体験され、再評価されてゆく基本的な秘儀である。しかし、こうした秘儀の究極的な結果をさらに精密に検討してみよう。すなわち、もしひとがすでにこの世で死を知っていたなら、もしひとが別のものに再生するために絶え間なく無数に死ぬならば、——ひとはすでにこの世で、この地上で、この地上のものではなくて聖なるもの、神にかかわるような何ものかを生きるということになる。彼は不死のはじまりを生き、次第に不死になってゆくと言えよう。その結果、不死はもはや死後の（post mortem）生存と考えられるべきではなく、ひとが絶えずつくり出してゆき、そのために準備をし、またいまから、すなわちいまこの世界においてひとがかかわり合うひとつの状態として考えられるべきなのだ。無死つまり不死とは、ある限定的な状態、すなわちひとが自らの全存在をかけて努力し、不断に死に、かつよみがえることによって征服しようと努力する理想的な状態なのだ。

（エリアーデ、同書）

つねに死を意識することがよく生きることであり、それを不断のものとするのが神話であり、宗教における秘儀であるとすれば、そのどちらの存在も希薄になった現代日本社会において生きることが困難になりつつあることは決して偶然ではないと言えよう。

イニシエーションの元型

イニシエーションの問題が出てきたが、ユング派の心理学者ジョセフ・L・ヘンダーソンは、ユングの遺作ともなった『人間と象徴』（一九六四年）に収められた「古代神話と現代人」の中で、「イニシエーションの元型」について次のように言及している。

古代の歴史や現代の未開人社会の儀式には、イニシエーションの神話や儀式についての豊富な資料がある。その儀式によって、若い男女が両親から乳離れして、強制的にその一族や種族のメンバーに加えられるのである。しかし、子どもの世界から引離すことによって、原初の両親の元型は傷つくであろうし、この傷は集団生活への同化という治療過程を通じて癒されなければならないのである。（集団と個人との同化はトーテム信仰の動物としてしばしば象徴化されている。）そのようにして、集団は傷ついた元型の要求を充足させ、そして、第２の両親のようなものになる。この両親のために、若者は初め象徴的に犠牲になるわけであるが、これはひとえに、新しい人生に再出発するためなのである。

（ヘンダーソン「古代神話と現代人」ユング編『人間と象徴』）

ヘンダーソンは部族社会におけるイニシエーションの儀式について、イニシエーションの候補者を原初的な母と子の同一性、または自我と自己との同一性の最も深い水準に立ち返らせ、彼に象徴的な死を体験させるのであるとも述べている。

言い換えるなら、彼の同一性は一時的に普遍的無意識のなかに分割され、解消されるのである。この状態から彼は、新生の儀式によって救い出される。これが、トーテム、氏族、部族あるいはこの三者の結合したものとして表される、より大きい集団と自我とを真に結合させる最初の行為であるという。

ヘンダーソンによれば、部族的な集団内であろうと、もっと複合的な社会におけるものであろうと、儀式というものはきまってこの死と再生の儀式を主張しているという。そしてそれは、幼児初期から幼児後期に移るものであろうと、青春期前期から後期に、また、青春期から成人期にいたるものであろうと、人生のある段階から次の段階に移る「通過儀礼」を新参者に与えるのである。

ヘンダーソンは、英雄神話にも言及し、英雄神話とイニシエーションの儀式とのあいだには、ひとつの驚くべき差異があると述べている。典型的な英雄は、その野望を達成するためにあらゆる努力をする。要するに、たとえ彼らがそのすぐあとで高慢のゆえに罰せられようが殺されようが、とにかく目的を達する。これにひきかえ、イニシエーションの候補者は、気ままな野心やすべての欲望を捨て去り、苦難に従うことを要請されるというのである。彼は成功する希望なしに、この試練を喜んで経験しなければならない。事実、彼は死の準備もしなければならないのである。試練の印が穏やかなものであろうと（一定期間の断食や歯を叩き折ったり、入墨をしたり）、あるいは苦痛に満ちたものであろうと（割礼の切開やその他の切断による傷の苦しみ）、目的はいつも同じである。すなわちそれは、再生の象徴的気分を湧き出させるような、死の象徴的ムードをつくることにあるのだ。

ヘンダーソンは、女性のイニシエーションにも言及し、イニシエーションの儀式を成功に導く基本的な態度とみなされている服従のテーマは、少女や婦人の事例に見ることができると述べている。彼女たちの通過儀礼は、基本が受動性であることが最初に強調され、これは月経周期によって課せられる彼女たちの自律性がもともと生理的に制限されていることによっている。この月経周期は、事実上、女性のイニシエーションにとって重要な部分とみなされる。というのは、「女性を支配する生命の創造力に対する最深部の服従感覚」をよびさます力があるからである。かくて、男が集団の共同生活のなかで、自分の割り当てられた役割に没入するように、女性もその女らしい機能に自分を喜んで投入すると、ヘンダーソンは述べる。

イニシエーションにおいては、男性対女性の原初的対立というべきものを正すような形で、男に女を、女に男を熟知させるという側面がある。ヘンダーソンによれば、「男性の知恵（ロゴス）は女性の関係性（エロス）と出会い、そして、両者の結合は、古代の密儀宗教において発生して以来、イニシエーションの核心を占めてきた聖なる結婚の象徴的儀式として、表現されている。しかし、現代人がこれを把握するのは極めて困難である。そして、それを現代人に理解させようとして、しばしば人生上の特別の危機という形をとる」という。

そして、結婚の儀式についても、ヘンダーソンは以下のように述べる。

目に見えない父や母が、結婚というヴェールの背後にひそんでいるかも知れないというような神経症的な恐怖は別として、普通の若い男でも結婚の儀式に恐れを感じる正当な理由がある。結婚は本質的に女のイニシエーションの儀式であり、そこでは男は、征服する英雄そのものであるとしか感じないのである。部族社会において、花嫁の誘拐や強姦というような恐怖対抗的儀式があったとしても驚くにはあたらない。これらは、男が花嫁に服従し、結婚の責任を負わねばならぬまさにその瞬間に、英雄的な役割の遺物に彼をすがりつかせるのである。

しかし、結婚の主題は、また、それ自体がさらに深い意味をもつ宇宙的なイメージである。

結婚は、ほんとうの妻を獲得することであると同時に、男性自身の心のなかにある女性的要素を象徴的に発見することでもあって、これは歓迎すべきことであり、必要ですらある。というわけで、人は適当に刺激にたいする反応として、どのような年齢の男でも、この元型と出会うであろう。

（ヘンダーソン、同書）

「古代神話と現代人」の最後では、抑制と自由との合流点をイニシエーションの儀式に見ることができるとして、ヘンダーソンは「この儀式は、個人にたいしても、集団の全員にたいしても、彼ら自身のなかで反対の力を結びつけ、彼らの人生に平衡を得させることを可能にする」と述べている。しかしながら、この儀式は、誰にとっても同じような効果や意義を提供するものではないという。人生儀礼は個人にとって人生の特定の局面に関連しており、その意義が正しく理解され、新しい生活に適したかたちで理解されないかぎり、この貴重な瞬間は価値をもたらさずに過ぎてしまうのである。

イニシエーションは基本的に、服従の儀式にはじまり、抑制の時期を経て、最終的には解放の儀式へと進む。この過程を経ることで、どの個人も、人格内の矛盾する要素を和解させることができるという。試練の克服により、真の人間に成長することができるのである。これもまた、儀式が神話を必要とせずに存続できるという一つの証左であろう。

第三章　祭祀と儀式

「まつり」とは何か

儀式の問題を考える上で、「祭祀」すなわち「祭り」の問題を避けて通ることはできない。日本語の「まつり」は多義的な言葉である。それは日本人にとって「まつり」が古くから重要な事象であったことを意味している。日本には「まつり」や「まつる」という古語が漢字の流入以前よりあったわけで、漢字表記では「祀り」「祭り」「奉り」「政り」などがある。

字義的には「まつり」とは「祀る」の名詞形で、神を祀ること、その神を祀る儀式を指す。古代日本では、権力者が祭祀と政治を司っており、政《まつりごと》という表現が示すとおり、祭政一致だった。

「まつり」というやまと言葉の原義は「神に奉《つか》へ仕《つかまつ》る」であることを本居宣長は『古事記伝』

（一七九八年）で説いている。「まつり」の語源は「たてまつる」の「まつる」すなわち供献する・お供えすることに由来するのである。その「まつる」に継続を意味する助動詞である「ふ」がつくと、「まつろふ」となって奉仕・服従の意味となる。「まつり」は、この「まつる」の名詞形であるとする。

祭祀では神前に御神饌《ごしんせん》と呼ばれる供物や神楽などの諸芸能が奉納され、それぞれ形式が定められた儀式が執り行われる。もっとも戦後においては、いわゆる国家神道への反動などから、宗教行事そのものへの関心が希薄になり、祭祀の中で「神輿《みこし》」など賑やかな行事のみが「祭り」であると誤認される状況となってきており、花火大会など神事を伴わないイベントなどにも「祭り」を冠するようになったため、「まつり」の本義的な意味合いが理解しにくくなってしまった。

そこでまずは、「まつり」に当てられた漢字表記の意味を整理しておこう。

「祀り」は、神・尊《みこと》に祈ること、あるいは神・尊に祈る儀式を指す。

これは「祀り」が祈りに通じることから、神職が行う祈祷や占いなど、いわゆる「神社神道」の本質としての「まつり」を意味する。「祀り」には神楽《かぐら》などの巫女舞や太神楽、獅子舞、恵比寿講なども含まれる。もっとも、これらは古神道に起源を求めることができ、古くは神和《かんな》ぎという大和言葉で表現されていた。森羅万象、自然に宿っている魂や命が、荒ぶる神とならぬように祈ることが「祀り」であり、これが道祖神、地蔵、祠《ほこら》や塚、供養塔の建立へと発展していく。現在、一般的に神社で行われる祈願は「祀り」と表記されるのがふさわしい。

他方、「祭り」は命・魂・霊・御霊《みたま》を慰めるもの（慰霊）である。「祭」という漢字は会意文字であり、又、肉、示から構成されている。「右手（又）」「切った肉」「神にいけにえを捧げる台（示）」の象形から「いけにえの肉を神にまつる」を意味する。『論語』には「生《い》くる之れに事《つか》ふるに礼を以てし、死するに之れを葬《ほうむ》るに礼を以てし、之れを祭《まつ》るに礼を以てす」という記述がある。「祭り」は先祖崇拝を前提として使用されていることがわかる。日本においても、古神道の本質の一つでもある先祖崇拝が、仏教と習合（神仏習合）しながら現代にもお盆や彼岸などの年中行事として伝えられている。

「奉り」は、奉《たてまつ》るとも読むことからもわかるとおり、献上や召し上げる・仰ぐなどの意味がある。日本神話の人格神、天皇や殿上人などの貴人への行為を指す。これは、大半の神道では人格神を祀っているが、皇室の祖先である「尊《みこと》」に対する謙譲の行為が「まつり」である。

その起源はやはり古神道にまで遡る。記紀に記された日本神話の山幸彦と海幸彦の物語で、話の中心となる釣針と弓矢が象徴するのは、神に捧げる山の幸と海の幸（御神饌）である。かつて漁《いさ》りや狩《か》りをする者は、神々の取り分として得物《えもの》の一部を山や海に還したといわれる。もっとも、奉るという行為は、漁師や猟師だけに限らない。稲作や酒造などをはじめとする自然の恵みに感謝する行為が神事となり、現在でも各地域の「おまつり」として伝承されている。地鎮祭や上棟式における御神酒《おみき》や切麻散米《きりぬささんまい》も同様である。

「政り」は、明治以降に普及した「政治」という熟語が端的に象徴するように「まつりをおさめる」ものが国を治めていたことを示す。古代日本の小国家（部族）は、卑弥呼のような、祭礼を司る巫女による祈祷や占いによって治められていた。祭祀と政治は密接不可分であり、権力者による「祭政一致」による社会であった。政という漢字を訓読みで「まつりごと」と呼ぶ所以である。

日本が国家としての体制を整えたのは七世紀後半から八世紀とされる。いわゆる律令制が確立された時期であるが、律令制とは刑法（律）と行政法（令）による法治制度であり、唐の法制を準用したものである。この制度に基づく八つの省からなる中央官庁のうち、天皇と直結する行政の中枢を担った中務省に陰陽寮が設置されていた。陰陽寮は「陰陽頭《おんみょうのかみ》」が統べており、陰陽博士、天文博士、暦博士、漏刻博士、陰陽師といった専門職が仕えており、陰陽五行《いんようごぎょう》の思想によって天皇の政《まつりごと》を支えていた。奈良時代から平安時代にかけて二回遷都が行われているが、都を遷す土地を選び吉凶を判断するのも陰陽師の仕事であった。朝廷に限らず、地方の行政府においても、その年の吉凶を占う祭祀や普請のための祭りが行われていた。

いずれにしても「まつり」は、超自然的存在に対する祈願、崇敬、感謝、謝罪の意思を表明する行為である。現在でも、年中行事や通過儀礼として「まつり」は暮らしに息づいている。

また「まつり」は、民俗学の「ハレとケ」の概念でも知られる。「まつり」は「ケ（褻）」（＝日常）に対する「ハレ」（＝非日常）である。「ケ」が続き、日常の生命力が枯渇すると「ケガレ（褻枯れ、気枯れ）」となる。そこで定期的に神を迎え、神の力にふれて生命力を振るい起こすためにも「まつり」が必要となるのである。つまり祭りは日常生活のエネルギーを補給するための特別な空間と時間を象徴するものとなっていた。

宗教哲学者の鎌田東二は、『神道とは何か』において、祭りは自然と人間と神々との間の調和をはかり、その調和に対する感謝を表明する儀式だと述べている。

鎌田によれば、祭りには次の四つの意味があるという。

第一に、神の訪れを待つこと。

第二に、お供え物を奉《たてまつ》ること。

第三に、その威力と道にまつろうこと。

第四に、神と自然と人間との間に真釣《まつ》りが、すなわち真の釣り合い・バランス・調和が生まれること。

だから祭りのない神道はありえないし、神道の精神と具体的な実践は、大は国家の祭礼や祭典から、中は町や村といった共同体の祭り、そして小は各家庭の祭りに至るまで、さまざまな祭りを通して表されることになるのである。鎌田の師である神道学者の小野祖教も、神道の本質を祭祀に見て、祭りを非常に重視した。彼は、『世界の宗教と経典総解説』（一九八九年）の「神道」の項に次のように書いている。

私は、まず、神道を知る為には、神話を研究せよという古い神道家の訓《おし》えをすてたいと思う。神話は大切だが、これを括弧に入れて、まず祭祀を考えてみよと提唱したい。また、いろいろな神道があるが、祭祀中心の神道だけを頭に置き、いろいろな説に煩わされないようにしようと提唱したいと思う。

（小野祖教「神道」『世界の宗教と経典総解説』）

昔から神道家は神話を重視して、解釈を立てようとした。これは、きわめて自然であり、当然であると言えるだろう。なぜなら、『古事記』『日本書紀』『古語拾遺』『先代旧事本紀』など神道と関わりが深い神典・神書といわれるものの重要な部分はすべて神話であるからだ。

しかし、小野祖教は、祭祀を成り立たせている発想の中にこそ神道解明の鍵があると考えたのである。つまり、祭祀は言葉以上に言葉であり、祭祀が語るところを読みとれば神道がわかるというわけである。

神を迎える前には「いみ」の期間がある。積極的に身を清める「斎《いみ》」と、消極的に身を守る「忌《いみ》」の二つがある。禊《みそぎ》の原義は「身滌《みそそ》ぎ」とされるが、禊や悪を払拭する祓いには潔斎《けっさい》の意味がある。潔斎とは、神聖な行事の前に、飲食などをつつしみ、沐浴《もくよく》などをして心身を清めることである。

神道においては、このような浄化の儀礼が重要である。それは大きな儀式の前の斎戒や死の穢れに対する忌みといったいくつかの節制からなる。もともとはすべての信者によって実践されていたが、今日では神職によってのみとり行われている。

祓いは、祓串《はらえぐし》を用いる浄化の儀式だが、これをとり行う権利があるのは神職だけである。祓いの後には、榊《さかき》の若木を「玉串」として奉奠《ほうてん》する。榊とは、収穫の象徴としての聖木なのである。また、神に捧げる歌や踊りや「祝詞」を伴った、米や酒などの奉納が儀式の中核をなす。「いみ」が終わると、いよいよ神を迎える。「まつり」の本番となり、日常のケ（褻）から非日常のハレ（晴れ）に入る。海や川や野をはじめとする種々《くさぐさ》の味物《ためつもの》をお供えして祈る。日本の古い祝詞には、神への感謝の言葉のみが記されているが、現在では特定の願い事を書き入れることが多い。

そして、神をまつり、神とふれあって人間の魂を振るい起こすために「鎮魂《ちんこん》」を行う。古くは鎮魂を「みたまふり」と訓《よ》んでいたが、今では文字通りに魂を鎮《しず》めることとされている。鎮魂とともに、歌舞などの芸能も奉納する。そうして「まつり」の本番が終了すると、非日常のハレから日常のケに戻る。神送りを済ませて「直会《なおらい》」となり、神に供えた御神酒《おみき》などを飲んで、ハレの世界からケの世界へと帰還するのである。そして酒盛り、つまり「饗宴」となるわけだ。

現在ではこうした形が簡略化されていることが多いが、宮中儀礼、とくに天皇の即位の祭祀である大嘗祭《だいじょうさい》などには、祭りが本来もっている精神と形式が受け継がれている。時代とともに簡略化が進んでも、ケからケガレ、ケガレからハレ、そしてハレからケという祭りの基本構造に変わりはない。

しかしながら、国や共同体統合の儀礼として機能していた「まつり」は、戦後の社会構造の変化、すなわち都市部への人口集中により過疎化した地方においては「伝統芸能」の保存に主眼が移り、辛うじて命脈を保っているケースも珍しくない。また、都市部における「まつり」も、主体となる神社の祭祀は継続しているものの、「まつり」の参加者に宗教的な祭礼に参加しているという認識は希薄になってきており、もっぱら関心は山車の曳行や諸芸能の娯楽性が主体となってきている。たとえば、かつて相撲は神に奉納される神事であり、いまでもその名残はあるものの、これを神事と認識する者は少ないのではなかろうか。

かつては神に奉納されていた各地の「まつり」は、いまやそのほとんどが観光客を対象としたイベントと化していると言っても過言ではない。「まつり」の本義であった神や先祖に対する宗教行為としての機能は限りなく失われ、世俗的なイベントとしての認識が一般的になっているのが実情である。

ここで本来の日本の祭りについての論考を見てみたい。日本民俗学の創始者である柳田國男の『日本の祭』（一九四一年）から「祭から祭礼へ」の冒頭部分を紹介しよう。本稿は東京大学の教養特別講義として話された内容である。

現在宗教といわるるいくつかの信仰組織、たとえば仏教やキリスト教と比べてみてもすぐに心づくが、我々の信仰には経典というものがない。ただ正しい公けの歴史の一部分をもって、経典に準ずべきものだと見る人があるだけである。しかも国の大多数の最も誠実なる信者は、これを読むおりがなく、また文書をもってその信仰を教えられてもいなかった。それゆえにまた説教者という者はなく、少なくとも平日すなわち祭でない日の伝道ということはなかった。そうしてこれから私の説いてみようとするごとく、以前は専門の神職というものは存せず、ましてや彼らの教団組織などはなかった。個々の御社を取り囲んで、それぞれに多数の指導者がいたことは事実であるけれども、その教えはもっぱら行為と感覚とをもって伝達せらるべきもので、常の日・常の席ではこれを口にすることをはばかられていた。すなわち年に何度かの祭に参加した者だけが、次々にその体験を新たにすべきものであった。我々温帯の国々においては、四季の循環ということが、誠に都合のよい記憶の支柱であった。我々の祭はこれを目標にして、昔から今に至るまでくり返されていたのである。祭に逢わぬということは非常な損失であり、また時としては宥し難い怠慢とさえ考えられていた。祭は国民信仰の、言わばただ一筋の飛石であった。この筋を歩んでいくより他には、惟神之道、すなわち神ながらの道というものを、究めることはできなかったわけである。

（柳田國男『日本の祭』）

柳田は続いて日本の祭りの大きな変化についても言及し、見物と称する群の発生、すなわち祭りの参加者の中に「信仰を共にせざる人々、言わばただ審美的の立場から、この行事を観望する者」の出現を挙げている。観客の発生が祭りの大きな変化であったというのである。

柳田は「それが都会の生活を花やかにもすれば、我々の幼い日の記念を楽しくもしたと共に、神社を中核とした信仰の統一はやや毀れ、しまいには村に住みながらも祭はただながめるものと、考えるような気風をも養ったのである」と述べている。

また、柳田は「籠る」ということが祭りの本体であると指摘し、本来は酒食をもって神をおもてなし申す間、一同が御前に侍坐することがマツリであったという。そうしてその神にさし上げたのと同じ食物を、人間たちが末座において共々にたまわるのが、直会（ナオライ）であったと推測する。

「神幸と神態」では、祭礼の式と行列について語られる。式と行列とは最初から関係があったようで、キリスト教の祭典にもやはり小規模ながらプロセッション（行進）は見られる。柳田によれば、もともと儀式は足を使うものが多く、したがって空間を必要とし、またその行事が細かく立会人が多くなれば、順序をまちがいなく守るためにも、行列を作らずにはいられなかったという。葬式でも嫁入りでも、また軍隊の行進でも、行列の起こりは一つであった。ただ日本ではそれに加えて、日本人の信仰の特殊性が異常にこれを発達させ、それが今日では大小の祭りの違いを生んだとする。つまり、行列のないのがただのマツリであり、いわゆる祭礼は必ず行列を伴うというのである。

柳田は「神舞」についても言及し、舞と踊との二つの流れについて自説を述べている。それによれば、踊は行動であり、舞は行動を副産物とした歌または「かたりごと」であるという。さらに、俳優を示す「わざおぎ」という言葉について、柳田は以下のように述べている。

「わざおぎ」という言葉はいわゆる芝居の意味に、今も風雅の人々は使っているが、ワザの所業であり行動でありまた技術であることは知っていても、オギが招くを意味することは解し得ない人が多い。私の見るところでは、ワザによって神をオグすなわち招くというのが、この名称の由って来たるところであった。あるいは経験の結果として、始めから歌詞に伴う舞の形を案じてかかったものもあったろうが、その経験を得るためにも、まず我々は神と共に、この「たたえ言」の尊さに動かされなければならなかった。空にこのような舞の形のみを、案じ出すということは想像し得られぬからである。すなわち最初にあったものは言葉のあやまたは力で、舞はむしろその直接の効果、今一歩を進めて言うならば、これによっていよいよ神に依られんとする状態が、本来は舞というものの姿ではなかったかとも思っている。

（柳田國男、同書）

柳田はこうして、言葉の奥深くに残る「神事」の痕跡を指摘する。もう一つの例を「供物と神主」から取り上げよう。今日、マツリの総称の中に入れられるいっさいの信仰行事を通じて、必ず備わっている要件、そうして日本以外の民族にあってはしばしば欠けている要件が二つある。その一つはミテグラを立てること、もう一つは必ず食物を勧めることである。

祭りの舞台といえば神社を連想するが、「年中行事」と呼ばれる家の神祭りも重要であった。昔はどの家にも神棚があり、初穂を捧げた。これは必ず家の者が食べる米と同じ田から収穫したものでなければならない。つまり、神様の召し上がるのと同じものを、神前に列坐して共々に食べるのが決まりである。この日のために特別の鍋釜や特別の膳椀があり、また常の日と変わった食品を調《ととの》えて上げるとすると、それが同時にまた人間にとっても、そういう珍しいものが食べられる日となる。「節供」という言葉も、その名の通りに、もともとはこの節日の供物に基づいていた。節供はいわば家々における直会《なおらい》であった。

それが後々の時代になると、いつでも食べたい時に御馳走をこしらえたり、店に買いに行けば年じゅう餅があるというようになって、「ハレの膳」という観念ははなはだ不明なものになった。それでも、まだ、わたしたちは突然に赤飯などを出されると、「今日は何の日だったかな」と訊きたくなるような気持ちだけは持っている。

柳田は、「祭日と食物との深い結びつきは、丸っきり断絶してしまってもいないのである。ただ現在は一般に公けの祭だけが、神に御供え申す品物と、同じ時刻に人々の食べるものとを、二つ全く別々にしているので、著しくこの民間年中行事の信仰上の意義を、希薄にしてしまったことは争えないのである」と述べている。

神に供える食べ物についても、現在ではお神酒や米や野菜などの神饌を捧げるのが一般的である。しかし、昔は原料だけではなく料理されたものを出していたのである。柳田は「今日のように、神さまにはすべて原料のままでお目にかけるだけとなっては、たとえ古来の慣例によって、今なお村中がそれを食することになっていようとも、双方にはもう連絡がなく、言わばただ一つの奇習となってしまうのである」と嘆く。そして、「国の祭式の統一ということは歓ばしいが、そのために特殊神饌の省みられなくなったものが多く、神と人との最も大切な接触と融和、すなわち目には見えない神秘の連鎖が、食物という身の内へ入って行くものによって、新たに補強せられるというような素朴な物の考え方が、いよいよ近代人の共鳴しがたきものになってくるのである」と述べている。

神さまの供物が人間の食べ物と分かれてきた端緒は、あるいはこういうところにもあったのかもしれぬ。中世の記録にはたしかに食品であった熨蚫《ノシアワビ》や昆布、榧とか搗栗とかいうものも、もうそのままでは食わぬ人が多くなった。人は世につれて自由に好みを変え、醤油とか砂糖とか胡椒とか、その他いろいろの調味品を使いながら、神さまだけを元の御習わしに置き残し申すというのも相すまぬ話だが、それにもまして困ったことは、神と人と同時に同じ物を味わい楽しむという、太古以来の儀式の趣旨が、おいおいと忘れられていくことであった。これは全く祭が新たなる文化を利用した結果、だんだんとその中心を供饌以外のものに移していって、大きな注意をこの点に払わなくなったためであり、さらにまた一般に祭奉仕の役目を、限られたる家または人に委ねてしまったがためであろう。（柳田國男、同書）

かつては家での祭りとして神との供食があたりまえであった日本人の食事は、いつしか神を置き去りにして変化してしまった。統治から食事に至るまで、祭りは日本人の精神と文化をまとめるための巨大な機構であった。柳田は「いまだかつてこの神を祭れといい、その方式を改めよという類の制令を下すことなくして、天下はことごとく安んじたのである」と述べる。

日本という国は祭りによって安定を保ってきたと、柳田は言う。日本の祭りで最も重要な原則は「承認」であった。頂点においては、天皇家が御みずから祭りたまう一国の宗廟《そうびょう》と大社に対して、万民が無限の崇敬を捧げる。一方では、臣たる庶民が祭ってきた大小の御社を洩れのないように公認し、最も有力ないくつかの社には勅使を遣わしたり、幣帛《へいはく》を贈進したりした。

この中央集権的な方策は武家封建の時代にも継承され、さらに明治維新によって制度として確立した。これが神国・日本のマツリゴトの大きな秘密であり、戦前の精神文化の統一はこのようになされたのである。

『日本の祭』の最後に、神と人との関係について、柳田は次のように語っている。

神は人の敬によって威徳を加えたまうということは、「貞永式目」以来の信条であったけれども、同時にその反面において我々の祭が、常に公共の福祉を目的とした、純一無私のものであったればこそ、総国敬神の念は期せずしてこれに集注したのだとも言えるのである。ところが我々のまだはっきりと意識せぬうちに、少しずつこの根本の要件は変わってきた。第一には個人祈願、他には打ち明けることもできない身勝手な願いごとを、氏神様に向かって掛けるものができて、これにはもちろん神主の仲介を頼まない。私祭はほとんど内外の区別を無視せんとしている。次には部内の祭の唯一の条件であった共同の謹慎を、守り得ない者が多くなってきた。精進潔斎の戒律が日にゆるんで、しかもなお不浄を忌まわしとする感覚だけは残っているがゆえに、神の黙約に基づく年来の恩沢が、はたして持続しているかどうかを危ぶむの念は、愚直な者の間にようやく瀰漫せんとしている。国の固有信仰の伝統において、まことにこれは一つの大いなる危機である。しかも一方にはただ歴史ある敬神の国是を強調することによって、永く神国の伝統を支持し得べしと、思っているらしき人がいるのである。虚礼に陥ることなくんば幸いである。

（柳田國男、同書）

原初において、日本人の神は公共の福祉を目的としたという柳田の指摘は現在のわたしたちにとって耳が痛い。神をまつる行為が自己の利益のみを目的としたものになることもしばしばである。しかし、大きな震災に見舞われた際など、いまでもわたしたちは見知らぬ人たちの不幸に涙し、安全を祈願する心を忘れてはいない。これこそは本来の日本人のまつりを継ぐものと言えるであろう。

祭りの発生

柳田國男と並ぶ日本民俗学の巨人が折口信夫である。柳田に生涯師事することをやめなかった折口は、第二次世界大戦の傷跡もいまだ癒えない昭和二二年（一九四七年）に「先生の学問」という講演を行い、師である柳田について語った。そこで折口は「一口に言えば、先生の学問は、『神』を目的としている。日本の神の研究は、先生の学問に着手された最初の目的であり、それがまた、今日において最も明らかな対象として浮き上って見えるのです」と述べている。

明治時代に書かれ、日本民俗学の幕開けを告げた『遠野物語』（一九一〇年）にも色濃く見られるように、柳田の学問に最も大きな影響を与えたものは「経済史学」であった。しかし、折口は「経済史学だけでは、どうしても足りません。それだけで到達することの出来なかったのは、神の発見という事実です」と、柳田の学問の本質について述べている。その「神の発見」が最も生き生きと述べられている作品こそ、これまで見てきた『日本の祭』であり、ここには柳田民俗学の真髄があると言えるかもしれない。

柳田國男の学問の本質が「神の発見」にあるなら、折口はその道をさらに極めた。その成果は大著『古代研究』（一九三〇年）として結実したが、その中に収められている「翁の発生」で、折口は「常世神」について「祭りに臨む老体」として、次のように述べている。

私は日本の国には、国家以前から常世神《トコヨガミ》という神の信仰のあったことを、他の場合にたびたび述べました。これは「常世人」といった方がよいかと思われる物なのです。斉明天皇紀に見えているのが、常世神の文字の初めでありますが、これは、原形忘却後の連想を交えてきたようで、その前は思兼神《おもいかねのかみ》も、少彦名命も、常世の神でした。しかし純化しない前の常世人は、神と人間との間の精霊の一種としたらしいのが、一等古いようであります。

元来ひとという語の原義は、後世の神人に近いので、神聖の資格をもって現れるものの義である、と思います。顕宗紀の室寿詞《むろほぎ》は「我が常世《トコヨ》たち」の文句で結んでいます。これは、正客なる年高人《トシダカビト》を讃頌した語なのです。常世の国人ということから、常世の国から来る寿命の長い人、ただのこの世の長生の人という義になってきたのです。

日本人は、常世人は、海のあなたの他界から来る、と考えていました。初めは、初春に来るものと信じられていたのが、後はたびたび来るものと考えるようになりました。春祭りと刈上げ祭りは、前夜から翌朝まで引き続いて行われたものでした。その中間に、いま一つあったのが冬祭りです。ふゆまつりは鎮魂式であります。

（折口信夫「翁の発生」『古代研究』）

祭りは古くは四季に応じて執り行われたと折口は述べている。

季節が代わる時期に行われる祭りには、邪気退散の呪法を授けるか受けるかもわからない鬼神も来るようになった。そうした、稀に、しかも頻々とおとずれる「まれびと神」も元は年が代わる時期に限って姿を現したのである。

四季の祭りを順に紹介していこう。まずは、春祭りから派生した「田遊び」がある。この祭りは田植えに臨んでさつきの神々なども迎えられた。春祭りの一部分である「春田打ち」の感染所作は、尉《じょう》と姥《うば》が主役であった。これが五月に再び行われるようになったのが「田遊び」である。簑笠《みのがさ》を着た巨人およびその伴神たちの所作や、彼らに鍛えられて調えられる早乙女の労働、作業を妨害する敵人・害虫獣などとの誓約が神事劇や舞いとなって表現された。

これが田楽の基礎になった「田遊び」のもともとの形式であるという。

「ほうとする話」では、折口は「祭り」について次のように述べている。

月次《つきなみ》祭りの、おしひろげて季候にわりあてられたものと見るべき、四季の祭りは、根本から言えば、臨時祭りであった。だが、かえって、こうした祭りが始まって後、神社神社特殊の定祭が起ったのであった。四季の祭りの中でも、町方でもっとも盛んな夏祭りは、実は一等遅れて起ったものであった。次に、新しいというのも、その久しい時間に対しては叶わないほど、古く岐《わか》れた祭りがある。秋祭りである。これも農村では、本祭りといった考えで執行《しゅぎょう》せられる。

（折口信夫「ほうとする話」『古代研究』）

四季の祭りのうち、意外にも夏祭りは最も遅くに始まったものであり、秋祭りは冬祭りから分かれ出たものであったという。冬祭りには二通りあり、そのうちの早いものがのちに秋祭りになっていく。もう一つの冬祭りは春祭りと背中合せに接していた行事であったという。この、本来の冬祭りは、春祭りの前提として行われた儀式が独立したものと言うことができる。しかし時には、晩秋の冬祭りと初春の冬祭りとが、一続きの儀礼のようになってしまうこともあったらしい。そのため、秋祭りの直後に最初の冬祭りをし、二回目の冬祭りにひき続いて春祭りをするようにという具合に、だんだん間隔を空けるようになるとともに、祭儀が交錯し、複雑になっていったのだろうと、折口は推測する。

「神楽」はもともと、「鎮魂祭のつき物で、古い形を考えると、大祓式の一部でもあった」と折口は述べている。もともとの神楽は冬が本義であったが、のちに夏にも演奏する神楽が新しく発生した。祓えや禊ぎもまた、鎮魂の前提であり、夏祓えは冬祓えから分かれて遅れて発生した簡略版だったのである。ところが時代を追うごとに、冬祓えを形式視して、夏祓えを主とするようになってきた。折口は、「冬の祓えに行われた神楽が、別の季の神事に分裂してゆく。それとともに、神楽の一方の起原になっている石清水《いわしみず》八幡の仲秋の行事の楽舞を、夏祓えにとり越して、学んだ形があるのだ」と述べている。

先にも述べたが、もともとは夏に祭りはなかったのである。折口によれば、夏の祭りは、冬の禊ぎから派生したもので、少なくとも平安朝以前にはなかったという。現在のような御輿《みこし》のお渡りが行われたのは、水辺にあって、禊《みそ》ぎに適した地が発祥であったようである。御輿はもともと邪霊や悪神の機嫌をとり、服従を示すための行事だったようで、この場合の「まつり」は「まつろふ」(「従う」の意味の古語)に近いものであった。

続いて「秋祭り」である。「秋の祭りは、誰もがすぐ考える通り、刈り上げの犒《ねぎら》い祭りである」が、実際の刈り上げ祭りは、正しくは仲冬に入ってから行われる。秋祭りとは要するに「新嘗《にいなめ》祭り」のことだが、これには前提すべき条件が忘れられているという。それは、伊勢両宮の神が、神としてきこしめす新嘗に限った行事の延長であるということである。

この新嘗祭りが天皇の即位に伴って行われるのが大嘗祭である。

大嘗祭りは、御世始《みよはじ》めの新嘗祭りである。同時に、大嘗祭りの詔旨・即位式の詔旨が一つものであったことを示している。即位から次の初春までは、天子物忌みの期間であって、いわゆるまどこ・おふすまを被って、籠《こも》られるのである。春の前夜になって、新しい日の御子誕生して、禊ぎをして後、宮廷に入る。そうして、まれびととしてのあるじを、神なる自分が、神主なる自身から享けられる。これが、大祓えでもあり、鎮魂でもあり、大嘗・新嘗でもある。そうして、高天原の神のみことをもちたる時と、神自身となられる時との二様があるので、伝承の呪詞と御座とが、それを分けるのである。

（折口信夫、同書）

伝承の呪詞は、毎年、初春ごとに繰り返された。この詔旨を宣《の》り降されることには、年を始めに返し、人の齢も殿の建物もすべてを去年のままに戻し、一転して最初の物にしてしまうという「初期設定」の機能があった。初期設定されれば、これまでのいきがかりは、すべてなかったことになり、昔に戻ってしまうのである。

「初期設定」は天皇の即位式、すなわち「大嘗祭」においても同様に重要視された。しかし、やがて即位式は先帝崩御とともに行われるようになり、新嘗祭は仲冬の刈り上げ直後の行事と変貌を遂げ、日の御子甦生の産湯なる禊ぎは道教化して意義を転じ、元旦の拝賀は詔旨よりも賀を受ける方を主とせられるようになっていったと、折口は嘆いている。

しかしながら、暦は何度改まっても、大晦日までを冬と考え、元旦を初春とする考え方は続いた。『古今和歌集』巻頭の「年のうちに、春は来にけり」という表現も、この季節観による。大嘗祭にあたっては「世直しのため、正月が盆からふたたびはじまり、徳政が宣せられたりもした。後世の因明論理や儒者の常識を超越した社会現象は、皆、この即位または元旦の詔旨（のりとの本体）の宣り直す、という威力の信仰に基いているのだ」と折口は述べている。

まつりは季節を刻む地方の祝祭というだけでなく、国家の一大イベントであった。では、村々の祭りはどのように始まり定着していったのだろうか。

新嘗の意味の秋祭りのほかに、秋に多い信仰行事は、相撲であり、水神祭りであり、魂祭りである。秋の初めから、九月の末に祭りを行うような処までも、社々で、童相撲・若衆相撲などを催す。それは、宮廷の相撲節会《すまいのせちえ》が七月だから、それを民間で模倣したと言うこともできぬ。これを農村どうしの年占《としうら》あるいは、作物競争と見る人もあろう。だがそれよりも、不思議に、水神に関係していることである。（折口信夫、同書）

河童が相撲を好み、人を見れば挑みかけるとしている伝承も古くから存在する。九州の角力行事なども、妖怪化した河童を対象にした川祭りが元になっているという。そして、春祭りに行ったはずの祭礼が、五月の田遊びにも、七月の水神祭りにも、それぞれの勝手な事情で、行い改められたのだろうと、折口は推測している。その後、だいたい海から来る神が、川を溯って村々を訪れる時期が、だんだん決まってきたという。それは「夏と秋とゆきあいの早稲のほのぼのと」目につく頃であった。

折口は、「市」についても言及している。市はもともと冬に立ったもので、この日が山の神祭りであった。山の神女が市神であった。これが、いつからか、えびす神に替わってきたという。そうして、山の神に仕える神女、すなわち山の神と見なされたり、山姥という妖怪風の者と考えられたりしたのだという。だから、年の暮れ、山の神が刈り上げ祭りに臨む日が、古式の市日であった。この意味で、天満宮における節分の「鷽替《うそかえ》神事」などは、大晦日の市と同じ形を存しているのである。

そして「冬祭り」である。冬の祭りは、前述したように鎮魂を目的としたものであり、禊ぎから出たものであった。春祭りを繰り上げて行う場合もあったが、冬の月次《つきなみ》祭が転じた場合もあり、さらには「新室《にいむろ》ほかひ」という竣工祭のようなものに属する場合もある。しかし、ここで注目したいのは、「ふゆ」という言葉の古い語義である。「秋」が古くは、刈り上げ前後の、短い楽しい時間を言うたらしかったと同じく、「ふゆ」もきわめてわずかな時間を表現していたという。ふゆは「殖ゆ」であり、鎮魂すなわち「みたまふり」の「ふる」と同じ言葉だとして、御魂が殖えるのだとし、威霊の信頼すべき力を「みたまのふゆ」と言う説もある。すなわち、威霊の増殖という理解である。語源は「触る」「殖ゆ」「栄ゆ」など諸説あり、一定していない。

鎮魂式では、外来の威霊が新しい力で身につき直すと考え、それが展開して、いくつに分裂してももとの威力は減少しないという信仰ができたことが紹介されている。鎮魂式に先立つ祓えの後に、旧霊魂の穢《けが》れを移した衣が、祓《はら》えの人々に与えられた。この衣についたものを穢れと見ないで、分裂した魂と考えるようになった。だから、平安朝には、歳暮に衣配りの風習が行われたそうである。春衣を与えるというのは、魂を頒《わか》ち与える意だったのである。すなわち「みたまのふゆ」の信仰である。この場合の「ふゆ」は、「殖ゆ」という動詞ではなく、「分裂物」などを意味する体言であるという。

また、「家の祝言」も冬に執り行われることが多かった。祝言は、家のあるじの生命・健康の祝福であると同時に、家財増殖を願うことでもある。時には、新婚夫婦が仲よく添い遂げるように、子が生み殖えるように、との希望を予祝する目的でも行う。この「みたまのふゆ」の現れる鎮魂の期間が「ふゆまつり」と考えられたのであろう、と折口は推測している。

そののち、「ふゆ」だけが分離して、刈り上げの後から春までの間を意味するようになった。刈り上げと鎮魂・大晦日との関係がしだいに薄くなっていって、間隔ができたため、冬についての観念が変わっていったのである。人々は次第に、暦の示す三か月の冬季を、あまり長過ぎるとも感じなくなっていった。

そして、折口は「祭りの発生」について以下のように総括している。

第一義のまつりは、呪詞・詔旨を唱誦する儀式であったことになる。第二義は、神意を具象するために、呪詞の意を体して奉仕することである。さらに転じては、神意の現実化したことを報告し、神にお礼を捧げる機会となった。古いまつりにはこうした目的のものが多かった。ことに第二のものについては、まつりごと側の事情になってくる。それが偏っていって、神の国のまつりごとの完全になったことを言う覆奏《ふくそう》が盛んになった。これは神嘗《かんなめ》祭りである。

祭りの構造と儀礼

折口信夫の「神の発見」をめざす学問は、新国学としての日本民俗学の大きな柱となり、彼の母校であった國學院大學の研究者を中心に受け継がれていった。

その國學院で長らく教授を務めた儀礼文化学会理事長の倉林正次は、「わが国の祭りの基本形式は三部構成をとる」と述べている。祭りの構成は三つの部分からなるが、その三部構成は、「神祭り－直会－宴会」という図式によって示される。

宴会について考えるうえでは「穏座《おんざ》」がキーワードになる。この「穏座」について、倉林は著書『儀礼文化序説』（一九八二年）で以下のように述べている。

穏座は祭りの「宴会」に相当する部分である。古語では「とよのあかり（豊明）」と称し、酒の効果が人々の顔色に明るい輝きをみせた状態を表わす言葉だといわれる。これ以上古代人にとって幸福な状況を示す言葉はなかったのであろう。平和の極地を意味する語だったのである。茶道における「和」の精神も、こうした「豊明」に示された祭りの心の延長上に構築された世界であったと思われる。

（倉林正次『儀礼文化序説』）

また、倉林は「コミュニケーション」という言葉がキリスト教の祭りに由来することを指摘する。カトリック教会で行われる祭りを「ミサ」と言うが、「コミュニケーション」はこの祭儀の中から生まれた言葉なのである。司祭が十字架を捧げ、葡萄酒を飲む。助祭者がそれをいただき、さらにその後で信者たちがパンをいただく。こうすることによって、信者たちは聖体、すなわちイエスの肉体を自分たちの体内に内在させることができると考えられているのである。これが「聖体拝領」である。

この聖体拝領をCommunionという。共有・共同などの意味をもつラテン語に由来する言葉であり、神と人とが一体となるということを意味する。この言葉からCommunicationという言葉が生まれたのである。倉林によれば、この聖体拝領の考えは、わが国の「直会」とまったく同じ内容を持つという。直会は神と人とが同じ食べものを飲食することによって神の恩寵にあずかることであり、宴会は人と人とのコミュニケーションをはかる場であるというわけだ。

倉林はまた、「祭りは神話の再現であり、神の世界への帰巣を意味するということである。祭りの実践をこのように理解していたわれわれの先祖たちの真意を考えてみると、それは『皆々仏祖の行ひの跡を学ぶ』とする利休の考えに等しいものであるといえるように思う」とも述べている。「茶をたてて仏に仕へ」という仏前献茶の奉仕の後に、「人にも施し、我も飲み」という茶会の座が設けられる。両者の構成上の関係は、まったく祭りにおける神祭りと直会との位相関係と同様であり、茶会はこの直会にその目的も意義も等しいものなのである。

以上、柳田國男、折口信夫、倉林正次と國學院大學に縁の深い三人の考えを紹介してきた。

その國學院大學日本文化研究所が、一九九八年（平成十年）の新春に「祭祀儀礼空間の形成と展開」をテーマとしたシンポジウムを開催している。その内容は『祭祀空間、儀礼空間』（一九九九年）に収録されているが、その「あとがき」で、シンポジウムの司会を務めた同研究所教授の椙山林継が「祭り」について以下のようにまとめている。

祭りとは、人々が何とかして神に願い事を聞いてもらうため必死に祈ると共に、手を代え品を替えて努力する状であり、時に感謝、御礼の意があっても、次を頼むわけであり、夢中であり、必死であれば形にならない事もあろう。ところが繰り返し行われたり、一度成功した場合は、その方法が記憶され、型ができてくる。改善され、エスカレートしていくとしても基本は守られていく。神が聞き届けられた、そのやり方は、周囲で見ている人々にとって、あれならば神が納得されたに違いないと納得する、認める。足を踏むのも、手を挙げるのも型が定まってくる。場所も季節もきまってくる。祭式が整えられ、儀式が固定化してくる。しかし、新しい文化が流入し、価値観が変化した時、文化は断絶し、新文化の出現が興る。これまでの儀式は否定されるわけである。とは言っても行動する人々に継続する血が流れていたり、自然環境が変化しない一定地域内であった時、前文化が全く消しきれるであろうか。疑問が残る。日本列島という狭い、限定された地域に展開した人間文化は、常に流入する新文化を吸収し、混合し、時に覆われて経過して来た。時間の流れの中に失なわれていったもの、形を変えても、後から見れば同じ行動様式であるもの、伝統とも呼ばれて意識としても伝えられて来たもの、それらを整理し、紐解きながらまとめていかなければならないであろう。

（椙山林継「あとがき」國學院大學日本文化研究所編『祭祀空間、儀礼空間』）

かくのごとく、まつりとしての儀礼は時代により土地によってさまざまな変遷を経て、現代にその形式を残しているのである。しかし、日本は広い。一部の祭りには、アルカイックな意味世界を細々ながら生かし続けているものもある。その典型的な例として、沖縄の祭祀を研究し続けた社会人類学者の村武精一は、「アカマタ・クロマタ祭祀」を挙げる。

アカマタ・クロマタとは、沖縄県八重山諸島の西表島東部の古見を発祥とし、小浜島、石垣島宮良、上地島に伝わる来訪神である。アカマタ・クロマタ男女二神は、旧七月の「プール」または「プーリ」と呼ばれる豊年祭に出現する。この祭りは、その年の作柄を感謝し、来期の豊作を予祝するための祭りである。男女二神は、旧七月の壬《みずのえ》・癸《みずのと》の日に出現するが、神々は太陽が没して夜の世界になって初めて、集落の外にある「ナビンドゥ」と呼ばれる洞穴から出現する。神々は暗い洞穴の世界から、夜の世界に現れてくるのである。

出現した男女二神は村人の歓喜と畏敬に迎えられて集落に入る。それから、アカマタ祭祀集団とクロマタ祭祀集団のそれぞれの宗家を訪れ、神詞を唱える。そしてアカマタ神はアカマタ組の家々を、クロマタ神はクロマタ組の家々を訪れ、「世」を授ける。しかしこの一年、共同体の掟を犯したり、秩序を乱したものは、神々の怒りに触れ、神々が右手にたずさえている杖で打たれる。神の杖に打たれた者は、一年以内に死亡したり不幸な目に遭うとされている。

神々による家回りが終わると、日の出前に集落のはずれで両神が落ち合う。そして、村人の感謝と別れの悲しみの中を両神は再び洞穴の中へ去っていく。やがて日の出を迎えると、共同体は新生し、新しい秩序を回復して新しい生活が始まる。

この「アカマタ・クロマタ祭祀」は秘祭であり、写真の撮影も厳しく禁じられている。村武は著書『祭祀空間』において、「なぜ〈アカマタ・クロマタ〉祭祀が研究者や観光客を拒否して、その儀礼生活の完全性を追求するか」という問いを立てている。その答えは、祭りを担う人々は、自分たち共同体の始源的世界に回帰することによって、来たるべき一年の「活力」を真に獲得できることを体得しているからである。つまり、真の「力」は、自分たちの「この世」をもたらしてくれた祖型世界への回帰を、何びとにも邪魔されたり犯されたりすることなく遂行することによって得られるというのである。

当然ながら、祭りはもともと、「よそもの」のためにあるものではなく、真に連帯できる人間のためにあるものである。そのことをはっきり知っている人々が、研究者や観光客を拒否して、祭祀の完全性を追求するのだという。祭祀の対象となる超越的な存在は「この世」に幸と豊穣の「力」を授けてくれるものとして、ときには来訪神として、ときには、「この世」の人の目には見えない霊的存在として現れてくる。村武は「このような広義の神々の訪れによって人びとは祝福をうけ、豊穣を授かる。こうして共同体祭祀においては、《祝祭》の性格が強調されるのである」と述べる。

祭りと儀礼の宗教学

祭りと儀礼についての研究では、宗教学者の柳川啓一の業績もよく知られている。彼は『祭と儀礼の宗教学』（一九八七年）において、まず、神社の「氏神‐氏子」の関係に注目する。おのおのの「祖先」をいただいて、家ごとに孤立している「檀家」集団を補完するために、村にとっては家と家の連合としての宗教が必要になる。柳川は、「氏神‐氏子」関係の機能的な必要性はこの点にあると指摘する。垂直的な人間関係に対して、水平的な人間関係を補足するというのである。

「氏神‐氏子」関係が、水平的な人間関係を補足するという指摘は重要である。人間関係といえば、なによりもそれを強化するものは祭りである。宗教学者の薗田稔は「祭」という論文で、「祭とは、劇的構成のもとに祭儀（リチュアル）と祝祭（フェスティビティ）とが相乗的に現出する非日常的な集団の融即状態（コミュニタス）の位相において、集団の依拠する世界観が実在的に表象するものである。そして、その表象された世界像のなかで、集団はその存続の根元的意味を再認識し、成員のエトスが補強される。要すれば、祭は集団の象徴的な再生の現象である」と書いている。この論文を紹介した柳川は、祭りは二つの部分の複合体であると述べている。一つは、「祭儀」（ritual）であり、もう一つは、「祝祭」（festivity）である。柳川は、「祭儀」について以下のように述べている。

祭儀の面は、厳粛、荘重な行事である。祭に入るまでに、精進、潔斎を行なって心身を浄化し、細部にわたって伝統的に定められた式典に列する。ただこうした行事は、神職、氏子総代、長老、地域の代表など、その土地の権力、権威構造が反映している。〈家〉の連合としての〈氏子〉組織がそのままにあらわれている。

（柳川啓一『祭と儀礼の宗教学』）

また柳川は、「祝祭」についても言及する。祝祭の部分は、みこし、山車《だし》がくり出し、歌と踊りの芸能、饗宴など、陽気に行われる。行事を担い盛り立てるものは、村町内の一般の氏子である。ふだんの社会構造においては下位にある、子ども、青年、ときには女性が主役を演じ、上下の関係は逆になる。日常の家の関係、また家の内部における関係が、一時的に停止されることになる。祭りの反構造性、また無構造性は、これを示しているという。

構造人類学者レヴィ＝ストロースの説を紹介しながら、柳川は「祭、あるいは一般に儀礼の原理として、『分割』と『反復』という相反する二つを取り上げているのは注目をひく」と述べている。分割はとどまるところを知らず分けていく志向であり、反復は同じことの、倦むことを知らぬ繰り返しである。祭りにおける例でいえば、祭りは、神あるいは神のもつ力の分割の過程と見ることができるという。柳田國男の『柱松考』以来の考え方では、神を呼び寄せ、その神がみこしに乗って町々に乗り移る。また、神への供物が次々と分配されて、「神秘な連鎖」を作っていく。柳川は「分割の過程は時の流れにそっており、ドラマとしての祭のみかたはその線に沿ったものである」と述べている。

さらに、「つながりとしての祭」を考える上で、柳川は以下のデュルケムの「宗教の統合理論」を紹介する。デュルケムは『宗教生活の原初形態』において、オーストラリア原住民のトーテムの祭りの本質を示した。トーテムの目的はトーテム動植物を増やすためという功利的目的が認識されていたが、それはあくまで建て前にすぎないとして、西欧人による、原始人の誤った因果関係の認識であり、彼らの無知によるものであるという偏見を退けたのである。オーストラリアは雨季と乾季に分かれており、乾季には彼らは食物を求めて家族ごとにばらばらに散って生活している。その行動は利己的な欲求のために社会的連携を弱くする恐れがある。したがって雨季には、部族が同じ場所に集まり、祭りを行うことによって、自分たちは一つであるということを再確認する必要があるというのだ。トーテム動物の増殖という架空な目的の裏には、精神的な連帯の強化という真の目的が潜在しているのである。

デュルケムは、宗教は社会統合をはかる機能をもつという、実際には証明できない要素に究極的な原因を当てはめているわけである。このデュルケム説をもとに、柳川は述べる。

> 祭は人びとのつながりをよみがえらせる。現代の都会生活の荒涼さを一面的に強調すると、逆に、何の実際的目的にもなりそうにもない祭を通しての人と人とのつながりが、失われたものへの郷愁となる。

つながりとしての祭を科学的に、すなわち事実と事実との相互の関係について見ようとするとき、それは祭と社会集団、社会組織、社会構造との関係をみることになる。社会学、社会人類学の実証的研究において、それはたびたび繰り返されている。祖先崇拝は血縁集団の精神的強化と統制をはかるものである。近代都市、近代国家においてさえ、新しい祭が創り出され、それは、社会、国家への帰属感を呼びおこそうとするものであるなど。

（柳川啓一、同書）

柳川はまた、「聖なる劇としての祭」として、つながりとしての祭りは、町、坪などの集団の連帯を維持、強化すると述べている。聖と俗という用語を使うならば、俗なるものを補強するために、聖なる象徴——神、神輿、酒、食事——が使われるのである。これは機能論的アプローチとして広く用いられている。しかし、町民が集まって記念式典を行い、その後で一杯飲むというのも集団の維持・強化に働くと述べている。

柳川が祭りという現象に興味をひかれるようになったのは、一九六〇年の安保改定の時であったという。その抗議運動の儀式的スタイルと、その急速な昂揚と急速な終焉が、「祭」との類比によって分析できる共通の特徴をいくつか持っていると見た柳川は、祭りを通して、日本人の行動形式の特徴をも引き出すことが可能ではないかと思ったという。

東京大学教授として、錚々たる顔ぶれの宗教学者たちを教えてきた柳川は、「宗教」と「儀礼」

の関係について以下のように述べている。

宗教とは、信仰、信心を中心とするものであって、儀礼は二次的なものであるという見解がかなり一般的な時期があった。それは、宗教改革によって生れたプロテスタンティズムの傾向でもあったが、宗教学界もまた、こうした考え方の影響をかなり受けていたことは否めない。儀礼は外形的、表面的、固定的、習慣的などという形容詞をつけられて、いわゆる原始宗教の事例を除いては、儀礼の研究は従属的な地位を与えられていた。

一九六〇年の後半以来、こうした傾向は大きく変ったように見える。儀礼は、信仰のたんなる外側への表現でなく、それ独自の意味と価値を持つものであることが認められてきた。

（柳川啓一、同書）

宗教学者としての柳川は、正月と盆という年中行事に大きな関心を寄せた。柳田国男は、一九四〇年に行われた柳川との座談会において、「一番私らの惜しいと思うのは、日本人の今まで長く味わってきた興奮ですね、きれいな興奮、それに伴うイマジネーション、これらがみななくなってしまった。普段にあまり興奮が多いものだから。……以前はそれを一ぺんにとってしまった。お祭の場合に三分の一、お正月に三分の一、お盆に三分の一、というようにパッととってしまった。あとは虫みたいな生活。その差が大きかっただけ、その興奮は高かったと思う」と語る。柳田自身も、また、その門下も、祭りと盆と正月の行事、儀礼の採集と分析には、総力を挙げたといってよい。正月と盆は、年中行事の端緒として研究が集中された。そして、まつりは年中行事だけではない。葬式や結婚式などの通過儀礼も共同体全体にとっての祝祭であった。ここでは柳川の「死をめぐる儀礼」についての考察に注目してみよう。

死をめぐる儀礼は、前から、宗教学、人類学、民俗学のテーマとなっており、臨終から葬儀、追悼儀式に至る一連の儀礼が明らかにされている。しかし、社会史学、社会学、看護学などの分野における、近ごろの死の研究はさらに新しい領域を開いている。死の儀礼は、パターン化された葬送儀礼だけでなく、死にゆく人びととその家族、親族、医者、看護婦などの医療従事者、それに宗教家と葬祭業者という人間関係の網の目の中の広い範囲のものをふくむと解されるようになった。すべてが、儀礼行為といってもよい。末期《まつご》のふるまいが運、不運によるものであれば、あるいは間に合わぬかもしれないが、それでも、「死に方の儀礼」の習得は人の心得であろうか。

（柳川啓一、同書）

また、「儀礼としての礼儀」では、「儒教の『儀礼《ぎらい》』のような、家族、親族の複雑な儀礼体系を日本人は受け容れられなかった。それでも、イエとかムラという、前提の相互に了解される人間関係の儀礼はあった。本式とはいえなくても一応儒教に託された『礼』が、明治の末期に崩れたあと、われわれは、何をモデルとして、礼儀を再建しようとしたか、再建に成功したのか、失敗したのか」と述べている。この問いへの答えについては後の章で改めて検討してみたい。

バタイユとカイヨワ

これまで日本人の「まつり」の思想を見てきたが、最後に海外の思想家の考え方にも触れておきたい。「祭り」の問題を論じた思想家といえば、まず、ジョルジュ・バタイユの名が思い浮かぶ。バタイユは後のポスト構造主義にも影響を与えたフランスの哲学者、作家である。

バタイユの両親は無宗教であったが、本人の意志でカトリックに入信した。敬虔なクリスチャンとして過ごすうちに神秘主義的な素養が芽生え、やがてニーチェの読書体験を通して、一九二〇年代の始めには無神論者となった。バタイユの作品世界は「死」と「エロス」を根源的なテーマとし、論文、小説、哲学書など旺盛な執筆活動を終生続けた。

バタイユが約十五年にわたって書き継いだ本である『呪われた部分』（一九四九年）の草稿原稿、アフォリズム、ノート、構想をまとめた『呪われた部分　有用性の限界』（一九四九年）において、彼は祝祭について以下のように述べている。

素朴な時代には、すべての民が祝祭のカオスのうちで、生の深い根源へとさかのぼっていた。祝祭においては意味は混乱し、酩酊と性的な放埒さが解き放たれる。しかしこうした混乱は、聖なる儀礼が生み出した悲劇的な印象と不安に結ばれている。儀礼はもっとも深いところで存在にふれ、そこで存在は破砕されるのである。

（バタイユ『呪われた部分　有用性の限界』）

また、バタイユは儀礼の問題についても述べる。「人間になることにおいて、不安が果す決定的な役割、貪欲さの不安」というものを取り上げ、祝祭では、食べるので貪欲さが満たされるというのだ。しかし祝祭の原則は不安であり、貪欲は同じ道を進まないとも言う。

バタイユによれば、実効力のある信仰が失われてからも、祝祭は存続できるという。信仰が失われた後で儀礼が存続すると、劇的な性格（苦悩）はすべて喪失する。しかし信仰とは深い理性と儀礼の中間項にすぎず、儀礼の存続の可能性は、信仰の重要性の低さを露わにする。アステカやメキシコでは奴隷を生贄《いけにえ》とする供犠《くぎ》が行われていた。この供犠の問題にも大きな関心を示したバタイユは、「生贄とは有用な富の総体のなかから取り除かれる一種の剰余である」と定義し、『呪われた部分』で以下のように述べている。

生贄にそそがれる配慮ほど胸打たれる光景はない。ものである以上、それを縛りつけている現実の次元からそれを真に引き離すためには、破壊がものとしてのその特性をそれから剥奪し、その有用性を永久に除去する以外に方法はない。聖別されるや否や、そして聖別から死までのあいだ、それは奉納者たちの身近かに入り込み、彼らの消費に参加する。彼らの一員となり、余命いくばくもない祭典の中で、歌い、踊り、彼らと共にあらゆる快楽を享受する。それにはもはや奴隷らしいところはない。武器を受け取り、戦うことさえ可能である。それはお祭り騒ぎの中に巻き込まれる。そしてまさしくその中で、命を失うのだ。

（バタイユ　『呪われた部分』）

バタイユは「祭式は生贄になる人間や動物の血腥い浪費を必要とする。生贄は、語源的意味では、聖なるものを生み出すことに他ならない」と述べている。そもそも、聖なるものは損失の働きによって形造られるように見受けられる。バタイユは、キリスト教が成功したのは、人間の苦悩をはかり知れぬ損失と失墜の表現にまで高める神の子の不名誉な磔刑《たっけい》（はりつけ）というテーマが功を奏した結果と見てよいとさえ述べているのである。血の穢れを嫌う日本の祭祀との大きな違いはたいへん興味深い点である。

バタイユの影響を強く受けた思想家にフランスの哲学者であるロジェ・カイヨワがいる。カイヨワは『人間と聖なるもの』の「初版への序文」に「私はジョルジュ・バタイユにたいして感謝の気持ちを表わしておきたい。聖なるものという問題をめぐって、われわれのあいだである種の相互浸透が成立していたように思われる。このような関係においては、何度となく議論がかわされたので、われわれが共同で追求していた研究のどこまでが彼の持分で、どこからが私の持分なのか、私にははっきりと区別できないほどである」と書いている。
じつは、カイヨワは第一次世界大戦前の一時期は、反ファシズム闘争などの左翼的政治活動に関わっていた。パリの前衛的な知識人とも深く関わり、三六年にはバタイユを発起人とする社会学研究会にミシェル・レリスやピエール・クロソウスキー、コジェーヴらとともに参加した。この研究会の運動は二〇年代に支配的であったシュルレアリスムへの返答でもあったが、彼はシュルレアリストたちの関心事である個人の「無意識」などには関心を寄せず、「儀式」あるいは「共同体」などに焦点を当てて追究した。カイヨワの人類学や社会学、あるいは「聖なるもの」への関心などがこのアプローチを例示している。カイヨワは、『人間と聖なるもの』（一九五〇年）で次のように述べる。

祭りは、生彩を欠いた日々の連続と、断続的な感情の爆発を対立させる。祭りは、いつもかわらぬ物質的な関心事にとらわれた繰り返しの日々にたいして激しい狂乱を、各自がばらばらに持ち分をこなしている平穏な労働にたいして共同での熱狂〔＝沸騰〕の力強い息吹を、社会の拡散にたいして集中を、無気力な生活の静かな労苦にたいして絶頂の瞬間の熱情を対立させる。さらに、祭りの際に執りおこなわれる宗教儀式が信者たちの魂を揺さぶる。こうした祭りは歓喜の時間であるが、また苦悩の時間でもある。最後にたがをゆるめる前には、かならず絶食や沈黙を守らなければならない。習慣的な禁止は強化され、新たな禁制が課される。ありとあらゆる横溢や放埒、儀礼の厳粛さ、祭りに先立つ制約の厳格さ、こうしたもののすべてが、祭りの雰囲気を例外的な世界へと作り上げることに寄与する。

（カイヨワ『人間と聖なるもの』）

ここでカイヨワが指摘する「繰り返しの日々」にたいする「激しい狂乱」は、「ケ」と「ハレ」そのものである。また、カイヨワは放埒、つまり祭りにともなう熱狂的な馬鹿騒ぎについても述べている。放埒は、祭りに付きものであるというだけではない。放埒は祭りの喧噪のたんなる付随現象ではなく、儀式が成功裡におわるために必要とされるものである。儀式の聖なる力に参与し、儀式とともに自然や社会の再生に貢献するものなのである。祭りの目的とは、こうした自然や社会の再生にほかならないという。

カイヨワは「世界の掟」にも言及し、「普遍的な秩序に支配され、規則正しいリズムに律されるコスモス（宇宙）として世界は運行される。節度と規則が世界を維持する。万物がしかるべき場に位置し、あらゆる出来事がしかるべき時に起こる。それが世界の掟である。聖なるものは、もっぱら、コスモスの規則性を脅かすかもしれない一切のものにたいする禁止や防止か、あるいは規則性を乱しかねない一切のものにかかわる贖罪や補償として現われる」と述べる。

ここでコスモス（宇宙）が持ち出されたが、「原初のカオス」として、カイヨワは「実際、祭りには、まるで最初期の宇宙を再現しているかのような印象がある。この太古（Urzeit）、原初の時代は、すべての存在、すべての生命、すべての制度が、伝統的かつ決定的な形態のうちに固定された、すぐれて創造的な時代であった。それは神話に語られている神なる祖先が、まだ生きて活動していた時期にほかならない」とも述べている。

さらにカイヨワによれば、祭りは「大いなる時代」にむかって開かれた開口部であるという。人間たちが生成流転の過程を離れ、原初の時代という、全能でつねに清新な力の貯蔵庫に近づく瞬間であるというのだ。祭りが行われる神殿や教会や聖所といった場所は、「大いなる空間」に向かって開かれた開口部を象徴している。「大いなる空間」とは、神なる祖先たちが動きまわっていた空間であり、聖なる地点や岩山は、わたしたちにも知覚できるその目印として、世界を決定していった創造者たちの身振りと結びついていると述べる。

カイヨワは、祭りの本質を「浪費と熱狂状態」として、以下のように「祭り」を定義する。

結局のところ、祭りとは、その十全なかたちをとるとき、社会の熱狂状態として定義されねばならない。そして祭りは社会を浄化し再生させる。祭りが社会活動の絶頂点であるということは、宗教的観点からばかりでなく、経済的観点からも言える。祭りこそは、一瞬のうちに富を循環させる時間、もっとも重要な市場をつくりあげ、蓄積された富を威厳をもって配分する時間なのである。祭りは集団の栄光を示すとともに、集団の存在を鍛えなおすひとつの全体的現象として現われる。祭りにおいては、集団の繁栄の証拠であり、未来への保証である新しいものの誕生が祝われる。集団は、新たな成員たちに精力を授ける加入儀礼をとおして、彼らを自分たちの内部に迎え入れる。集団は死者に別れを告げ、彼らへの忠誠を厳かに誓う。これはまた、階層化された社会において、さまざまな社会階級が歩みより、おたがいを同胞と認めあう機会となる。また、胞族に分かれた社会においては、相互補完的集団と敵対的集団が混じりあって連帯を立証し、普段は交じわらないよう気をつけているそれぞれの集団に受肉した神秘的諸原理を、創造の営みのために協働させる機会となる。

（カイヨワ、同書）

さらにカイヨワは、さまざまな祭りがどれほど異なるものと想像され、また異なっているるように見えようが、また一つの季節に集中したり、一年中に分散していたりしようが、いたるところで祭りは同じような機能を果たしていると述べる。社会は発展の過程で、無個性化、画一化、階層の均等化、緊張の緩和へと向かっていく。社会機構の複雑さがきわ立つにつれて、生の通常の流れの中断は認められにくくなる。すべてが昨日と同じように今日も続き、また明日も今日と同じように続くことが必要とされる。それを破壊し、なかったことにするのが祭りである。祭りとは労働の義務の一時的中断であり、人間の条件であるさまざまな制限や束縛からの解放であるという。消尽すること、自分の力を消尽すること、それだけが義務となる時間と状態を生きるのである。何かを買うとか買わないとかいった動機などもはや通用せず、ただただ浪費しなければならない。各自が競って自分の富を、食糧を、性的能力や筋力を浪費する。それは、神話が、夢が、生きられる時でもある。それが祭りであると、カイヨワは喝破する。

ここにおいて祭りの本質そのものが理解される。祭りとは公認の無礼講であって、それによって個人は劇的状況に入り、かくて英雄となる。祭式は神話を現実化し、神話を生きることを可能にする。そのゆえに、神話と祭式はしばしば結びついているのである。

この章を終えるにあたり、最後に儒教の四書五経の『礼記』の一節を紹介したい。『礼記』の「祭義篇」には、「祭の意義」が以下のように述べられている。

「祭りはしばしばするを欲せず。しばしばすればすなはち煩し、煩しければすなはち敬せず。祭は疏《おろそか》にするを欲せず。疏にすればすなはち怠る。怠ればすなはち忘る。このゆゑに君子はこれを天道に合せ、春は禘し秋は嘗するなり。」

これは次のような意味となる。

祭祀はたびたびすれば良いというものではない。たびたびするとかえって煩しさがともなってくるし、煩しさに応じてうるさいという気持がおこり、敬の精神がそこなわれることになるからである。また祭祀はこれをおろそかにとりおこなってはならない。おろそかにするとかならず人の心には怠け心がおこってきて、この怠け心に応じて、敬の精神がそこなわれてしまうからである。こういうわけで君子たるものは、祭祀をおこなうには、規則正しくめぐり来て、時の流れに従って一つ一つをおろそかにせず、すぎていく天道に合わせてなされる。春は禘祭をおこない、秋は嘗祭をおこなうというように決められているのはこのためである。

（下見隆雄『礼記』）

以上、この章では、洋の東西を問わず、祭りには定期的に社会を活性化するための機能があること、そこには興奮と狂乱という無礼講的要素と同時に、超越的力を借りることによる沈静化という儀式のパターンが見られることを通覧した。

次章以下では、儀式のもつ超越性について、より具体的に探ってみたい。

第四章　呪術と儀式

タイラーの『原始文化』

儀式の問題を考える上で、呪術というものを避けて通ることはできない。

呪術についての本格的な研究は、エドワード・バーネット・タイラーの『原始文化』（一八七一年）に始まるとされる。副題は「神話・哲学・宗教・言語・芸術・風習に関する研究」である。タイラーは、「文化人類学の父」と呼ばれるイギリスの学者で、進化主義の立場から未開民族の文化を研究し、宗教の起源がアニミズムであることを論じた。

わたしの研究テーマの一つは「人はなぜ葬儀をするのか」である。この問いに対する明確な回答として、「死者の供養をしたほうが生存する確率が高い」という合理説を唱えたのが、他ならぬタイラーであった。彼は、祖先を信仰する人々の行動が集団の生存につながったのではないかと考えたのである。ネアンデルタール人と同じく、わたしたちの直接の祖先とされるクロマニョン人、そして現生人類も死者の埋葬を行ったが、すべての者が死者を埋葬したわけでなく、おそらくは埋葬した集団と埋葬しなかった集団があったと考えられる。そして、歴史の結果として、埋葬の習慣を持っていた集団の子孫だけが生き残ったのである。

初期の人類は、豊饒、健康、狩猟の成功、戦争での勝利などを必要としたが、それらはすべて祖先が霊界から与えてくれるものとされた。子孫は、それらを与えられる代わりに、祖先に対する祈りや崇拝を発達させたのである。もちろん、食物などを寄進するという考えも生み出された。人間は高価な贈り物とともに祈りを祖先に捧げ、祖先はお返しに豊作や狩猟の成功、戦争での勝利などを与えてくれたわけである。

タイラーによれば、古代人は夢、とりわけ夢の中で死んだ親族と会うことに深い意味づけをしたという。古代人の心と現代人の心は、いろいろな意味で違っていただろうが、夢を見ることは共通しているであろう。祖先すなわち死者と会う方法としては、「夢で会う」のが最もわかりやすかったと考えられる。

『原始文化』は、初めて「アニミズム」という考え方を紹介した書としても知られる。彼によれば、アニミズムとは「霊的存在への信仰」を意味する。そして、アニミズムは人類のきわめて低い段階にある諸部族の特徴であるだけでなく、その向上にともなって伝達の仕方が修正されることはあっても、けっして断絶することなく現代文明の中まで存続しているという。

「アニミズム animism」はタイラーの造語である。ラテン語の「アニマ anima」に由来し、気息・霊魂・生命を意味する。アニマは「生きていること」を示す語なので、英語のアニマル、アニメート、アニメーションの類語である。

アニミズムによって、人間はこの世界の万物を信仰の対象とすることができ、その対象は死者、生物、無生物など際限がない。タイラーは、アニミズムという考え方を打ち出すことによって、人間が神や死者、動植物、無生物などほとんどあらゆる存在に対して宗教的心意を示し、宗教的行動をとることの原初的な意味を根本的に明らかにしようとした。言い換えれば、彼は、人間のみがもつ「文化」の起源と発展・進化の過程を究明しようとしたのである。

万物が人間の信仰の対象となりうる理由について、タイラーは、人間は万物に霊魂が宿っていると考えているからだと述べる。ある未開社会においては思想家が病気や幻想、死について、非物質的な霊魂の観念を持ち出して説明しようと試みる。このことで霊魂は霊的存在の観念に発達してアニミズムが成立し、さらには神という観念へと発達することになる。タイラーは、このようにして確立される神は霊魂を擬人化したものであり、さらに神々の世界には階級が成立して神々は一つの神に統合されると論じる。つまりアニミズムから多神教へ、さらに一神教へ、という発達の図式が描き出せると論じているのである。

この「神化論」とでも呼ぶべき神観念の進化論の是非はさておき、アニミズムでも一神教でも、宗教的な儀式は象徴と深いかかわりをもっている。たとえば方角についての興味深い一致を見てみよう。

儀式の中には、その特徴の絵画めいた象徴がある。日神々話やその崇拝を考えると、東は光明・温さ・生命・幸福・栄光を連想させるが、西が暗黒・寒さ・死・衰滅を連想させることは、昔より宗教信仰に深く根ざしていた。（中略）朝日と夕日とが、死体の置き方に交渉し、オーストラリア人は、死者の顔を東に向けて座させ、サモア族やフィージー族は、死体の頭を東へ、足を西へ向けて埋葬する。北米のウィンネバゴ族には、死者をして西へ向かわせ、あるいは東へ面させる風習がある。南米のユマナ族は、死者をして大なる善神の住む東方へ面させ、グアラヨ族も、天神の住む東方へ面させる。しかしペルー人は、死者をして西方へ面させ、ツルグース族も同じ方向である。

（タイラー『原始文化』）

続けて、タイラーは、中世のタタール人が死体の上に土を盛り上げ、その上に東面する像を据え、その手は盃を持っていたことを紹介する。コマンチェ族は、武器を小屋の東側におき、日の最初の光線を受けさせ、ナチェズ族の酋長は、戸口に立って東に向かい、先ず日に煙を吹きかけて後、残る三方角に向かったという。

さらに、古代メキシコでは、太陽への崇拝が宗教の中心であって、人々は東に向かって祈祷した。ペルーで村々が東に向かって建つのは、人々が国津神《くにつかみ》の昇るのを見て、これに挨拶するためである。クスコにある日神殿の内部には、金色の円盤が西に掛かって東に面するから、日が出るとこの円盤に反映して、堂内が明るくなる仕組みである。バラモン教にも日神崇拝があり、殊に昇る朝日を拝し、西方は恐ろしい死の国と見なした。

自然にたいする畏敬の念が多くの文化において共通する儀式に発展したことは、アニミズムが人間の根源的な性質にもとづいていることを示唆している。

フレイザーの『金枝篇』

タイラーに続く呪術研究の巨人が、イギリスの社会人類学者ジェームズ・フレイザーである。彼の代表作である『金枝篇』（一八九〇年）は、未開社会の神話・呪術・信仰に関する集成的研究書として知られる。タイラーの『原始文化』に強い影響を受けたフレイザーは、四〇年以上の歳月をかけて『金枝篇』を完成させた。

タイトルの「金枝」とはヤドリギのことである。同書を執筆することになった発端がイタリアのネーミにおける宿り木信仰、「祭司殺し」の謎に発していることに由来している。ヨーロッパのみならずアジア、アフリカ、アメリカなど世界各地で見られるさまざまな魔術・呪術、タブー、慣習などの多数の例が示されており、その博引傍証ぶりには驚くしかない。いずれも、フレイザーが各種の史料や古典記録、あるいは口伝から収集したものばかりである。

フレイザーは、未開社会における精霊信仰をはじめ、宗教的権威を持つ王が弱体化すればそれを殺し新たな王を戴くという「王殺し」の風習などを紹介する。また、「共感呪術」や「感染呪術」などの信仰を初めて紹介したことでも有名である。

「共感呪術」とは、類似したもの同士は互いに影響しあうという発想（「類似の法則」）に則った呪術で、広くさまざまな文化圏で類感呪術の応用が見られる。一方、「感染呪術」とは、一度接触したものあるいは一つのものであったもの同士（ある個人とその着衣、ある個人とその人の爪、髪の毛など）は、遠隔地においても相互に作用するという発想を元にした呪術である。『金枝篇』は現在においても、こうした呪術の神話的背景を探った民俗学・神話学・宗教学の基本書として高く評価されている。

同書は民族学の創始を告げる書として高い評価を得る一方で、批判も浴びた。フレイザーの研究姿勢は書斎における文献調査による事例収集が中心であったため、実際に現地に入り混じって人類学などの研究に従事するフィールドワーク研究者から「書斎の学問」「安楽椅子の人類学」として内容の真偽も含めて批判されたのである。また、当時の時代的制約であるとはいえ、未開社会と文明社会の間に序列を設ける文化進化論的思考法も批判の対象となった。しかしながら、古代信仰・呪術に関するこれだけの膨大な事例を広く蒐集・総合した例は他にはない。それだけでも非常に高い資料的価値をもっていると言えるだろう。

『金枝篇』の中から「古代の樹木崇拝」の記述を紹介しよう。

かつて樹木崇拝は、ヨーロッパの先史アーリヤ人の宗教において重要な要素だったのであり、樹木を崇拝する儀式や式典は、あらゆる地域に共通する卓越的な均一性を備えており、春や夏至の祝祭でヨーロッパの農民によって現在も行われている、もしくはつい最近まで行われていた儀式や式典と、本質的に異なってはいない。というのも、これらの儀式は、内部に古色蒼然たる特徴を備えており、それが太古に通じる内的特徴である点は、それらの儀式が抱く、他の地に住む未開民族の儀式との類似によって確認され得るからである。それゆえ、このように民衆の風習に一致が見られることから、ヨーロッパの先史アーリヤ人と同様、ギリシア人とローマ人が、ヨーロッパの農民によって現在も行われているものと類似した形態の樹木崇拝を行っていたと推論することは、さほど無謀ではない。（フレイザー『金枝篇』）

言うまでもなく、樹木崇拝は日本の神道にも見られ、神道の思想はアニミズムそのものと言っても過言ではない。自然そのものを神とみなす思想はフレイザーの言うとおり「地域に共通する卓越的な均一性を備えて」いるのである。

フレイザーは人間の魂についても饒舌に語る。しばしば魂は、天外に飛び立とうとしている鳥と考えられるという。この考え方はおそらく大概の言語の中にその痕跡をとどめており、詩の中の隠喩として永らえている。たとえば、死の訪れを「彼の中から鳥が飛び立っていった」と表現するように。しかしながら現代のヨーロッパの詩人たちにとっての隠喩は、祖先たちにとっては、まったく理にかなった大真面目なものであったし、また現在でも多くの人々にとってはそうであり続けているというのである。

また、太古の人々の間では一般に、眠っている者は起こさないのが決まりとなっていたことを紹介する。これは、体を離れている魂が、戻る機会を逸してしまわないためである。魂のいないときに起こされれば、人は病気になってしまうという。どうしても起こす必要があるときには、魂に戻る時間を与えるよう、徐々に徐々にと、ゆっくり起こしてゆかねばならなかった。

さらには、インドのボンベイ（ムンバイ）では、眠っている男の顔に幻想的な色使いで模様を描いたり、眠っている女に口髭を描くなど、眠れる者の外見を変えることは、殺すことと同じと考えられていることを紹介している。なぜなら、魂が戻ってきたときに、もとの体がどれであるかわからなくなり、その者が死んでしまうからである。

セルビア人は、眠れる魔女の魂が、しばしば蝶の姿をして体を離れると考えているという。魂がいない間に足と頭の向きを逆にすれば、蝶の姿をした魂は体内への入り口である口を探し出すことができず、魔女は死んでしまうのである。このような世界中の興味深い例が、『金枝篇』には豊富に紹介されている。

また『金枝篇』には、さまざまなタブーも紹介されている。

王のタブーの目的は王をあらゆる危険の源から隔離することであるから、その結果は概して、王に隠遁生活――その隠遁の度合いは、王の守るべきタブーの数と厳重さ次第だが――を強いることになる。さて、あらゆる危険の源のうち、蛮人がもっとも恐れるのは呪術と妖術であり、蛮人はいかなる異邦人に対しても、この邪悪な魔法を行うのではないかと疑いの目を向ける。それゆえ、自発的にであれ不本意にであれ異邦人が発するこの破壊的な霊気に対抗せよというのが、蛮人の思慮分別が下す初歩的な命令となる。このため、ある地域に入ることを異邦人に許可する前に、あるいは少なくとも、その地域の住民と自由に交流することを許可する前に、しばしば土地の原住民は、ある種の儀式を執り行って、異邦人から呪術の能力を取り上げようとする。異邦人から発するものと信じられている破壊的な霊気を妨げようとし、原住民たちが取り囲まれることになる汚染された外気を、いわば消毒しようとするのである。（フレイザー、同書）

フレイザーによる古代人の自然物崇拝の例はまだまだある。

たとえば植物の死と復活が、近代ヨーロッパの祭りと同じような形で儀式的に祝われることの最も広範囲に及んでいた地域は、エジプトと西アジアであった。エジプト人、シリア人、バビロン人、フリュギア人、ギリシャ人は、オシリス、アドニス、タンムズ、アッティス、ディオニューソスの名のもと、植物の衰頽と再生を儀式によって表現した。それらの儀式は、古代人たち自身も理解していたように、実質的には同じ儀式であって、その等価物は、現代のヨーロッパの農民たちによる、春と夏至の風習の中に見出されるという。

フレイザーは火の儀式の由来も紹介している。かつてスコットランドの中央高地地方では、毎年五月一日に盛大な儀式が行われ、「ベルティーン祝祭の火」として知られるかがり火が焚かれていた。ここでは人間の生贄《いけにえ》が捧げられていた痕跡がある。近隣の街、パースシアのキャランダーでは、この風習は十八世紀終わりまで続いていた。各村の人々は、牛が草を食んでいる山や丘の上でこの火を焚いた。このため高地地方のさまざまな山の頂きが「炎の丘」と呼ばれ、これはちょうどドイツのいくつかの山が、そこで復活祭の火が焚かれることから「復活祭の山」と呼ばれるのと同じであると、フレイザーは述べている。

牛に火をくぐらせるという風習についても言及されている。フレイザーは「火を飛び越え、牛に火中をくぐらせるという風習は、ひとつには人間と牛が太陽の生命力に与れるようにであろうし、またもうひとつには、人間と牛が悪しき力から洗い清められるようにであろう」と述べている。というのも、未開人の間では、炎は浄化作用を有するものの中で最も強力なものと考えられているからである。後者の考え方は、ギリシャの女たちが夏至の火を飛び越えるときに、「わたしの罪を置いてゆく」と述べることに最もはっきりと表れているという。

かつてユカタン半島の新年の祭りでは、人々は巨大なかがり火を焚き、これをくぐったという。これが災厄を祓う手段と信じられていたのである。こうした風習はおそらく中世にキリスト教から弾圧を受けたであろうことは想像に難くない。しかし、一神教文化の画一性に比べると、その多様性には人間がいかに無限の想像力をもっているかを感じることができる。
牛をくぐらせる風習はヨーロッパに限られたものではない。南部アフリカのホッテントット（現在はコイコイと呼ばれる）は大量の煙を出すために、木切れや枯れ枝、緑の小枝を焼く。彼らは羊たちにこの火をくぐらせるのだが、必要とあれば力ずくで引っ張る。もし羊が炎をくぐらずに逃げ出すようなことになれば、これはたいへん不面目なことで、しかも由々しい凶兆とみなされるという。だが従順にくぐり抜け、あるいは跳び越せば、彼らの喜びようは筆舌に尽くしがたいのだそうだ。

そして、フレイザーは人間を焼く火祭りについても言及している。

かつて人間は、樹木霊の表象として焼かれたのか、植物の神として焼かれたのか、と問わなければならない。われわれはこれまでのところで、生きている人間たちがしばしば、樹木霊の表象として振る舞い、樹木霊として死に甘んじたと信じてよい複数の根拠を目にしてきた。したがって、樹木霊の表象を上述の方法で殺すことによりなんらかの特別な功徳が得られるというのであれば、彼らが焼かれてならない理由はない。人間の苦しみを考慮するということは、未開人の打算に入り込む類のものではない。もし入り込んでいたなら、われわれはキリスト教国ヨーロッパの記録を思い出して驚愕に震えることだろう。さて、現在論じている火祭りでは、ときとして人間を焼くことの模倣が大変はっきりと実行されるので、これは実際に人間を焼いた古い風習が、緩和された形で生き残ったものとみなすのが妥当であろう。

（フレイザー、同書）

現在では野蛮としか感じられない風習であっても、目に見えない霊や神の存在を信じた古代人にとって、火の聖性や植物の再生は人間の生命を超えた畏怖の対象であったことだろう。それを野蛮とみなしてきた西欧の価値観は、しばしば自然をないがしろにし、現代における地球環境の危機を招いてしまったこともまた事実なのである。

フレイザーは、通過儀礼において仮定されている死と復活の例も紹介している。

オーストラリアのニューサウスウェールズのいくつかの部族では、男子たちの通過儀礼の際、トゥレムリンという存在が男子をひとりひとり遠くまで連れ去り、殺し、ときには切り刻み、その後蘇らせて歯を一本引き抜く、と考えられているという。クイーンズランド（オーストラリア北東部の州）の一地方では、通過儀礼の際に振られる「うなり枝」という楽器のブンブンと鳴る音は、魔術師たちが少年を飲み込み、若者に変えて今一度吐き出すときの音と言われているという。オーストラリア南東部のウアラロイ族が語るところでは、少年は亡霊に出会い、亡霊は彼を殺し、再び大人の男として生き返らせるという。

また、このような通過儀礼の例もある。ユーカリの木の皮の繊維で体を覆った一人の老人が墓の中に横たわり、棒と土で軽く覆われる。地面にできるだけ自然な外観が取り戻されると、掘られた土が運び去られる。埋められた老人は手に小さな低木を一本持っている。これが地面から生えているように見え、この効果を高めるために、土には他の低木も何本か立てられる。

それから、儀式を受ける新参者がこの墓の縁に連れてこられ、歌が歌われる。その歌詞は、埋められた老人の「種族名」とユーカリの木の皮の繊維を表す言葉だけからなっている。歌われている間、土の中の老人が持つ木は少しずつ震え始め、次第に大きく動き出して、ついには老人が土の中から起き上がるという。

フィジー諸島の若者は、通過儀礼で一列に並んだ男たちの死体を見せられる。これらの死体は血まみれで、体は切り裂かれ、内臓が飛び出しているように見える。だが祭司の叫び声を合図に、死体と見えた男たちは一斉に起き上がり、川まで走って行き体を洗う。血や内臓は豚のもので、これを体に塗りつけていたのだった。この一連の儀式によって、若者は大人になる。

そして、この他にも多くの例を示した後で、フレイザーは「通過儀式において死と復活ないし再生を擬態することは、野蛮な状態からはるかに進歩した人々の間にも、少なくともその痕跡だけは、残っていたように見受けられる」と述べる。たとえばインドのブラフマンの場合、その地位の象徴である聖なる縒り糸を授与されて後、「生まれ変わった者」と呼ばれる。

マヌ（ヒンドゥー神話で人類の始祖。『マヌの法典』の制定者とされる）が言うところによれば、啓示の文言の定めによって、「高貴なる者」の誕生は三回あるという。第一の誕生は人間の母からの誕生であり、第二の誕生は草の腰帯を縛ることによって起こり、第三の誕生は供犠への加入の儀式を経ることによって起こるというのである。供犠の志願者を擬態的に殺すことは、ペルシャ神話の太陽神であるミトラの秘儀への加入の儀式でも行われていたとされている。

レヴィ＝ブリュルとマリノフスキー

タイラー、フレイザーに次ぐ呪術研究の重要人物は、フランスの哲学者・社会学者・文化人類学者のリュシアン・レヴィ＝ブリュルである。彼は『未開社会の思惟』（一九一〇年）において、未開社会が進化して文明社会となったとするフレイザーの文化進化説を否定し、文明社会の「論理」や科学的思考は、未開社会を理解する役には立たないと考えた。

レヴィ＝ブリュルによれば、未開人は文明人のように論理的思考ができないのではなく、そのような心的習慣がないだけなのだという。文明人が分析したり判断したりする代わりに、未開人は綜合し「融即」する。「未開人の言語は論理的概念の形式とではなく、神話的（魔術的）概念の形式と比較しなければ理解できない」という彼の学説は、『シンボル形式の哲学』や『人間』を書いたドイツの哲学者エルンスト・カッシーラーの言語哲学にも影響を与えている。柳田國男は本書を「日本の民俗学者必読の書であるばかりでなく、万般の教養人に読まるべき本だ」と推奨していたことを岩波文庫版の訳者が明かしている。

『未開社会の思惟』の冒頭で、レヴィ＝ブリュルは「原始人の心はどのような指導原則を持つか。そしてこれらの原則は制度、慣習にどう現われてくるかを求める、これが先ずもって解かるべき問題で、本書の主題をなすのである」と述べ、続けて以下のように書いている。

先人諸氏——諸国の人類学者、民俗学者など——の数々の著作がなかったら、またいま私が言及しておいたフランス社会学派の諸労作が私にいろいろと指針を提供してくれていなかったら、私はこの問題を解こうなどとは、またこの問を効果ある用語で立てることすら思いもよらないことであったろう。フランス学派が数々の集団表象について、例えば聖、マナ、トーテム、呪術、宗教者等の集団表象のように極く大切なものについて行った分析のお蔭で、原始人の間のこれらの表象の全体的な組織的な研究の試みがはじめて可能となったのである。私はこれらの諸労作に立脚して原始人の心的機構は、現代の我々の社会の個人について描写された日常散見のものとは一致しないと証明できた。私はこの相違がどんな点にかかっているかを決定し、且つ原始人の心に特有な最も一般的な諸則を立て得たと信じている。

（レヴィ＝ブリュル『未開社会の思惟』）

レヴィ＝ブリュルの言う「現代人と原始人との相違点」あるいは「原始人の心に特有な最も一般的な諸則」とは何か。それは「融即律」という言葉で表すことができる。「融即律」は「神秘的融即」とも呼ばれるが、別個のものを区別せず同一化して結合する心性の原理である。

レヴィ＝ブリュルは、未開民族の心性が文明人と本質的に異なることを示すために、この「融即律」という概念を導入した。原語は「participation」で、「融即」という日本語は訳者の山田吉彦による造語である。この言葉には参加や出席という意味があるが、「二つのものが同一のカテゴリーの中に入る」あるいは「直結する」というニュアンスを含ませている。哲学では、プラトンのイデア論の用語で「分有」という訳語に相当したために「分有の法則」と言われることもある。「融即律」を説明するために、レヴィ＝ブリュルは、「『原始』心性の集団表象においては、器物、生物、現象は、我々に理解し難い仕方により、それ自身であると同時にまたそれ自身以外のものでもあり得る。また同じく理解し難い仕方によって、それらのものは自ら在るところに在ることを止めることなく、他に感ぜしめる神秘的な力、効果、性質、作用を発しあるいはそれを受ける」と述べている。

たとえば、自分たちは金剛インコであると主張する北部ブラジルのボロロの人たちの場合、金剛インコは自身に与えた名前ではなく、金剛インコとの類縁関係を意味しているのでもなく、本質的に自分たちは金剛インコと同一であると考えているという。レヴィ＝ブリュルは、未開人が近代人からみて論理的な誤りを犯しているという説明ではなく、彼らがまったく異なった思考をしていると考え、融即律という一種の思考のルールで説明しようとした。ボロロの例では、金剛インコと自分たちを誤って混同している、つまり錯認しているのではなく、「本質上の同一性」を見ているのだと主張したのである。

この「本質上の同一性」をわたしたちは一笑に付すのであるが、はたして現代の科学で証明できないからといってそれを完全に否定することはできるであろうか。少なくともそこには何かしらの真理が含まれているのではないだろうか。

レヴィ＝ブリュルは漁における神秘的儀式について考察している。漁猟の後にも、狩の後と同じようにその生物の（あるいはその種族の）「精霊」を鎮めるため、その怒りを和らげるため、また、その好意を取り戻すために神秘的儀式が必要である。たとえばチョウザメを捕えるやいなや、漁師は歌を唄う。その歌で、もがいているチョウザメを慰め、それから殺すのである。こうした儀式は多くの部族において、つねに贖罪的であった。それは、その後も十分な収穫が保証されるよう、魚の霊を（場合によっては植物や果実の霊を）なだめるのが目的であるからである。この儀式は、けっして赦しを乞う行事ではなく、むしろ、望ましいものの豊饒を保証する祭りである。もし、この祭りを敬虔な心持ちで謹んで行わなかった場合には、それらの「精霊」を怒らせ、欲しいものに不自由する危険がある。レヴィ＝ブリュルはこうした儀式を西欧社会の縁起やタブーと比較して以下のように述べている。

狩猟、漁撈、戦に関する原始人の習俗は、我々はこれを理解できる。あるいは、とにかく、容易に理解すると信じている、というのは我々自身の社会にも一見それに類似した習俗があるからである。克明に守られて来ている農事の祭りもこの部類に属する。好意ある有力な仲介者の執り成しによって成功を求めようとする呪術的というより宗教的性質の儀式もそうである。アイスランドの漁船隊は、パイムポルの港を出る前に必ず僧侶の祝福を受ける。でなければ、大半の水夫たちは、不漁で帰るか、あるいは、戻って来られるかどうか危いと懸念するであろう。また、スペインの海軍司令官は出動の前に艦隊をマリアに捧げる。彼の乗組船員は、キリストの母が勝利を保証してくれるであろうと信ずる。しかし、劣等社会では類似した他の祭りが行われるが、我々には理解し難い。というのは求められる作用は、そこでは我々が求めるようなものではないのだから。こんな場合だと類比物がないので、類似から提示された説明というものは皮相な不十分なものだと我々は気づくのである。これらの儀式は前論理的で、神秘的な心性の本質を一番よく我々に把握させてくれるものである。

（レヴィ＝ブリュル、同書）

ここでは、「我々と違う仕方」であるというだけの理由で他者の文化がもつ心性を否定することの野蛮性という逆説が指摘されるのである。たしかに、自然にたいする崇拝が、人工物にたいする崇拝より劣っているという批判にはまったく根拠がない。

レヴィ＝ブリュルは「王の神秘力」についても言及している。王の神秘力は、ときには死後までも続くという。一部族が、死んだ王たちと交通を続ける、あるいはむしろ、彼らと依然一緒にいるということは未開社会に広く見られた現象である。そして、それを媒介するものこそ儀式であった。適切に儀式を執り行うことによって、トーテム集団のメンバーや現存のあるいは故人となった巫医や首長が、自然の秩序や繁殖を保証してくれるというのである。

儀式によって生まれるこの力は、神学者や哲学者たちが、神のとりなしがなければ、創造された実在は一瞬たりとも存在し得ないと説いた「不断の創造」と似ていると、レヴィ＝ブリュルは述べる。「実際、前論理の心性が表象しているものは、形式こそ洗練されていないが、同一類の融即である」と彼は言うのである。

（レヴィ＝ブリュル、同書）

原始心にとって、自然の秩序は、必要な神秘的能力を持つ人々によって行われる特殊の儀式を通して得られる週期的更新によってのみ保たれるのである。王が死ぬと、彼の後継者が権力を受け継ぐまで、社会の秩序は、乱れることがよくある。欠位期は無支配期である。ただそこには次のような相違がある。即ち、不断の創造説にしたがえば、世界は、神によってのみ存在するものではあるが、世界が消滅する場合、神は、世界がなくとも存在するであろう。しかし、前論理の心性では、完全な相互関係がある。大体において、トーテム集団とそのトーテムの間に、そしてより文化の高い社会では、国民と、王統の間に総体的作用反作用が存在する。それは先に述べた「神秘的共存感」であって、我々の論理的思考はそれを歪曲せずに明瞭に概念することは不可能であろう。

最後に、レヴィ゠ブリュルは「死の原因」について言及し、「土人は、『死を自然原因の結果として理解することは全くできない』と観察者が言うとき、この言葉は二つの推定を含み、そしてその間には区別を立てておいた方がよい」と述べている。

その一つは、死の原因は病気のそれのように何時も神秘的なものとして表されるということを指しているという。もしも病気という病気が、病人に働きかける、あるいは病人に取り憑く「精霊の作用」「力」「精霊」「霊魂」による仕業であれば、病気の不幸な結果に同じ原因が与えられないほうがおかしい。そこに、わたしたちが「自然死」と呼ぶものの観念があったら、それこそどうにも説明がつかなくなるだろう。それは他に類似物のない特異な表れになるだろう。一番感動的な、そして恐らく一番神秘的なこの事象はまったく不可解な例外として、他のすべてを包んでいる神秘の外包から解放されたということになる、とレヴィ゠ブリュルは述べる。

古代の人々や未開社会の人々にとって、「死の原因」は大いなる謎であった。だからこそ、死の起源神話と葬儀の習慣が生まれ、続いていったのである。なぜなら、神話と儀式は大いなる謎に対する人類側の二大対応だからである。

呪術と宗教の違い

レヴィ゠ブリュルに続いて、もう一人、人類学者の呪術についての考えを紹介したい。

ブロニスラフ・マリノフスキーである。人類学におけるフィールドワークの価値を確立した最初の学者として、また機能主義理論の提唱者として、人類学史に不滅の名を刻んでいるマリノフスキーが、呪術の問題に正面から取り組んだ論文集が『呪術・科学・宗教・神話』である。同書において、マリノフスキーは「呪術の伝統」に言及し、以下のように述べている。

呪術はその現れが人間的であるばかりでなく、その目的となる主題も人間的である。それは主として、猟や畑仕事、漁、交易、恋愛、病気、死といった人間の活動や状態と関連している。それが向けられるのは自然というよりも、人間の自然に対する関係と自然に影響を与える人間の活動である。さらに、呪術の効果は普通、呪力に影響された自然の産物としてではなく、何か特別の呪術的なもの、自然が生み出すことができずに呪術の力だけがもたらすことのできる何かとして捉えられる。重篤に陥った病い、情熱的に燃え上がる恋愛、儀礼的交換への欲望などの人間の身体と精神に現れる現象は、呪文と儀礼が生み出したものである。だから呪術は自然の観察やその法則に関する知識に由来するものではなく、人間が原初の時からもっていたもので、ただ伝統だけを通じて伝えられ人間の望む結果をもたらす自律的な力を肯定するのだ。

（マリノフスキー『呪術・科学・宗教・神話』）

マリノフスキーは「何が呪術と宗教の違いなのだろうか」と問題を投げかける。彼によれば、そこには非常にはっきりとした具体的な違いがあるという。聖の領域においての呪術は、後に続くと期待される特定の目的に対する手段以外の何物でもなく、実用的な技術であると言える。一方、宗教はそれ自体が目的の充足であるような自己完結的な行為の集まりである。さらに、この違いをもっと深い層にまで辿ることができるという。呪術という実用的な技術は限界をもち、一定の制約の中において、呪文、儀礼、パフォーマーの体調という、お決まりの陳腐な三角関係を形作っている。一方、宗教は複雑な諸相やさまざまな目的を抱えており、呪術のような単純な方法は持たない。宗教の統一性とは、形式的なこと以上に、儀礼や信仰の機能や価値にあるというのである。

マリノフスキーによれば、呪術は目的が単調なだけに単純であるという。それはいつも、ある特定の効果を特定の呪文や儀礼によって引き起こす人間の力の肯定なのである。他方、宗教には信仰の超自然的世界のすべてがある。数多くの精霊や悪霊、トーテムや守護精霊、部族神の恵みの力、未来の生の幻視は、未開人にとって超自然という第二の現実を生み出している。

さらに宗教の神話は、多様で複雑、創造的である。それは通常、信仰のさまざまな教義を中心とする。そしてそれを宇宙起原論や文化英雄譚、神々の偉業の叙述へと発展させる。呪術でも神話は重要だが、それは人間の原初の時代の達成を繰り返し自慢するものにすぎないと、マリノフスキーは述べる。

そして、特定の目的に対する特定の技術である呪術は、そのうちのどの形態をとってみてもかつて人間が所有したものであるという。呪術は、世代から世代への直接的な継承関係を通じて伝えられる必要があったのである。それは原初の時代から専門家たちの手に委ねられていた。マリノフスキーは「人類最初の職業は呪術師や妖術師である。他方、未開状態の宗教は全てを含むものであり、そこでは誰もが等しく積極的な役割を担っている」と述べている。

さらに、呪術と宗教のもう一つの違いは、妖術における黒と白の働きであるという。この二つの力の対立は直接的な結果を目指す呪術の性格による。それに対して、未開宗教は本質的には道徳的でありながら、運命のいたずらによる癒し難い出来事や超自然的な力や存在を扱う必要に迫られているため、人間がしたことの解決はそこには含まれていない。「怖れがまず最初に宇宙に神を創った」という格言は、人類学的視点から見れば明らかに真実ではないのである。

呪術について、マリノフスキーは以下のように述べる。

呪術は未開人に数多くの既成の儀礼的な行為や信仰を提供し、それとともにあらゆる重要な仕事や転換期となる状況での危険な落差を埋めるのに役立つような確実な精神的、あるいは実際的な技術を与える。そのおかげで、人間は自信をもって重要な任務を果たし、怒りの衝動、憎しみの苦悩、報われない恋や絶望、不安に対する冷静さと精神的安定を維持することができる。呪術の機能は、人間の楽観主義を儀礼化し、恐怖に対する希望の勝利によって信仰を高めることにある。呪術が表現するのは、人間にとっての、疑念に対する自信の、動揺に対する沈着の、悲観主義に対する楽観主義のより大きな価値なのである。

（マリノフスキー、同書）

マリノフスキーは、呪術の効力の信仰に関する三つの要素について紹介している。それは、①音声的な効果。風のうねりや雷の轟き、荒れ狂う海、さまざまな動物の鳴き声のような自然界の音の模倣。②欲望の対象となったものを呼び覚まし、特定し、あるいはそれに対して命令を下すための言葉の使用。③神話の中の、呪術を与えてくれた先祖や文化英雄への言及。

この三つの要素が、いずれも儀式の実行と深く関わっていることがわかる。

トーテムとタブー

最後に紹介するのは、人類学者ではなくて精神分析学者、それも、「精神分析の父」と呼ばれるジークムント・フロイトである。彼は『トーテムとタブー』（一九一三年）で呪術の問題を取り上げた。ローマで書かれた「まえがき」には、「タブー」と「トーテミズム」について以下のように書かれている。

ネガティヴに理解され、また異なった内容に転化されてはいるが、タブーはその心理学的性質からしてカントのいわゆる「至上命令」にほかならないのであって、拘束力をおよぼそうとするし、いっさいの意識的動機づけを拒否する。これに反してトーテミズムは、今日のわれわれの感情とはかけはなれ、実際にはとっくの昔に放棄されて新しい形式にとってかわられた宗教的・社会的制度であって、現在の文化諸民族の生活における宗教や風習や慣習にわずかに痕跡を残しているにすぎない。またトーテミズムは、今日なおそれを保持している諸民族においてさえも大きな変化をこうむらざるをえなかった。人類の歴史における社会的技術的進歩は、タブーにたいしてはトーテムにたいするよりはるかにわずかの影響しか与えることができなかったのである。

（フロイト『トーテムとタブー』）

トーテミズムは、未開社会において、社会集団と特定の動植物などの間に特殊な関係が結ばれていると考える制度のことである。これについてフロイトは「トーテムになるのは、まず第一には血族の祖先であるが、ついでは血族の守護神・救済者である」と述べている。これは血族に託宣を与え、平生危険とされているものであれば、自分の子どもたちのことをよく知っていてそれを危険からまぬがれさせるのだという。そのかわり同じトーテムに属するものは、彼らのトーテムを殺さず、またそのトーテムの肉を断つという、神聖にして、自律的に罰する義務を負わされているのである。トーテムの性格は個々の動物あるいは個体にではなくて、その種類に属する全個体に付属する。ときどき祭礼が行われ、そのさい、トーテムを同じくするものは、儀式的な舞踏によって彼らのトーテムの動作や特性を表現したり模倣したりする。

フロイトは「タブー」についても述べる。「タブー Tabu」という言葉はポリネシア語であり、その意義は二つの相反する方向に分かれているという。一方では「神聖な」「清められた」を意味し、他方では「無気味な」「危険な」「禁じられた」「不浄な」を意味している。

ドイツの心理学者であるヴィルヘルム・ヴントは、タブーを「人類最古の不文法典」と呼んだ。タブーは神々よりも古く、いかなる宗教もなかった時代にまでさかのぼるというのである。

フロイトは、タブーとよく似た「禁止」という言葉について言及し、「禁止のある部分は、その目的からしてただちに理解できるが、一方には、不可解、愚劣、無意味に思われる部分もある。われわれはこのような禁止を『儀礼』と呼ぶのであるが、タブーの慣習にも同様の相違が認められる」と述べる。そして、以下のようにタブーの慣習と強迫神経症の一致を指摘する。

強迫＝禁止はタブーによる禁止と同じく、生活における極端な断念と制限をともなうものである。しかし強迫＝禁止のあるものは、必然的に生ずる、すなわち強制的性格を有するある種の行為——つまり強迫行為——の遂行によって解消することができるのである。この行為が、償い・贖罪・防衛措置・浄めなどの性質をもっていることは疑いをいれないところである。この強迫行為のうちでもっとも普通に行なわれているのは、水で洗い落とすこと（洗滌強迫）である。タブーによる禁止のある部分も同じようにして償われ、またその違反もこの種の「儀礼」によって償うことができるのである。そしてこの場合も、水による浄めがもっともよく行なわれるものである。（フロイト、同書）

フロイトは、タブーの慣習と強迫神経症の症状との一致が最も明確に現れる諸点を以下のように要約する。

1　禁止の無動機性
2　内的強制による禁止の確立
3　移動性、および禁止されたものを通じての伝染の危険
4　儀礼的行為、すなわち禁止にもとづく戒律の発生

タブーは、トーテミズムとも深い関係がある。タブーによる禁止のうちで最も古く、最も重要なものは、トーテミズムの基本をなす二つの法則、すなわち、トーテム動物を殺さないこと、および他種族のトーテム仲間との性交を避けるということであるという。
とすると、この二つの行為が人間の最も古く、かつ、最も強い欲望であるという可能性を否定することはできない。

ここでフロイトは、なんと日本の天皇に言及する。タブー儀式による神聖な支配者の束縛と麻痺の最も顕著な一例として、数世紀以前の日本のミカドの生活様式を挙げるのである。もは

や二〇〇年以上も昔のものであるがと断った上で、フレイザーが『タブー』で引用しているケンペルの『日本誌』（一七二七年）のくだりを以下のように紹介している。

ミカドは、自分の足で土に触れることはその威厳と神聖さにふさわしくない、と考えている。したがって、どこかへ出かけようとする場合は、人々の肩にかつがれて行かねばならない。ましてミカドがそのやんごとなき御身を外気にさらすなどということは、ありえないことであり、太陽は彼の頭を照らす光栄を有しないとされるのである。その身体のあらゆる部分に非常な神聖さが付与されているために、髪の毛を刈ったり、髭を剃ったりすることも、また爪を切ることも許されない。しかしあまりに見苦しくならぬように、人々は夜分彼の睡眠中にその身体を洗うのである。それは、このような状態で彼の身体から取り去られたものは、盗まれたものとしかみられないのであって、このような盗みは彼の威厳や神聖さを損なうことがない、ということになっているからである。もっと昔には、ミカドは毎朝何時間かは王冠をいただいて玉座に坐っていなければならなかった。それも、彫像のように手も足も頭も眼も動かさずにいなければならぬことになっていた。こうすることによってのみ、ミカドは国の平和と安寧を維持することができる、と考えられていたのである。万一不幸にして彼がその身体をどちらかに向けるか、あるいは、ちょっとのあいだその領土の一部に視線を向けたりすれば、戦争、飢饉、火災、疫病、その他の大災厄が起こって、国土を荒廃させることになろう。

（フロイト、同書）

さらにフロイトは、フレイザーの『タブー』から古代ローマのタブー、古代アイルランドのタブーを以下のように紹介する。

古代ローマにおけるユピテル神の高級祭司フラメン・ディアリスは、きわめて多くのタブー規定を守らねばならなかった。馬に乗ってはいけなかったし馬や武装した者を見てもいけない。こわれていない指輪をはめることも、その衣服に結び目をつけることも許されなかった。小麦粉やパン種に触れてはならず、山羊、犬、生肉、豆、きづたなどの名を口にすることすら禁じられた。髪の毛は青銅の小刀で自由民だけが刈ることができ、刈られた髪の毛と切った爪は縁起のよい樹の下に埋めねばならなかった。死人に触れてはならず、無帽で戸外に出ることは許されない、などという具合である。その上、彼の妻フラミニカも彼女自身の禁止をもっていた。すなわち、彼女はある種の梯子を三段以上のぼってはならなかった。一定の祭日には髪に櫛をいれてはならなかった。彼女の靴の革は自然死をとげた獣の皮からとってはならず、屠殺されたか供犠された獣の皮でなければならなかった。もし彼女が雷鳴を聞いたなら、贖罪の犠牲を供えるまでは、彼女は不浄となるのであった。

古代アイルランドの王たちは、きわめて風変わりな一連の制約のもとにおかれていた。それを守れば国はあらゆる祝福を与えられ、これに違反すればあらゆる災禍をうけるものと考えられていた。これらのタブーの完全な記録は『神権の書 Book of Rights』であり、そのもっとも古い手写本には一三九〇年および一四一八年の年号が記されている。この禁止はすこぶる細目にわたり、一定の場所と一定の時間における特定の行動におよんでいる。王はこの町には一定の曜日に滞在できない、あの河はある時間には渡ってはならぬ、ある平原ではまる九日間の野営をしてはいけない、などという具合である。（フロイト、同書）

フロイトがここまで詳細にタブーの実相を紹介するのには目的がある。「タブーによる禁止を神経症の症候と比較しようとするわれわれの考察法の、最も有力なよりどころとなるのはタブー儀式そのものである」、つまり、タブーによる根拠のない禁止と神経症の類似性に注目するためである。とくに王の地位に対するタブー儀式は二重の意味を持っており、アンビヴァレントな傾向に由来するものであるという。タブー儀式は王に栄誉を与えて普通人以上のものに高めるのではあるが、同時に、王の生活を苦痛に変え、耐えがたい重荷にし、王をして人民のおかれた状態よりもさらに悪い奴隷状態に陥れるものでもあることを指摘するのだ。

フロイトは「死者のタブー」にも言及し、「われわれの知るごとく、死者とは強力な支配者である。その死者が敵とみなされるときかされれば、それは驚きであろう」と述べている。

死者のタブーは、多数の原始諸民族において、死が特殊な感染力をもつことを示している。

このタブーはまず死者との接触によって生ずると考えられ、死者を弔う者の取扱い方についても述べられる。たとえば、「死者の名前を口にしてはならない」という奇妙なタブーが紹介されている。これは非常に広く行われる風習で、多種多様な形をとり、重要な結束を生んでいる。この禁止が見られるのは、タブー慣習を最もよく保存しているオーストラリアやポリネシアをはじめ、日本のアイヌなど広い範囲に及んでいるという。

このタブーについて、フロイトは「死者の名前を避けることは通例きわめて厳格に守られている」と述べ、たとえば南アメリカの多くの種族では、死者の名前を遺族の前で口にすることは最大の侮辱とされていることを紹介する。これに対する罰は、殺人行為に対するものに匹敵するほどである。フロイトは「死者の名を口にすることがなぜかくも嫌悪されなければならないのか、さしあたってこれを簡単に推測することはできない」と言う。そして、名前を口にすることに関連した危険からのがれるための多くの方策が生まれ、それは各方面にわたって興味深く、意義のあるものであると述べている。

死者にたいする感情、これは充分に確証されたわれわれの仮定からすれば二つ——情愛と敵意——に分裂しているのだが、この感情が死別のさいに二つとも現われるのである。一方は哀悼の念として、他方は満足感としてである。この二つの対立のあいだには、葛藤が起こらずにはいない。ところが対立するものの一方、つまり敵意は——その全部が、あるいはかなり大きな部分が——無意識なのであるから、葛藤の結果は、双方が互いに減算を行なって、剰余ができるように意識的に考慮するという具合にはいかない。たとえば愛する者から受けた侮辱なら許すというように。むしろその経過は、精神分析学で投射と呼びならわしている特殊な精神的メカニズムによって落着するのである。敵意、それについては何も知られていないし、また誰もさらに立ち入ってそれを知ろうともしないが、その敵意は内的知覚から外界へ投射され、このとき敵意を抱いたその人を離れて他の人に移っていくのである。われわれ遺族は死者と縁が切れたことを喜ぶようなことはしない。いや、それどころか死者を哀悼するのである。ところが奇妙なことには、死者は邪悪な魔神となって、われわれが不幸に見舞われれば満足をおぼえるのであり、またわれわれに死をもたらそうと努めるのである。ここにおいて生きている人々は、このような邪悪な敵にたいして自衛しなければならない。内的圧迫をまぬかれはしたものの、実はそれと引きかえに外部からせめたてられることになっただけなのである。　（フロイト、同書）

フロイトは、ヴントの「世界各地の神話が悪魔のせいにしている諸作用のうち、まず圧倒的なのは有害な作用である。したがって諸民族の信仰においては、明らかに悪い方の悪魔が善意の悪魔より古いのである」という言葉を紹介し、一般に悪魔という概念が死者とのきわめて重要な関係から得られたのだということは、いかにもありそうなことであると述べる。この関係に内在するアンビヴァレンツは、人類のその後の発展過程において、同じ根源から二つのまったく相反する心理的形態を生じさせた、ということにも現れている。その一つは悪魔や幽霊にたいする恐怖であり、もう一つは祖先崇拝であるという。

悪魔がつねにごく最近死んだ人の霊だと考えられるということほど、哀悼の念が悪魔信仰の成立へおよぼした影響を証明するものはない。哀悼の念はきわめて明確な心理的任務を果たさねばならない。つまり遺族が死者によせる追憶や期待をこれによって忘れさせようというのである。この作用が働き始めると苦痛がやわらぎ、それとともに悔恨や非難、したがってまた悪魔にたいする不安も減退することになる。はじめ悪魔として恐れられた霊魂が、いまやもっと親しげな使命をになうことになり、祖先として崇められたり、助力を求めて呼び出されたりするのである。（フロイト、同書）

いまさら言うまでもなく、無意識やアンビヴァレントはフロイトが注目した概念であるが、ここでのフロイトの指摘にはグリーフケアの視点からも重要な概念が見出される。つまり、残された者がいつまでも哀悼の念にとらわれずに済むように、死者はすみやかに悪魔とみなされたのではないかというのである。さらに、それにより、悪魔にたいする不安も軽減され、人間の原初的な不安もやわらげられるというわけだ。

アニミズムとは何か

『トーテムとタブー』の「アニミズム・呪術および観念の万能」の章で、フロイトはタイラーの『原始文化』やヴントの『神話と宗教』などを取り上げ、アニミズムについて考察する。

たとえばフロイトは、「未開人はどのようにして、このアニミズム体系の基礎たる独特な二元論的根本観念に達したのであろうか」と問いかけ、それは、睡眠（夢をも含めて）やそれによく似通った死という諸現象を観察し、また各個人と密接な関係にあるこれらの状態を解明しようと努めたためであると推測する。中でも死の問題が、この理論の成立する出発点になったに違いないと述べる。未開人にとっては、生命の永続、つまり不死は自明のことであったろうというのである。死という観念は、後になって、しかもためらいがちに受け入れられたものである。いやそれどころか、わたしたちにとっても、死の観念は内容のつかめない完成不可能なものである。アニミズムの根本理念の形成にあたって、その他の観察や経験、たとえば夢像や影像や反射像などについての考察や経験が果たしたかもしれない役割に関して、ひじょうに活発な議論が行われはしたものの、なんらの結論にも達しなかったと、フロイトは述べる。

またフロイトによれば、アニミズムは一つの思想体系であるという。それは個々の現象を説明するだけではなく、世界全体を唯一の関連として一つの観点から把握することを可能とするものである。人類は時の流れにつれて三つの体系、三つの大きな世界観を生み出した。すなわち、アニミズム的（神話的）世界観、宗教的世界観、および科学的世界観である。

このうちで最初に創られたもの、すなわちアニミズムの世界観は、おそらく最も首尾一貫した遺漏のないもの、世界の本質を余すところなく説明するものであるという。この人類最初の世界観は心理学的理論にまで発展した。

フロイトは「アニミズムそのものはまだ宗教ではないが、後の宗教の基礎となる前提条件を含むものだといわれるが、それはこの三つの世界観が段階的に連続していることによるのである。神話がアニミズムの前提の上に立っていることも明白である」と述べている。

さらに、フロイトは「魔法と呪術とは、概念の上で区別できるであろうか」と問いかけた後で、「それは可能である」と答えている。魔法とは、本質的には、人間を扱うのと同じ条件で霊を扱うことである。霊をなだめ、慰め、よろこばせ、おどし、その力を奪い、こちらの意志に従わせたりする。すなわち、生きている人間にとって有効と思われる手段によって、霊を意のままにする術のことである。ところが呪術はそれとは別物である。呪術は根本において霊とは無関係である。特殊な手段を用いるのだが、それはありふれた心理学的手段ではない。

呪術がアニミズム的技術の、かなり根源的な、かなり重要な部分であることは、容易に推測できる。なぜなら、霊を取り扱うべき方法の中には、呪術的方法もあるからである。また自然の霊化が成就されていないと思われる場合にも、呪術は適用されているからである。

フロイトは、アニミズムや呪術におけるキーワードは「観念」であると指摘する。そして、観念について以下のように述べている。

観念で行なわれることは、事物においても起こらねばならない。観念相互にある関係は、事物間でも前提とされるのである。思考は距離というものを知らず、空間的にどんなに遠いものでも、また時間的にどんなにへだたったものでも、やすやすと一つの意識作用にまとめてしまうのだから、呪術的世界もテレパシーによって空間的距離をとびこえ、また過去の関連を現在の関連のように取り扱うであろう。アニミズムの時代においては内的世界の映像は、われわれが認識していると思っているあの別の世界像を、眼に見えないものとせざるをえないのである。

（フロイト、同書）

そして、フロイトは「呪術、すなわちアニミズム的思考方法を支配している原理は、『観念の万能』である、ということができよう」と述べるのだ。

アニミズムが「観念の万能」であるとすれば、現代社会は「科学の万能」である。しかし、人間の精神や心といった複雑系は科学ですべてが解決できるわけではない。その矛盾を埋め合わせるものとして宗教が存在していると考えることもできよう。つまり、どちらも「万能」などではないのである。科学を偏重するあまりに宗教や儀礼を軽視するという風潮は、アニミズムを崇拝するのと同様に滑稽なことであることを自覚する必要があるだろう。

科学万能主義への反動として観念主義の復興を唱える動きは、十九世紀アメリカのニューソートに端を発したとみることもできる。ニューソートはキリスト教の分派として始まったが、一九七〇年代にニューエイジ・ブームを巻き起こしたニューサイエンスや、現在に至るスピリチュアル・ブームもその一環である。

手を変え品を変え出現する「自己啓発」と言われるものの多くもこうした思想の流れを汲んでいる。一例としてロンダ・バーンが唱える「引き寄せの法則」を紹介しよう。大ベストセラーとなった『ザ・シークレット』（二〇〇七年）の著者であるバーンは、「この宇宙であなたが一番強力な磁石なのです。この世界では、あなたの中の磁石が何よりも強いのです。そしてその底知れない磁石はあなたの思考を通してあなた全体から放射されているのです」と書いている。磁力の放射によって何が起こるのか。たとえば、よく知られた「類は友を呼ぶ」という現象がある。これは、人間は自分が考えていることと似た思考を引き寄せてしまうからだという。「引き寄せの法則」の根本にあるのは、「思考は現実化する」という信念である。これは自己啓発界のスーパースターと言われるナポレオン・ヒルの言葉である。思考の実現を主張することのような思想こそが「観念の万能」であり、これは現代のアニミズムにほかならない。認知科学や大脳生理学がいかに発達しても、アニミズム的思考方法やそれを信じる人たちを払拭することはできないのである。

もしかしたら人間には、神秘的な力、超越的な法則を信じたいといった本能が遺伝子レベルで組み込まれているのではないかと思えるほどである。多分に呪術的要素のある民俗的伝統や儀式が現在でも引き継がれているのも、こうした人間の本能に由来するものなのかもしれない。

第五章　宗教と儀式

宗教の起源

呪術的要素とともに宗教もまた、不合理だというだけの理由で切り捨てることはできない要素である。「宗教とは何か」という根源的な問いに、わたしたちが何千年かかっても明確な答えを出せない理由もここにあるだろう。

宗教と儀式には深いつながりがある。宗教を宗教たらしめるものには経典や教義や聖地などの目に見える要素が多いが、儀式もまたその一つである。日本の神道などは、儀式そのものが信仰を継続させてきたと言ってもよいのである。

人類は常に宗教とともにあり、宗教が人間の精神に影響を与え続けてきたということは事実である。ルーマニアが生んだ世界的な宗教哲学者ミルチャ・エリアーデは、人間を「ホモ・レギリオースス」（宗教的人間）と表現した。人間は宗教なしには生きていけない存在だというのである。エリアーデの大著『世界宗教史』を読むと、古代の秘儀や密儀が次から次に登場する。人類は儀式によって神との一体化やコミュニケーションが可能だと信じたのである。フロイトが指摘したように、その強迫観念にも似た執着はまさに儀式中毒、人類が儀式なしには生きていけない生物であることを痛感する。

エリアーデは、宗教の起源を埋葬に見た。彼は「埋葬の象徴的意味」として、「死後存続の信仰は、埋葬によって確証されるのである」と述べ、この死後の生はまったく「霊的なもの」、すなわち魂の死後の存続として考えられるが、これは、夢に死者が現れることによって強められた信仰であろうと推測している（『世界宗教史』）。しかし、死者が帰ってくるかもしれないことへの用心として解釈することも充分にできるような埋葬例もあるという。

死者が戻ってくることを防ぐための埋葬の場合、遺体はおそらく折り曲げられ、縛られていたと考えられる。意図的に胎児の姿勢をとらせる屈葬も同じ体勢をとるが、こちらは再生への願望を意味していると見られている。いずれの場合においても、埋葬後も死者はなんらかの形で存続するという信仰が前提になっているのである。さらに、これを裏づけるいくつかの事実が明らかになっている。東向きの埋葬の意図は太陽の進行と霊魂の運命を連帯させようとしたこと、ひいては「再生」すなわち他界での死後の存続に対する願望をあらわしていること、また特別な行為が死後においても継続されるという信仰、あるいは死者の私物が副葬品として捧げられていること、儀礼的祭宴の残存物が示す葬送儀礼などがそれである。

宗教の起源が埋葬から始まっていることについてはもはや異論はないであろう。フランスの宗教ジャーナリスト、フレデリック・ルノワールは次のように述べている。

目に見えない世界（超経験的実体）を信じることと、それに関連する集団的儀礼――これが私にとっての宗教の定義である――は、何万年も前から人類の歩みの一部をなしている。実際、宗教は人類の諸々の文化と、その起源から密接に関わっている。宗教的信仰と儀礼を持たなかった人間社会は、記録されている限り一つもないという事実と、宗教的信仰と儀礼は、人類の地理的、文化的な多様性の大きさにもかかわらず、類似した変遷パターンをたどっているという事実は、二重に驚くべきことだ。

（ルノワール『人類の宗教の歴史』）

『人類の宗教の歴史』の第一章「原始宗教」の冒頭は、古代の葬儀の話から始まっている。今からおよそ十万年前のある日、現在のイスラエルのナザレの近くのカフゼという場所で、原クロマニョン人、あるいは古代型ホモ・サピエンスの二人の遺体が、身内の者に運ばれて、穴に埋葬された。うち一人は二〇歳くらいの女性であった。左側を下にして、胎児のように横向きに寝ていた。その足元には六歳くらいの子どもが縮こまっている。この遺体の上には大量の赤土が置かれていたので、一種の葬儀であったことがわかる。

このような十万年前の埋葬跡に、人類の最初の宗教性を見ることができる。埋葬の仕方から、当時の人々は死後の生、言い換えれば、死者が生存し続ける目に見えない世界の存在を信じていたとして、ルノワールは「この埋葬跡でも、また世界の各地でも、遺体は胎児のように縮こまった姿勢で埋葬されているが、これは、死が新たな出生と見なされていたことを物語っている」と述べている。遺体は、孤独に放置されてはいない。やがて人類の進化に伴い、遺体の脇に徐々に手の込んだ装飾品が置かれるようになる。ルノワールは「死後の大旅行の装備なのだろうか。それとも戻ってきて生存者に災いをもたらすことがないように、との厚いもてなしなのだろうか」と問うているが、現在のわたしたちには知ることはできない。しかし、どちらであったにせよ、死後も魂が存続すると信じられていたことの確かな証しであろう。

宗教と儀式について考えるとき、わたしにとって最も参考になるのは社会学者エミール・デュルケムが『宗教生活の原初形態』で展開している理論である。同書でデュルケムは「宗教はすべて表象と儀礼的行事から成っている」と述べている。さらに儀礼について、「神話は儀礼を説明するためにしばしば儀礼をモデルにする。とくに、その意味がなくなるか明瞭でないときに。逆に信念を表明する儀礼を通してでなければ明確に現われない信念もある」と述べる。

なんとも逆説的でわかりにくい表現ではあるが、ここにこそ、「人間はなぜ儀礼を行うか」という問いの答えが存在している。第二章「神話と儀礼」でも述べたように、儀礼なくして神話は成立しないし、宗教もまた同じなのである。宗教はただ一回きりの秘蹟である神話に頼っていては永続できない。そのためにその模倣であり再現である儀礼によって、そのつど神の恩寵を確認する必要が生じるのである。

デュルケムは、宗教的なものの概念は、さらにまた多数の神話や儀礼の根柢にわたしたちが見出す重要な原則の説明を可能にすると述べている。そしてこの原則は「ある聖なる存在が分裂するときには、その各部分は、依然として、本来の存在に相等しい」と言うこともできるという。宗教思想については、部分は全体に等しく、部分は全体と同じ力能・同じ効力をもっている。遺骨の一片は遺骨全体と同じ功徳を持ち、どんなにわずかな血の滴りでも血全部と同じ動的原理を含んでいる。同じく、霊魂は、組織体に器官または組織があるのとほとんど同じだけの部分に分裂することができるというのだ。これらの部分的な霊魂のおのおのは、全体的な霊魂と等価なのである。

儀礼的生活

デュルケムは「宗教力」という言葉も使っている。宗教力とは、一体化された集団力であり、言い替えれば人間力であり、道徳力であるという。またデュルケムは宗教について考察する中で、儀礼というものに非常に注目し、「儀礼的生活」という言葉を使いながら次のように述べている。

もし、われわれが、分析をさらに進め、また、宗教的表象に代えてそれが表明している実在をもってし、実在が儀礼の中でどう処していくかを探求するならば、この循環論法はわれわれにはもっとも自然なものと映ずるであろうし、かつまた、その意味と存在理由とをもっとよく理解するであろう。もし、われわれが規定しようとしたように、聖なる原理が、元質化された、変貌した社会以外のものでないとしたら、儀礼的生活は、世俗的で社会的な用語によって、解釈されえなければならない。しかも、事実、この儀礼的生活とまったく同様に、社会生活は循環的に運行している。一方では、個人は、自分のもっともよきもの、他の存在に伍して彼を異色あらしめ、固有の地位を占めさせるすべてのもの、彼の知的および道徳的教養を社会から受けとる。人から言語・諸科学・諸芸術・道徳上の信念を取り去るときには、人は動物性の地位に落ちる。したがって、人間性の特質である諸属性は社会からわれわれにくるのである。

（デュルケム『宗教生活の原初形態』）

デュルケムは、礼拝を本質的に構成しているのは、一定の周期で規則正しく戻ってくる祝祭の循環であると述べている。宗教生活が服しているリズムは、社会生活のリズムを表明しているにすぎないのだが、両者は互いに異質なものとして社会の中で共存しているのである。

社会は、会合することを条件としてでなければ、自らがもっている感情を再燃させることができない。けれども、社会はのべつまくなしに会合を開くことはできない。生活の要請は、社会が際限なしに集会の状態にとどまることを許さない。それゆえ、社会は、その必要を感じるときに再び会合すべく、分散するのだという。これらの必然的な交代にこそ、聖なる時と俗なる時との規則的な交代は対応しているのだ。

礼拝は、その起源においては自然現象の運行を正確にすることを目的としていたので、宇宙生活のリズムは儀礼的生活のリズムにその標章を刻んでいるという。これが、長い間、祝祭が季節的であった理由であると、デュルケムは述べる。

儀礼や祭儀といえば、演出や娯楽と深い関係がある。デュルケムは演出的儀礼と集合的娯楽とは、断続なしに、一方から他方へ推移できるほど相似たものであると述べる。固有の宗教的祭儀が特色としているのは、婦女や未成年者の除外される聖化された場所で行われなければならないことである。しかし、この宗教的特色が、完全には消失しないが、多少とも抹殺されている他の祭儀があるという。これらは、祭儀上の場所の外で行われ、このことが、これらが何らかの程度で世俗的であることを証明しているというのである。すでにこの時代から、祭儀に参加する資格をもたない女性や子どもたちのために、模擬的な祭儀が行われ、それが娯楽の誕生であったと推測されるのである。

デュルケムは、儀礼をその目的別に「消極的儀礼」と「積極的儀礼」に分類する。消極的儀礼とは禁忌にもとづいて神への接近を慎むことであり、積極的儀礼とは供犠や祈祷のように神への接近を行うものをいう。積極的儀礼は、それらが含んでいる所作の性質が互いにどれほど違っていようとも、一つの共通する特色をもっているという。それは、すべてが、信任と和楽と狂熱との状態で行われることである。

もちろん、いくらかの不確実さはあるにしても、普通は雨季がくれば雨が降り、動植物種は規則正しく繁殖する。数多く反復された一つの経験は、原則として、儀礼がその存在理由であり、また、期待されている結果（降雨や繁殖）を生じることを証明したという。人は、あらかじめ儀礼が用意し、また、告示している多幸を享受しながら、安心して儀礼を執行するのである。典型例として神道の月次祭《つきなみ》などを考えてみてもよい。つまりこれは神と人との間の一種の契約とも言える。

そしてもう一つ、デュルケムは死や病など共同体にとって負の側面をもつ儀礼を「贖罪《しょくざい》的儀礼」と名づけた。その代表的なものが「喪の儀礼」である。デュルケムは、喪を構成しているさまざまな種類の儀礼には区分が必要であると述べている。

たとえば、純然たる禁戒からなるものがある。死者の名を発音すること、喪中には他者との交流を慎み、日常生活は中断しなければならない。これらは禁忌事項を中心としているため、消極的礼拝に属する。しかし、喪は他方では、悲しみを共有し、成員を失ったことによる社会的衰弱という危機に臨んで共同体の結束を高めるという効果をもたらす。これについてデュルケムは「近親者が能動者であるとともに受動者である積極的行為が要求されている」と述べる。

また、デュルケムによれば、喪にあたっての感情的奔流は「個人的情緒の自発的な表現ではない」。親縁者が、泣き、嘆き、傷つけ合うにしても、それは、彼らが近親の死によって害されたと感じているからではないという。いかにそれが実際の悲しみを表明しているとしても、一般的には、それは儀礼上の演出であるというのである。

家族を失った人が泣いているとする。しかしそのとき、誰かが何かの世俗的興味に繋がる話を向けたとたん、彼らはたちまち顔色と調子を変えることがある。そして、にこやかに愉快に語ることがしばしばある。デュルケムはこれを「喪は、残酷な喪失によって傷つけられた、私的感受性の自然な運動ではない。それは、集団から課せられた義務である」と説明する。

悲しいから嘆くのではなくて、嘆かなければならないから嘆くというのである。それは、風習を尊重するために強制された儀礼的態度であり、個人の感情とは独立している。この儀礼的態度は、神話上あるいは社会的な罰によって義務づけられているという。そして、デュルケムは喪の儀礼について、以下のようにまとめている。

喪の儀礼は、霊魂に帰されている副次的特色のいくつかを決定するだけでなく、また、霊魂が身体を失っても生きている、という観念とおそらく無縁ではない。縁者の死に際して行なわれる行事を了解するためには、これらの行事が死者にとって無関心事ではない、と信じることを強いられる。ひろく喪の間に行なわれる血の溢出は、死者に捧げられた供犠である。したがって、死者の何ものかが生き残っていなければならない。ところが、これは身体ではない。身体は、明白にも、動かず、解体するのであるから、それは霊魂以外のものでありえない。もちろん、原初の残存観念において、これらの考察がどのような役割を占めたかを精確にいうことは、不可能である。けれども、礼拝の影響が、ここでも、他所におけると同じであったことは、真実らしい。儀礼は人格的存在に向けられる、と人が想像するとき、儀礼はより容易に説明できる。したがって、人間は、宗教生活に神話的存在の影響を拡張するようになった。喪を説明するために、人々は、墓の彼方に霊魂の存在を延長した。これは、儀礼が信念に反応する様式の一つの新らしい例示である。（デュルケム、同書）

死が即物的な肉体の喪失だけではないという人間の想像力が、神話の延長上に霊魂の存在を想定したのである。そのことで喪の儀礼は、死者への敬意を払うと同時に、神話を共有する共同体の規範への服従を意味することとなった。成員を失った共同体は一時的に弱体化するものの、残されたメンバーの結束を固めることで社会的な損失を補おうとしたのである。

一神教の「神」をめぐって

宗教といえば「神」についても考えざるをえない。とくに、現在世界において多大な影響力を持つのは、キリスト教やイスラム教といった一神教の神であろう。ユダヤ教、キリスト教、イスラム教が同一の聖地から発祥したのは偶然とは思えないが、彼らがすでに千年以上も世界を二分するような激しい対立を繰り返しているのも事実である。人々に安寧をもたらし、平和に導くはずの神が、なぜこのような宗教をもたらしてしまったのだろうか。

ここに一つの仮説がある。原初に人間は、万物の第一原因であり天地の支配者である神を創造した。その神は、イメージで表現されてもいなかったし、神に仕える神殿も祭司もいなかった。その神は、あまりにも高められていたので、不十分な人間の祭儀など受けつけることなく、次第に人間の意識から消え去った。神があまりにも疎遠になってしまったので、人間たちはもはやそのような神は欲しないと決めてしまった。そして、ついに神は消えてしまったという。

この説は、一九一二年に出版されたヴィルヘルム・シュミットの『神という理念の起源』によってポピュラーになったものだ。神父でもあったシュミットは、人間が多くの神々を崇拝し始めた以前には、原始的な唯一神崇拝が存在したのだと主張した。人間は元来、世界を創造し人間のもろもろの事件を遠くから統治するという最高神を認めていたというのである。

そのような「いと高き神」は、天と結びついていたゆえに「空の神」と呼ばれていた。実際、「空の神」への信仰というのは、いまだにアフリカの多くの民族の宗教生活の特徴であるという。彼らは神に憧れ、神に向かって祈る。神が彼らを見守り、彼らの悪行を罰すると信じている。しかし不思議なことに、この神は彼らの日ごとの生活のなかでは不在であり、特別な祭儀もなければ画像で描かれることもない。彼らに言わせれば、この神は表現不可能であり、人間によって汚されることはありえないそうである。

そして、彼らの言葉によれば、この神は「どこかへ行ってしまった」。この神はあまりにも高められ遠くなってしまった結果、より小さな神々や、もっと近づきやすい神々に取って替わられてしまったという。古代ギリシャやローマにおいても同様に、いと高き「空の神」は、もっと魅惑的な異教のパンテオンの神々に取って替わられてしまったのである。こうして名もなき崇高神の代わりとして、一神教が生まれた。つまり一神教とは、人生の神秘や悲劇を説明するために、人間が「発明」し、発展させてきた最初期のアイデアの一つであったというのがシュミットの説である。神父であるシュミットには、神が最初から人間の創作であったとは言えない事情があったのかもしれない。

宗教社会学者マックス・ウエーバーは違う論法で、古代イスラエル人が唯一神を「発見」したと述べている（『古代ユダヤ教』）。そして、その唯一神とは「苦難をも、もたらす神」であると定義した。もちろん神はわたしたちに幸福をもたらすだけではない。時に罰を与え、同時に不幸から救ってくれる存在でもある。「神様がいるから、われわれは守られ、幸福に生きていける」のだから神を祀らなければならないし、不幸があれば、「この不幸を取り除いてくれるのも神様である」から、神にすがらなければならない。神にすがれば不幸は消え、また幸福が訪れる。不幸の訪れは信仰の足りない自分への罰であり、より高みを目指すための試練、神からの愛のムチと考えるべきなのである。神は優しく、ときに厳しく、人間を見守り、成長させてくれる存在だというのが通説であろう。

ところが、古代イスラエルの神はそうではなかった。彼らの神は決して心が広くもなければ、優しくもない。幸福も与えてはくれるものの、より多くの苦難や災いを与える神である。それは人格を持った神、すなわち人格神であり、その人格ときたら、人間の成長を祈るどころか、途方もなく狭量で、嫉妬深く、かつ理不尽である。ちょっとでも気に食わないことがあれば、たちまち人間に苦しみを与える。大洪水を起こしたり、バベルの塔を破壊したり、町を消滅させてみたり、きわめて暴力的な方法で人間を脅して、自らに従わせる。まるで暴力団の親分そのものである。苦難はすべて神からの授かり物、災いはすべて神の計らいである。

だからこそ、イスラエルの民は神を一生懸命に信仰した。もし、神を怒らせてしまったら、自分たちはさらに不幸になり、下手をすれば絶滅させられてしまうかもしれないと恐怖したのである。心優しい始原の神から、理不尽で傲慢な神へ……古代イスラエル人は、神の観念を一八〇度逆転させてしまったのである。ウェーバーは、この「逆転の発想」なくして一神教は生まれなかったと述べている。

ユダヤ教もキリスト教も、基本的に性悪説に立ち、人間の残忍さを肯定しているのは、この唯一神の影響が大きいのかもしれない。この神は、人類にとって容赦なき力をふるう神ゆえに、たとえ神を崇めていようとも、その怒りに触れれば即座に殺されてしまう。ましてや異教徒はなおさらのことである。神にとって異教徒は「隣人」ではなく、皆殺しにしても、奴隷にしてもかまわない。財産はすべて没収せよ。これが、神がヨシュアに与えた指令である。

だからこそ、大航海時代のキリスト教徒たちは人類史上、例のないほどの虐殺や略奪を各地で繰り返しても平気だったのである。アフリカの黒人は人間ではないのだから、奴隷にしても殺しても良心は痛まなかったのである。この当時の白人たちは、決して宗教心を持たなかったわけではない。むしろ、聖書に忠実であろうとした熱心なキリスト教徒だったのだ。

ところが、この恐るべき神は「ヤハウェ」から「アッラー」と名前が変わったとたんに、その性格までも一変してしまう。ユダヤ教、キリスト教、そしてイスラム教の神は名前こそ違うが、同一の存在である。『コーラン』にも、同じ神が、かつてアブラハムの前に現れ、イエスを預言者として派遣し、ムハンマドに啓示を与えたと明記してある。だが、その人格には、かつての恐ろしさの面影はどこにもなく、同じ神であるとは思えないほどである。信者が少々の過ちを犯したぐらいでは、アッラーの神は怒らない。改悛の情しだいでは、優しく許してくれる神なのである。

イスラム教においては、人間を「異教徒である」という理由だけで殺したりはしない。また、異教徒に対して、イスラム教への改宗を強制したりもしない。なぜなら、「宗教に強制なし」と書いてあるからである。慈悲深いアッラーは、異教徒に対しても慈悲を垂れるのだ。

イスラム教は、ユダヤ教、キリスト教の後に生まれたものだから当然だが、教理の整合性や合理性に関しては、他の二宗教と比較して一段も二段も上である。そして、他の二宗教に比較して一段も二段も寛大である。要するに、宗教としての完成度が高いように思えてならない。そのためもあってか、イスラム教は全世界に爆発的に広まった。いや、現在においてもその信者を驚異的なスピードで増やしている。しかし、その布教プロセスにおいても、ムスリムはキリスト教徒のような異教徒虐殺をしなかったし、強制的改宗も迫らなかった。これは決して忘れてはならない歴史的事実である。

ちなみに、日本で「イスラム国（ＩＳ）」と呼ばれる自称国家はイスラム教とはまったく関係のない過激派組織に過ぎない。ＩＳは、表向きはシャリア（イスラム法）に基づく、スンニ派のカリフ（イスラム教開祖・ムハンマドの正統な後継者）制イスラム国家と謳い、最高指導者のバグダディは新しいカリフを自称し、世界中のスンニ派イスラム教徒に忠誠を求めている。しかし、国際社会はＩＳを独立国家として認めておらず、近隣イスラム諸国も地域の安全を揺るがす脅威として危険視している。

二〇一五年一月、ＩＳは人質にしていたヨルダン人パイロットのモアズ・カサスベ中尉を焼き殺した。わたしはこの事件に、邦人犠牲者である湯川遥菜氏や後藤健二氏の斬首刑以上の衝撃を受けた。なぜなら、イスラム教では火での処刑は禁じられており、火葬さえ認められていない。遺体の葬り方は、土葬が原則である。イスラム教において、死とは「一時的なもの」であり、死者は最後の審判後に肉体を持って復活すると信じられているからである。また、イスラム教における「地獄」とは火炎地獄であり、火葬をすれば死者に地獄の苦しみを与えることになると考えられている。よって、イスラム教徒の遺体を火葬にすることは最大の侮辱となるのである。ＩＳは、火での処刑を正当化する声明を発表したが、自分たちの残虐行為を棚に上げてイスラム教を利用するご都合主義が全世界に明らかとなった。しかも、なんと生きた人間を焼き殺したのである。

かつてナチスやオウム真理教は、葬送儀礼を行わずに遺体を焼却した。ナチスはガス室で殺したユダヤ人を、オウムは逃亡を図った元信者を焼いたのである。ナチス、オウム、ＩＳに共通するのは生命の軽視であり、死者への冒瀆であり、また人間性の尊厳の放棄である。有史以来、儀礼と哀悼のない遺体の処理は、戦争と犯罪と疫病などの非常時に限られる。

ひるがえって現在の日本では、通夜も告別式もせずに火葬場に直行するという「直葬」が増えつつある。さらには、遺骨を引き取らず火葬場に置いてくる「０葬」といったものまで登場した。しかしながら、「直葬」や「０葬」がいかに危険な思想を孕《はら》んでいるかを知らなければならない。故人の死を悼む儀式を行わずに遺体を焼却する行為は、モノとしての死体の処分にすぎない。葬儀を行わず、死体の処理と埋葬のみで故人を葬るのはネアンデルタール人やクロマニョン人にも劣る行いである。第四章の冒頭で、埋葬の習慣をもっていた集団だけが生き残ったと指摘したことを今一度思い起こしていただきたい。霊魂の存在を軽視することは科学の教えではない。それは「礼」すなわち「人間尊重」に最も反するものであり、ナチス、オウム、ＩＳに共通する巨大な心の闇に通じているのである。

聖なるもの

神が人間の発明品であることは間違いのない事実であろう。人間は神を創造し、神についての物語に磨きをかけてきたのである。そして、ある宗教的な理念が役に立たなくなったり、もっと魅力的な神が現れたりすると、それはあっさりと他のものと取り替えられた。

ユダヤ教やキリスト教やイスラム教ですら例外ではないかもしれない。シュミットが指摘した「空の神」のように、あまりにも疎遠なものになった神は人々に捨てられるおそれさえあるのである。事実、ニーチェは「神は死んだ」と宣言した。彼は、キリスト教の神は哀れむべきもの、不条理なものであり、「生命に対する犯罪である」とさえ述べた。

経済学者のカール・マルクスは、ユダヤ・キリスト教的伝統に大いに依拠していたメシア主義的な歴史観を採用したが、最終的に神を不適切なものとして切り捨てた。意味や価値は歴史の過程の外にあるものではないから、神の理念は人類を助けるものではありえないとみなしたのである。そして、宗教を「抑圧された者たちのため息であり、民衆のアヘン」であるとして、このような一神教が「この苦難を耐えうるものにしたのだ」と主張した。

心理学者のフロイトは、神への信仰を幻想であると喝破し、成熟した人間ならば廃棄すべきであるとまで断言した。神の理念は偽りではなかったが、心理学によって解読される必要がある無意識の考案物であった。一神教の人格神は高揚された父親像にすぎず、そのような神を求めることは、強力で保護的な父親への、また正義や公平さや永遠に続く生命への幼児的憧れに発したもの、つまりエディプス・コンプレックスの一形態にすぎないとする。神は単に、これらの願望の投影であって、永続的な絶望感から人間が恐れ、礼拝する偶像にすぎない。宗教は人類の幼児期に属するものであり、たしかに幼児期から成人期への移行において必要とされる一段階ではあった。それは社会にとって欠かすことのできない倫理的価値を促進してきたけれども、今や人類は成人に達したのだから、それは過去のものにならねばならない、とフロイトは宗教に対して手厳しい。そして、科学こそが神に取って替わることができるのであると主張する。それは道徳性のための新しい基礎を人類に提供できるし、人間が自らの恐れに直面するのを助けることができるはずであると言う。皮肉なことに、フロイトはまるで神の代わりに科学を信仰しているかのような発言を繰り返した。

確かに、ますます多くの人々の生活のなかから神は消えつつあるように思われる。とくに西欧においてそうである。もし神が本当に消滅しつつあるならば、人類が何を失いつつあり、また何を得ようとしつつあるのかを理解することが求められる。そのためには、人間が神を礼拝し始めたとき、何をしていたのか、神がどういう意味を持っていたのか、神がどのように考えられていたのかを理解する必要がある。

今日、宗教が無意味だと思われる理由の一つは、もはやわたしたちの多くが、何か見えないものに取り囲まれて生きているという感覚を失っているからである。現在の科学文明は、目の前にある物質的・肉体的な世界に注意を集中するように教育している。このような世界の見方は、テクノロジーの進歩に代表される偉大な成果をもたらしてきた。だが、その結果の一つは、わたしたちが「霊的なもの」という感覚をいわば締め出してきたということである。

その感覚は、より伝統的な社会では、あらゆるレベルで人々の生活に浸透していたものであり、世界についての人間の経験のうちで本質的な要素であったものなのである。南太平洋諸島では、人々はこの神秘的な力を「マナ」と呼び、「霊」として経験してきた。時にはそれは、ある種の放射能や電気のような非人格的な力として経験されてきた。たとえばそれは部族の首長のなかに、また植物や岩や動物のなかに住まうものと信じられていた。

ラテン人は聖なる森のなかに「ヌミナ」（諸霊）を経験してきたし、アラブ人は自分たちの土地には「ジン」が住み着いていると感じていた。当然ながら人々はこの現実に触れ、それを自分たちのために役立てようと願うとともに、崇敬したいと思っていた。彼らが見えない諸々の力を人格化し、太陽・星・海・風などと結びつけながら、それでも人間的特徴を持つ神々としたとき、彼らは見えないものや周囲の世界との親近感を表現していたのである。

ドイツの宗教学者ルドルフ・オットーは、「ヌーミナスなもの」つまり「聖なるもの」という感覚こそが宗教の基礎であると信じ、『聖なるもの』（一九一七年）を著した。キリスト教の教義に依拠せず、哲学の立場から宗教にどうアプローチするかということになると、必ずオットーにたどり着く。古代インド神話学にも通じていたオットーには、神秘学、罪、宗教哲学概説といった分野の業績もある。

『聖なるもの』には「神的なものの観念における非合理なもの、およびそれの合理的なものとの関係について」という副題がついており、その冒頭には次のように書かれている。

人格神を信仰対象とする宗教全般、とくにその典型であるキリスト教の神観念の本質的な特徴とは、神的な存在が、精神、理性、意思、決意、善意、権能、統合的本性、意識などといった人格的な特性を表わす用語で明確に把握され、表現されるということである。つまり、人間が自分自身のなかで、限られた不十分なかたちで自覚しているような人格的・理性的な要素を神に当てはめて考えるということである（同時に神の場合、前出の人格的な特性を表わす用語はみな、「絶対的な」、つまり「完全な」ものだと考えられている）。（オットー『聖なるもの』）

同書のキーワードである「ヌミノーゼ」とは、それ自体が非合理なもの、つまり概念としては説明できないものであるという。だから、それを言葉で表明しようとするならば、ヌミノーゼを体験している心情内に誘発される特別な感情反応を手がかりにするしかないという。オットーは「それは、ある種の特定感情によって人間の心情を捉え、動かすようなものである」と表現している。「ある種の特定感情」とは「敬虔な感情」につながると思われるが、オットーは敬虔な感情が強く掻き立てられているときの最も深い底の部分にあるもの、救いへの信仰や信頼感や愛といったものよりも深いところにあるものについて考えてみたいと述べる。それは、ときとしてわたしたちの内部で困惑するほど激しく心情を揺り動かし、支配するようなものであるという。探求すべきものはこれであり、それを探求するために、周囲の人々への共感力や追感力を使って、信仰心の強烈なほとばしりとそれが生み出す気分、荘厳かつ厳粛な儀式や典礼、宗教的な記念碑や建造物、また寺院や教会などが醸しだす雰囲気といったものに感情移入してみようと呼びかけ、さらにオットーは次のように述べる。

そうすると、探求しているものにふさわしい表現が一つだけ浮かびあがってくる。戦慄すべき神秘〔mysterium tremendum〕という感情がそれである。この感情は、ある場合は、穏やかな満ち潮のようにゆっくりと心情を満たし、静かで深い敬虔の念を抱かせることができる。その場合、この感情は、一定不変に持続する魂の状態を呈するようになる。この状態において、魂は長時間感動にうち震《ふる》えつづけるが、やがてそれもしだいにおさまっていき、再び日常世界にもどる。一方、この感情は突然強い衝撃と震撼《しんかん》を伴って魂から噴出することもある。また、ときとしては、異常な興奮、陶酔、法悦、エクスタシーへと導くことがある。この感情は、荒々しい魔神的《デモーニッシュ》な形をとるし、ほとんど幽霊的な恐怖、戦慄《せんりつ》へと沈みこみうる。その初期段階は粗野で野蛮な現われ方をするが、洗練されたもの、純化されたもの、光明に満ちたものへと発展する。この感情は、被造物であるがゆえのへりくだりから来る静かな慄《おのの》

き と沈黙へと化すこともある。では、いったい誰に対してか。全被造物を超越した名状しがたい神秘のなかにある者に対して、である。

（オットー、同書）

たしかに「真に神的なもの」とは、オットーが言うように「名状しがたい神秘」としか表現しようのないものなのかもしれない。オットーは「宗教の起源」についても言及しているが、宗教は「自然的な恐怖」からも、漠としたいわゆる「世界不安」からも生まれないという。宗教の起源としての「恐怖」とは、自然的なふつうの「おそれ」ではなく、「不気味さ」に近い。それは、すでに神秘的なものが心に触れ始めたことをほのめかす恐怖である。言い換えれば、それは、日常の自然的なレベルでの体験領域に属さない、自然的なものと無縁の範疇であり、それがまさに「ヌミノーゼ」なのである。

「救い」「聖別」「保護」といった宗教的価値は、神秘的・ヌーメン的な領域では真正なもの、欠かせないものであるのに対し、合理的・倫理的領域では疑わしいものとして扱われる。とくにはっきりしたかたちで「保護」という要因に出会うのは、キリスト教においてであり、とくにこの宗教の儀礼と儀礼が醸しだす感情においてであるという。

ただ、他の諸宗教にもはっきりしたかたちではないが、やはりこの要因が見出されるという。そこでは、まずヌーメン的な「おそれ」が現れる。すなわち、自分のような卑俗な者は簡単にヌーメンに近づくことができないという気持ちから、ヌーメンの「怒り」に対して保護ないし庇護を求める欲求が生ずるというのである。この「保護」が「聖別」、つまり、ヌーメンに近づこうとする者に、戦慄すべき威厳との交流を可能にする手続きなのである。しかし、聖別の手段、すなわち本来の意味での「恵みの手段」は、ヌーメン自身に由来し、ヌーメン自身が与え、指定するという。

ヌミノーゼの表現手段には、「直接的手段」と「間接的手段」がある。まず、オットーは直接的手段について以下のように述べている。

うやうやしい態度やふるまい、声の調子や表情、ことがらがすこぶる重大であることを示す表現、教会共同体の儀式集会や礼拝式などはヌーメン的感情をいきいきと伝える。それを言葉で言い表わそうとしてわれわれは独自にさまざまな言い方や消極的な呼び方を見出したのであるが、そういうものではなかなか伝わらないのだ。実際、そういう言い方、呼び方は決してわれわれが扱っている対象を明示的に表わすものではない。それらは、たとえば不可視なもの、永遠なるもの（無時間的なもの）、超自然的なもの、超世界的なものというように、とにかくあるなんらかのことを言おうとはするが、それはせいぜい別のことがらとの対比、つまりそれとは区別されると同時にそれより下位にあるものとの対比で語られるという点にしか、その有用性がない。あるいは、それらは簡単に言えば、ヌーメン的感情という特殊固有の感情の内容そのものを表わす表意文字的表現である。だがその場合、その表意文字的表現の意図するところのものを理解するためには、当然この感情内容を自ら知る経験をあらかじめもっている必要がある。（オットー、同書）

また、間接的手段についても以下のように述べられている。

ハレルヤだとかキュリエライスだとかセラとかいった聖書や賛美歌集のなかにある古めかしくて意味がとれなくなってしまった表現や、それらのなかにある「ほかの」言い回し、またぜんぜん、あるいはせいぜい半分しか理解できなくなってしまった儀式用語といったものが、礼拝的気分を減じるどころか、かえって高揚させてくれるという事実、まさにそういったものこそ特別「荘厳に」感じられ、愛好されているという事実をどう説明したらよいだろうか。それは好古趣味もしくは伝統への固執なのだろうか。決してそうではなかろう。そうではなく、それらによって神秘の感覚、「まったく他なるもの」であるという感じが呼び覚まされるからである。そのような感覚がそれらと結びついているからである。

素朴なカトリック信徒には必要悪としてではなく、特別に聖なるものとして受けとられているミサ用ラテン語、ロシア正教の典礼における古スラヴ語、われわれ固有の典礼儀式に使われるルター・ドイツ語、それに中国や日本での仏教儀式で用いられるサンスクリットやホメロスの作品中のいけにえの儀式に登場する「神々の言葉」、そのほか多くの例がそれに該当する。ギリシア正教の典礼の聖体礼儀やそのほかの多くの典礼儀式に見られる半ば顕わな、半ばベールに包まれた要素も同じ意味で注目されよう。（オットー、同書）

ヌーミナスなものは、世界の起源を説明したり、倫理的行動のための基礎を見出したいというい かなる願いにも先行するものである。ヌーミナスな力は、人間によってさまざまな仕方で感じ取られる。それはときには野蛮な興奮を呼び覚まし、ときには深い静寂を呼び覚まし、ときには人々に生命のあらゆる面に宿る神秘的な力の臨在のうちに、脅威や畏怖や謙遜の念を呼び起こしたのである。キリスト教をはじめとした、さまざまな宗教の儀式の中ではオットーが追求した「聖なるもの」がさまざまな方法で表現されていると言えるだろう。

ユング心理学と宗教

宗教、とくにキリスト教を大きな問題とした人物に、スイスの心理学者カール・グスタフ・ユングがいる。彼はプロテスタント牧師の家に生まれたが、キリスト教に疑問を抱きつつ、長じては精神医学を学び、集団的無意識の分析を含めたユング心理学を創始するに至った。牧師の息子として生まれ育ったユングにとって、キリスト教の意味を追求することは、いわば宿命であった。キリスト教の謎を解明するためにユング心理学が生まれ、展開したといっても過言ではない。彼の心理学は、キリスト教に対する彼なりの回答だと言えよう。ユングは『心理学と宗教』（一九四〇年）において宗教の定義に言及し、先のオットーの説を紹介しながら以下のように述べている。

宗教はそれを表わすラテン語から明らかなように、ルドルフ・オットーがいみじくもヌーメン性 Numinosum と呼んだものを注意深く良心的にみつめることです。このヌーメン性とは力動的な存在もしくは作用で、意志の行為では引き起こせません。反対に、その作用が人間という主体を捉え、支配するのです。人間は、その作用の創造主であるよりはむしろ犠牲になっています。ヌーメン性は、その原因が何であれ、主体の条件であり、主体の意志から独立しています。いずれにせよ、宗教の教え〔と一般的合意〕が常に、そして到る所で明らかにしているのは、この条件が個人の外にある原因に関係づけられねばならないということです。ヌーメン性は目に見える対象の属性か、それとも目に見えずに現存するものからの影響かのどちらかですが、それが意識にある特殊な変化を引き起こすのです。

（ユング『心理学と宗教』）

しかしながら、実際の修行や儀式となると、ある種の例外があるとユングは言う。大部分の儀式が行われる理由はただ一つであり、それは一定の呪術的な方策、たとえば、祈願、瞑想、呪文、犠牲、ヨーガ、苦行などによってヌーメン性の作用を意図的に呼び起こすことであるという。信仰は常にこのような行為から出発している。カトリック教会が秘跡を授ける目的は、信者にこうした霊的な祝福を与えることである。しかしながら、この行為は結果として、疑いなく神の恩寵の現存を呪術的な手続によって強制するものなのである。

ユングの分析心理学はフロイト同様に無意識を重視した。ユングはさらに、個人的な経験にもとづいた無意識とは別に、意識することが不可能なほど深層に存在する集合的無意識があるとした。集合的無意識は民族や人類に生まれながらに刷り込まれたものとされ、その具体的なイメージは「元型」と呼ばれる。元型には影、アニマ（男性の中の女性的なもの）、アニムス（女性の中の男性的なもの）、太母（グレートマザー）、自己などさまざまなタイプがあり、自己という元型のイメージはキリストだとされている。集合的無意識としての元型は、神話や物語、儀礼などによって受け継がれたり、神々のイメージとして夢や幻覚に現れたりする。まったく異なる文化間で類似した神話や英雄像が見られる偶然の一致はこれによって説明がつく。

ユングによれば、無意識はカオスであり、そこから生じる予測できない危険から身を護るために生みだされた呪術的な儀式は無数にある。また、そのカオス的な混乱に秩序を与えるために、さまざまな法律や制限、タブーが定められてきた。この二千年間は、キリスト教会が集合的無意識と人間を媒介し、悪い影響から防御する機能を引き受けているという。

ユングは、自らの育ったプロテスタンティズムについて、以下のように述べている。

プロテスタンティズムは、これまで教会が注意深く立ててきた多くの壁を取りこわし、個人の啓示が解体と宗派分立を促進する効果をもっているのを直接的に経験しはじめました。教義の棚が壊され、儀礼の権威が失われてしまうとすぐ、人は内的経験に直面しはじめましたが、その際、キリスト教でも異教でもその宗教経験の比類のない本質である教義と儀礼からこれまで与えられてきた保護と導きはもはや存在していませんでした。プロテスタンティズムは主として、〔伝統キリスト教の〕微妙な陰影のすべて、すなわち、ミサ、告解、典礼の大部分、聖職者の身代わり的意義を失ってしまったのです。

（ユング、同書）

ミサなどの堅苦しい儀礼を取り払ったプロテスタンティズムの親しみやすさは、元型の象徴としてカオス的な混乱から守ってくれるはずだった権威や荘厳さまで奪ってしまったのだとユングは指摘するのである。しかし、一方で、ユングはカトリックのミサを人間による形式的な行いにすぎないと批判もしている。

ミサの祭儀で生起することには、人間的な側面と神的な側面の二重性がみられる。人間の側から見ると、供物が祭壇で神に捧げられるということになるが、この供物は同時に司祭と会衆が自らを捧げることをも意味する。典礼行為によって供物と供え手は聖化される。それは、主が弟子たちと祝った最後の晩餐、受肉、受難、死と復活を想い出させ、かつそれらを表現する。しかしこの擬人的行為は、神の側から見ると、外皮か容器のような何かでしかなく、そのなかで生じているのは人間のわざではなく、神のわざである。無時間性において永遠に現存していたキリストの生命が一瞬の内に目に見えるものとなる。そして、聖なる行為という凝縮した形においてであるが、時間的順序に従って展開する。（ユング、同書）

ミサの内容はキリストの生涯を再現したものである。「夭折し、嘆き悲しまれ、復活する」というパターンは近東の神々の伝説や祭儀にも数多く登場するものであり、それは一種の供犠行為であるという。ユングによれば、儀礼行為において人間は自律的な「永遠」、すなわち意識のカテゴリーの彼方に存在して「働いている者」、つまり集合的無意識の意のままになるという。ちょうど、すぐれた俳優が、単に演じるのではなく、その劇を書いた詩人の天才に魂を奪われるのと同じであるというのだ。祭礼行為であるために欠かせない条件の一つは美しいということである。というのは、人は、美においても神に仕えるのでなければ、神に正しく仕えたことにはならないからである。

それゆえ、祭礼には実際的有用性というものがないのである。実際的有用性は目的奉仕性であり、ただの人間的なカテゴリーだからである。だが神的なものはすべて自己目的であり、わたしたちが知っている唯一の合法的な自己目的である。しかし、永遠なるものがそもそもどうして「働く」ことが可能になるのかという問いには関わり合いにならないほうがいいと、ユングは言っている。なぜなら、それは答えることができないからだという。人間はつねにカオスである無意識と自己の意識とのあいだに折り合いをつけるべく生きてきたのであり、宗教や儀式や神話をはじめとする社会装置のすべてはそのために発明されたのである。

古代の密儀

ユングにとって宗教儀礼は不可知的神秘であるからこそ意味があったわけであり、それはミサについても例外ではない。ユングはミサの本質は密儀性にあると述べている。

ミサは、もともとはとくに才能に恵まれた個人が他の人たちと無関係に経験していたものが、意識の漸進的な拡がりと深まりとともに、しだいにより大きな集団の共通の財産になっていった何千年にわたる発展の集大成にして精髄である。しかしその根本に横たわっている過程は今もなお秘密であり、これに対応する「密儀」や「秘跡」において具象的に、印象的に表現され、教義、修行、瞑想、奉献の行為によって強化されている。司祭はこれらによって神秘の領域にどっぷりと漬けられる。そのために彼は、神話的な出来事と自分が密接に繋がっていることをある程度自覚することができるのである。それゆえたとえば古代エジプトでは、本来は王の特権であったオシリス化はしだいに貴族、そして古代エジプトの伝統が終わる頃にはついに個人にも拡げられた。元来、秘教的で、沈黙を義務づけられていたギリシアの密儀宗教も同様に、しだいに集合的な体験へと拡大され、カエサルの時代にはいわば、スポーツのような気分でローマの観光客が異国の密儀へのイニシェーションを楽しむことになった。キリスト教はすこしばかりためらってから、さらに進んで密儀を公共の催しものにしてしまった。なぜなら、出来るだけ多くの人を秘義の体験に誘うことこそ、キリスト教がとくに関心を払っていたことだからである。

（ユング、同書）

やがてユングは、グノーシスという秘教の研究にのめりこんでいく。グノーシスはキリスト教と同じく一世紀に誕生した古代宗教で、ユダヤ教やイスラム教においても神秘主義を生み出した。ギリシャ語で「知識」を意味するグノーシスは、二元論の世界観をもっている。それによれば、世界には、善と悪、霊と肉体、イデアと物質といったさまざまな対立があり、現世界は悪に支配されている。ということはこの世で正しいとされる神もまた悪の神、偽の神ということになる。本来であれば、どこかに真の至高神が創造した善の宇宙が存在するはずである、というのがグノーシスの世界観であり、この思想は反宇宙的二元論といわれる。

古代の密儀宗教としては、イシス－オシリスの密儀、エレウシスの密儀、オルフェウスの密儀、ディオニューソスの密儀、キュベレとアッティスの密儀、ミトラスの密儀など、数多くが知られている。これらはどれも非公開で、参加者はその内容について口外してはならないとされていた。そのため、今日のわたしたちはこれらの密儀に関しては断片的にしか知ることができず、その詳しい内容はよくわからないのである。しかし、これらの密儀宗教は、何よりも、非公開の祭儀を中心とする高度な宗教体系であるという点では共通していた。

宗教学者の小林道憲は、宇宙の循環を反映していた農耕牧畜儀礼が、社会の発展とともに、国家の繁栄を保証する王権儀礼にまで進展していった一方で、非公開の密儀宗教をも生み出していったという。たとえば、古代ギリシャのエレウシスの密儀は、豊饒神デメテルが娘のペルセポネを取り戻したことを記念するものであった。毎年秋に行われるこの祭りは、丸一日におよぶ行列で始まり、黄金時代の古式に則って、デメテルを祀る各聖堂に地域の産物を供え、巡礼していったという。そこでは、ペルセポネの失踪と帰還の物語が、音楽と舞踊付きで演じられた。

小麦の種は、夏の間、暗い地中に埋められて保存され、秋になって蒔かれ、再び芽を出す。この穀物の死と再生が、ペルセポネの冥界への誘拐と冥界からの帰還の神話に象徴されている。エレウシスの密儀とは、これを盛大に再現することにほかならなかったのである。この密儀では、女神の再生にちなんだ儀式が行われ、その儀式への参加者の再生を約束した。人々は、この密儀に参加することによって、自分たちが死すべき存在であり、かつ再生する大地の子であることを体験したのであろうという。たしかに、キリスト教のミサで聖体拝領としてパンが与えられるのも、麦が死んで復活する霊的な存在とみなされるためである。

古代の密儀はどれもこのように、死と再生の儀礼を通じて、宇宙生命への帰一を体験しようとするものであった。密儀への参入者は、儀礼を通していったん死に、宇宙という母胎に帰って再生してきた。そして、宇宙の大いなる霊力を自分自身の中に宿そうとしたのである。

小林は、宗教の本質において神話とともに儀礼が最大の意味を持つと考えており、「宗教体験は、神話や儀礼という言語や身体を介した象徴の体系として表現されている」と強調している。また、彼は儀礼の目的を「宇宙との合一」に見て、次のように述べている。

　王権儀礼にまで発展した新年祭にしても、播種や収穫に伴う農耕儀礼にしても、春分や秋分、夏至や冬至など、宇宙の循環の中で営まれる。この農耕儀礼から発達し、高度な儀礼体系を完成させた古代の密儀宗教も、宇宙の循環の中で、宇宙生命と一つになることによって、永遠なる生を獲得しようとするものであった。生と死をはじめとして、人間のすべての営みは、宇宙の循環の中で営まれる。人間が人間として大地に立った時以来、儀礼は、人間が宇宙の循環とともにあることを表現してきた。人間の生そのものが宇宙秩序の中にあり、宇宙秩序が人間の生そのものの中に宿っているということを表現してきた。宇宙生命への畏怖の念から出発した宗教感情は、何よりも、それを儀礼という形で表現したのである。儀礼は、人間存在が宇宙秩序の中にある存在だという原初的宇宙感情の象徴的表現なのである。

（小林道憲『宗教とはなにか』）

小林によれば、祭儀や祝祭は、宇宙論的な意味を持った神聖な遊びであるという。それは、神々との合一、宇宙生命との合一という日常を超越した世界で遊ぶことである。そこでは、厳粛と過剰、禁止と放埒が同居しており、真面目と遊びが一つになっているのである。

さらに小林は「祭儀や祝祭における儀礼は、何ものかの表現である。とりもなおさず、一つの宇宙感情の表現である。人間は、宇宙の秩序と循環を、儀礼という形で演じ、表現する。儀礼は、世界の表現であり、世界観の表現であり、一種の芸術である」と述べているが、この考え方そのものが古代の密儀の思想に直結しているように思えてならない。

宗教の根本としての儀礼

この章を終わるにあたり、イギリスの牧師であり、神学者であるロジャー・グレンジャーの考えを紹介したい。

宗教と儀礼との関係について、彼は「実のところ、儀礼は宗教の付属品ではなく、弁護されるべきものでも、批難されるべきものでもない。真の意味で、それは宗教に他ならない。宗教一般と特定の宗教的儀礼の関連は緊密である。儀礼は宗教的意識のまさに核心――明白な形での実体、心、真髄である。宗教は総て、神学をもつと同様に儀礼をもっている」と、『言語としての儀礼』で述べている。

グレンジャーは、いわゆる「高等宗教」について同書で言及し、ギリシャ・ローマの密儀宗教、仏教、ヒンズー教、キリスト教は、人と神および人とその同胞の関係についての理解を具現化し、表示するために、またその関係のもつ重大な意味についての特別の意識を強調するために、複雑な脚本を持っていると指摘する。それにひきかえ、オーストラリアのクルナイ族あるいは南米ティエラ・デル・フエゴのヤマハ族の宗教儀礼は極端に単純であるという。しかし、どちらの場合にも、すなわち宗教が「発達している」ところでも、「未発達に」残されているところでも、儀礼が存在し、それらは中に含まれている思想と分かつことができない点では同じだという。

宗教的行為の言葉を行為自体から切り離そうとするのは無意味な試みに過ぎない。儀礼の言葉は内省の産物である。しかし、行為は別種の理解あるいは意識を表現する欲求――とりわけ宗教的な一つの現実に対して即座に反応したいという衝動を表わしている。これは命題ではなく、認識以前の本能的なものである。宗教現象の基本的性格をじっくり研究してみると、言葉が行為にではなく、行為が言葉に先行することがわかる。

（グレンジャー『言語としての儀礼』）

さらにグレンジャーは「儀礼は総ての公的宗教がその上に基礎づけられている岩盤である」と指摘する。事実、あらゆる宗教の根本の筋書きは「再生」の、もしくは「自己超越」のドラマにほかならない。つまり、ファン・ヘネップが構造を分析し、ミルチャ・エリアーデが世界の宗教の大多数にその存在を確かめた加入儀礼、イニシエーションである。

イニシエーションは、どのような文化にも見出される。たとえ儀礼そのものを行う習慣が絶えてしまったところでも、民話や文芸作品の中にその存在を知ることができる。

通過儀礼、あらゆる加入儀礼は普遍的に行われており、社会的に重要である。儀礼は人々と社会とを結びつけることにおいて、社会的に必要なのである。グレンジャーは「宗教を研究する上で、また人間の宗教的意識をわれわれが理解する上で、これらの儀礼は、研究の価値を確かなものにするから欠くことができない」と述べている。通過儀礼は、人間本来の経験としての宗教的意識の存在に対して、覆すことのできない証拠を提供するのである。

さらにグレンジャーは、「宗教の根本の形態は儀礼であり、基本的に加入式のシナリオである。また、宗教の自律性、すなわちその独自の存在意義は、儀礼が普遍的に行なわれているばかりでなく様々な文化を通じて一貫しているということに示されている」と断言する。

なぜ、宗教的儀礼というものが存在しているのか。グレンジャーによれば、宗教的儀礼の目的は、人間的現実（有限である人間世界）の正当性を示すことにあるという。ゆえに儀礼は、人間の創造と保護、さらには神に対する人間の義務といった教えにおいて教義的な形態を得ている現実の意味についての観念および理論を具現しているのである。

儀礼とは、人間の用語によって神について語られる物語である。儀礼を通して人間は神への服従を誓うと同時に、いっとき神と同列に並ぶことによって人間を聖化するのである。

さらにグレンジャーは「神と人間の二つの現実の間によこたわる質的な違いは、神と人間が出会うことのできる『第三の現実』を儀礼において設定することを許さないし、許せるはずもない。このような設定は、人間による創造に他ならず、したがって、神の文脈にあっては冒瀆にならざるを得ない。儀礼は人工的である。神は、このように人間の作り出したものと交わると考えられるべきではない」とも述べている。

ではいったい、神と人間との間に言語は成り立つのであろうか。

グレンジャーはそれこそが儀礼であるとして、以下のように述べる。

神への応答にふさわしい言語は、儀礼という社会的言語である。あらゆる人間社会で、たとえ宗教意識が芽生えはじめたばかりの社会でさえ、礼拝は制度と儀礼的行為の中に具体的表現を与えられており、それらがさらに、礼拝の衝動の刺激、伝授、維持の強力な道具になっている。宗教と社会は基本的には密接に関連しているので、この衝動は、社会的なそれであって、社会的に表現される。これが、典礼に象徴される関係、典礼が表現し、かつ実現する関係である。なぜなら、総ての典礼が各々独自の自己理解をもってその世界観に生命を与えているように、それは独自の福音を説いているともいえるからである。儀礼の中で、共同体は自らについて学ぶ。儀礼的行為や儀式において芸術的に表現される集団的了解とは、集団的なものとしての生や世界に対する了解、すなわち、その中では個人の経験が共同体と分かちがたく関わり、依存している現実の了解である。宗教意識の社会的性格は、独自の象徴を——相互行為と相互依存からなる関係の現実を表現し確立する独自の象徴を必要とする。宗教の中核に位置すべく選ばれた象徴は儀礼である。

（グレンジャー、同書）

この儀礼という象徴は、本質的に芸術的な働きをもつという。つまり芸術を媒介とすることによって、宗教感情は社会的意識、集団的一体感の感覚を強化し、その結果、社会的行為を強化しうるというのだ。

グレンジャーは「永遠性と時間性、此岸と彼岸、近接と遠方、不可能と可能、直接的状況の現実と究極的実在（無限の唯一存在）、——そのいずれにも儀礼は属している」と述べている。もちろん、儀礼の狙いは、これらの項目を紛糾させることにあるわけではない。逆に、それらを揺るぎないものにすることにある。此岸はいっそう此岸たるべくされ、現在はさらに現在性を強化されるのである。儀礼とは収斂する過程であって分散する過程ではない。それは、天上と地上の全事象、ありとあるものが収束する真の瞬間である。グレンジャーによれば、これこそが儀礼本来の姿にほかならず、深く実在的な意味での「一体化の秘蹟」であるという。

そして、この事実は祭儀を伴ういかなる文化、いかなる宗教にも当てはまるのである。

第六章　芸術と儀式

芸術の起源

芸術は儀式から生まれた。これは疑いのない事実である。

宗教学者の小林道憲によれば、そもそも最初に呪術があった。呪術の背景には、動物の内に潜む限りない命への信仰があった。人間は動物を捕獲して、その肉を食べたが、それは人間がその偉大な生命力を得ることを意味していた。古代人は狩猟の成功を祈って洞窟の奥深くに絵を描いた。生き生きと描かれた動物たちの姿には、人間と動物の命が一体化した呪術的な力が宿っていると信じられたのであろう。

小林は、旧石器時代の洞窟壁画を例に、儀式から芸術が発生したようすを描写している。

呪術的行為はやがて儀礼化し、祭祀となっていく。現に、洞窟の奥深くでは、成年式が行なわれていたであろうといわれる。成年式は、少年が一人前の大人になる儀式であり、少年から子供の霊を除去して、大人の霊を宿らせる儀式である。しかも、狩猟時代には、少年を一人前の狩人にしなければならないから、少年に動物の霊力を吹き込む必要があった。そうして、はじめて、少年は大人になりえた。動物画は、そのために描かれたのである。洞窟の奥深くは聖所であり、一種の祭壇であった。獣の毛皮で身を包んだ呪術師は、そこで狩猟の踊りを踊り、動物そのものになりきって、成年を迎える少年たちに動物の霊を吹き込んだと思われる。洞窟の奥深くの聖なる場所で、呪術師と参加者は一つになり、聖なる儀礼が行なわれていたのであろう。そして、そのような儀礼から祖霊や精霊の観念が成立し、祖霊と動物霊を同一視するトーテム信仰も成立したと思われる。

宗教は聖なるものに対する信念であり、大いなるものへの帰一の感情であるが、芸術も、また、このような呪術と儀礼に起源をもつ。舞踊や演劇は、呪術的儀礼での狩りの所作の再現から生まれ、そこから原初期の音楽や絵画も生まれた。呪術的儀礼の興奮状態こそ、日常的生からの超越であり、芸術が生まれ出る場であった。今日芸術的行為とされている舞踊、演劇、音楽、絵画、彫刻、詩などの源流を尋ねていけば、原初の呪術と儀礼に至る。逆に言えば、今日の芸術にも、一種の呪術的性格が残っているのである。芸術の歴史は、人類の歴史とともに古い。

（小林道憲『芸術学事始め』）

死の儀式を最初に行った者はネアンデルタール人だとされている。この種族は発達した脳と言語を持っていたらしく、発掘された彼らの洞窟の中の遺骨の周囲には花の種子が発見されたので、死者たちに花をたむけたと考えられている。

約三万年前のクロマニョン人のラスコー洞窟には壁画が発見されていることからもわかるように、人類と絵画表現の歴史は前期旧石器時代にはじまる。こうした洞窟壁画には日常生活の中にみられる多くの死が描かれており、クロマニョン人たちの「死」に対する関心の高さがよくわかる。

考古学者のデヴィッド・ルイス＝ウィリアムズは、ホモサピエンス史上最大の難問に挑むために、考古学に加えて、人類学、心理学、宗教学、脳生理学、意識研究の最前線の知見を創造的に再解釈し、大胆な仮説を提示する。彼はラスコーやアルタミラなどの洞窟芸術について、芸術という営みが数万年前に突如誕生したことに注目する。そして、「芸術はなぜ必要だったのか？」「心のどのような機能が芸術表現にいたるのか？」「なぜ洞窟の中に芸術が誕生したのか？」といった問題を追求した。彼によれば、現生人類の脳＝心の構造、人類による社会の構成、シャーマニズムによる意識変容状態の活用が、「芸術」誕生の鍵となるという。

彼は、ネアンデルタール人の行動について、次のように述べている。

まったく異なる種類の芸術として、あるいは「象徴行動」と呼びうるものとして、選ばれた死者の埋葬がある。それは身体装飾、ビーズ、ペンダントその他の人工品からなる豊かな副葬品をともなう、身体を飾るビーズ等が墓のなかに収められることがあっても、埋葬という考え方自体が身体装飾の実践から派生したなどと考えるものはいないだろう。また墓所をつくることと絵画を描くことの間に――いずれかの方向での――進化的な関係があると考えるものもないだろう。それらは、はっきりと異なる種類の「芸術」なのである。ここで想起すべき重要な点は、後期旧石器時代の埋葬地は、副葬品の点で大変豊かなものであり、それらの品々は、個々の家族ではなくより広汎な社会的サークルによって死者に奉献されたものである。それは、中期旧石器時代の埋葬の慣習よりも、はるかに広大な社会的ネットワークとそれに付随する象徴体系を指し示している。（ルイス＝ウィリアムズ『洞窟のなかの心』）

ルイス＝ウィリアムズによれば、葬礼芸術には、古代から二つの表現が共存していたという。感情の起伏をあらわにした激情の死と、静謐で厳粛な死という対照的な表現である。これら二つの表現様式は、死に直面した人間の精神の二面性を表していると彼はいう。死に直面したとき、まず最初に起こる恐怖と悲嘆、そして定められた運命として死を受容しようとする穏やかな心理である。わたしたちは、これら二つの精神状況の反復の中で、死の受容に向かう。芸術は、この死の受容過程を表現してきたというのである。

日本にも芸術の起源は「死の芸術」にあると見る研究者がいる。美術史家の小池寿子である。

主に美術作品から死生観を読み解く研究をしている彼女は、次のように述べている。

人類が最初に「死の芸術」を生み出したのは、旧石器時代後期、すなわち紀元前五〇万年から二〇万年前といわれています。その「芸術」とは、とりもなおさず、「墓」です。墓穴を掘ったり、骸骨の上に小石や骨を積み上げるといった、死者を埋葬した痕跡が確認されています。また死者といっしょに埋められた貝殻や石でできた装身具や工具などは、死後も生き続けるという考えをあらわす儀礼が存在したことのあかしと見られています。さらに、紀元前一万年以降の新石器時代には、それ以前のきわめて簡素な土盛りから、自然にできた洞窟内を利用した墓室に加えて、ドルメン、地下道、塚などの人為的な「墓」が登場します。このような「墓」は、いわば「死者の住処」であり、死者の死後における存続という観念をはっきりと示すものでしょう。
（小池寿子『死を見つめる美術史』）

小池によれば、芸術の起源は、墓に代表される「死の芸術」であったという。

しかし、人類が最初に発明した芸術は絵画ではなく、おそらく音楽であったとされている。人類がこの地球上に誕生してから現在に至るまで、人間が追い求めてきたものは「わたしは、いったい何者か」という自己の存在確認と意味の追求だったと言うこともできよう。そして、それは近代文明の発達とともに「わたしの幸福とはいったい何か」という自己の存在の目的を追求することに少しずつ変わっていったのである。

有史以前の音楽には、豊かな意味性があったという。自分たちの集落の音楽と他の集落の音楽を区別して、戦闘のときにそれを自分たちの戦意を鼓舞するために使った。あるいは、誕生の祝いの歌、死者を弔う歌というように、目的に合わせて音楽に意味をもたせていたのだろう。

人類最古の楽器、すなわち声以外に音を出す道具としての楽器が何だったのかということを調べていくと、それは人間の身体だったという説に行き着く。なにしろ、身近に音を出すモノといえば、自分の身体が一番手っ取り早い。手を叩くだけで十分リズムは出せる。音の高さは変わらないが、音の強弱は十分つく。これだけでもう立派な楽器だ。実際、この「楽器」は、現在でもハンドクラップ（まさに手拍子である）として、フラメンコなどの民族音楽、ラテン音楽、そしてヒップホップ音楽などを中心に世界中の音楽のなかで日常的に使われている。

手の次に使える身体のパーツは骨である。人間の身体はたくさんの堅い骨からできている。この堅い物質が最古の楽器として音楽に利用されたことは想像に難くない。自分の手で胸を叩きながら、足を踏みならしながら、リズムを作り、歌を歌う。おそらく、こうしたことが人類にとっての音楽の起源であると思われる。

そして、人類が最初に楽器を作ろうとした動機は、自然の音の模倣（コピー）だったのではないだろうか。赤ん坊が言葉を覚えるために周りの音をすべて模倣しようとするのと同様に、古代人たちは、波の音を、風の音を、小鳥たちの声を、その意味をさぐるために、あらゆる道具を使ってそれらを模倣しようとしたはずである。彼らは、自然界に聞こえてくるさまざまな音の「複雑さ」に何らかの「意味」を見出していたのではないだろうか。だからこそ、その「音」を作り出そうと、楽器を作りはじめたのだと推測できる。

楽器が自然界の音の模倣のために作られたとすれば、そうした楽器を使って作る音楽とは、まさしく、自然との同化、自然への畏敬、そして目に見えぬ神や霊への恐れだったに違いない。そして、それらの素朴な楽器が現在のような西洋音楽のルールにもとづいた洗練された楽器へと変化しはじめたのは、まさしく人間が「文明」というものを作り出した時期からなのである。

宗教学者ルドルフ・オットーは、多くの未開民族が文明化された音楽を聴いて容易に理解するその才能や天分について、次のように述べている。

かれらはわれわれの音楽に接すると、歓喜してすぐにそれを理解し、練習し、そして楽しむ。この成熟した音楽にかれらが接した瞬間に、なんらかの相対成長、後成もしくはその他の奇跡が起こって、はじめてこの天分がかれらのなかに入りこんできたわけではない。この天分は自然の「素質」としてはじめから具わっていたもので、ある刺激を受けて内部から目覚めた、つまりすでに現存している素質から成長発展したものである。この天分は、原始的な音楽による「粗野な」表現形式のうちに動き始めていたものとまったく同一のものである。音楽のこの「粗野で原始的な」表現形式は、発達したわれわれの音楽趣向からすると、確かに実際の音楽としては、ほとんどあるいはまったく認識しえないことが多いが、それでもやはりわれわれの音楽と同じ衝動、同じ魂の要因の表現にほかならない。

（オットー『聖なるもの』）

しかし、オットーは「あらゆる感情を種々多様に表現しうる音楽でさえも、聖なるものを表現する積極的な手段を持ってはいない」と述べている。どれほど完成度の高いミサ曲でも、聖変化というミサにおける最も聖なるヌーメン的瞬間を表現する場面では、音楽が鳴りやみ、しばらくそのまま静寂の状態が続いて、いわば沈黙それ自体が聞こえるという仕方でなされる。ミサの中でこのときほど、この「主のみまえに静けさを保つこと」が持っている強烈な敬虔さの印象を醸しだす瞬間は他にないという。

古代中国における音楽

『聖なるもの』には「旧約聖書におけるヌミノーゼ」という章があり、そこでも音楽の問題が取り上げられるが、オットーはここで孔子の名を挙げ、以下のように述べている。

今日われわれが孔子の音楽を聞くならば、それはたぶん奇妙な雑音の連続としか感じられないであろう。だが、その孔子がすでに当時、心情におよぼす音楽の力について、われわれの誰もがかなわないほどたくみに語っており、音楽体験による印象の諸要因を的確に捉えているのである。われわれもそういう要因があることに同意せざるを得ない。（オットー、同書）

儒教を開き、「礼」を唱えた孔子はまた、度はずれた音楽好きでもあった。『論語』には、「子、斉に在りて韶《しょう》を聞く。三月、肉の味を知らず。曰く、図らざりき、楽をなすことのここに至らんとは」とある。孔子は斉国にいるとき、聖天子とされた舜の音楽を聞いた。感動のあまり長い間、肉の味がわからなかった。そして孔子は言った。「思いもよらなかった。音楽にここまで熱中してしまうとは」と。

その「楽」を、孔子は「礼」と組み合わせた。

「楽は内に動くものなり、礼は外に動くものなり」。

音楽は、人の心に作用するものだから内に動く。礼は、人の行動に節度を与えるものだから外に動く。

「礼は民心を節し、楽は民声を和す」。

礼は、人民の心に節度を与えて区切りをつけるものであり、音楽は、喜怒哀楽の情をやわらげて人民の声を調和していくものである。

「仁は楽に近く、義は礼に近し」。

仁の性格は音楽に近く、義の性格は礼に近い。つまり、仁は情を主とし、音楽は、和を主とするからである。また、義は裁判を主とし、礼は節度を主とするからである。それゆえ、礼楽は教育のもとであると同時に、仁義に通じる人の道の根本である。

「楽は同を統《す》べ、礼は異を弁《わか》つ」。

音楽は、人々を和同させ統一させる性質を持ち、礼は、人々の間のけじめと区別を明らかにする。つまり、師弟の別、親子の別というように礼がいたるところで区別をつけるのに対して、音楽には身分、年齢、時空を超えて人をひとつにする力があるのだ。（金谷治訳『論語』）

四書五経の「五経」の一つで儀礼の書である『礼記』の八「楽記篇」にも、「礼楽」の必要性が以下のように述べられている。

先王の礼楽を制するや、人にしてこれが節をなす。衰麻《さいま》哭泣《こくきゅう》は喪紀《そうき》を節するゆえんなり。鐘鼓《しょうこ》干戚《かんせき》は安楽を和するゆえんなり。昏姻冠笄《こんいんかんけい》は男女を別つゆえんなり。射郷《しゃきょう》食饗《しきょう》は交接を正すゆえんなり。礼は民の心を節し、楽は民の声を和す。政以てこれを行ない、刑以てこれを防ぐ。礼楽刑政四つながら達《たっ》して悖《もと》らざるときは、すなわち王道備わるなり。

いにしえの賢王たちは礼楽の制をもうけて、人間が生活行動の上で中和を保っていけるように、節度の規準をつくって与えたのであった。例えば葬儀の際の衰麻とか哭泣とかの儀節は、親族を失なった悲しみを、あまり抑制しすぎないよう、また悲しみの発するままにしないようにとつくられたものである。鐘鼓の音楽や干戚の舞などは、人がほどよく楽しみやわらぐようにするために制定されたのである。また婚姻や男女の成人の礼は、男女の欲が奔放にはしって淫乱に陥らないようにと、男女正しく別あることをおしえたものである。人と人の交際でも、欲のおもむくままにしていると、かえって人間関係にひびが入るような失敗をしやすいものであるから、郷飲酒や郷射の礼・食饗の礼が定められて交際を正したのである。礼というものは人民の心に節度を与え、楽は心を和らげ、政治でもってこれらが正しく行なわれるようにし、刑罰でもってこれらにそむくものを防ぐ役割をするのである。かくて、礼楽刑政の四つの機能が天下によくはたらいてさからうことがなければ、道徳による天下の政治が十分備わったといえるのである。

（下見隆雄『礼記』）

また、『礼記』では「音楽と礼」についても以下のように述べられている。

楽は同じくすることをなし、礼は異にすることをなす。同じければすなわちあい親《した》しみ、異なるときはすなわちあい敬《けい》す。楽勝つときはすなわち流れ、礼勝つときはすなわち離る。

情《じょう》を合せ貌《ぼう》を飾《かざ》るは礼楽の事なり。礼義立つときはすなわち貴賤等《とう》あり。楽文《がくぶん》同じきときはすなわち上下《しょうか》和す。好悪《こうお》著《あらわ》るるときはすなわち賢不肖《ふしょう》別《わか》る。刑もて暴を禁じ、爵《しゅく》もて賢を挙《あ》ぐるときはすなわち政均し。仁以てこれを愛し、義以てこれを正す。かくのごとくするときはすなわち民治《みんち》行なわる。

楽というものは、いろいろな階級や立場の異なりを越えて、人々の心を同一の楽しみに和合させることをなすものであり、礼というものは、なれて乱れる人間関係にけじめを与えるために、おのおのに立場の異なりをはっきりさせるものである。同一の楽しみをともにするときはおのおのあい親しむし、おのおのが自己の位置と他人の立場というものを意識するときは、相手の立場や意見を尊重する気持がおこってくる。しかし楽が度をすごしてそこに礼がないときは、個人の持つおかすべからざるわくまでも無視してのり越え、相手を尊重する気持がなくなってしまうし、あまりに礼が厳しく楽のない場合は、人間関係は味気なくおたがいに離れ去ることになる。礼も楽も社会の中でほどよく用いられることが必要で、ほっておけば一にはなり難い。人と人の情を一に和合すること、また、おのおのが個人の尊厳を保つための威儀を正すことが、礼楽の重要な役割なのである。こうして、礼儀がはっきりするときはおのおのの位置の異なりがはっきりするし、楽が美しく調子をあらわすときはおのおの異なった立場の人間も和合する。善をよしとし悪をにくむことがはっきりすると、立派な人と正しくない人の区別ができてくる。正しくない人を刑で禁止し、立派な人を爵禄で挙げ用いるようにするなら、政治は平らかになる。またその上、為政の任にあるものは、あくまでもおもいやりの心を忘れることなく、道理にかなった判断力をもって世の中のことを正してゆくなら、世の政治はうまくいくのである。

（下見隆雄、同書）

ここに書かれていることは、すべて現代でも通用することに驚かされる。音楽が立場や身分の違いを超えて人と人をつなぐ力を持つことは、すでに古代中国でも知られ、活用もされていた。堅苦しいイメージのある「礼」であるが、人の心は硬軟や緩急があってこそ十分に力を発揮できるものであることを先人は知っていたのである。

古代芸術と祭式

芸術と儀式の問題を考える上で、芸術の起原を解き明かしたジェーン・エレン・ハリソンの『古代芸術と祭式』（一九一三年）を無視することはできない。古典考古学者のハリソンは、ギリシャを中心に東西の祭式と古代美術、考古学、古代社会と宗教との関係を丹念にひもときながら、祭式から芸術への移行過程を描き、原始芸術の萌芽が古代の祭祀の中にあることを示している。そして、周期的に催される祭りによって人々は「集団的情緒」を共有し、そこに美を見出したと指摘した。

『古代芸術と祭式』の冒頭でハリソンは、「この本の題は読者に奇異の感じを抱かせ、あるいはちぐはぐの感じさえ与えるかもしれない。芸術と祭式とがお互に何の関わりがあろうか」と述べている。通常リテュアリスト（祭式家）といえば、固定した形式や儀式に凝る人、また固苦しく制定された教会や宗派の宗教的儀式の執行に、おそらく並はずれてこだわる人である。かたや芸術家と聞けば、思想が自由で行動が因習の拘束を受けない放縦な人を思い浮かべる。つまり、芸術と祭式とは今日でははなはだしくかけはなれているというのである。しかし、同書の目的は「これら二つのかけはなれてしまった発達が共通の根原を持ち、そしていずれも他の一方なくしては理解できないことを示す」ことにあると高らかに宣言している。

古代の祭式が生んだ芸術とは、主に演劇である。しかし、現代において演じられる古代の演劇がまったく祭儀と切り離されていることにハリソンは疑念を抱くのである。

劇がその出発点において神的なるものであり、その根を祭式におろしているものならば、なにゆえにこれが深遠荘重の、悲劇的な、しかも純粋に人間的な芸術となってしまったのか。その役者たちはエレウシスの密儀を取り行なう人々のごとき祭式の衣裳をつける。なぜそれならばわれわれは彼らが宗教的礼拝となることはもとより、神々や女神等の劇さえも行なわないで、むしろただのホメーロス叙事詩の英雄や女たちを演ずるのを見るのであるか。初めに糸口を与え祭式と芸術とのあいだのつなぎの環を見せるかに見えたギリシア劇は、さながら大事な瞬間にいたって腰が砕け、われわれを裏切り、そして問題をわれわれの手に謎のまま残すのである。

（ハリソン『古代芸術と祭式』）

ハリソンはアドーニスの祭儀に言及する。アドーニスの祭儀は中夏に行われた。ちょうどアテネの艦隊がシラクサへの不運な船出をしようとしていたとき、アテネの街々は葬礼の行列で混雑し、いたるところで死せる神の像が見られ、空気は婦人たちの哭声《こくせい》で充たされていたという。夏に行われるアドーニスの祭儀は、復活の祭りというよりもむしろ死の祭りであった。重点は植物の誕生よりもむしろその衰えと死に置かれた。

ハリソンは、プラトンが『国家』の有名な一節で「芸術とは模倣である」と告げたことを紹介し、「芸術家は自然を模倣し、そして自然物そのものもまた彼の哲学ではさらに高い実在の写しにすぎない」と述べている。芸術家のなし得る一切は写しの写しを作ることであり、大自然に向かって鏡を掲げることであって、この鏡にはあらゆるものが「映る」のである。そう、太陽も天も地も人も映るのだ。

では、祭式も模倣なのか。ハリソンは「祭式はされば模倣を含む、がしかし模倣から出たものではない。それは情緒を再現（recreate）しようと欲する――事物を複写（reproduce）しようとするのではない」と述べている。

祭事は、実際一種の固定化された行動であり、真に実行的ではないが、また実行から完全に切り離されてもいない。現実に実行される行いの一つの追想または予想なのである。ギリシャ人は、これをドロメノン dromenon「為されたること」と呼んだ。

またハリソンは、祭事における「見物人」の登場を指摘し、以下のように述べる。

> 「見物人」は新しいそして別個の要素である。踊りは単に踊られるばかりでなく、また遠くから見物されるもの、一つの見世物《スペクタクル》である。昔はすべての者が、あるいはほとんどすべての者が、演ずる信徒であったのに、今は多くの者が、実にたいていの者が、見物人であって、見物し、感じ、考えているが行なってはいない。この新しい見物人の態度のうちにわれわれは実に祭式と芸術の相異に触れるのである。ドローメノンすなわちあなたがた自らによって現実になされたことがドラーマとなった。
>
> （ハリソン、同書）

これは、柳田國男の『日本の祭』を連想する内容である。同書で柳田は、日本の祭りの大きな変化について、「日本の祭の最も重要な一つの変わり目は何だったか。一言でいうと見物と称する群の発生、すなわち祭の参加者の中に、信仰を共にせざる人々、言わばただ審美的の立場から、この行事を観望する者の現われたことであろう」と述べているのである。見物人の登場によって日本の祭りに「見られるもの」という要素が生まれたのと同様に、古代ギリシャの祭事であるドロメノンは「ドラマ」に変貌したのである。

さらにハリソンは、ギリシャ悲劇の発生について以下のように述べている。

> ギリシア悲劇は、アリストテレースの言うには、ディーテュラムボスの先導たちすなわち〈春祭り〉の先導たちから起った。〈春祭り〉すなわち「夏」と「冬」の真似芝居では、すでに見たように、役者はただ一人であった。一人の役者が二役をかねた――「死」と「生」である。演ずる芝居はたった一つであり、それも一人芝居であってみれば、舞台の必要はあまりない。*scene* 言いかえれば天幕はわれわれの見たごとく、すべての踊り手が彼らの祭式装束をつけなくてはならなかったから必要があったが、舞台はほとんど用がなかった。粗末な壇上から前口上も述べられようし、その壇上で「新年」の「影向《エピファー》」すなわち「出現」を演ずることもできよう。しかし演ぜられる芝居、生命の精の一代記は、わかりすぎるくらいわかっていた。見る必要はなく、踊ることが大切であった。　（ハリソン、同書）

ギリシャ悲劇の上演では、歌舞団（コロス）が、人間の悲しき運命と人の世のはかなさを謳いあげた。歌舞団は、ギリシャ悲劇の誕生の母体とされる。小林道憲によれば、もとは歌舞団だけが存在し、この歌舞団の合唱や舞踊の間に所作（ドロメノン）が挿入されることで、劇の形態が生まれたという。ソフォクレスの時代になると、所作の方が優先した。それで所作と所作の間に歌舞団の合唱や舞踊を挿入して悲劇を構成するようになったが、歌舞団はこの時代でも大きな役割を果たした。なぜ歌舞団は、神の定めた運命に支配されている人間の過酷な現実を謳いあげるのか。それは、歌舞団がもともと神の語り部であり、神の体現者であり、神への転身者であったからである。

小林によれば、今日残されているギリシャ悲劇の作品群は、もともと、アテナイの国家祝祭行事であった大ディオニュシア祭で上演された台本であったという。大ディオニュシア祭は、三月末、春になって新しい生命が再生するのを祝う祭りである。この祭りでは、まず、開演に先立つ供犠の後、松明に照らされた長い行列に守られて、ディオニュソスの神像が神殿から劇場内に運ばれ、神像への献酒が行われた。そしてその後、数日に及ぶ悲劇の競演が行われた。これらの悲劇の上演で歌舞団が活躍し、音楽や舞踊の要素が無視することのできない重要性を持ったのは、悲劇の上演が春の到来を祝う祝祭に起源があったからだという。春に行われるこの祭式が「ディテュラムボス」と呼ばれるものである。もともと、それは激しい踊りを意味していた。人々は、激しい音楽と踊りと陶酔の中で、ディオニュソス神の復活を祝った。

小林はハリソンの『古代芸術と祭式』に言及し、次のように述べている。

ハリソンの言うように、演劇は祭式から生まれる。祭式における行為〔所作〕をドロメノンと言うが、そのドロメノンからドラマが生まれたのだと、ハリソンは言う。行為の再現が定式化され周期的に繰り返されれば、祭式となり、そこから舞台芸術も生まれた。祝祭には誰もが参加し、そこでは、誰もが演技者であるとともに観客でもある。それどころか、この祝祭には、死んだ祖霊も参加し、神々も参加する。祝祭で演じられる舞踊や演劇の中で、人も踊り、祖霊も踊り、神も踊る。これがやがて、演じる者とそれを見る者が分離することによって、演劇や音楽や絵画など、芸術が成立する。原始的祝祭の踊りは再現的な踊りだが、そこから、ドラマも生まれてくるのである。

芸術は、神々を祀る祭祀から始まり、祝祭から生み出されてくるのである。古代にしても、中世にしても、絵画や彫刻など、芸術作品そのものがこのような祭式から生み出されるとともに、その芸術作品自身が、神々への奉納品として、祝祭的意味をもっていた。行為が再現され、祭式化されることによって、演劇も生まれてくる。その意味では、模倣とその反復は創造である。儀礼は、身体行為を介して神々に近づくシステムであり、それはいつも演劇的構造をもっている。神々の世界へ演劇的行為によって接近することが、祝祭の本質である。祝祭そのものが、激しい音楽と舞や踊りの陶酔の中で神々の到来を祝う芸術作品である。

（小林道憲『芸術学事始め』）

儀礼と演劇の親和性についてはこれ以上説明する必要はないだろう。さらに、ギリシャ彫刻に言及した箇所では、ギリシャ、エジプト、アッシリアにおける原始芸術が、祭事、行列、犠牲、呪術儀式、具象された祈祷を表すか、さもなければこれらの祭事から出てきた神々の像を表すと述べている。ハリソンによれば、いかなる神でもその根本までつきとめてみると必ず、ある祭式の中に潜み隠れているのがわかるという。

またハリソンは、芸術が祭式を支配することについて以下のように述べている。

ある近代評論家は言う、「絵画はすべての芸術と同じく、その根底において、一種の身振りであり、紙上の舞踏の一方法である。」彫刻、絵画、すべての芸術が音楽だけを除いて模倣的である。彼らが生まれた踊りもそうであった。しかし模倣は一切でなく、また第一でもない。「踊りは模倣的でもあろう。しかし所作の美と熱とが感銘を与えるのであって、模倣の精密が与えるのではない。真実を平凡に追加することは邪魔になるだけで説得はしないであろう。踊りが無言所作を統御しなくてはならない。」言いかえれば、芸術がしだいしだいに単なる祭式を支配するのである。（ハリソン、前掲書）

そしてハリソンは、芸術と祭式との関係について、「芸術にとって、この初期の段階、この単純形、実にそれ自身がいわば胚期《エンブリオ》芸術または初歩芸術であるものは、何であるかというに——祭式だったのである」と結論づける。祭式は、実人生と芸術とのあいだの普遍的な移行段階であったという。

「芸術は無道徳である」という言葉を紹介したハリソンは、芸術はその起原からしてすでに社会的であり、社会的とは人間的ならびに集団的なることを意味すると述べる。道徳的とは、社会的と同じ意味であるというのだ。ハリソンによれば、古代に舞唱踊りが生じたのを見た人間的集団的情緒は、その本質において道徳的である。トルストイの言葉によれば「芸術は人々を合一させるという特性をもっている」のである。

儀礼から発した芸術はそれぞれに独立した道を歩み始めたが、その本質がいかに祭儀から遠ざかろうとも、人々の心を一つにし、宗教的エクスタシーと近似した感動をもたらすという事実はたいへん興味深い。芸術は、それを創る者と共有する者が存在して初めて成立するという意味において、儀式と同様に社会的な存在なのである。

演劇と儀式

古代の演劇が宗教から発生したことを説いた人物は、ハリソンの他にもいる。

たとえば、ドイツの神学者オード・カーゼルである。ベネディクト会の修道士であったカーゼルは礼拝祭儀におけるキリストの秘義の現存を生涯の研究課題とし、「古代の儀礼とキリスト教の典礼」というサブタイトルがついた『秘儀と秘義』（一九六〇年）を著した。この本には、古代の秘儀を代表するものとして、第五章「宗教と儀式」でも紹介したエレウシスの密儀を取り上げている。ここではエレウシースの秘儀と呼んでいるが、両者は同じものである。

エレウシースの入信者は、聖別式の中の定った所である文句を唱える。クレメンスはこれをエレウシースの「ドラマ」と言っている。この聖別式全体は明らかに一つの神秘劇の形をしている。「デーメーテールとコレーは、秘儀のドラマにつくりあげられた。エレウシースは、この二女神のさすらい、略奪、悲しみをたいまつの火によって示す。」

（カーゼル『秘儀と秘義』）

葬儀をはじめとした儀式の本質とはまさに「ドラマ」に尽きる。このドラマには定まったセリフがあり、定型がある。親しい人間が死去する。その人の不在による、今後への不安。残された人は、このような不安を抱えて数日間を過ごさなければならない。心が動揺し、不安や矛盾を抱えているときの心には、儀式のようなきちんとまとまった「かたち」を与えてあげることで不安が癒やされることがある。なすべきことをなかば無批判、無意識に行っていくことがよりどころとなるのである。そうしないと、人間の心は不安や執着でいっぱいになってしまう。この不安や執着は遺された人の精神を壊しかねない、非常に危険な力を持っている。そこでこの危険な時期を乗り越えるために与える「かたち」が葬儀なのである。「葬儀は遺された者のためにある」というのはこの意味においても正しいのである。

では、儀式という「かたち」はどのようにできているのだろうか。それは、「ドラマ」や「演劇」にとても似ている。死者の魂には「かたち」がないが、死者がこの世から離れていくことをはっきりとドラマにして見せる必要がある。ドラマによって「かたち」が与えられることで、心はその「かたち」に収まっていく。いったん「かたち」を持った心は、どんな苦しいことや悲しいことでも乗り越えていけるようになるのである。

それこそが「物語」の力である。わたしたちは、毎日のように受け入れがたい現実と向き合う。そのときもまた、大小さまざまな物語の力を借りて、自分の心のかたちに合わせて現実を転換しているのかもしれない。物語というものがあれば、人間の心はある程度は安定するものなのである。逆に、どんな物語にも収まらないような不安を抱えていると、心はいつもぐらぐらと揺れ動いて、愛する人の死をいつまでも引きずっていかなければならなくなる。

エレウシースの秘儀の物語は以下のようなものである。

このエレウシースの「ドラマ」は文学的な意味のドラマではなく、秘儀のドラマである。その中心テーマも、あらゆる秘儀の中心問題と同じく、「どうしたら死を免れ、死後も生命を保てるか」ということである。このテーマは、コレーとデーメーテールの運命の中に表現されている。コレーは、黄泉の王に略奪され、その母デーメーテールは子を探し、長いさすらいの末やっとみつける。これらすべてがエレウシースの秘儀のドラマの中で演じられるのであるが、入信者はこれらの出来事をただ表現するだけでなく、かれら自身が演じているものそのものであるかのように、自分自身でそれを体験する。このテキストが示すように、かれらは母のさすらい（デーメーテールは女祭司の姿で現われ、娘を探す）と、失った娘への悲しみを演じる。これはアドーニスの祭儀の悲しみと似ている。「たいまつの光」は、母と娘の再会にかがやく光を意味している。

（カーゼル、同書）

劇中の登場人物に感情移入することで、参加者は「どうしたら死を免れ、死後も生命を保てるか」を擬似的に体験し、自らの死への恐怖を克服するすべを学ぶ。これこそが秘儀の目的なのだという。おそるべき先人の知恵である。

カーゼルは、「秘義の本質は、見える要素を通じて霊（プネウマ）的なことを見、聞こえることばを通じて霊自身を聞くことである」と述べている。入信者が経験し、見聞きするのは客観的なものだが、その背後に霊的なものを「観る」のである。それゆえ古代の秘儀は、キリスト教の秘儀を深く理解し味わうための助けとなるという。秘儀は単なる儀式でも、単なる教育的な模範でも、大人には必要のない子どもっぽい人々のための絵物語でもない。秘儀とは、感覚的なしるしを通して、神の現実に触れさせるものであるという。

さらにカーゼルは「秘義において主の行為に参加する人は、すでに永遠のいのちの活動のまっただ中にいる」と述べている。その行為は、すでに神のもの、天上のものになっている。これはいつの日か天上で祝う祝祭なのである。典礼においては、それを生前にあらかじめ味わうのだ。

しかし、じつは神の現実を「観る」のは秘儀を祝うときだけではない。キリスト者の生活は常に祝祭である。キリスト者は、常にキリストとともに父の前に立っているから、いつでもこの神聖な典礼を祝っているのである。外的な祝祭は過ぎ去るが、内的な祝祭は自己の内に留まる。

カーゼルによれば、人間はキリストの行ったことをすべて行わなければならず、秘儀の「共演者」にならなければならない。古代の演劇は、この「共演」の意味を明らかにしてくれる。古代の劇場で上演されるのはたいてい宗教劇であって、観客はただ傍観するのではなく、ともに演技し、ある意味でそれに参加したという。劇場の中央には、神が、たいていは何かの仮面をつけて座していた。その周囲で劇が行われ、全員が何らかの形で、その中に加わったのである。カーゼルによれば、この劇は神と人との共同作業であった。古代の人々は、劇中で神々と人間が祭りをともに祝うことによって、目に見えない天上の世界を見える世界に降ろし、それを現存させ、その中に入ろうとしたのだという。

カーゼルは、「古代人にとって劇は神聖な行為であった。見える形で行動するのは人間であるが、真の行為者は列席している神々である。神々が人間を通じて劇を行う。それゆえ劇において表現されることは、真に現実化するのである」と述べている。

これらすべてのことは、キリスト教の奉献劇にもあてはまるという。この神聖な劇では、見える形で行動するのは人間であるが、キリストが見えない姿で救いのわざを完成する。キリストは「祭り仲間」であり、真の行為者なのである。

先に紹介したハリソンは『神話と古代宗教』において、古代ギリシャ人の宗教の本質は「観(テオーリア)」であると指摘した。カーゼルもまた、「観る」ことは秘儀の中心であって、「観る」人を、「観る」ものへと変える力を持つと強調している。人間は神に同化する。しかしそれは自分の力によるのではなく、神を「観る」ことによるのである。これは深い神秘観であると言えるが、古代人はこのことをすでに予感していたのであり、キリスト教の秘儀は、それに最高の客観的現実性を与えた。

第一章「儀式と儀礼」でも引用した人類学者のラ・フォンテインは、イニシエーション(通過儀礼)の秘儀には演劇との共通点が多いと述べている。それによれば、イニシエーションとは、関わっている者たちが創造し、参加者たちが選ぶある一定の方法と時間、そして場所に合わせて演じられる人工的な経験である。実施の時期、場所、それに各場面の詳細なやり方などは、しばしば演出に関わる者たちの間で激しい議論の的になる。そして、演劇と同じく、儀礼にも特定の印象を与えるためのトリックと「特殊効果」が利用されるというのである。

ラ・フォンテインによれば、演劇は一方では固定した作品として、また一方では演じられるたびに異なるパフォーマンスとして評価を受ける。儀礼はこの点でも演劇に似ているという。

人類学者として儀礼についての聞き取り調査を行うとき、全体のあらましや、何が起こるか、また場面の順序などについて、説明を受けることはできる。しかし、個々のインフォーマント（情報提供者）によって、記憶のよさや細部にわたって順序だてて説明する能力は異なるため、聞き手にとってはそのつど少しずつ違ったかたちで再現されることになる。

さらにラ・フォンテインは、演劇と比較しながら儀礼の意味について述べる。

演劇の場合と同様、儀礼の完全な意味は、集団に共通する一連の約束事と知識からなっており、よそ者にとってはまずこれらをインフォーマントから聞き出すのも、さらにそれを理解するのも難しい。シンボルには何層にも別れた意味があり、それらには伝統からくるものも、また日常生活からくるものもある。たとえば、色が表すシンボルの例を見れば分かるように、それらは社会によって見事に異なっている。西欧社会では、黒は葬式と喪の色である。他国、たとえば中国では、白が同じ目的で用いられる。緑とオレンジは、ベルファストではロンドンでは見られない政治＝宗教的意味合いをもっている。こうした要素の意味を解釈するには、よそ者は数のもつ重要性、あるいは日常生活における特定の行動への言及、儀礼と演劇の両方に現れる品々の意味といったコードを学習しなくてはならない。

（ラ・フォンテイン『イニシエーション』）

ラ・フォンテインによれば、イニシエーションを劇の上演と比較するというアイデアは新しいものではないという。ハリソンは、ギリシャの古典劇がギリシャ人の宗教儀礼から生まれたものであると主張するためにこの比較を利用した。こうした比較の起源はそのさらに以前にまで遡る。シベリアのツングースにおける人々の集いと、やはり同様に人々が集う場である儀礼の娯楽的要素との相関に特別の意味を見出したリンドグレンのような民族学者もいる。

しかし、これらの儀礼を理解するには、儀礼を細かく別々のシンボルあるいはシンボルの集合体に分解して理解するだけではなく、ひとつの全体として理解する必要があるとラ・フォンテインは強調する。そして、彼女はシンボルと儀礼について次のように述べる。

シンボルに意味が付与されるのは、一連の儀礼全体が置かれた状況によってである。私はイニシエーション儀礼には一定の順序があるということが、儀礼を理解するための重要な鍵であるというファン・ヘネップの主張を踏襲する。ニョロの精霊儀礼の中のシャーマンのイニシエーションに際して見られるようなみだらな振舞いや、ウォゲオの少年儀礼における戦いのような、通常の振舞いとは逆の行動などは、ある一連の出来事の中でそれらが占める位置という視座から見ることで、もっともうまく解釈できることが彼の分析から分かった。つまり、普通の社会秩序とは逆転した行為が、こうした儀礼が創り出す境界領域を明白に表しているのである。

（ラ・フォンテイン、同書）

ただし、儀礼と演劇には決定的な相違点があることに注意しなければならない。最も重要な違いは、儀礼には純粋な観客はいないということである。とくに、イニシエーションの多くは秘密裏に行われるので、観客という概念はそもそも最初から排除されている。儀礼を観る者は参加者にかぎられる。参加できない人々が存在することは、儀礼を行う集団が他から隔絶していることを物語る。イニシエーションが特別な集団への加入儀礼である以上、不特定多数を対象とした演劇と対極にあるのは当然のことである。

茶道と中国文化

芸術は人類共通の身体感覚に根ざす普遍的要素の一方で、文化的影響も大きく受けるため、歴史的、地域的なバリエーションも大きい。日本をはじめとする東洋の芸術において、儀礼的かつ演劇的である芸術の代表といえば茶道であろう。

倉林正次は、「宗教儀礼から直接導き出され、大きな発展を遂げた代表的なものといえば、茶道が第一にあげられよう。宗教儀礼の中、仏教を基盤として生まれた儀礼文化であった。具体的には禅宗の茶礼をその出発点としたものであり、それが日本文化の土壌の上で、ゆたかに育成されたものだったのである」(『儀礼文化序説』)と述べている。

しかし、茶道は仏教だけでなく、儒教の影響も色濃く受けている。そのことを明らかにしたのが、『茶道と中国文化』（二〇一六年）を著した茶人の関根宗中である。

古代中国の周の時代には「六芸四術」というものがあった。「六芸」とは士が学ぶべき礼（礼節）・楽（音楽）・射（弓術）・御（馬術）・書（書法）・数（算法）の六科目であり、「四術」とは詩・書・礼・楽の四科目であった。『史記』によれば、四術よりも実践色の強い六芸を体得することの方が困難であったようだ。

六芸にも四術にも「礼」があるが、これについて、関根は次のように述べている。


現代の日本では、長く続いた封建《ほうけん》制の下で、禮というと形ばかりを重んじる形式ばったものであり、個人としての自由を束縛《そくばく》したり、人間関係を窮屈にするものとして捉えられている。しかし、人間は個人では生きてゆくことのできない存在であり、家庭や社会の中でこそ生きられるのである。禮の本来は、決して堅苦しいものでなく、その家庭や社会における人間関係をより良好にし、正しい秩序を築くための潤滑油的な存在であった筈である。禮は自然の理《ことわり》に基づく正しい秩序と考えられている。

この禮の本来の姿を教えるのが茶道といえる。

（関根宗中『茶道と中国文化』）


「禮の本来の姿を教えるのが茶道」と言う関根によれば、茶室の中の人々はすべて平等であることを同席の客は理解しているものの、年齢や社会的な立場などの違いによって正客からお詰まで、着座する順序が自ずと決まってゆくという。つまり、茶室の中は平等の精神であることには違いないが、そこには自ずと違和感のない秩序が生まれていくというのである。とくに洋装の多い昨今では、衣服で身分的上下、また社会的位置関係は判然としない。しかし、茶室の中では自然と正しい姿、秩序が体現される。この秩序が即ち「禮」であるという。

このような茶室の中の秩序を生む礼は、身分差による差別、区別のために生じる詳細な礼の決まりごとによるものではなく、礼が「より良い人間関係」を築くという本来のありようを踏まえた茶人の「はたらき」によって生み出されるという。

茶道は仏教とともに儒教の影響を色濃く受けているが、真行草、点前の三原則、洒掃・応対・進退など、実にシンプルな礼の姿が臨機応変なはたらきを生み出している。関根は「このことが、茶道の禮が日常生活に息づき、そして日本全体が礼儀正しく、秩序のある国と国際的に評価される要因であろう」と述べている。

茶道の本来の意義について関根は、「茶道は綜合文化、綜合藝術と評され、多様な側面を持つ藝道である。そして、喫茶や点茶、また、道具の鑑賞等に止まるものではなく、倫理や道徳に基づく真の生活の実践を通じて高い精神的境地に達することこそが、茶道人の目標であり、茶道の本来の意義といえる」と述べる。

茶道における「美」といえば、西洋美学の視点から、茶器など、茶道の部分的構成要素の美について論じられることが多い。しかし関根によれば、茶道は日本内外の諸文化の要素が渾然一体となっており、いわば東洋文化の精華なのである。茶道の美意識は狭義の「芸術」という視点を持つ西洋美学からだけでは十分に記述・説明することは難しいことを、関根は儒教の観点から説明している。

儒教の究極の目標は、仁の徳を体得してそこを離れずに住み着くことであり、仁の徳を実践することである。真の智者とは、学問を修得してさまざまな知識や理論を蓄えるだけではなく、その上に仁の徳を選び取ってそこから離れない者のことをいう。仁とは、『周禮《しゅらい》』には「仁愛人以及物」（仁とは人を愛し、以て物に及ぶ）であると述べられている。そして、そこから離れないで居ることを「美」といっている。（関根宗中、同書）

さらに関根は、茶道の精神が四規七則で表されることを紹介する。その四規とは「和」「敬」「清」「寂」だが、この中で茶道精神の代表格が「和」である。『論語』では、礼と和の両方を用いなければならないことが説かれている。

茶道における茶はたんなる飲み物ではない。その一服には豊かな精神性が込められ、神秘的とさえ言えるが、茶事の舞台となる茶室もまた神秘的な空間である。関根によれば、茶室は陰陽五行思想に基づく「小宇宙」であり、その小宇宙の中に台子という小宇宙がある。さらにまたその中に風炉釜という小宇宙が存在する。そして、その風炉釜は陰陽の思想である水と火の交合から湯を創造するのである。つまり、あの小さな一碗のお茶もまた、陰陽と五行の宇宙の道理が凝縮された小宇宙として捉えることができる。この何重にも入れ子になったそれぞれの小宇宙こそ、自然の理と違うことのない東洋の「無為自然」の思想の体現であるという。そして、茶室そのものが芸術なのである。

関根は、芸術としての茶室について次のように述べている。

茶道は四畳半という茶室空間にありとあらゆる藝術作品としての茶道具が飾り置かれる。それらは陶器、磁器、漆芸、裂地、木工、竹芸、金工、書、絵画などのあらゆる藝術ジャンルの作品の数々である。その他、露地や茶室も藝術作品である。

これらの造形藝術は一定の空間を占めることから空間藝術といわれる。茶道では茶室という空間にこれら諸道具を取り合わせ、綜合させている。ここでいう綜合とは藝術作品である諸道具をただ寄せ集めているだけではなく、茶道の最高の理念である「侘《わび》」に基づいて体系化されることをいう。

（関根宗中、同書）

しかし、芸術としての茶道は茶室のみでは完成しない。そこに「茶事」というお茶を点てることを含んださまざまな所作が入って初めて、茶道の「美」が実現するのである。茶室、茶事、儒教の精神、どれが欠けても茶道ではないし、どれを取っても奥深い。「茶の湯」という文化が総合性を持っていることがよくわかる。

たとえば茶事は、食礼と茶礼から構成されていて、客は茶を拝するためだけに呼ばれるわけではない。食事とお酒をいただく食礼の席が「初座」であり、お茶を味わいたしなむ茶礼の席が「後座」である。茶事は「初座」「後座」の二つの主要な部分から成立しているわけだが、じつはこの二つの座の間に「中立」の部分が置かれている。「初座」が終わると客たちはいったん席を立って、外に出て腰掛に戻り、一息いれて寛ぐのである。主人側にしてみれば、この時間に「後座」の準備を整えるためでもある。さらに行事構成の上からみると、この中立を挟んで行事性格が変わる。仕切り直しの中入りである。

茶事には二刻、今の時間でいう四時間を要する。一定の時間の流れの中で行われる芸術を時間芸術というが、その意味では茶道も時間芸術の特色を備えている。たとえば音楽や演劇、詩、文学、舞踏などが時間芸術である。関根は「茶道は、このように空間藝術と時間藝術の両者によって構成される。そこに、茶道が綜合藝術といわれる所以がある」と述べている。

関根によれば、綜合芸術としての茶道は、西洋的な芸術と比べていくつかの特質を持っている。まず、多様な芸術的ジャンルを包摂しているが、単にそれらを寄せ集めたわけではなく、茶道の理念である「侘《わび》」によって一体的に体系化される。次に、『茶の本』(一九〇六年)を書いた岡倉天心が「藝術家以上のものすなわち藝術そのものとなろうと努めた」と述べたように、茶人そのものも芸術、つまりパフォーマーであり、総合芸術を構成する重要な一つの要素であるという点である。

これらの特質を紹介して、関根は「このことは綜合藝術としての茶道が単に美を追求する営みとその所産だけではなく、人間の人格形成に大きな影響を与えていることである。それは、日本人が日本人であるための精神的な基盤をなしているともいえる。もっというならば、茶道が人間の実生活と具体的かつ精神的に深く結び付き、茶道が日本人と日本社会を規定しているとか、支配しているといっても過言ではないであろう」とまで述べている。

日本文化が茶道に支配されているかどうかはさておき、茶道の精神が「おもてなし」という日本人の美徳に深く結びついていることは間違いないであろう。日本企業の行き届いたサービスが世界中から評価されるに至ったのも、日本人の精神にこうした「もてなし」の文化が浸透しているためと言えよう。

茶で「もてなす」とはどういうことか。それは、最高の美味しいお茶を提供し、最高の礼儀を尽くして相手を尊重し、心から最高の敬意を表することに尽きる。そこに「一期一会《いちごいちえ》」という究極の人間関係が浮かび上がってくる。人との出会いを一生に一度のものと思い、相手に対し最善を尽くしながら茶を点てることを「一期一会」と最初に呼んだのは、利休の弟子である山上宗二であった。「一期一会」は、利休が生み出した「和敬清寂」の精神とともに、日本が世界に誇るべき哲学であると同時に、すべての時間芸術に通底する心得である。

第七章　芸能と儀式

芸能の発生

民俗学者の折口信夫は、芸能の発生起源について、「芸能はおよそ『祭り』から起こっているもののように思われます」（『日本芸能史六講』）と指摘している。

折口の祭り論については第三章で詳しく述べた。折口によれば、もともとの「まつり」はむしろ「饗宴」という言葉のほうがふさわしいものであった。神々を迎えての宴会であった「まつり」は、その後、厳粛な神事と人々の熱狂の二面性を持つ現在の形に変化したという。「昔のまつりはもっと家庭のような、雰囲気と感情と、人間とをもっているところから出来てくるのであって、決して始終森閑として何にもないところにまつりが行われていたということではなかった」と折口は述べている。（同書）

この饗宴は「まれびと」である神への饗応であり、そのために「演劇・歌謡・曲芸・武技・相撲等」を披露してもてなしたのである。

まだ芸能ということが出来ぬ時代ですが、それが形式化し固定し、儀式のそこに出来て来ます。——儀式の中には勿論、芸能化せぬものもある。——そこで儀式が芸能だということは、非常にあやしくお感じになられる方があるかも知れぬが、吾々のもっている芸能は、皆そういうところを通って今日に来ているのであります。（折口信夫『日本芸能史六講』）

儀式として繰り返されるうちに、批評や観賞、演出が誕生し、それぞれが独立した芸能へと変化したというのが折口の見解である。折口は、「それは一種の鎮《しず》め——鎮魂ということに出発して来ているように思われる」と述べている。

この鎮魂ということは、外からよい魂を迎えて人間の身体中に鎮定させるというのが最初の形だと思いますが、同時にまた魂が遊離すると、悪いものに触れるのでそこに病気などが起るということから、その悪いものを防ごうとする形のものがあります。（折口信夫、同書）

折口はさらに、「あそび」という言葉も本来は鎮魂と同じ意味をもつことを指摘する。

「鎮魂呪術をすべてあそびと言うので、舞いを舞うこと、歌をうたう事、楽器を奏すること、狩場で矢を放って神霊の憑る鳥獣を獲ること、皆あそぶである」と述べ、後世に芸能として分化していく諸々の行事の根底には、鎮魂の意味が込められていることを指摘した。

このうち、とくに田楽や能の発生について稲作との関わりを指摘する折口は、「必ずしも田に限って演劇が発生したものとは言えないが、また田の行事がしばしば繰り返され永続するものであった所から、演劇の前提となったことも疑われない事実である」と言う。

さらに、芸能の中での足踏みに注目した折口は、次のように述べる。

何処かで足拍子を踏もう踏もうとしていた昔の約束の伝承されているのが窺《うかが》える筈であります。舞台へ出るということが、つまり力足を踏むという目的をもっていたのです。能舞台でも、その他の舞台でも、舞台の下には甕《かめ》を埋《い》けてよく音の出るようにしたというが、ということは大地の下に潜んでいる霊魂を呼び醒す為に踏んだ、目的がふり変えられただけで伝承されている訳なのです。

（折口信夫、同書）

このように折口は、日本の芸能における足踏みの意味を、地下に存在する霊魂への魂振《たまふ》り（鎮魂）にあったとし、これが日本の芸能に共通する要素であると指摘した。

なお、折口のこの説を踏まえ、神事等での相撲におけるシコの重要性に着目した宗教民俗学者の山田知子は、相撲におけるシコもこの足踏みと同じ意味を持つと指摘している。これについては本章の最後に詳説する。

民俗学における芸能の分類は、研究者によって多少の移動はあるものの、①神楽、②田楽、③風流、④祝福芸、⑤渡来芸の五種であるとされる。この中で最初に挙げられる神楽については、芸能を行う目的について、折口と同様の見解が出されている。

神楽は神話をモチーフにしているものの必ずしも神事に伴って行われるわけではなく、独立した民俗芸能であるとも言える。そうした神楽の発生や歴史的変遷について、中国地方の神楽を中心に、実証的に論究した歴史民俗学者の岩田勝は神楽の特徴を五点挙げているが、そのうち、神楽の起源及びその意義として、次の二点が注目に値する。

㈠死霊を鎮め、死霊を守護霊に昇華させていくことと ともに、それと不即不離な形で、ある境域内の時空へけがれの作用をするもの（祟り）をはらいきよめることが、神楽によるまつり事の基底にあるように思われる。

㈡神楽によるまつりの構造は、その境域の守護霊を招迎して神がかりの託宣をうかがうことにとどまらず、並行して、その境域をけがれさせる（祟りをする）死霊や悪霊の類を鎮めることをあわせて構成されているものと考えられる。

（岩田勝『神楽源流考』）

このように、神楽もまた、鎮魂が目的の神事として発生した芸能であると言えよう。田楽に関しては、折口はその意味を次のようにとらえている。

田遊びは田に於て鎮魂を行ったということではっきりしています。つまり田を出来るだけ踏みつけ、その田を掻きならして田に適当な魂をおちつけ、じっとさせておき、立派な稲を作るということなのであります。（折口信夫、前掲書）

舞台での足踏みと同様に、折口にとって田楽とは足を踏み鳴らすことにその本義が置かれていたと理解できる。田楽の芸能化については次のように指摘している。

田遊びは田の神霊を田から逸出しないように田の土におちつけしずめる呪術で、それに伴う技術がいくつかあった。その鎮魂に関する技術が固定して、人に不思議がられるようになると、それが次第に芸能化して行った。（折口信夫、前掲書）

ここでは折口信夫の論を中心に、日本の芸能の特徴を挙げてみたが、以上を整理すると、芸能とは、①神への饗応の儀式が定型化したものであり、②その目的は鎮魂にあり、③その発生に関しては稲作が大きな影響を与えている、ということが言える。

すなわち、日本における芸能そのものが神祭と不可分なものであり、その意味で、芸能の諸行事そのものが神事であると換言できよう。

「うた」という儀礼文化

「芸術」と「芸能」の違いは何か。美術家の森村泰昌によれば、「芸術」とは深く行き着くことが目指されている世界であり、「芸能」とは人々に広く行き渡ることが目指されている世界であるという。まことに的確な定義だが、芸術も芸能も、ともに「カタ」が重要とされている。

第一章「儀礼と儀式」では、倉林正次が主張する「カタ」と「カタチ」の違いについて紹介した。「カタ」が完成されたものが「カタチ」であるという説である(『儀礼文化学の提唱』)。儀式や儀礼は故実に則って行わなければ「カタチにならない」のである。倉林は同書においてさまざまな日本における儀礼文化を紹介し、「生活の儀礼文化」「芸術の儀礼文化」「宗教の儀礼文化」の三種類に分類している。

また倉林は、日本の文学にも儀礼文化的性格が存在すると指摘する。

倉林によれば、わが国の文学の発生の場は、祭りに求められるという。そこから「うたう文学」「となえる文学」「かたる文学」が、漸次生まれ育ってきたのというのである。わが国の祭りは、「神祭り－直会－宴会」という三部構成から成り立っているが、この中で「宴会」は、いわゆる「ハレの場」として独立し、次第に発展していった。こうした「宴会」から発生し、さらに展開した文学の種類は非常に多い。

たとえば、平安時代に流行した「歌合」はその代表的なものである。「場の文学」としての歌合の発達は、後の連歌・俳諧などにも大きな影響を与えた。これについて倉林は、わが国の文学形式である「カタ」に着目すべきであるとして、次のように述べている。

現代においても短歌・俳句は一向に衰えを見せず、まさに国民文学としての地位を確かなものにしている。この短詩型律文学はカタを基本としている。そのカタに対する肯定・否定の立場の如何にかかわらず、短歌を詠み、俳句を創るということは、このカタの基盤に立つことを前提とするものであり、そして、カタの自己創造に精進し励むことに尽きると言えるのではあるまいか。

（倉林正次『儀礼文化学の提唱』）

このような視点に立ってみると、日本の伝統的文学には、儀礼的性格が備わっていると言ってもよい。さらに、文学に節がついたものとして「歌」が登場する。

宗教哲学者の鎌田東二は、『歌と宗教』（二〇一四年）の冒頭に「人間は、歌うために生まれてきた。歌とは命そのものであり、命は歌なのである」と書いている。そして、このことを最も端的に表現しているのが、紀貫之による『古今和歌集』の「仮名序」の冒頭部分であると指摘する。

やまとうたは、人の心を種として、
万《よろづ》の言の葉とぞなれりける
世の中にある人、ことわざ繁きものなれば、
心に思ふ事を、見るもの聞くものにつけて、言ひ出《いだ》せるなり
花に鳴く鶯《うぐいす》、水に住む蛙の声を聞けば、
生きとし生けるもの、いづれか歌をよまざりける
力をも入れずして天地《あめつち》を動かし、
目に見えぬ鬼神をもあはれと思はせ、
男女のなかをもやはらげ、
猛き武士《もののふ》の心をも慰むるは、歌なり

（紀貫之「仮名序」『古今和歌集』）

鎌田は「歌とは何なのか。紀貫之は、仮名序のこの冒頭の部分で和歌の本質を解き明かし、『森羅万象は歌を歌っている』と言っている。歌が生まれ、誰かがそれを歌うということは、つまり森羅万象がこの世界に歌いつつ存在しているということなのだ」と述べている。中でも「（歌は）力をも入れずして天地を動かす力がある」というくだりがとくに大切であるとして、「こ

れはなんとすごいことであろうか。どんなに力を入れても、人類の発明したどんな文明の利器を使っても、天地を動かすことなどはできないと思うのがふつうである。しかし、歌にはそういうことができると、『仮名序』には書いてあるのだ。これはつまり、歌が宇宙であり、まさに天地を動かしている根本原理だという歌の哲学が底にある」と述べている。

鎌田はその卑近な例として、「今日仕事に行きたくない、だが行かねばならないと思い悩んでいる時に、歌を歌ったりすると気持ちが良くなって、また意欲が出てきたり、違うテンションになったりするものだ」と述べている。フランス哲学者アランの有名な言葉に、「幸福だから笑うのではない、笑うから幸福なのだ」（『幸福論』）があるが、歌うことも同様なのである。この意味で、企業において、毎朝、全員で社歌を歌うという儀礼も、あながち前近代的とはかぎらない。声を合わせることで労働に向けて気持ちを一つにすることは、事故を防ぎ、生産性を高めることにつながるのである。

前章でも取り上げたように、「礼」を重視した孔子もまた、度はずれた音楽好きでもあった。しかし、その一方で、礼は人々の間のけじめと区別を明らかにする。つまり、師弟の別、親子の別というように礼がいたるところで区別をつけるのに対して、音楽には身分、年齢、時空を超えて人を一つにする力がある。孔子はこの相反する性格をもつ「楽」と「礼」を一つに組み合わせたのである。それは大いなる「人間関係を良くする魔法」となった。

古代中国においても、歌の力は重視されていた。中国最古の詩集である『詩経』に掲載されている詩は、祭礼で歌われた古代の神謡《しんよう》がほとんどであった。それは朗読をするための詩ではなく、歌うための詩なのである。古代中国には、神霊を呼び寄せる「凡」、予祝儀礼である「灌礼《かんれい》」、神と共同体との「饗礼」、人と人とを結びつける「婚礼」などのさまざまな儀礼が存在した。

孔子は、それらの儀礼が詩によってなし得ると考えていたのである。能楽師にして『論語』の研究家でもある安田登は、『詩経』の中には神聖舞踏を舞うための歌もあるし、あるいは祝祭劇のための詞章と推測されるものもあるとして、以下のように述べている。

孔子の弟子たちは、ただ『詩経』を読むだけでなく、その中の詩を声に出して歌ったり、それに合わせて舞ったり、あるいは神聖劇を上演したりして、祭りの場《にわ》に神を呼び招き、そしてさまざまな儀礼を執り行なったりしました。そういう舞や神聖劇や儀礼のための詞章集が『詩経』だったのです。

ですから、詩の章句もきわめて身体的なものが多い。それは日本の『古事記』も同じで、そのまま謡えば、自然にからだが動くように作られています。むろん能の謡もそうです。能ももともとは神霊や祖霊、そして精霊を呼び出して、交感儀礼をするための神聖劇だったのです。孔子の弟子たちは、能を舞うように『詩経』の詩で謡い舞っていたのでしょう。

（安田登『身体感覚で『論語』を読みなおす。』）

能と仮面劇

芸能としての能は儀礼と深い関係にある。

下掛宝生流（ワキ方）能楽師である安田は、儀礼と能の深い関係について、結婚式の謡《うたい》を例に次のように述べる。

近頃は「能の謡なんて生まれてから一度も聞いたことがない」という人も多いのですが、少し前までは結婚式で謡われる「高砂《たかさご》や」くらいは誰でも知っていました。それは教養というよりは、謡が社会生活に必要なものだったからなのです。神前結婚式ですら一般的になったのは戦後です。それまでの、共同体の人々と執り行なわれる通過儀礼としての結婚式では「高砂や」がなければ始まらなかった。（安田登、同書）

「高砂」は能の演目の一つである。相生の松の精である翁《おきな》（シテ）と媼《おうな》（ツレ）が登場し、九州阿蘇宮の神官（ワキ）が長寿と夫婦愛を言祝《ことほ》ぐという、たいへん結婚式にふさわしい内容である。「高砂や」の冒頭部は以下のとおりである。

「高砂や、この浦舟に帆を上げて、この浦舟に帆を上げて、月もろともに出で潮の、波の淡路の島影や、遠く鳴尾の沖過ぎて、はや住吉《すみよし》に着きにけり、はや住吉に着きにけり」

結婚式だけではない。少し前の日本には「指図人」と呼ばれる儀礼執行者がいた。彼らは、さまざまな儀式や儀礼を指示し、それらを「謡」を中心に実行していた。謡には儀式を進行させ、人を変容させるという力があったからであった。安田は「儀式は、本来は通過儀礼です」と断言している。

たとえば成人式の前と後では人格が変容する。人格だけではなく、身体も変容します。つらい仕事に対したとき、「つらいからやめる」という〈子どもの身体〉から「つらいけど続ける」という〈大人の身体〉へと変容する。その変容を助け、促すのが儀礼です。

結婚式もそうですし、就職に際しての入社式だってそうですし、お葬式もそうです。その式の前と後では人は変容します。しかし、変容といったって、そんなに簡単にできるわけではありません。ただ籍を入れて結婚したって、同棲時代と何も変わらない。したいことはしたいし、したくないことはしたくない。それが人間です。そこで必要になるのが儀礼なのです。それもただお金をかけて派手に行なう結婚式ではなく、人格の変容を促すような本物の儀礼が必要であり、その儀礼には謡や詩が不可欠なのです。

（安田登、同書）

ここには、儀礼と芸能の深い関係が示唆されている。通過儀礼には人格の変容が必須であり、芸能にはそうした変容を促すような要素があるというのである。このことはもちろん、芸能の本来の目的が神を招き、もてなすことであったのと通じている。
これに関連して、宗教学者の小林道憲は芸能の祝祭空間に注目している。

芸術が祝祭から始まるということは、日本の芸能史を見ても言えることである。わが国の中世芸能の始原は、古代の神楽《かぐら》にあるといわれる。神々を招き、その前で舞われる古代の祭の舞は、中世芸能の素型となった。実際、能楽の一つの起源、申楽《さるがく》は、滑稽な物真似を伴う芸能であったが、その源泉は神楽にある。

（小林道憲『芸術学事始め』）

小林によれば、本来の芸能は、神々を招き、神々を喜ばせるために、神々に捧げられた演技であったという。そこでは、演技者も観客も神々に向かっており、両者の区別もなかった。やがて観客と演技者が分かれ、その演技に劇的なものが付け加えられることで芸能化していったのである。そして、神事や祭りが芸能化してくるにつれて、専門の芸能専業者が現れ、芸能は次第に演劇的なスタイルをもつようになっていった。

能楽に登場してくる主人公（シテ）は、多くの場合、神、亡霊、鬼、精霊など、他界からの来訪者である。たとえば、「紅葉狩」「土蜘蛛」「黒塚」といったフィナーレ向きの演目では、前半の前ジテは、鬼女、僧侶、老女といった世俗の仮姿で現れる。後半に登場する後ジテはその本性を現して、荒々しく足を踏みならしながら悪霊となって登場し、舞台は乱拍子とともにクライマックスを迎える。ワキを務めるのは多くは旅の僧などで、他界から神や霊を呼び出して悪霊を鎮める司祭の役割を果たす。ワキは、あの世とこの世、見所（観客）とシテ（神や霊）の仲介者であり、演能の重要な要をなしているのである。

小林は、「このような能楽の様式は、ギリシア悲劇同様、祭式なくして成立しなかったであろう」と述べ、能楽の神性を指摘する。

神や祖霊を迎え送るとともに、怨霊を鎮めるわが国古来の神事が、能楽の原型としてあり、その祝祭空間の中で、神と霊と人の交歓が、芸能という形で可能になったのである。わが国の芸能は、あの世とこの世の間、そこから命が生まれてくる以前の世界と、そこへと命が終わる死後の世界の架け橋のところに成り立つ祭式なのである。

（小林道憲、同書）

小林によれば、「役者」という言葉は、もとは神社の祭祀において一定の役割を引き受けて儀式に参加する者の意味であったという。彼らは、日常では普通の市井の人であるが、祭祀空間に入ることによって、日常から離脱し、一定の役を務める。役を務める者が役者である。小林は「とすれば、役者には、役の霊が取り憑いてくるのだと言わねばならない。演技は、役者の内面の表現ではなく、むしろ、外から霊が憑依してくる現象に近いと言わねばならない」として、次のように続ける。

その意味では、先史時代のシャーマンは、人類史最初の俳優であった。シャーマンには神や動物や精霊の霊魂が取り憑いて、彼自身、そういう異類に変身して踊った。今日の俳優の技能にも、そのような一種の呪術がある。変身も、また、祝祭的起源をもっているのである。男女異装も、祝祭的起源をもつと考えてよいであろう。祝祭のオルギーでは、男が女に変装し女が男に変装する乱痴気騒ぎがあった。そのような秩序の逆転によって、原始の渾沌を呼び出そうとしたのである。新しい秩序は、この原始の渾沌から再生してくる。それが祝祭の機能であった。（小林道憲、同書）

小林は、いわゆる仮面劇についても言及する。仮面劇の源泉は、遠く後期旧石器時代にまで遡ることができるという。後期旧石器時代の洞窟壁画に描かれた呪術師らしい像は、動物の毛皮や仮面を被って、動物の霊そのものになりきったシャーマンの姿であると推測できる。シャーマンは動物の仮面を被り、大自然の恵みでもあった動物の多産を祈ったのであろう。新石器時代の、たとえばわが国の縄文時代後期の土隅の顔にも奇怪な表情をもつものが多いが、その中には、動物や女性の仮面を被っている状態のものがある。大地の恵みである動物や植物の豊穣を祈る祭りが行われていたのであろうと、小林は推測する。また農耕社会では、多くの場合、祭りの折に仮面舞踏が演じられるが、その仮面は、死んだ祖先の霊、祖霊を表すことが多いという。村人は仮面をつけることによって、祖霊そのものになり、生者の生活を励ましたと考えられる。村人は、他界から訪れた祖霊と交流し、その年の五穀豊穣を祈ったのである。

小林によれば、ヨーロッパでも、聖ニコラウスの日や冬至、大晦日や謝肉祭など、しばしば、人々が仮面をつけて仮装し踊り明かす祭りが行われているという。それは、まるで仮面や仮装の競技のようにさえ見えるという。もとはケルトやゲルマンの儀礼だったが、キリスト教の伝来とともに、キリスト教の暦に吸収されていったものである。とくに、ヨーロッパの冬に行われる謝肉祭は、日本の小正月に行われていた田遊びに当たるとされている。春を迎えるに当たり、その年の豊作を祈る予祝行事であると言えよう。

小林は、この祭りにおいて仮面が重要である点を述べている。

仮面は人を自由にする。祭の日、人は、仮面を被り踊ることによって異次元の空間へと超越する。と同時に、神々や精霊もこの世に来訪し、人々と交わる。仮面は、この世とあの世の交流の手だてである。演劇の源泉もここにある。たとえ仮面を用いない演劇であっても、役者は一時的に自分自身を失い、演じている役に成りきって、この世の空間と時間を超越し、観客を別世界へと誘《いざな》う。そのような日常世界から離脱した次元を創り出すのが演劇であり、祝祭なのである。

芸術は単なる模倣ではない。しかし、芸術を一種の祝祭として理解するなら、そこには模倣の要素が多分に含まれている。わが国の能楽の大成者である世阿弥も、『風姿花伝』の中で、中楽能の根本を〈物真似〉に見ている。

（小林道憲、同書）

模倣とは、単に写実的に模写したり、複製することではない。それは再現することによって、ものに表現を与えることなのである。さらに小林は「再現」という概念を持ち出す。再現には「共鳴」ということが含まれるという。たとえば歌舞伎の変化舞踊では、その名人ともなると、花を見ている役者が花と一体化するという。腰や肩、扇を持つ手、すべてがひとりでに動いて花の感じを見事に表現し、花の精そのものになるのである。そこには、花と役者が同じ呼吸によって支配され、同調し、共鳴するということがなければならない。小林は「模倣とは共感であり、共鳴なのである。そうして、はじめて、それを見ている観客も、その役者の身体の動きに共鳴し、吸い込まれるように陶酔感に陥っていく。そこに舞踊の祝祭性がある。模倣には深い意味があると言わねばならない」と言う。

人間は、模倣されたものを見て喜ぶ。観客は、巧みに模倣されたものを舞台の上に見て楽しむ。わが国の古典芸能、人形浄瑠璃でも、人形が人間のしぐさを巧みに真似すると、観客は感動する。本物だけでは誰も褒めはしないが、本物をいかにも本物らしく真似ると褒められる。再現することは本質を表現することであり、そこにいわば〈もののあはれ〉がある。

（小林道憲、同書）

この「もののあはれ」を観客に催させることこそが「芸」であると言えるだろう。

小林は「模倣とは再現であり、再提示なのである」と言っているが、自然の創造物を模倣することは創造主たる神のわざの模倣につながるのである。芸術はいわば神のわざの再現なのである。芸術の本質について、小林は「神々の世界に遊び、神々と交わることなのだと言えよう。わが国の芸能の始原にも神楽があり、これを〈カムアソビ〉と言った。神々と一つになって遊び、また、神々を遊ばせることが、歌や踊りの原初形態だったのである」と述べている。

そして、そこから演劇が発生した。小林は「一般に、わが国でも、ヨーロッパでも、演劇は宗教的起源をもつものが多い。神や仏の愛や慈悲を説く宗教伝説の地盤から、舞台芸術が生まれてくる。わが国の人形浄瑠璃も、本地霊験物を起源としている。神仏の加護による蘇生譚や神仏の身代わり譚を主題にした説教節が人形芝居に仕立てられ、それが神社や寺院の祭礼などで演じられた」と述べている。

人を不死にする芸能

能を大成した人物は、言わずと知れた室町時代の世阿弥である。

鎌田東二によれば、それは現実にはありえないようでありながら、宗教体験、神秘体験、至高体験、詩的体験、芸術体験などの場面でしばしば起こりえる「時間的超越」のかたちであるという。鎌田は、『世阿弥　身心変容技法の思想』(二〇一六年) において「時間的超越」について次のように述べる。

それは因果律の法則や先後の関係に根ざす直線的時間とは異なる不定形・無定形時間である。混沌としているが、決して無秩序でも無構造でもあるわけではない。無限と有限とは互いに入れ子のように、ウロボロスの蛇のように食い込み合っている。頭と尻尾という対極でありながら、頭が同時に尻尾になっているという姿（なぜなら頭が自分の尾っぽを銜えているから）。このような回帰する、円環する時間を神話的時間と呼ぶ。

日本仏教ではそのような神話的時間を、仏教的なコスモロジーと宗教体験の文脈において「即」とか「速疾」とか「頓」と表現した。空海の説いた「即身成仏」や「三密加持」も、禅で言う「頓悟」や「即心是仏」も、この身このままこの心において、今ここで即時に、瞬時に、仏とあいまみえ、それどころか自身がそのまま仏そのものに成る（成仏）という吾身観である。このような瞬時性は、この身はそのまま仏であるという天台本学論にまで発展する。

（鎌田東二『世阿弥』）

このような「超越」と神話的時間の体験が、室町時代に一つの稀有なる演劇的な形式を確立した。それが世阿弥によって大成された「申楽《さるがく》」であるという。

鎌田は、世阿弥が大きな成功を収めた「複式夢幻能」では、多くの場合、後段でシテ（主人公）の亡霊が出てきて、自分の本性である「霊」の心境・思いをあらわにし、その痛みや悲しみを吐露・悲嘆し、それを諸国一見の僧であるワキ（脇役）が傾聴し、見届けて鎮魂（成仏）するというスタイルを持っていると指摘している（『歌と宗教』）。

そのような亡霊の悲嘆劇を「複式夢幻能」として編み出した世阿弥にとって、最も重要な文学リソースが『平家物語』であり、謡の「根」であった。世阿弥は南北朝の戦乱の後に能を大成している。楠木正成と世阿弥の父である観阿弥は、伯父と甥の関係であったといわれる。鎌田は、南朝の敗戦と滅亡は、おそらく世阿弥と元雅親子の運命や盛衰に深く関わっていたと推測できると言う。このような出自と経験と時代状況の中で、世阿弥は「申楽」という謡と舞の世界を作り上げていったわけである。

さらに鎌田は、「複式夢幻能」には南北朝の後の争乱を鎮め、死者を悼み鎮魂するというライトモチーフが下地にあるので、題材として平清盛の生涯や平氏の繁栄と源平の合戦による滅亡など、『平家物語』に出てくるさまざまな戦いが取り上げられているのだと言う。そこでは戦士の世界、修羅の世界の痛みや悲しみや死や無念・残念が描かれ、語られているのである。亡霊たちのスピリチュアル・ペインとグリーフ（悲嘆）を謡の題材にしているという意味で、能は中世が達成したスピリチュアル・ケアであり、グリーフ・ケアのワザヲギであると鎌田は主張する。同じことは合戦物を演目とする琵琶法師などにも言えるかもしれない。

「わざおぎ」という言葉は、「神を招《お》ぐ態《わざ》」から発したもので、滑稽な身振りや歌舞で神を楽しませる人のことを指し、転じて「役者」を示すようになった。これも明らかに神への饗応から始まったものとあり、始祖はアメノウズメに遡ることができそうである。娯楽の少ない時代において、「もののあはれ」であれ、単純な笑いであれ、喜怒哀楽の感情を揺さぶることのできる芸能者はたいそう人気を博したに違いない。

こうして芸能を生業とするプロが誕生し、芸が洗練されていくにつれて、芸道を継承する必要が生まれる。その典型が『風姿花伝』であろう。世阿弥という不世出の天才が十五世紀初頭に著した芸道論であるが、二〇世紀に入るまで文字通りの秘伝書であった。この間、五〇〇年にわたって始祖のスタイルが継承されてきたというのは驚嘆に値しよう。ここでも、模倣が大きな役割を果たしたことは言うまでもない。『風姿花伝』の第二章は「物学条々」と題されている。そしてその「物学」とはそのまま和訓的に「ものまね」と読んでいる。

さまざまな「心身変容の技法」を研究し続けている鎌田は、「物を真似る」ということは自己超越の一つの形であると指摘する。それはアメノウズメの「わざをぎ＝俳優＝神懸り＝鎮魂＝神楽」であるというのである。「ものまね」とは、したがって、神を真似る、自然を真似る、死者を真似る、生者を真似るということであり、真似る行為が「俳優」であり、また自己超越としての自己変容であるという。

鎌田によれば、世阿弥は「物まね＝俳優」が神懸りというシャーマニスティックな身心魂技法に連なることを明確に意識していた。実際、世阿弥は物真似の奥義が老人の真似にあると指摘しているが、この老人すなわち翁こそが日本人の原型的な神の表象であったことを見れば、それが「神を真似る」、つまり「神を招く」わざであり、ついには「神懸り」に行き着くという。「神を真似る」、「神を招く」、「神懸る」という一連の行為は「儀式」そのものであると言ってよいであろう。儀式の本質もまた、「心身変容の技法」なのである。

模倣はすべての芸能にとって出発点であると同時に究極の目標でもある。たとえば歌舞伎役者や落語家は何代にもわたって同じ名前を襲名する。先代のコピーとして一門を継承することが最高の名誉となるのである。「秘すれば花」で有名な世阿弥の能楽理論書にしても、一家相伝が原則の秘伝・秘書であればこその「芸能」だったのである。

鎌田は襲名について次のように指摘している。

市川團十郎とか松本幸四郎とかが、何代にもわたり襲名される。この前亡くなったのは、第十二代市川團十郎だった。今の市川海老蔵のお父さんだ。江戸時代の初代から今日もこの先も、ずっと名前を受け継いで伝承していくことになっている。

この時、単に名前を受け継いでいるだけではなく、代々伝わっているなにかが乗り移ってくる。初代、二代目……という伝承と記憶と存在の重ね撮りのような重層構造の中にあるのだ。

天皇家はそのような伝承体系の最たるもの、まさに典型であり、象徴と言っていい。その個人ではなく、複数のものが重なって一人格になっているような生命観、人間観を日本人は持っているのではないだろうか。（鎌田東二、同書）

わたしは、歌舞伎の襲名披露を鑑賞したときにこの感覚を実感した。二〇一五年に大阪松竹座で行われた「五代目中村翫雀改め四代目中村鴈治郎襲名披露公演」である。襲名披露として上演したのは初代中村鴈治郎（一八六〇～一九三五）がお家芸として制定した十二演目の一つで、『双蝶々曲輪日記』の「引窓」という演目であった。

初代が明治二九年（一八八六年）に大阪で復活上演するまで長く上演が途絶えていたが、その後は代々の鴈治郎が当たり役の一つとして上演を重ねている。この狂言には「親子の情」「夫婦の愛」が描かれているのだが、この講演では四代目鴈治郎の息子である壱太郎が女房のお早を演じ、親子で夫婦を演じるという珍しい舞台であった。

演目の上演に続いて、四代目中村鴈治郎襲名披露の「口上」が行われた。舞台上には、右から市川左団次、市川男女蔵、中村亀鶴、坂田藤十郎、翫雀改め中村鴈治郎、中村壱太郎、中村虎之介、中村扇雀の順に八人が並んだ。少々ややこしいが、四代目坂田藤十郎が三代目中村鴈治郎であり、長男が四代目中村鴈治郎、次男が三代目中村扇雀、孫が中村壱太郎と中村虎之介である。舞台上は全員が血縁者である。

この舞台を観ながら、わたしは、歌舞伎の襲名というものは儒教における「孝」そのものであると考えていた。現在生きているわたしたちは、自らの生命の糸をたぐっていくと、はるかな過去にも、はるかな未来にも、祖先も子孫も含め、みなと一緒にともに生きていることになる。わたしたちは個体としての生物ではなく一つの生命として、過去も現在も未来も、一緒に生きるわけである。これが儒教のいう「孝」であり、それは「生命の連続」を自覚するということである。孔子が唱えた「孝」というコンセプトは、個人の死を超えた、「人間が死なない方法」と言ってもよいのかもしれない。

「孝」という死生観は、生命科学におけるＤＮＡにも通じている。とくに、イギリスの生物学者リチャード・ドーキンスが唱えた「利己的遺伝子」という考え方によく似ている。生物の肉体は一つの乗り物にすぎないのであって、生き残り続けるために、生物の遺伝子はその乗り物を次々に乗り換えていくのである。なぜなら、個体は死を免れないので、生殖によってコピーをつくり、次の肉体を残し、そこに乗り移る。子は親のコピーなのである。

このような考えを、わたしは中国哲学者で儒教研究の第一人者である加地伸行の一連の著書で学んだ。加地によれば、「遺体」とは「死体」とは違う。人間の死んだ体ではなく、文字通り「遺《のこ》した体」というのが、「遺体」の本当の意味であるという。つまり遺体とは、自分がこの世に遺していった身体、すなわち「子孫」なのである。わたしは四代目中村鴈治郎の襲名口上を聴きながら、この舞台上には四代目坂田藤十郎すなわち三代目中村鴈治郎の「遺体」がずらりと並んでいるのだと思った。

神事としての相撲

芸能論の最後に、国技である相撲についても述べておきたい。

相撲は『古事記』『日本書紀』に起源伝承が見られ、史実としては「皇極天皇紀」のものが最古とされる。後に相撲は「相撲節会」として、承安四年（一一七四年）まで宮中の年中行事にとりこまれ、七月七日を式日として行事が営まれた。

宮中での行事はのちに途絶するが、相撲は武家や民間で流行する。近世になって盛んになった社寺への寄進を求める勧進相撲が、現在の大相撲の基礎となった。

折口信夫は「草相撲の話」で、体に草をつけて相撲をとっていたことを指摘し、この姿が異人のものであるとして、相撲を「遠くから威力のある神がやってきて、土地の精霊を征服するかたちだったのである」としている。その上で、折口は次のように記した。

相撲が、初秋に行われるのは、もとは、二百十日、二百二十日の厄日を控えた、農村では最大切な時期に、この神事が行われたのだと思う。もとは、もっと演劇的要素の多いものだったと思うが、それが、力競べにのみ興味が傾いて来たのは、この、時期の関係からであった。

すなわち、神と精霊との争いという原の意義が忘れられて、部落同士の争いが主になったからだ。これも、もとは豊年の神を取り合う争いであったのが、後には、ただ年占だけの考えで、勝てばいいという風になった。
（折口信夫「草相撲の話」）

折口はまた、宮中で行われた相撲節会についても、以上の性質を有するものだとの認識から、「国を東西に分け、いずれが豊年であるかを占った事からであるようだ」とその性質について指摘している。

昭和十六年に開かれた折口の講義を収録した『日本芸能史六講』第四講では、「もともとは穀物の年占であったので」と端的に表現し、折口信夫特有のマレビト論を根底に据えつつも、相撲が次第に年占いの神事としての性質を強く表出するようになったことを指摘している。

柳田國男は、昭和七年に発表した「盆過ぎメドチ談」において、「古人は腕力と勇気との関係を、今よりもいっそう深く結び付けて考えていた。力の根源を自分一個のうちにあるものと信ぜずして、何か幸福なる機会に外から付与せられるもののごとく解していた」と述べている。石を持ち上げてみて、その重さ軽さの感覚によって、願い事がかなうか否かを占ったのと同様に、相撲は神霊の加護援助がいずれの側に厚いかを知るための方法の一つであったという。

柳田は次のようにも述べている。

わが邦の神々には、何かこういう単純なる方式をもって、御自分の御心持を信ずる人々に覚らせんとしたまう思し召しがあるということを、昔の人たちはかなり固く信じていた。そうして年に一度の祭りの日の御くつろぎは、その神意を伺うべき最も良い機会とも考えられていたようである。

（柳田國男『日本の祭』）

このように柳田は、相撲が「神意をはかる」ための行為であり、神事の一部だったことを指摘している。また歴史学者の和歌森太郎は、歴史民俗学的視点から、相撲節会が行われる七夕が米作の無事息災を祝う先祖祭祀であるという前提のもとに、農作の成否を占う手段として相撲が用いられたと述べる。そして相撲を取ることの意味について、「日本人は、ただ相撲をとって遊んだというわけではなくてまた体育を自覚して行うものでもなかった。それは神事として神の意志を判断するために行ったものである」とし、七夕伝承や宮中での相撲節会の行事が行われる時季からも、相撲が農耕に根ざす神事であることを追認している。

つまり、民俗学的視点から捉えた場合、相撲は農耕を行う共同体、のちには国家の神事そのものとして考えられる行事であると結論づけることができよう。

続いて、相撲を構成する代表的な要素から、神事としての側面を抽出してみたい。

まずは、「土俵、四方柱」について見てみよう。

相撲の土俵の成立年代は江戸時代前期周辺の近世に求められるが、現在でも大相撲の土俵では、場所のはじめに「土俵祭」が行われる。この土俵祭での祭文（祝詞）では五穀豊穣を祈願するほか、四方をつかさどる柱（＝四本柱）内の土俵について、「四本柱によってこの辻の東西南北、春夏秋冬を結界《けっかい》し、四季の土用を意味する中央をいさぎよきところ──清らかなところ──にしようという」目的を持ったものであり、土俵が祭儀を通して清められた神聖な場所として認識されていることが理解できる。

次に、「横綱」について。

横綱は江戸での相撲興行で、将軍徳川家斉の上覧に際し、寛政元年（一七八九年）、当時の最高位であった大関谷風・小野川両力士がその称号を与えられたことに端を発する。横綱のもともとの意味は、「最優秀の大関が化粧廻しの上に帯びた締め縄」である。しかし、横綱に昇格した谷風・小野川が締め縄ならぬ注連縄《しめなわ》を「横綱」にして土俵入りを行ったことにより、「注連縄が神の存在を表示しているということは、横綱を締める力士は生きながらにして神格化された存在である」と認識されるようになったという。

なお、横綱以外の力士がつける「さがり」も、本来はまわしに紙垂《しで》を添えていたもので、「神事の場所である土俵に上がる裸体の力士を、清浄と神聖化するための一種の清めの具であった」と言われている。横綱はもちろん、一般の力士であっても通常の人間とは異なる存在であると考えられていたこと、横綱のような神そのもの、もしくは一時的に神格を有した力士が行う相撲が神事としての側面を強く有していることがここからも窺える。

次に、「四股《しこ》」について。

相撲での特徴的な動作の一つにいわゆる「四股」が挙げられる。宗教民俗学者の山田知子は、『相撲の民俗史』（一九九六年）において、『日本書紀』神代上巻六でスサノオノミコト（須佐之男命）をむかえうったアマテラスオオミカミ（天照大神）の足踏みを原初の「シコ」としてとらえ、シコの意味を「死霊や悪霊を鎮め攘却する呪的動作」と指摘している。『日本書紀』での記述や水谷神社（兵庫県養父市）のネッテイ相撲など、取り組みを行わない神事相撲に着目した山田は、相撲では、「しこ」と名付けられた足踏みが悪霊鎮魂の呪的動作として行われている間は、神態を演じる宗教者によって行われていたのであろうが、呪力の強さが求められるようになって力競べをするようになり、次第に競技化されていったのではないかと推測する。すなわち、悪霊を鎮め追い払う呪力と体力や腕力を同一視して考えるようになり、力持ちであればあるほど呪力も強大であると信じられるようになって力くらべが始まり、宗教性は失われていったというのである。

このように相撲の本義がシコにあると考える山田は、次のように述べる。

相撲は、古代より悪霊を鎮め追い払う呪術に発生し、農耕の豊凶を占う年占となって力を競い合うようになり、次第に競技化が進行していったが、本来の呪術性ゆえに、雨乞いや地鎮などに用いられ、また朝廷の節会の行事となり、あるいは、社寺の勧進《かんじん》の手段として行われてきたことも明らかになってくる。そしてこの伝統を継承するというのいまの大相撲での力士の揃《そろ》い踏みや横綱の土俵入りも、もとは天下国家の悪魔祓《ばら》いをする一種の宗教行事だったこともわかってくるはずである。

（山田知子『相撲の民俗史』）

一方で相撲節会について文献学的な論考を行った民俗学者の飯田道夫は、『相撲節会《すまひのせちゑ》　大相撲の源流』（二〇〇四年）において、先の柳田・折口・山田らの民俗学的な相撲研究を批判的に検討しつつも、自身の研究を通じ、シコについて「近衛の舎人が相撲節に加わったのは、やはり辟邪のためだったとみる。かれらは田楽にならって、足で地を踏み、地を鎮めた。これが即ちシコである」として、さらにシコの重要性について次のように述べる。

衛府の相撲は、野見宿禰の相撲の故事にならって七月七日に設定されていた。朝廷はこの日の相撲の取り手にシコを踏ませ、陰陽師の反閇をこの日におこなわせ、両者を合わせて豊穣を祈る国家行事とし、節会と定めた。これが相撲の節会である――と私は見る。

（飯田道夫『相撲節会』）

飯田によれば、相撲とは米穀豊作祈願であり、実践としては障害となる邪気を地鎮法で払う方法であったという。このように相撲は農耕と不可分な関係にあったのである。

最後に、「弓、太刀」について。

弓取りで用いられる弓は、本来は相撲節会において力士を経ち合せる役職を担った「立合《たちあわせ》」が携行するものである。やがて相撲の競技化と共に立合は行事としての性格を強め、弓は携帯されなくなって四本柱にかけられるようになるが、その弓をもって悪魔祓いをさせたことに由来するとされる。

また、太刀はとくに祭儀としての相撲の中で重視された。悪魔払いの呪物として相撲の場に置くことが大切だと考えられたからである。すなわち、相撲に関連する諸具もまた、土俵や相撲に関連する場所の祓いを行う道具として、相撲が持つ神事としての役割を強化するものであったと考えられる。

以上のように、相撲はその淵源に農耕の吉凶を知るために神意をはかる行為という側面を有している。なおかつ、四股や弓取りの弓・太刀等にみられる、悪魔を祓い鎮撫《ちんぶ》する性質、すなわち農耕作業に悪影響をおよぼす神霊を避け、慰める行為を伴うものであり、しかもこれらの性質や作法は現代においても失われていない。これをもって、相撲は競技化の色が濃くなった今もなお、神事としての特色を継承していると言えるのである。

相撲の宇宙論

相撲という芸能に興味を示したのが、文化人類学者の山口昌男である。山口は、相撲は野球と並んで日本人が最も関心を寄せた娯楽の一つであるとして、両者を比較した。野球が西欧化、近代化という先へ向かう時間軸にそって観衆の関心を組織するとすれば、相撲は過去へ向かって時間の流れを組織するとして、山口は述べる。

相撲の儀礼、記号的側面、組織といったものは、同じく、近代化以前の儀礼、象徴的要素をとどめた村落レベルでの儀礼、コスモロジー、或いは民俗儀礼及び歌舞伎における演技と共通のルーツにたどりつける要素の組み合わせであると考えられる。それ故相撲は、日本文化の中の時間の古層を表面化させるメカニズムの一つとして、日本人の精神生活において二つの時間感覚を仲介する役割を果たして来た。

（山口昌男「相撲の宇宙論」ターナー『見世物の人類学』）

山口によれば、相撲は近代化に伴って日本の中に流入してきた西欧＝近代を表す記号とは一線を画すさまざまな記号に満ちている。力士の髷《まげ》というヘアスタイルは徳川時代の髪型を温存したものであり、前近代の象徴である。褌《ふんどし》もアナクロニズムを様式化して温存したものだが、とくに横綱が化粧廻しと併用して着用する横綱は、神道の注連縄に対応し、近代の均質的時間の流れを止める作用を果たしている。さらに、「結ぶ」という綱が果たす役割には、「タカミムスビ」という神名のように、また「小結」という役名のように、根源的な力の発顕という意味があったと指摘している。

空間論を得意とした山口がとくに注目するのが土俵である。土俵は演劇の舞台の延長であり、日本の伝統演劇の中でもとりわけ能の舞台が相撲のそれに酷似しているという。相撲の土俵は三つの意味で能舞台と共通の要素をもつ。それは、「屋内の屋根」、「演技のための正方形の空間」、「花道」の三つだ。花道は、相撲と歌舞伎において使われる役者登場および退場のための通路である。能においては「橋懸《はしがかり》」と呼ばれ、舞台と鏡の間、この世とあの世という二つの対立する空間を繋ぐ役割を果たす重要な演技のための、独立した意味を持つ空間である。

かつて、土俵には四本柱が立てられていた。これは、神楽で設けられる野外舞台の四本の竹に対応すると考えられる。濃密な、神化を可能にする空間のシンボルである。この四本の柱は「東西南北」と名づけられている。南北と東西という対では、東西の対が二分的な原理の表現としていっそう重要であるという。現在ではこの四本柱は除去され、この四本柱が表象していた四色の色彩表現は、四つの屋根から下がった房が代わって行っている。四色とは以下の通りだ。

青——北東の角、春。中国の伝承における春の神、青竜《せいりゅう》の表現。

赤——南東の角、夏。夏の神、朱雀《すざく》。

白——南西の角、秋。秋の神、白虎《びゃっこ》。
黒——北西の角、冬。冬の神、玄武《げんぶ》。

この房の位置は必ずしも方位と重ならないが、世界を象徴する文字や儀礼にたびたび現れる表現に通じる象徴性を持っていると言える。黒房と白房の間が西、青房と赤房の間が東の側を代表し、二つの花道が土俵と支度部屋を繋ぐ。東と西は陰陽道における陰と陽という二元的対立の原理、つまり相対立する空間の記号的差異性の表現とみることができる。しかし、同時に、村落における儀礼的二元論をも持っているのである。土俵の外形は正方形だが、実際の勝負は、円の中で決せられる。四方形は天、円は地を表現するという。

山口は同書においてオランダの文化人類学者コルネリウス・アウエハントの説を紹介している。アウエハントによれば、相撲は宗教的な基盤を持ち、各地の神社で祭礼に際して開催される草相撲の試合に、その宗教性がいっそうよく現れているという。事実、村で行われる相撲を草相撲と言い、これが競馬にも適用されて草競馬という言葉がある。「草」は、かつては儀礼的な形での相撲に使われたとされている。

折口信夫は、古くは、相撲は力士が体に草を着けて行ったとしている。体に草をつけるというのは、外から村に訪れる異人の徴しであったと考えられている。折口は、外来の征服神が土地の精霊を圧服する過程を相撲の神事で演劇的に表現したのではないかと推測している。

この草相撲と異人の関係から、相撲が持つ対立の構造は、民俗的想像力の中の有効な枠組であることがわかる。相撲は、文化の中の現実のさまざまのレベルで潜在的に存在するさまざまの対立要素を記号化し、表面化し、遊戯の世界に組み込むための枠組を提供したのである。

柳田は、相撲が表現する対立の中に、「台地」と「低地」という二つのトポス（空間）の対立による、生活感情および象徴論的次元を通しての表現を読みとろうとした。柳田によれば、台地の住民の安穏な生活に反感を持って、この生活を犯そうとする土地の精霊と住民の守護神との対立が相撲に反映したものであるという。土地の精霊は低地に蟠居《ばんきょ》していると考えられ、これが本来の対立のトポス的な表現であった。その後、住居の大半が低地に移っても、台地と低地の確執というモデルはそのまま残された。そして、隣村との対立、虫送り、風神送り、懸踊りといった、「内」と「外」との対立を表す対に移行したのだという。

先に指摘したように、相撲には神事としての色合いが濃く残っているが、アウエハントは、こうした民俗レベルのみでなく、今日の相撲の中には、単なるスポーツや格闘技以上のものがあったという痕跡を見ることができるとして、次の四点を指摘する。

1　数多くの儀式めいた規則。
2　土俵で行われる儀礼的身振り。
3　東西二つの対立集団に分けられ、各々が特定の地理的方位や色彩と結びついている。
4　力士の名称に山や川（あるいはそれに似た観念）の対立の跡が見られる。

政治思想史学者の松平斉光は、著書『祭　本質と諸相　古代人の宇宙』（一九七七年）の中で、日本の村落の儀礼・神事・祭礼においては二元的対立を祭式構造の基礎に据え、これを原動力とするケースが多いと述べた。アウエハントは、こうした場合に開催される競技の例として綱切り、竹切り、船競争と並んで相撲を挙げている。彼は、こうした儀礼的競技は、時間、空間方位の対立次元への相互転換を可能にするという。たとえば、スサノオノミコトの神話的物語において、悪神スサノオは八岐《やまた》の大蛇《おろち》を倒すことによって、善すなわち反対の側に移行した。これと同じように、相撲などの競技を通じて、悪は善に、下は上に、負は正に転化することが可能になるとアウエハントは述べている。

山口によれば、こうした相撲を通じての象徴的転換、つまり、一つの存在が善悪や正負どちらとしてでも現れうるという可能性または両義的な状態を擬人化しているのが「河童」という妖怪であるという。河童は、神話論でいう「トリックスター」そのものだと言える。

そして山口は、相撲の本質について次のように述べる。

相撲は一方では都市における娯楽として華かな興行の対象となると共に、農村における様々な神事と結びついて、一方では儀礼・演技としての要素を示すと共に、他方では闘技としての側面も保持して来た。その各々の側面は必ずしも互いに切り離して論じることができない。従って演技の極と闘技の極という二つの極を想定することが、民俗の中における相撲を捉える有効な視点を提供するかも知れない。

（山口昌男、同書）

芸能としての相撲の姿は、伊予（香川県）の大三島大山祇神社の御田植祭の一人相撲に典型的な形で見られる。この一人相撲は、目に見えない精霊を相手に一人で相撲を取るものである。そこでは、外来の威力のある神が、土地の精霊を圧服していく過程を描いた演劇的パフォーマンスが展開される。山口は「闘技性を前面に出した相撲においても、こうした神と精霊の闘いという演技としての側面を間接的に反映している」と述べている。

以上、本章ではさまざまな日本の芸能について考察したが、冒頭で紹介した折口の「芸能はおよそ『祭り』から起こっている」という発生起源説が見事に当てはまることを確認した。芸能が神事と深い関わりをもつことは、儀式が本来、人間の感情の動きと不即不離であったことを推測する上でたいへん興味深い事実である。

第八章　時間と儀式

月と永遠

儀式は時間とも深く関わっている。そのことを考えるとき、古来の時間が太陰暦にもとづくものであったことを忘れてはならない。太陽を基準とした時間認識の偏重は、わたしたちの時代や文化がバランスを失っていることの表れと言える。古代社会では太陽と月の役割を分けることで、宇宙や文明、宗教、個人の幸福などをバランスよく理解しようとしていた。

太陽は合理的で規則正しく、確固とした生活様式を象徴している。太陽のおかげで生命が生まれ、光と熱がもたらされた。太陽サイクルは単純かつ正確であるのにひきかえ、月時間は太陽時間とずれていた。気温や収穫に与える太陽の影響は生産にとって必須であったが、海潮や人間の生理的活動に与える月の影響もまた、生命の神秘を感じさせるものであった。常に明解な周期を持つ太陽とはうらはらに、絶えず形を変える月は不合理な存在でもあった。こうして、合理的で規則正しく、確固たる太陽は多くの文化において男性のシンボルとなり、月は慈愛に満ちた女性のシンボルとなった。

しかし、近代に至るまでは、暦と月の関係は現在よりずっと密接であった。日本を含めた多くの文化で、月の満ち欠けをもとに決めた太陰暦が採用されていた。これは人工的な照明がなかった時代には、夜間の行動に月明かりが必須だったこともあっただろう。ただ、月の周期は約二九・五日であるので、一年を等分することはできず、農作業にとっては不便だった。現代でも、太陽暦と太陰暦を併用している文化圏は存在している。

ファン・ヘネップは『通過儀礼』の中で「年、季節、月、日ごとの諸儀式」として、月に言及している。彼によれば、月の満ち欠けと動植物や人間の生命の盛衰との間の対応は、人間が持つようになった確信のうちでも最も古い方で、しかもこれはほぼ忠実に事実と符号しているという。月の満ち欠け自体が一つの大きな宇宙のリズムに従っており、天体の循環から血液の循環に至るまでを支配しているのである。

しかし、ファン・ヘネップは、月がないときには自然界の生活だけでなく、人間社会もその社会生活を停止して、過渡期に入ると指摘している。月の儀礼の目的とは、まさにこの過渡期を乗り越え、渇望される最大限の生命力の再来を確実なものにすることである。また、月が欠けていくときは衰退期と捉えられるが、これが決定的なものではなく、一時的なものであるようにするのだという。月の儀礼には、復活の観念、定期的な死と再生のドラマが見られる。また、分離儀礼、加入儀礼、過渡の儀礼、および出立の儀礼などの多くが、月の満ち欠けや満月を期して行われるのもこのためであるという。

ファン・ヘネップによれば、「死と再生」の観念が見られるのは四季に関する儀礼、妊娠と出産に関するもの、および輪廻を信ずる人々の場合は出生、養子縁組、成熟祝い、加入礼、婚礼、即位式、聖職授与式、供犠や、死後の魂の存続、なかんずく生まれ変わりを信ずる人々の間における葬儀などであるという。それにおそらくは、誓願の供犠や巡礼にも死と再生の観念があるかもしれないという。ファン・ヘネップは「ある状態から他の状態に移行することは重大なことで、特別の注意を払わない限りうまく行かない」という考えさえ認めれば、死と再生は単純で正常な観念であることがわかると述べている。

ちなみに、儀礼における死と再生は場合によっては人間の一生の諸相を月の満ち欠けに擬したことから生じたということもありうる。少なくとも、死の起源ないし導入が、月によってもたらされたとしている民族が非常に多いのは事実である。

生まれてから死ぬまでの間の通過儀礼の図式がいかに複雑であろうとも、一番よくみられるのは直線的な図式である。ところが、ルシェイ族のように、それが円をなしていて、すべての人が生から死、死から生へと、同じ状態を同じように通過することを果てしなく繰り返すようなところもある。こうした図式の一つの極端なかたちである循環的形態は、仏教においては倫理、哲学的意義を持ち、ニーチェの「永遠の回帰」の思想の中では心理的な意義を持っている。

おわりに、人の一生の歩みを宇宙における通過、つまり天体の運行、月の満ち欠けと結びつける民族さえある。人の生活の諸段階を動植物の生活の諸段階へ関連せしめ、ひいては一種の前科学的予見によって、宇宙の偉大なリズムへ結びつけるのは、一つの壮大な観念である。

（ファン・ヘネップ『通過儀礼』）

ここでファン・ヘネップは仏教における生死の観念を循環的であると指摘している。日本仏教の特徴の一つに、年忌法要がある。初七日から百ヶ日の忌日法要、一周忌から五十回忌までの年忌法要である。五十回忌で「弔い上げ」を行った場合、それで供養が終わりというわけではない。故人の死後五〇年も経てば、配偶者や子どもたちも生存している可能性は低いと言える。そこで、死後五〇年が経過すれば、死者の霊魂は宇宙へ還り、人間に代わってホトケが供養してくれるという。つまり、「弔い上げ」を境に、供養する主体が人間から仏に移るだけで、供養そのものは永遠に続くのである。有限の存在である「人」は無限のエネルギーとしての「仏」に転換されるのである。あとは「エネルギー保存の法則」に従って、永遠に存在し続ける。つまり、人は供養によって永遠に生きられると言ってもよいだろう。

ちなみに、月の満ち欠けと儀礼との関連について述べたファン・ヘネップの『通過儀礼』は、ミルチャ・エリアーデの『永遠回帰の神話』（一九四九年）に明らかに影響を与えていると考えられる。エリアーデは同書において、「永遠」の概念は「時間の再生」と深く関わっていると述べている。

古代人たちは「時間の再生」という概念をどうやって得たのか。この問いに対して、エリアーデは、月信仰が「時間の再生」に気づかせたとして、以下のように述べる。

単純文化人にとって、時間の再生は連続して成就される――すなわち「年」の合間《インタヴァル》のうちにもまた――ということは、古代的な、そして普遍的な月に関する信仰から証明される。月は死すべき被造物の最初のものであるが、また再生する最初のものでもある。私は別の論文で、死と復活、豊饒と再生、加入式《イニシエーション》等々に関する最初のまとまりのある教説が組織づけられるのに、月の神話が重要であることを論じた。ここでは月が事実、時間を「はかる」のに役立ち、月の面が――太陽年の久しい以前に、しかもさらに具体的に――時間の単位（月《つき》）をあらわすのであるから、月は同時に「永遠の回帰」をあらわすのだ、ということを想起すれば十分である。

（エリアーデ『永遠回帰の神話』）

エリアーデは、主著『聖と俗』（一九六九年）でも時間の問題を考察している。同書の「聖なる時間と神話」において、神の模範を正確に反復することには二つの意味があると述べている。一つには、人間は神々を模倣することにより、聖なるもののなかに、したがって実在のなかに地位を確保するということ。もう一つは、神々の模範的行為を不断に再現することにより、世界が浄められるということである。人間の宗教的ふるまいは世界の神聖性を維持するのに寄与するというのである。

エリアーデが言うように、儀式には「神話の再現」という一面がある。結婚式ならびに葬儀にあらわれたわが国の儀式の源は、小笠原流礼法に代表される武家礼法に基づくが、その武家礼法の源は『古事記』に表現される「日本的よりどころ」である。すなわち『古事記』に描かれたイザナギ、イザナミのめぐり会いに代表される陰陽相和のパターンが、後醍醐天皇の室町期以降、今日のわが国の日本的儀式の基調となって継承されてきた。日本人は、神々の模範的行為を不断に再現することによって、世界を浄めてきたのである。

エリアーデは、時間には「俗なる時間」と「聖なる時間」があると述べている。

宗教的人間は俗なる時間と聖なる時間との二種類の時間を知る。一方は流れ去る時間持続であり、他方は聖なる暦を形成する諸祝祭において回復することのできる、〈一連の永遠〉である。この暦の祭礼の時間は、閉じた円環をなして経過する。それは〈神々の所業〉によって浄められた、歳の宇宙的時間である。そして神々の大業は世界創造であったから、多くの宗教において、宇宙開闢の祝祭は重要な役割を占めている。新年は創造の最初の日に一致する。歳は宇宙の時間的広がりである。一年が経過したとき、〈世界が過ぎ去った〉と人は言う。

（エリアーデ『聖と俗』）

エリアーデによれば、「俗なる時間」は一方向に過ぎ去るものであり、「聖なる時間」は儀式を通じて永遠を取り戻すための円環に通じる時間であるという。つまり儀式とは、「聖なる時間」を意識させる特別なものでなければならない。

たとえば、葬儀とは世界創造神話を再現したものだとされる。

一人の人間が死ぬことによって、世界の一部が欠ける。その不完全になった世界を完全な世界に修復する役割が葬儀にはある。とくに古代社会において、王の存在は絶対的なものであり、その死は「世界の死」を意味した。王が死んだ時点で、それまでの時間と空間が歪むのである。そのため、盛大な葬儀を行うことによって歪んだ時間と空間を破壊し、新たな時間と空間を再創造する必要があったのだ。

文化人類学者ヴィクター・ターナーは、『儀礼の過程』で「コミュニタス」という概念を唱えた。「コミュニタス」では、社会構造が未分化ですべての成員が平等な共同体として定義される。いわば、身分や地位や財産、さらには男女の性別など、ありとあらゆるものを超えた自由で平等な実存的人間の相互関係のあり方である。

ターナーは、続いて『象徴と社会』において、「構造から構造へと移りゆく過程で、多くの儀礼にはコミュニタスがつきものになる」と述べた。参加した行為者はコミュニタスのことを時間のない状態、すなわち永遠の現在であるとか「時間の出入りする瞬間」であるとか、あるいは時間に対する構造的な見方の当てはまらぬ状態と考えるという。これは長期間にわたる加入儀礼の中の、隔離期間の少なくとも一部にそなわった特性でもあるとした上で、ターナーは、それはいくつかの宗教における巡礼の旅が示す特徴でもあると指摘する。

さらに、ターナーは「儀礼と時間」について以下のように述べている。

儀礼の隔離期間を例にとると、そこではある同じ一日が数週間にわたってくり返される。部族社会での加入儀礼では、新入者はキリスト教や仏教の僧院生活の慣例と同様に、日の出と日の入りといったきまった時間に起こされ、一定時間に就寝する。彼らはいつも同じ一人の長老とか熟練者から、部族伝承、歌唱、舞踊に関する指導を、時間をきめて授かるのである。べつの時間には、長老の目の前で、狩をしたり、きまりきった課業をはたすのだろう。そのため、ある意味では毎日が同じ日であり、その同じ日が増幅されて繰り返されてゆくことになる。

（ターナー『象徴と社会』）

儀式の中において体験される時間は「聖なる時間」でなければならず、そのため物理的な長さで測られる「俗なる時間」とは明らかに違うという感覚をもたらす必要がある。そのため、儀礼にはいつ果てるとも知れない単調な繰り返しや、耐え難いと思われるような忍耐を要する時間がひたすら続く一方で、唱和や舞踏など娯楽性のある要素で時間の経過を忘れさせ、感動をもたらすといった緩急や変化に富んだ要素が不可欠となる。儀礼の時間とはすなわち、日常の生産性とは完全に切り離されたタイムレスな感覚にこそ価値があるのだと言えよう。

人間と時間

ターナーと同じくイギリスの文化人類学者であるエドマンド・リーチは『人類学再考』（一九六一年）において、「時計は別として、時間について現代イギリス人が懐く一般概念には、少なくとも、それぞれ論理的に異なり、矛盾しあいさえする二つの異なった種類の経験が含まれているようである」と述べている。

第一に、それは繰り返しの概念であるという。リーチによれば、時間を計ろうと考える場合はいつでも、わたしたちは自分自身をある種のメトロノームに関係させている。つまり、その場合のメトロノームとは、時計の刻む音とか脈搏とか日とか月とか季節の移り変わりとかの循環であろうが、そこには常に繰り返す何かが存在しているのである。

第二に、繰り返しはないという概念があるという。すべての生けとし生けるものは、生まれ、育ち老い、死ぬ。これは不可逆的、元に戻せぬ過程であるという意識が働いている。時間が持つその他すべての面、たとえば持続とか歴史的連続とかは、次の二つの基本的経験に由来するものにすぎないという。それは、

(一) 自然現象は(自ら)繰り返すものだ

(二) 人生の変化はもとに戻らない

ということだからである。

リーチによれば、それぞれの宗教によって、死という「実在」を拒否しようとする思想の表し方は非常に異なる。最もよく見られる説明は、単に死と誕生が同じものだとする主張である。つまり、死が誕生に続くように、誕生は死に続くというのだ。繰り返す出来事と、けっして繰り返さない出来事は、論理的には同じことではありえない。しかしわたしたちは、その二つの出来事を、時間という「一つのこと」の両面として取り扱う。それは、そうするのが合理的だからという理由からではなく、宗教的偏見からである。

リーチは、時間の観念は、神の観念と同じく、必要だと考えられているいくつかの認識上の分類の一つであると強調する。というのは、それがわたしたちの客観的な世界体験における経験できる何かであるからということよりも、わたしたちが社会的動物だからである。

さらにリーチは、時間について次のように述べている。

われわれの習慣的考え方からすれば、時間間隔はすべて、繰り返しによってはっきりと明確化される。時間間隔は、始まりと終りをもつが、双方とも「同じもの」である——たとえば、時計の刻む音、日の出、新月、元日、というように。しかし、各時間間隔は、同じく始まりと終りの繰り返しをもつ、より大きな時間間隔の一区分にしかすぎない。それだから、こうして考えてゆくと、「時間それ自身」（それが何であれ）が繰り返しているにちがいないと最後に想定しなければならない。経験的にはこれが本当のところであろう。人々は、窮極的にそれ自体が繰り返すものである何かとして時間を考える傾向を強くもっている。こうした傾向は、オーストラリア原住民や古代ギリシア民族や近代の数学的天文学者にも等しくみられる。私の考えでは、われわれがこのように考えるのは、それ以外の考え方ができないからなのではなくて、死の観念や宇宙の終末の観念について熟考することを嫌忌するような心理学的（宗教的）傾向を、われわれがもっているからなのである。

この議論は、未開人の儀礼や神話における時間に関する表象について考えるうえに光を投げかけるのに役立つものと私は考える。（リーチ『人類学再考』）

いわゆる未開社会における時間について、繰り返しの比喩には、おそらく身近なものを使ったであろうと、リーチは推測している。たとえば、嘔吐や機織人の梭《ひ》の振動、一連の農耕活動、また婚姻関係をめぐる一通の儀礼的交換などである。わたしたちがこのような一つながりになったものを「サイクル」として記述するとき、知らず知らずのうちに、当該の人々の思考にはまったく存在しないと思われる幾何学的な表現法をそこに導入しているという。

実際、いくつかの未開社会においては、時間の経過は、けっして「はっきりと区切られた期間の継続」として経験されてはいないようである、とリーチは述べる。そこには同じ方向へたえず進行してゆくという感覚も、また同じ輪のまわりをまわり続けるという感覚も存在しない。反対に、時間は、持続しない何か、繰り返す逆転の反復、対極間を振動することの連続として経験される。たとえば、夜と昼、冬と夏、乾燥と洪水、老齢と若さ、生と死という具合にであるが、このような図式では過去は「深さ」というものを持ちえない。すべての過去は等しくなるのであり、それは単に現在の対立物にすぎないのである。そして、さまざまな対立物を、「時間」といった単一のカテゴリーに含めてしまうよう人に信じこませるものこそ宗教である。

リーチによれば、夜と昼、生と死といった対立は、互いに対照をなす一対にすぎない。それらは、ただ対立しているからこそ似ているだけである。しかし、宗教は、それらを同一視させ、生の反対の夜の時間として死を考えるように人間をごまかし、反復をしない出来事が実際には反復をするのだと信じこませるのである。

リーチは時間を区切る儀礼がいかに特殊性を演出するかについて次のように述べる。

世界中どこでも、人間は暦を祭りによって表示している。われわれ自身、毎週を日曜日から始め、毎年を華やかな正装のパーティで始める。他の暦と比較できるような分け方は、それと比較できるような行動によって示される。そこに含まれる行動の多様さは、かなり限定されているのに奇妙にも矛盾しあうものである。人々は定められた制服に正装するか、さもなくばおどけた恰好をする。また、特別のご馳走を食べるものもいるが、断食するものもいる。荘厳な厳しい態度で行動する人々もいれば、放逸にふける人々もいる。

個人の社会的発達を特徴づける通過儀礼——誕生、成人、結婚、死などに際しての儀礼——には、しばしば類似のものがある。この通過儀礼の場合にも、特別の服装（恰好のよい制服か道化たなりふり）、特別の食事（ご馳走か断食）、特別の行動（節制か勝手気まま）などがみられる。（リーチ、同書）

さらにリーチは、「時間に関してもっとも奇妙なことは、われわれがそのような概念をとにかく持っているということである」と述べる。わたしたちは、感覚によって時間を経験することはできない。人間は時間を見ることもなければ、触れることもなく、嗅ぐこともない。それならばどのようにして時間を経験するかというと、それは三つの方法によってであるという。

第一に、わたしたちは繰り返しを認知する。屋根から落ちる水滴、それらはみな同じ滴ではなく、違う水滴である。しかし、それらを違うものだと認識するには、わたしたちはまず時間の間隔を識別し、そして限定しなければならないのだ。時間の間隔、持続は常に「同じもの」

で始まり、「同じもの」で終わる、つまり脈搏、時計の打つ音、元日といったもので始まり、終わるのである。

第二に、わたしたちは老いてゆくこと、つまりエントロピーを認める。すべての生き物は、生まれ、成長し、老いて死ぬ。老いてゆくことは、すべての生き物の運命である。しかし、年をとることと持続する時間間隔とは、まったく異なる種類の経験なのだろうか。リーチによれば、わたしたちは、この二つの経験を一括し、「時間」という一つの名称で記述する。なぜならば、ある種の神秘的な仕方によって誕生と死とが同じものであることを、わたしたちは信じ込みたいからであるという。

第三は、時間が経過する度合いに関係するものである。これは、油断のならないことであり、星の運行時間の経過に関連づけてみると、生物学的な意味での個人は、次第に速度が遅くなるようなペースで年を取るものなのである。

厳密な科学的意味では、死と誕生はもちろん同じではない。しかし、多くの宗教の教義では両者は同じであると主張する。さらに、誕生は死に伴って起こるという。このフィクションは、来世についての信仰だけとは限らず、宗教儀礼の型そのものの中にも表れている。象徴性が明白に表れている通過儀礼のみならず、供犠のような秘跡的性格を持つ儀礼の中にも、かなりの頻度でそれは表れる。

ファン・ヘネップらが指摘したように、儀礼は全体としていくつかの部分に分かれる。象徴的な死、儀礼的隠退の期間、象徴的再生というようにである。リーチは「通過儀礼」について次のように述べている。

通過儀礼であるが、人生の諸段階の区切りに関係するこの儀礼は、明らかにある種の時間についての表象あるいは概念化と必然的に結びつけられている。しかし、この死―誕生の同一化を論理的にもっともらしくすることのできる時間についての唯一の心象は、振子形の概念である。あらゆる比喩が心に描かれ時間を表象するために生み出されてきた。それらはヘラクレイトスの河からピタゴラスの調和的天球にまで及んでいる。時間は先へ先へと進むとも考えられるし、円を描いてまわり続けるとも考えられる。だが、私がいまここで問題にしていることは、実際的に言って、非常に多くの人々が時間を前後に動くものだと考えているということである。

（リーチ、同書）

リーチによれば、天文学にもとづいた暦を持たない民族にとって、年の進展は祭儀の継起によって示されるという。社会学者エミール・デュルケムの見方によれば、それぞれの祭儀とは、存在の正常な世俗的秩序から異常な聖なる秩序への時間的な転換である。また、その逆戻りを表象するものである。リーチは「このような時間の流れは人間が作ったものである。これは、祭礼に参加する社会によって秩序づけられたものである」と言う。祭礼に参加する社会とは、デュルケム学派の用語を使えば「道徳的人間」ということになる。

儀礼そのもの、とくに生贄《いけにえ》を必要とする供犠《くぎ》は、この道徳的人間の地位を「俗」から「聖」へ、「聖」から「俗」へと変えさせる技術であるという。このようなデュルケムの考え方に従えば、全体の流れは四つの区別された局面、あるいは四つの「道徳的人間の状態」を含んでいるという。それは次の通りである。

局面A　聖化の儀礼もしくは分離の儀礼。道徳的人間は、世俗世界から聖なる世界へと移される。彼は「死ぬ」。

局面B　境界にある状態。道徳的人間は、聖なる状態にいる。一種の仮死状態。社会の日常的時間はとまる。

局面C　脱聖化の儀礼、あるいは集団の儀礼。道徳的人間は、聖界から俗界へ戻される。彼は「再生」する。世俗的時間があらためて始まる。

局面D　これは正常な世俗生活の局面。次々と行われる祭りの間隔期。

ここで示された局面A～Cは、ファン・ヘネップが『通過儀礼』で指摘した三段階と見事に対応していることに気づく。局面Aは「分離儀礼」、局面Bは「通過儀礼」、局面Cは「統合儀礼」である。あらゆる儀礼に「死と再生」のモチーフが再現されるのはたいへん興味深い。「死」

とは状態を示すのであるから無時間の、その中で人間は生まれ変わり、時間をリセットし、新たな時間を始める準備を整えるのである。

時間のリセットとしての儀礼

神学者のロジャー・グレンジャーも、儀礼と時間についての考察を重ねている。彼は、「儀礼をよく理解するためには、言語やコミュニケーションのコードとしてそれを把握せねばならない」と述べる。言語といっても、それは特殊な知識を伝える一種独特な言語である。そこに伝達されるのは、時間・空間・関係という三つの事柄に関する経験的な知識ということになるが、実際には儀礼経験の内部でこれらの三つの事項を分離することはできない。まさに、その不分離性と相関性こそがとりわけ儀礼の関与する点であるという。

グレンジャーによれば、人生の危機には、その一つ一つに固有の古くから伝えられた儀礼が伴う。経験に対する防御行為と見えるもの、現実から人間を隔てるために演じられる単なるゲームとみえるものが、他ならぬ現実の核心へと通ずる道なのであるという。

人生における最大の危機の一つが肉親の死であることに異論がある者はいないであろうが、それに伴って葬送儀礼というものがある。グレンジャーによれば、いかなる葬送儀礼も、時を更新し、再開するという。さらに儀礼は、時間を操作して最大限に活用するための手段でもある。それは時間を「増幅」し、溢れるばかりの豊かさと深みを与え、その硬直性を緩和することによって住みやすい状況を作るというのである。

儀礼にとって、時間とは何なのであろうか。グレンジャーは述べる。

儀礼は「人類全体の初原状態を一時的に再現」することに成功する。それは、時間の要請とか圧力とかいう人間の固定観念や、それらの要請、圧力に対処するための習慣的方式から人間を引き離し、それによって、永遠の価値を現在の経験――現在の時間的実存に浸透させてゆく。エリアーデは、シャマン儀礼において、いかにして「人間的条件が破壊されることなく超越され」、神々と英雄のものである原初的な高みへといかにして人間が回帰していくかを例証している。それによれば、神話の原初的出来事が儀礼を介して現前化するにつれて、演技者の内的実在は「始原の一体的情況」の中で神話的出来事と結びつくに至る。これを評して「神話的儀礼による高邁な治癒活動」であるという。外部と内部の真実は「その昔そうであった一致状態を回復し、人間は再度その外界と結合する。回帰したものとして全体性が経験され、かくして儀礼において完成される関係は常に原初の関係に他ならない。

（グレンジャー『言語としての儀礼』）

儀礼が一時的に再現するのは「人類全体の初原状態」だけではない。「宇宙の初原状態」をも再現するのである。宗教学者の小林道憲は、儀礼の目的を「宇宙生命への帰還」に見る。彼によれば、人は、死と再生を繰り返しながら、偉大な宇宙の循環の中で、その根源的生命力を維持する。それどころか、一般に、古代宗教では、宇宙そのものも死と再生を繰り返して、常に更新されるものと考えられてきた。太陽は、夕べに死して、夜の世界を通って、翌朝、再び甦ってくる。太陽は、また、冬至に向かって次第にその力を弱めていくが、冬至を境にして再びその生命力を回復する。小林は、この太陽の死と再生が、また、宇宙そのものの死と再生の観念を呼び起こしたのではないかと推測する。

太陽の循環によって季節の移り変わりが起こる。これが、宇宙の死と再生、絶えざる更新の象徴となった。冬が訪れると、万物はまるで死んだかのようにその生命力を衰えさせる。しかし、春が訪れると、自然は再び生命力を取り戻す。そして、甦る。太陽も季節も、月も大地も植物も、循環するさまざまなものが、宇宙そのものの死と再生、周期的な更新という観念を生み出したのである。宇宙は、毎年、周期的に死と再生を繰り返す。

新年とは、古い一年が死に、新しい一年が再生してくることであった。バビロニアのように、植物たちが芽を吹く春の到来と重なっている場合、一年の始まりは、すべての生きとし生けるものの甦りの時であった。儀礼としての新年祭では、一年の死と再生、冬の死と春の到来を祝った。一年の終わりとともに、世界は始源の混沌に帰り、一年の始まりとともに、混沌から再生して秩序を回復したのである。

小林は、世界創世神話にも言及している。世界がどのようにして創成されたかを説く世界創成神話には二つの大きな類型がある。混沌からの生成を説く「生成型神話」と、超越神による創造を説く「創造型神話」である。創造型神話は、生成型神話とは違って、一人あるいは複数の高神が何らかの方法で世界万物を創造したと説かれる。とくにヘブライ神話では、唯一の至高神が単独で世界を創造する形式をとる。しかし、それ以前の生成型世界創成論の影響がいくつか見られる。

そして、世界創成神話は新年祭のたびごとに繰り返されたという。その理由は、始源への回帰とそこからの再生を保証するためであった。古代の人々にとって、宇宙は、常に死と再生を繰り返し、一つのサイクルを描くものと考えられたのである。四季の移り変わり、太陽の運行、月の満ち欠け、惑星の軌道運動などは、この宇宙の循環を象徴するものにほかならなかった。しかも、そのような宇宙観が、新年祭という儀礼によって表現されたわけである。新年ごとに詠唱された世界創成神話は、年々の宇宙秩序の確認だったと言えよう。さらに小林は、儀礼における時間について以下のように述べている。

時間もまた、絶えず原初の混沌に帰って、そこから秩序を形成し、それを繰り返すものと考えられ、それが儀礼となって表現された。例えば、冬至、太陽の力が最も弱まり、太陽が西の地平線に沈んで、地下の死の世界に帰っていったとき、その太陽の力の再生を祈って、盛んな歌舞音曲を交えた儀礼が執り行なわれた。そのような儀礼から、舞踊や演劇や詩歌が生まれたのである。

（小林道憲『宗教とはなにか』）

エリアーデは、神話的時間は始源とその反復として、常に回帰する無時間的構造を持っていると指摘した。つまり、現在が始源のかの時と融合してしまうような「永遠の今」の時間が神話的時間だというのである。そこでは時間は超高速で動いているようでもあり、まったく絶対静止の中にあるようでもある。その両極が一つに合体しているという、矛盾の弁証法的統一が果たされているのである。

日本人における時間感覚

日本には四季があり、春夏秋冬がある。人生を季節にたとえることがあるが、その季節を彩るものが儀式と言えるのではないだろうか。七五三や成人式、長寿祝いといった人生儀礼は、それぞれが人生の季節なのである。日本には季語を中心にした俳句という文化があるが、それと同様に、わたしたち日本人は儀式によって人生という四季を楽しんでいるのかもしれない。そしてそれは、人生を肯定することにつながっている。

儀式の果たす重要な役割には、「時間を最初に戻すこと」とともに、「時間を発見すること」

もあるのではないだろうか。日本における儀式あるいは儀礼は、「年中行事」と「人生儀礼」の二種類に大別できるが、これらの儀式はともに「特別な時間を生み出す」という役割を持っていた。「時間を発見する」「時間を生み出す」ことは、民俗学的な「ハレ」の機会を生みだすということでもある。「時間を楽しむ」「時間を愛でる」ことにも通じていたのかもしれない。戦後になって、かつて農村で行われていた多くの祭礼が行われなくなっていったのは、映画やテレビやゲームやテーマパークの出現によって、それらの時間が必要とされなくなったということもあるだろう。

日本人の時間感覚について、折口信夫は次のように指摘している。

> 村には歴史がなかった。過去を考えぬ人たちが、来年・再来年を予想した筈はない。先祖の村々で、予め考える事の出来る時間があるとしたら、作事《サクジ》はじめの初春から穫《ト》り納《イ》れに到る一年の間であった。(中略)祖父と子が同じ者であり、父と孫との生活は繰り返しであると言う信仰のあった事は、疑うことの出来ぬ事実だ。
>
> (折口信夫「若水の話」)

折口の主張は、農村の時間は一年を単位に循環、あるいは繰り返しているというものである。大切なのは農作業の時期を知ることであって、歴史や変化を刻むことではなかった。

また、柳田國男はこの問題に対して「我々の民間暦はもともと小さい経験を基とし、農民に一年中の重要な日を知らせる方法であったのである」と述べている(『民間伝承論』)。

両者の民俗学的時間論に共通しているのは、農耕を中心とした時間が、円環状に存在していたという主張である。

これに対して文化史学者の石田一良は、古代日本人の時間を、①「円環的時間」と②「直線的時間」に分類した。さらに石田は、前者を「持続する時間」「神話的時間」、後者を「変化する時間」「歴史的時間」と表現している。折口らの指摘した円環的な時間は農耕とそれを区切る神事の時間であり、すなわち「社《やしろ》における時間」で、後者の歴史的な時間は「墓における時間」であると主張した。石田によれば、この中で人は、死という一節を境として直線的な時間をさかのぼり、やがて氏の祖という共同体に集合されていくという(「氏姓国家の形成と時間意識の展開」『日本文化史』)。

この二種類の時間が、古墳時代において祭祀権を宗教的に保証するために生み出された神婚譚によって一つとなり、のちの日本の歴史を通じて展開したという。つまり、柳田らの主張する円環の時間と直線的な時間という二つの時間認識が日本には併存していた。日本人はその上で生活し、日本の儀式はその時間の上に発生、展開したのである。

日本における時間と儀式の関係性

柳田國男は「民間暦小考」で、年中行事を「時のヲリメ」と同じであると指摘した。民俗学などの成果により、儀式には時間を区分する作用があることはすでに指摘されているが、それぞれの時間区分において、儀式がどう作用するのかについて見ていきたい。

1　一日と儀式

儀式と時間の関係を考えると、その最小単位は一日であったと言える。

一日は昼夜の交代によって認識できる。しかし、哲学者の田中元は、昼と夜とは不断に繰りかえすものであり、それは循環であって、時間を直線的なものとして認識しようとした場合、必ずしも時間を意識させるものではないと指摘している。そこで、一日の時間を意識させることができる装置が儀式であったという。とはいえ、一日を単位に繰り返される儀式は少ない。

柳田は昼を俗なる時間、夜を聖なる時間としてとらえた。柳田は夕に始まり朝に終わる祭儀の境界として朝と夕方の神饌《しんせん》をとらえているが、この点に着目した神道学者の三橋健は夕暮れ時と夜明けを昼夜の節目としての時間とした（三橋健「民俗の時間」『日本民俗研究大系1』）。夕暮れを斎戒《さいかい》に入る時間、夜明けを解忌ととらえ、境界にあたる時間が儀式そのものであるととらえたのである。

三橋の指摘は、夕暮れ・夜明けという境界の時間を儀式として捉えたものであるが、一日の中で繰り返される儀式もある。例を挙げると、神宮の日別朝夕大御饌祭は『止由気宮儀式帳』(『神道大系』)にある通り、外宮の御鎮座以来、約一五〇〇年にわたって毎日続けられている儀式であり、神宮においての朝と夜の時間を作り出す行事となっているが、朝夕の献饌はその儀式自体が時間を区切るものであろう。これは神宮のみならず、各地の神社仏閣や家庭の神棚や仏壇での朝拝・夕拝にも同様の指摘ができる。

2　一年と儀式

いずれにしても、日本における一年は円環もしくは循環する時間と考えるのが基本であろう。その時間の中で節目となるものが年中行事である。年中行事は民俗学の重要な研究テーマであり、柳田國男をはじめ折口信夫など、多くの民俗学者により研究が進められてきた。柳田と関敬吾の共著『日本民俗学入門』にはその特徴について、「年々繰返されるもの」で、「我が國の年中行事は稲の栽培と關係することは注意すべきことである」として、日本における基幹産業であった農業とりわけ稲作に基づいたものであることを指摘した。

また、柳田にとって、稲作にまつわる儀式とは、「ハレの行事」であり、日常とは異なる時間がそこに創り出されるとしている。

さらに、折口信夫も、「日本の年中行事　その入り立ち」において、年中行事を「生活の古典」

ととらえ、「完全に一年を生活するためには、必ず通過しなければならない関門」で、「それをすっかり通過すると一年を過ぎるということになる」と指摘している。また「暦が年中行事を貫き列ねているとも言えるし、又逆に、年中行事のいくつかの完了が、一年暦を経たことにもなる」として、毎年繰り返し訪れ、一年という時間の区分をする年中行事の特質を述べている。

柳田は、民俗学者の関敬吾との共著『日本民俗学入門』（一九四二年）において、「この年毎に繰返される折目は殊に村の一年の生活を通じて極めて重要なる一つの区切である」とし、円環あるいは循環する時間軸において、年中行事という儀式をもってそれぞれの時間を創りだしていたことを指摘する。これはとくに、「過去と未来との二つの側面に向って『今でないものを』遠望する目標となった」という柳田の言葉によく表れていると言えよう。

日本には多くの年中行事があるが、最も代表的なのは、正月、盆、彼岸といったところであろう。盆行事のルーツは仏教ではなく、じつは神道の「先祖まつり」にある。しかし、ほとんどの日本人はお盆を仏事だととらえているので、ここは仏事としておく。

お盆と彼岸は、もともとは「無縁さん」、つまり誰も供養してくれる人がいないためにさまよっている霊のために設けられたものだと言われ、仏事と先祖供養が一体になったものである。

お盆は仏教における盂蘭盆会《うらぼんえ》、または盂蘭盆《うらぼん》を略した言葉で、七月一五日（または八月一五日）に行われる夏の御霊祭である。釈迦の弟子だった目連《もくれん》の母親が餓鬼道に落ちた時、釈迦の教えに従って多くの高僧たちに供養し、母を救ったところからはじめられたもので、仏様や先祖の恩に感謝し、先祖をしのぶ行事となった。お盆はそれぞれの地域の特性を出しながら、日本各地で行われている。地方によっては、お盆の期間中には、故人の霊魂がこの世とあの世を行き来するための乗り物として、「精霊馬《しょうりょううま》」と呼ばれるキュウリやナスで作る動物を用意することがある。マッチ棒や串、あるいは折った割り箸などを足に見立てて、馬、牛を作る。キュウリは足の速い馬で、あの世から早く家に戻ってくるように、ナスは歩みの遅い牛で、この世からあの世に帰るのが少しでも遅くなるようにという願いが込められている。

灯りの飾りも地域によっていろいろある。有名なのが提灯を小船に乗せ川などに流す精霊流し、木組に和紙を貼り付けた灯篭《とうろう》を流す灯篭流しである。盛岡市では供物を乗せた小舟に火をつけて流す「舟っこ流し」といったものもある。また盆提灯と呼ばれる提灯を仏壇の前に飾った経験をもつ人も多いだろう。

供物にも特徴がある。甲信越・東海地方では、仏前に安倍川餅を供える。九州の長崎県では、盆の墓参りや精霊流しの際に手持ち花火や爆竹を撃つ風習がある。これは異国との文化交流が古くからあったからで、中国の風習だと言われている。長野県の一部地域では、送り火、迎え火のときに独特の歌を歌うところもある。

沖縄県では旧暦でお盆が行われている。十三日をウンケー（お迎え）、十五日をウークイ（お送り）と称し、この間先祖の霊を歓待する。また独特の風習や行事が伝えられている。代表的なものは沖縄本島のエイサーや八重山諸島のアンガマなどがある。

アイヌの人々も、「シンヌラッパ」という独特の祖霊祭を行っている。「シンヌラッパ」とは、「死者を悼み、涙を流す」という意味である。アイヌの人々には、「現在があるのはすべて、ご先祖さまのご加護」だという信念が今も続いているという。

また、彼岸は浄土思想に由来する。阿弥陀如来が治める浄土である極楽浄土（西方浄土ともいう）は、西方の遥か彼方にあると考えられていた。そのため、真西に太陽が沈む春分・秋分の日は夕日が極楽浄土への「道しるべ」となると考えられていたのである。この極楽浄土への道を「白道《びゃくどう》」といい、信じて進めば必ず極楽浄土に至るという信仰が生まれ、現在に至っている。

お彼岸は春分、秋分の日に当たり、昼夜の長さが等しくなることから、釈迦の教えである偏りのない考え方「中道《ちゅうどう》」を表すとも言われている。本来の意味は、煩悩を脱した悟りの境地のことをいう。三途の川をはさんで、こちら側（人間）の世界を此岸《しがん》といい、向こう側（仏様）の世界を彼岸《ひがん》というのである。

彼岸は、パーラミター（波羅蜜《はらみつ》）という梵語《ぼんご》の漢音写で「到彼岸《とうひがん》」と訳される。「此の迷いの岸である現実の世界から、彼の悟りの岸である仏の世界へ到達する」という意味もある。

春彼岸は、三月一八日から二四日まで、秋彼岸は九月二〇日から二六日まで、というふうに、三月の「春分の日」と、九月の「秋分の日」の前後三日間の計七日間、もしくはこの期間に行われる。七日間にも理由がある。最初の三日は父方の供養、後の三日間は母方の供養、中の一日は水子、子どもの供養をする日なのである。

以上見てきた盆行事にもあるように、本来、年中行事は宗教性が伴うものであったが、宗教学者の石井研士は、近年ではほとんど宗教性を伴わない、バレンタインデーやクリスマスといった行事も年中行事化してきていると述べている（『日本人の一年と一生　変わりゆく日本人の心性』）。その中でも、とくにクリスマスは「年末に一年を総括し幸せであることを確認するための儀礼」として定着していると指摘されている。こうした側面から見た場合、外来の新しい儀式であっても、そこには一年という時間を区分する年中行事と同様の機能があると言えよう。

3　一生と儀式

円環的な様相を見せる時間に対応する儀式が主として年中行事であるのに対して、直線的な時間に対応する儀式も存在する。直線的な時間は、人間にとって誕生から成長を経てやがて死を迎えるという形で表れるが、その過程に対応する儀礼が相当する。これらの儀式は「人生儀礼」あるいは学術的に「通過儀礼」と呼ばれる。

日本で人生儀礼と呼ばれてきたものは、いわゆる冠婚葬祭のことであり、それらは通過儀礼の範疇に含まれると言ってよい。人間の一生における儀礼は、生まれてすぐのオボタテ（産立て）から始まり、お七夜、産屋明け、宮参り、食い初め、初誕生などの誕生儀礼が続く。それから、七五三、十三参りなどの成長儀礼を経て、その後は成人式、婚礼、さらに初老、還暦、喜寿、米寿などの長寿儀礼を行いながら、葬儀という死の儀礼に至るのである。

葬儀の後には、年忌法要がある。四十九日まで七日ごとに修する法要は、インドの中陰（衆生が死んで次の生を受けるまでの間）説に基づくものであるとされる。それが中国に伝わって、中陰の七回の法要に百か日・一周忌・三回忌という三回の法要を加えて十仏事となった。

仏教学者の藤井正雄によれば、この十仏事は中国の十王思想と結び付いて成立したであるという。その形が日本に入って、さらに七回忌・十三回忌・三十三回忌を加えた十三仏事が十二世紀から十四世紀にかけて成立し、十六世紀頃には十七回忌・二十五回忌を加えて十五仏事となったというのである。現在行われている先祖祭祀は、仏教の影響を強く受けているものの、年忌の考え方や追善供養のあり方には日本人の先祖観や死生観が見られると言える。最初は外来であった先祖祭祀の儀式も次第に日本化していったと推測される。

民俗学者の坪井洋文は、人生を誕生から結婚式までの「成人化」、結婚式から葬式までを「成人期」、葬式から三十三回忌までを「祖霊化」、それ以降を「祖霊期」の四段階に分け、やがて祖霊が存在するカミの世界から子どもとして生まれ変わることを示唆している（「日本人の死生観」『民族学からみた日本　岡正雄教授古稀記念論文集』）。成人化・祖霊化の時期は過渡期とされ、不安定であるためにそれを安定に導くことを目的として、前者では七五三や成人式が行われ、後者では三十三回忌や五十回忌といった弔い上げまで儀式が繰り返されるのである。

『人生儀礼事典』には、人生儀礼の意味について「人生儀礼には、人の喜怒哀楽が込められている。それを思い出すことは人生を思い出すことでもある。そればかりではなく、人生儀礼には、その時代の、その地域の価値観や社会観も、鮮やかに刻み込まれているのである」と記述されているが、これは人生儀礼が直線的な時間の中において、不可逆的な時間を思い起こすための装置であり、同時に人生のマイルストーンであることを端的に表現していると言えよう。

民俗学者の鈴木正崇も通過儀礼について、近代・都市化に伴う人間の生き方の変化により通過儀礼が影響を受けていることを認めつつも、「人為的に時空間の境界を生成する通過儀礼は、人間の生き方を考え直させる反省作用の効果を持つ」とその役割について述べており、通過儀礼に分類される儀礼には、人生において一定の時間の区切りとしての効果があることを指摘する（『講座日本の民俗学6　時間の民俗』）。

近年は文化の欧米化も影響して、日本固有の人生儀礼がもつ区切りとしての意味の喪失と、それに伴う儀礼文化の弱体化が進行している。しかしながら、「人生の節目に儀礼を実施することは我々が生きていく上で必要不可欠である」（石井研士、前掲書）ことは間違いないのである。「その結果現代の日本人は雑誌や専門書、テレビの情報番組やインターネットのサイトに依存しながら、儀礼を行うことになる」（同）という石井の指摘のとおり、人生の節目としての儀式は簡単にはその意義を失わないのである。

儀式とライフサイクル

日本人の伝統的な人生儀礼（通過儀礼）についてもう少し考えてみよう。文化人類学者の波平恵美子は次のように述べている。

人の一生を、時間という大きなテーマにおいて見るとき、ひとつの軸は誕生、成長、老化そして死というライフサイクルによるものであり、いまひとつの軸は、同じ成長（あるいは老化）の段階においても生じる、病い、闘病、快復という、短い期間に体験する生と死のサイクルによるものである。つまり、誕生から死に至るまでの大きな時間軸の中に、いくつもの小さな生と死と再生という時間軸が組み込まれているとして人の一生をみることができる。

（波平恵美子『暮らしの中の民俗学3　一生の民俗』）

儀式とは人生を肯定する営みである。日本には、誕生そのものを肯定する「初宮参り」というものがある。産育に関する習俗は三日祝いや名付祝い（お七夜）などがあるが、産育に関する習俗のほとんどが衰微する傾向を見せる一方で、初宮参りは今日でも盛んに行われている。神社に参る時期は最速でお七夜から、遅いところでは生後一〇〇日をこえる事例もあったりと一定していないが、一般には生後三〇日前後で行われることが多い儀式である。

柳田は「小児生存権の歴史」において、初宮参りについて、近世の農村での新生児に対する間引きの伝統を踏まえ、「この子は育てる子供である、大きくなって村人になる子供であるということを、氏神様にも、また近隣故舊の間にも承認してもらう儀式である」「小児にはさらに魂のまだ入り込まぬ時期があるとさえ考えられていた。中国の各地では宮参りの日に、魂を産土神に入れてもらうといい、またはその日の御神楽の太鼓の音によって、赤子に性根が入るとも、魂を授かるとも信じている村々は多い」と記しており、この世界に誕生した新生児が人間としての魂を手に入れると共に、社会の成員としての承認を受けるための儀式だったと指摘している。

とくに宮参りによって土地の神の氏子として承認される目的があったことは、初宮参りの際に神前で子どもを故意に泣かせる習俗があったことにも表れていると、民俗学者の大藤ゆきが指摘している（『児やらい』）。大藤によれば、出産に伴うケガレの意識から、かつては祖母が赤子を抱いて神社に参ることや、鳥居までしか参詣しないこともあったという。しかし近年はケガレの意識が薄らいだことから、母親も共に神社に参るようになっている。

こうした意識の変化と共に、近年では初宮参りの意義も変化を見せている。

近年の初宮参りについての調査を行った民俗学者の田口祐子は、初宮参りに関連した商品経済や消費経済の影響、ケガレ・氏神に対しての意識の低下を指摘し、生まれた子どもへの社会からの承認という初宮参りの役割はほぼ消滅していると指摘している（「初宮参り　母親たちから聞いた現代のお宮参り」）。その上で、「産婦が出産後日常の生活に戻る区切りの一つ」、「神に子どもの将来への加護を祈願する機会」、「三世代が一堂に会する、新しい家族編制を確認する場」の意味をもつとする。

とくに時間を区切るという意味でこの初宮参りをみた場合、現代においても赤子、そして母親にとって少なからぬ意味を持つ儀式であり続けていると言えよう。また、儀式が家族を規定するという側面から見ると、この初宮参りという儀式へ参加する人間が新生児の家族に限定されるということは、とりもなおさず初宮参りを通じ、「誰が家族なのか」が規定されるということである。初宮参りを通じて、新生児をめぐる家族としての枠組みが再確認され、その紐帯が強化されることにつながると言えるであろう。

波平は人生儀礼について以下のように述べている。

一年の中に一日というサイクルが取り込まれているように、人の一生の中にも、生と死を象徴する儀礼や個人的な体験のかたちで小さなサイクルが取り込まれている。人が死んで後に行なわれる死者儀礼もまた、死が「死者としての誕生」であり、時間の経過と死者儀礼とによって「ご先祖」として成長していくというサイクルがさまざまな死者儀礼を行なう人々によって説明されている。このように、「時間」というテーマの中での「人の一生」の複雑な構造は民俗として多様なかたちをとって示される。

（波平恵美子、同書）

儀式とは人生を肯定する営みである。日本には人生の後半を肯定する「長寿祝い」というものがある。六十一歳の「還暦」、七十歳の「古稀」、七十七歳の「喜寿」、八十歳の「傘寿」、八十八歳の「米寿」、九十歳の「卒寿」、九十九歳の「白寿」などである。

そのいわれは、次の通りである。還暦は、生まれ年と同じ干支の年を迎えることから暦に還《かえ》るという。古稀は、杜甫の詩である「人生七十古来稀也」に由来する。喜寿は、喜の草書体が「七十七」であることから。傘寿は、傘の略字が「八十」に通じる。米寿は、八十八が「米」の字に通じる。卒寿は、卒の略字の「卆」が九十に通じる。そして白寿は、百から一をとると、字は「白」になり、数は九十九になるというわけである。

これらの儀式の本質は「魂のコントロール術」であるととらえることができよう。

儀式が最大限の力を発揮するときは、人間の魂が不安定に揺れているときである。老いてゆく人間の魂も不安に揺れ動く。なぜなら、「老い」とは、人間にとって最大の不安である「死」に向かってゆく過程であるからである。

沖縄の人々は「生年祝い」として長寿を盛大に祝い、最後にはカチャーシーを踊る。結婚披露宴をはじめとして、沖縄の祝宴にはカチャーシーがつきものである。老若男女がみんなで踊るさまは本当にほほ笑ましいものだ。しかも、おそらくそこには過去の祖先たちも姿は見えないけれど一緒にいて踊っているという気配が漂う。カチャーシーのリズムに身をまかせていると、「生命は永遠である」という不思議な実感が湧いてくる。古代ギリシャの演劇と同様に、儀式への身体的参加の効果なのかもしれない。

「老い」をネガティブにとらえる者が多い現代において、長寿祝いや生年祝いは非常に重要な意義をもつと考えられる。それらはまるで、老人が身体的に衰えた、死に向かう存在だという認識のアンチテーゼのように、高齢者は厳しい生物的競争を勝ち抜いてきた人生の勝利者であり、神に近い人間であるのだということを輝かしいまでにくっきりとした形で見せてくれるからである。それは大いなる「老い」の祝宴なのだ。

かつて、古代ギリシャのソクラテスは、「哲学とは、死の予行演習である」と言った。「死の予行演習」である哲学の実践には二つの方法があるだろう。一つは、他人の葬儀に参列することである。もう一つは、自分の長寿祝いを行うことである。死に近づくことは神に近づくことであり、長寿祝いを重ねていくことによって、人は死を身近なものと実感し、死ぬ覚悟を固めていくことができる。もちろん、それは、あくまでもポジティブな「死」の覚悟であり、いわば「人生を修める」覚悟である。

人は長寿祝いで自らの「老い」を祝われるとき、祝ってくれる人々への感謝の心とともに、いずれ一個の生物として自分は必ず死ぬのだという運命を受け入れる覚悟をもつ。また、翁《おきな》もしくは嫗《おうな》となった自分は、死後は神や祖霊となって、愛する子孫たちを守っていくのだという覚悟をもつ。祝宴のなごやかな空気のなかで、高齢者にそうした覚悟を自然に与える力が、長寿祝いにはある。そういった意味で、長寿祝いとは生前葬でもあると言えるだろう。

哲学者のロジェ・カイヨワは「時間は疲弊や衰弱をもたらす。時間は老いをもたらし、死へと歩ませる」（『人間と聖なるもの』）と述べた。時間とは本質的に「擦り減る」ものであるというのである。そこで人間は一年を擦り減らさないために、新年祭を発明した。そして、人生を擦り減らさないために、長寿祝いを発明したのである。
この章の最後にあたり、エミール・デュルケムが述べている「時間」についての言葉を紹介したい。

われわれは、さまざまな時限を区分して、初めて時間なるものを考察してみることができるのである。ところで、このような区分の起源は何であろうか。かつて経験した意識状態が、初めに経過したと同じ順序で、われわれの心に甦りうることはいうまでもない。こうして過去の幾分かが再び現在的となるのであるが、これは自ら現在とは区別される。しかし、この経験がわれわれの私的経験にどんなに重大であっても、それは時間の概念または範疇を構成するのに十分だとはとうていいえない。時間の範疇は、われわれの過去の生活の部分、または全体的な記憶からだけで成立するのではない。それは、われわれの個人的生存だけでなく、人類の生存をも含む抽象的で非人格的な外枠である。それは、あたかも、精神を前にして、あらゆる時間がそこに繰りひろげられ、また、ありうるすべての事件が、固定し確定された標準点に対応して、その上に配列される無際限の図面のようなものである。こうして組み立てられるのはわが時間ではなくて、同一文明のあらゆる人々から客観的に思考される時間である。これだけでも、このような組み立てが集合的でなければならないことを瞥見させるに十分である。実際、また観察の結果によると、あらゆる事物を時間的に配列する欠きえない標準点は社会生活から借りてきたものである。日・週・月・年などの分割は公的儀礼・祝祭・祭儀の周期律に相応じている。暦は集合的活躍の整調を保証する働きと同時にそのリズムを表明するものである。

（デュルケム『宗教生活の原初形態』）

ここで述べられている、「さまざまな時限を区分して、初めて時間なるものを考察してみることができる」という言葉には深い示唆が含まれている。換言すれば、「時間を質的に区切ることによって、人間は初めて時間を認識できる」と言えよう。ここまで、儀式は時間を質的に特徴づけるものであることを述べてきた。このことはつまり、「儀式を行うことによって、人間は初めて人生を認識できる」と言っても過言ではなかろう。

儀式とは世界における時間の初期設定であり、人生に時間としての区切りを与える行為である。そして人生と生命を肯定することなのである。さまざまな儀式がなければ、人間にとって時間は等質で擦り減っていくだけのものとなってしまう。一日の中で、一年の中で、一生の中で、それぞれに意味ある儀式が折り込まれていることはけっして偶然ではない。

まさに「儀式なくして人生なし」なのである。

第九章　空間と儀式

空間の本質

前章の最後でデュルケムの「時間」についての見事な定義を紹介した。じつはデュルケムは「空間」についても、以下のような明解な分析を加えている。

事物を空間上に配列できるためには、これらを別個に配列すること、すなわち一方を右に他方を左に、これを高くそれを低く、北に南に、東に西に、などという具合におくことができなければならない。それはちょうど意識状態を時間的に配列するには、これを特定の日付に極限しなければならないのと同じである。

（デュルケム『宗教生活の原初形態』）

これは、時間と同様に、空間も分割され分化されなければ、空間たりえないということである。ならば、空間を空間たらしめる分割は果たしてどこからくるのだろうか。

空間それ自体には右も左も、高いも低いも、北も南もない。デュルケムによれば、このような区別はすべて明白に異なった情的価値、すなわち主観的判断が各方位に与えられることに起因しているという。したがって、それらの区分はすべて社会的な起源をもつ。それにより、同一文明の人々はすべて同じ様式で空間を表象するのであり、この情的価値およびこれによる区分は等しく共通であることが必要とされる。

では、社会起源でない空間とはどういうものであろうか。

客観的、物理学的な空間を考えた場合、宇宙の問題を避けて通るわけにはいかないだろう。宇宙と人間との関係の歴史を塗り替えたのは、戦後の米ソにおける宇宙開発である。地球の重力圏からの脱出は絶対に不可能だとされていた。一九五七年にスプートニク一号が軌道に乗るわずか一年ほど前までは、学識のある大学教授たちが、こんなことは問題外だと断言し続けてきた。しかし、そのわずか四年後の六一年には、ガガーリンの乗った人間衛星船ヴォストーク一号が打ち上げられ、人類最初の宇宙旅行に成功した。

さらに六九年には、アポロ十一号のアームストロングとオルドリンが初めて月面に着陸したのである。ここに、古来あらゆる民族が夢に見続け、かつ、シラノ・ド・ヴェルジュラック、ジュール・ヴェルヌ、H・G・ウェルズといったSF作家たちがその実現方法を提案してきた月世界旅行は、ドラマティックに実現したのである。気の遠くなるほど長い間夢を求め続けた結果、人類はついに月に立ったのだ。

一九七一年一月、アポロ十四号による月ミッションで、エドガー・ミッチェルは月着陸船の操縦士という大任を果たし、人類史上六番目に月面を歩いた人間となった。彼は人類の過去と未来に思いを馳せ、『月面上の思索』（一九九六年）という本を書いている。月面でミッチェルは何を体験し、何を感じたか。同書には、以下のような彼の言葉が紹介されている。

突然、月の縁の向こうから、一瞬ではあったが、かぎりなく深い壮麗さを湛えた、長く、ゆっくりとした動きがあった。その瞬間が延長していくように感じられた後、ブルーとホワイトのきらめく宝石、繊細で優美な空色の球体がゆっくりと渦を巻く白いレースのヴェールをつけて、漆黒の神秘の深海に小さな真珠のように、静かに昇ってくる姿を現した。これが「地球」だとわかるまでにどれほどかかったろうか——ふるさと。（ミッチェル『月面上の思索』）

現在のわたしたちは、「かぐや」のハイビジョンカメラがとらえた「ふるさと」の映像を簡単に見ることができる。月面に昇る「満地球」の姿は、あまりにも感動的だ。ミッチェルは、「私の目に映ったわがふるさとの惑星は、神性の閃きだった」と述べている。

宇宙から地球を見るという行為は、じつは神秘体験や臨死体験にも通じる。歴史上にその名を残すような偉大な宗教家を含む神秘体験者や、世界中に多く存在する臨死体験者たちは、彼らの身体から魂が離脱し、宇宙空間へ飛び出して地球を見たと報告している。宇宙船が重力をつきぬけて地球から宇宙へ出てゆくという現象は「幽体離脱」すなわち「脱魂」なのである。ミッチェルをはじめとした宇宙飛行士たちは、まるで透視能力を持ったかのように頭が明晰になったり、光を見たりしたことも報告している。これも、神秘体験および臨死体験と共通している。じつはそれらはすべて、重力からの脱出に基づく体験なのである。

現実の死もまた重力からの解放である。そのことと無重力状態における臨死体験との間に相関関係はあるのだろうか。人間が死ぬことによって解放されるのは重力からだけではない。死によって、人間はそれまでの思考、感情、知覚のすべてから解放される。そのときには、おそらく感覚世界のすべてがその人の前から消え去る。そして、物質世界にさまざまな事物が存在するのと同様に、霊的な種類のさまざまな事象が存在する新世界が開けてくるのである。つまり、わたしたちがここで使う「重力」とは、この世と結びついた思考、感情、知覚、その他人間を縛っているあらゆる経験上の「しがらみ」の意である。

重力がなくなる、つまり、無重力とはどういうことか。それは「上と下」、「縦と横」といった概念がなくなることである。上下や縦横とは、地球空間においては常識的な概念だが、宇宙空間においては存在しないのだ。宇宙空間に出た宇宙船の中では、人間は空間に浮かぶ。方向軸を失うと、人間の内面にも変化が起こる。人間同士や国家の間に上下をつける感覚も消え、「平等」や「平和」といった意識を無理なく持つことができるのではないだろうか。

このような重力からの超出を自己の想像力と知力で行ったのがブッダ（釈迦）であった。修行によって観念のしがらみや執着から自由になり、無限の時間と空間に我が身を置くことで、縁起の法を手にし、悟りを開いたのである。ブッダがもたらした自由・平等・慈悲といった思想は、あたかも地球上に脱重力のネットワークをもたらしたかのようである。

ミッチェルら宇宙飛行士は、宇宙空間で神性を感じ、直観智の存在を確信した。しかし、釈迦はみずからの力で重力を超え、法＝ブッダに出会い、直観智を得た。その意味で、ブッダこそは、人類で最初に無重力を経験した「宇宙人」であったのかもしれない。

聖なる空間

ブッダをはじめ、イエスやムハンマド、その他の「聖人」と呼ばれる多くの人々は、彼らの教えを広めていく中で、「聖なる空間」と関わっている。宗教学者のミルチャ・エリアーデはこれについて次のように述べている。

聖なる空間は超越‐世界、超越的な実在との交流を可能にするような諸レベル間の裂開に引き続いて構成されたものである。あらゆる民族の生活において聖なる空間のただならぬ重要性はそこに由来する。なぜならば、人間が世界、つまり神々や祖先たちの世界と交流することができるのは、そうした空間においてであるからである。聖別された空間はどれも彼方へと開かれた入口、つまり超越への入口を表わしている。ある時代まで、人間はそのような超越への入口なしでは、つまり神々が住む他界との交流のための確実な手段なしでは、生きることができなかったと思われさえする。この「入口」が時に、たとえば孔の形であったように聖域や住居などの実体をもって、具体的に表わされてきたことはのちに見る通りである。

（エリアーデ『象徴と芸術の宗教学』）

エリアーデの言う「超越への入口」は、さまざまな物語世界でも非常に重要な役割を果たしている。ルイス・キャロルの『不思議の国のアリス』で少女アリスは、白いウサギが「ウサギの穴」に入っていったのを追いかけていって、その中に落下する。宮崎駿のアニメ「となりのトトロ」では、少女メイが不思議な動物が逃げ込んだ「穴」を見つけ、その中に落ちた。

ここで注目すべきは、異界参入や異界遍歴のきっかけに「穴に落ちる」というモチーフがあるということである。これは古今東西、世界中に広がっている異郷訪問譚に通じている。

宗教社会学者の鎌田東二によれば「超越」には大きく分けて、①上昇的超越（天界遍歴など）、②下降的超越（地獄・地界遍歴など）、③水平的超越（極楽往生、補陀絡渡海、ニライカナイからのマレビト来訪など）の三種があるという。そして、その中の下降的超越の典型例が「穴に落ちる」という超越形態であるとしている。

「天の岩戸」神話をはじめ、『不思議の国のアリス』においても、また『となりのトトロ』においても、なぜ「洞窟」や「穴」が重視され、それが「超越」の契機となったり、象徴的な意味を付与されたりすることになるのだろうか。わたしはそれを人類史の記憶の最古層に眠っている体験の集積によるものだと考えている。未だ家を持たなかった時代の人類は、森を住処とし、洞窟を住処とした。とりわけ、洞窟は雨露をしのぐことができ、風や禽獣から身を守ることもできた。その中で火を焚けば、獰猛な動物たちも近寄っては来られなかったであろう。

さらに、自己の誕生の記憶も洞窟や穴と結びついている。どのような人間も皆母から生まれてくるが、その母の子宮が一つの身体洞窟であり、そこに新たな生命が宿り、時満ちて産道という「穴」を通ってこの世に出てくる。その産道体験をどのような人も内蔵している。

（鎌田東二『世阿弥』）

ここで指摘されている洞窟のトポロジーについてはのちほど改めて取り上げるとして、エリアーデによればわたしたちの関心を引くのは、この「超越」の先にある聖なる空間の構造、とりわけそのシンボリズムと儀礼であるという。彼によれば、聖なる空間とは、この世界と他世界との交流、つまり高みにある世界や深みにある世界、神々の世界や死者の世界との交流が可能になる場所である。そして、これらの象徴として、天上・地上・地下という三つの宇宙領域のイメージが一般に定着する。そして、エリアーデは、これら三領域の間の交流は、レベルの断絶を意味していると指摘する。神殿の聖なる空間はあるレベルから他のレベルへの移行を可能にするのであり、第一の段階として、まず地上から天上への移行が可能になるというのだ。

注意すべきは、宇宙の諸次元の間の通行は存在論的秩序の裂開も含むということ。つまり、これはある一つの存在様式から他の存在様式への移行であり、俗なる状態から聖なる状態への、あるいは生から死への移行である。これら宇宙の三層の間の交流と連結という象徴的概念は、メソポタミアのいくつかの神殿や王都の名に現れている。たとえば、ニップール、ラルサ、バビロニアなどは「天地の連結」と呼ばれているという。

また、エリアーデは儀式で使われる「宇宙柱」について説明する。「この柱は儀式の中で重要な役割を果たしている。これこそが祭り小屋に宇宙的構造を与えるものなのである」と述べ、儀礼の歌でその小屋は「われわれの世界」と唱われ、新参者たちは「私は世界の中心にいる」「私は世界の柱のそばにいる」と宣言するという。フロレス島のナダでは、宇宙柱を宇宙規模での聖なる柱や祭り小屋と一体化させる。生贄を捧げる柱は「天の柱」と呼ばれ、天を支えていると言われる。柱は天が地上に落ちてこないように支えているというのである。

さらに、エリアーデは「宇宙山」についても触れている。神殿を「世界の中心」と同一視することは、他の象徴によっても支持されている。とりわけ、神殿や王都は宇宙山に相応する。メソポタミアの諸神殿は「家の山」「嵐の山」「大地すべての山の家」などと呼ばれているという。しかし、伝承によっては、宇宙がその頂上を天に届かせる山の形をしていることもある。つまり、天と地が再び接する上空が「世界の中心」なのである。この宇宙山は現実の山と見なされることもあれば、神話的な山であることもある。しかし、つねに世界の中心に位置している。インドの宇宙的神話におけるメール山（須弥山）のような場合もあれば、「大地のへそ」と呼ばれるパレスティナのゲリジム山、あるいは、ユダヤ＝キリスト教のゴルゴタのように現実の山である場合もある。聖域は象徴的に宇宙山と一体化しているのだと言えるだろう。その事例は豊富にあるが、メソポタミアのジッグラトはまさに宇宙山と呼ばれるのにふさわしい。その七層は七惑星を象徴しており、同様にボロブドゥール寺院は真の世界の模像であり、山の形に造られている。エリアーデは、真の世界模型としてのボロブドゥール寺院について、さらに詳しく述べている。

世界の中心は、どこにでも建設できる。なぜなら小宇宙は、石や煉瓦でどこにでも建てることができるからである。たとえば、有名なメソポタミアの建造物ジッグラトは人工の山を表わしている――というのも、すべての伝統的文化では宇宙は山として解釈されており、寺院の最高点は、呪術的な山（メール山）の頂上と同化されることで、宇宙山の頂点として捉えられていたからである。「中心」の建造は「空間」の次元においてだけでなく、「時間」の次元でも行なわれる。すなわち寺院は宇宙の中心であるだけでなく、「聖なる年」、つまり「時間」を刻む盤面でもある。『シャタパタ・ブラーフマナ』に記されているように、ヴェーダ祭壇は物質化された時間、つまり「年」である——これはまさに寺院にも当てはまる。その構造は四つの地平線（空間、宇宙）に配慮するものだが、同時に、浮き彫りが施された壁龕に見られる時間の方向秩序も考慮している。したがって、実在するものはすべて寺院の宇宙論的シンボリズムによって表わされ、とりわけ、そういった「宇宙時間の盤面」であるボロブドゥールにおいて完全に表現されているのである。（エリアーデ、前掲書）

祭祀空間・儀礼空間

ここで日本の古代祭祀空間について検討してみたいのだが、これについてはすでに多くの研究があり、それらのすべてを整理するのはわたしの手に余る。そこで、一九九八年の新春に國學院大學日本文化研究所が「祭祀儀礼空間の形成と展開」というテーマで開催したシンポジウムの内容を紹介したい。各発表者の具体例をご紹介することで、「儀式の場」とそれに関する古代人の考え方が、いかに儀式の本質を表すものであるかがおわかりいただけるだろう。

まず、考古学者の金関恕は、縄文から弥生へと生業が変化する過程で、宗教観の大きな変化が生じたことを指摘した。

　縄文人の生業は狩猟採集であったから、森の中で木の実を拾い、その灰汁《あく》を抜いて植物性の食糧としたり、山や森に獣を狩ったり、海に出て貝を拾ったり、と多くのことをしなければならなかった。彼らは縄文カレンダーに従って、四季それぞれに作業をしたから、不運にもある生業が壊滅的な年も、別のところで補うことが可能だった。ところが弥生人になると、主食は米である。もしなにかの事情で米が実らなかったら、その一年、あるいはその次の年も食物がなくなるわけであるから、米が実るということ、豊作であるということが非常に重要となる。そこで弥生人は縄文人よりはるかに真剣な祭りをして豊作を祈願しなければならなかった。弥生人にとって「生産儀礼」としての祭りがいかに重要であったかがわかる。

　また金関は、縄文と弥生の集落構造の違いに注目する。縄文では中央に広場があり、それを囲むように竪穴住居が形成されていた。広場に比して住居の数が少ない場合には、死んだ人間の墓も一緒に並べたという。ときには広場の中に墓があることもあり、生者と死者は共生していた。このように「死者の生活と生者の生活が一体になっている」ことが縄文的であると言えるが、それにたいして弥生時代の村落は、死者と生きている人間の生活をはっきり分けている。住居と集落はときに溝や川を挟んでおり、「死者の世界と生者の世界が分かれていく」のが弥生的な特徴の一つであるという。

　このことは、弥生人が死の重要性、一回性を知っていたことを意味する。そして以後、日本人の「死に対する恐怖」が非常に強くなっていく。死に対する恐怖というのは、たんなる生理現象の停止を怖れるだけではなく、死者が持つ穢れや忌みに対する恐怖が生まれたということである。金関は「これはおそらく日本の祭りの一つの大きな特色ではないかと思う」と述べている。金関は、「聖なる場所」について以下のように発言している。

地域も時代も非常に飛躍してしまいますけれども、私たちがイギリスや、あるいはヨーロッパの諸国にいきまして、「一番聖なる場所はどこだ」と聞きますと、おそらく教会のカテドラル、大きな教会の礼拝する場所と答えるでしょう。そこへいきますとなるほど素晴らしい音楽が聞え、神様がいらっしゃる、神の臨在感があるわけです。ところが私たちが跪くその敷石の下にはお墓があるわけであります。彼らはその国を支えた名士、あるいは文化の英雄たちを教会の中に葬っております。そういう聖なる場所に死者を置くという意識はわれわれ日本人には考えられない。その後、おそらく弥生の一つの宗教的な観念から発達した、日本の神社神道におきましても「死の穢れ」に対する拒否感というのは非常に強い。

（金関恕「弥生人の祭祀空間」國學院大學日本文化研究所編『祭祀空間・儀礼空間』）

金関によれば、これこそが弥生時代における「宗教的純化現象」ではないかという。さらに金関は「こういう宗教的な純化現象が、はたして縄文人のラインから始まっていくのか、あるいは大陸から伝えられた一つの別個の信仰によって、日本に始まったか、これはよくわかりません。しかし、私はおそらく弥生時代、水稲耕作の始まりとともに、両方が、つまり大陸的なものと、従来の伝統が、一緒になってこういう宗教的な純化現象、ピュアリフィケーションというものを起こしていったのではないか、と考えております」と述べている。

だとするとおそらく弥生人の祭りは、豊作に対する祈願と、死への恐怖という二面性をもっていたはずである。祭祀が重要になるにともなって、「祭りの場」はそれまでの生活空間から、集落の中の「特別な地域」へと移される。ここは縄文人にとっての広場のような空間であるが、そこまで広くはなく、しかし純度の高い「聖域」であった。こうした特別の空間を用意して祭りをするという習俗が固定化してくると、やがてそこには立派な「神祭りの社」が建てられるようになったのである。

仁徳天皇陵と古墳のまつり

次に、考古学者の水野正好が「古墳のまつり」と題して発表した、仁徳天皇陵と前方後円墳についての研究を紹介する。

仁徳天皇陵の建設に関しての大林組の調査によると、土曜日は半休、日曜日は一日休みという休日を設定した上で一日に二〇〇〇人を動員したとして、完成までには十六年八か月を要するという計算になるという。これを踏まえて、水野は「そういう膨大な量をかけて『古墳』は完成するわけですが、それは生前に造られていまして、『古墳』が出来上がりましたときには、まだ天皇は在世中というケースが多いわけです。したがいまして、天皇が亡くなるのは、『古墳』完成より後ということになりますから、古墳は三段築成という形で造られたまま、しばらくの間、その形を維持する期間が置かれていると、思います」と述べている。

天皇が亡くなると、一つの問題が生じてくる。天皇が六月までに亡くなった場合の埋葬は、その年の冬、十~十二月である。また、天皇が六月以降に亡くなった場合は、翌年の十~十二月に埋葬される。このことは『日本書紀』の記事を集めてみるとすぐに明らかになる。つまり、死から埋葬までの間が「殯《もがり》」すなわち喪の期間となるわけである。したがって七月に亡くなった天皇は殯の期間が最長になるし、六月に亡くなった天皇であれば殯の期間は最も短いということになる。

遺体は殯宮に長く置かれていますから、かなり腐乱状況になっているのかもしれませんが、そういう木棺から新しい木棺に遺体が移され、新しい棺という姿で運ばれてくるのか、あるいは殯宮以来の木棺で運ばれるのか、よくわかりませんが、ふつうは高野槇という非常に香りがいい木でつくられた木棺がそこへ据えられるわけです。黒塚古墳の棺材は桑材だという話もあります。その段階に蓋が開いているか、あるいはもう蓋は閉じられているのかはよくわかりません。たぶん一旦は開けて遺体が見えるような形をとるのかも知れません。その後改めて頭や胸に鏡を置きましたり、体の両脇に刀剣を置くという呪的な行為があります。

（水野正好「古墳のまつり」同書）

水野は、棺内の文物にも言及している。棺内の文物は死者の形見の品物、遺愛の品物であり、「霊代」ともいうべきものである。死者その人にかかわるものだが、木棺の周囲に置かれている文物は、少し性格が異なるという。これらは棺内の死者霊魂、「王霊」とでも呼ぶべき霊を護るためにこうした鏡を配置しているわけである。鏡は依り来るものを祓うという強い性格を持っているところから、邪悪なものを近づけない姿勢を示すものである。刀剣も同じように出土されているが、これも魔物を祓う、魑魅《ちみ》魍魎《もうりょう》を倒す、そういう姿勢を示すものであった。

水野によると、日本の天皇陵は、エジプトや中国の皇帝陵とは違って、地上からわずか三〜四メートルもいかないうちに天井石にぶつかってしまうような、非常に浅い位置に埋葬されているという。荒らされることなどは考えてもいないのか、鬼や邪霊もここまでは近づかないと考えていたのであろうか。どうやら彼らの死生観は、他の国の王朝、王族の死生観とは異なっていたようなのである。水野は、埋葬にあたっては死者の霊魂を引き継ぐ重要な儀式が行われたであろうと推測し、以下のように述べる。

そのようにして竪穴式石室の中に死者が葬られて、墓穴には土が入れられ完全に埋まります。埋まりました時点で大事なことがあります、まず、埋まりましたあと、一つの「儀式」が行われているだろうと考えています。その儀式は何かといいますと、「後円部の頂上で死者の霊魂を引き継ぐという儀式」と考えているわけです。この死者の霊魂は、「大王霊＝天皇霊」といいますか、王霊といいますかそういうものであろうと思います。そういう霊をこの場で引き継ぐという儀式が行われると考えているのです。おそらく十二月の末日のことであろうと思います、ここで王権と根本となる王霊が引き継がれると考えています。この祭は夜の祭儀ではないかと考えています。前方後円墳の後円部には列石で囲みました広い方形壇があり、そこから、焚き火跡が出てくることもしばしばです。そういう例からみますと大王霊を引き継ぐ祭りは夜の祭りではないかと思います。

（水野正好、同）

仁徳天皇陵は前方部が壊されており、前方部の先端がどうなっていたかはよくわからないという。しかし、たいていの天皇陵では一段高い壇になっており、時には徐々に高くなり先端は平坦に作られている。この前方部先端でも祭りが行われていたことは確実であるとされる。この前方部の先端には死者は葬られない。したがって、ここは何をする場所なのかというと、王位を継承した人物が「わたしはいま後円部で、位を継いだ、新しい王となった」と、宣言する場所ではないかと水野は推測する。興味深いことに後円部と前方部には、家形埴輪や蓋・楯・

勒形埴輪など共通する埴輪が、ともに同じ配置方法で場を構成している。ここから、前方部は後円部と同じような一連の機能を持つと考えられ、後円部が「践祚《せんそ》」、つまり皇位を引き継ぐ儀式の場、前方部が「即位」の儀式の場、と見ることができるという。「践祚・即位」という一連の流れをもつ祭りがとり行われていた可能性が高いわけである。しかし、この前方部・後円部上に多くの人が集まって祭りに参加しているのかというと、けっしてそうではない。天皇一人を中心にごく少人数で行われていた可能性も高いという。

また、地方にはこれより小さめの前方後円墳が多く残されている。これらは天皇陵ではないので、「践祚・即位」の儀式のために造られていたわけではない。ではどのような目的があったかというと、前方後円墳は一種の「神話空間」とでも言うべきものではないかと水野は推理する。「前方後円墳」自体が天皇家のシンボルのようなものであり、実際にここで儀式を行ったか否かは別として、各地に同じ形の陵を作ることで王統のつながりを確認し合っていたのではないかというのである。

日本の天皇家をめぐる神話空間は天孫降臨から始まっていると言えるであろう。

アマテラスオオミカミ（天照大神）が高天原で、鏡・剣・玉を、「これを、わたしの形見だと思え」「これを、わたしの御霊だと思え」「王統の根源だと思え」と称してニニギノミコト（邇邇芸尊）に手ずから渡し、ニニギは高天原《たかまがはら》から日本の高千穂峰《たかちほのみね》へ降りてくる。それから笠沙御《かささみ》崎《さき》へ出て、初めて地上に降り、人間の世界へ出てくるのである。

天皇家の王権とは、高天原から伝承するという構造を有しているのである。水野の推理によれば、「前方後円墳」の後円部頂上は「高千穂峰」を、前方部頂上は「笠沙御崎」を象徴するものであり、それを三重の埴輪で囲むことによって神聖な神話空間を護っているのではないかという。各地の王家は実際にそこで「践祚・即位」式を行うわけではないだろうが、そのような象徴性を帯びた祭式の場として、前方後円墳が造られていると推測されるのである。

古代の祭祀空間

歴史学者の和田萃は「古代における水辺の祭祀」について考察している。水辺の祭祀は大きく分けるとミソギ（禊）とハラヘ（祓）の二つがある。律令国家段階においてミソギの系譜を引くものでは、伊勢の斎王がミソギを重ねて伊勢へ行くという事例がある。あるいは、大嘗祭でのミソギや、出雲の国造の三沢でミソギをするという事例がある。またハラヘの系譜としては、道教的な信仰に基づくものとして、斎串とか人形、墨書人面土器が用いられているという。水の湧き出る井泉での祭祀を考えてみると、そこから流れ出している小川のせせらぎの音が重要な意味を持っているという。たとえば、『万葉集』の中の「象《きさ》の小川」の事例、あるいは発掘調査の行われた京都の「糺《ただす》の森」「瀬見《せみ》の小川」の事例などを考えていくと、小川のせせらぎの音が、おそらく神の示現、神の出現を示すものとしてとらえられていたと考えられるという。和田は、水辺の祭祀における音の重要性ということを認識しておかなければならないと述べている。

古代の祭祀空間とは、非日常的空間にほかならない。城之越遺跡に見られるように、森の内に泉の湧き出るところがあって、そこを聖地とみなして神祭りを行っていた。そして六世紀段階に群集墳が成立すると、氏々の祖墓群集墳の営まれる墓域というものが、恒常的な非日常的空間であるという意識が生まれたという。たとえば、神社の社域とか、氏々の祖墓の中へ逃げ込めば俗法を逃れられるとか、逮捕されないとかいう伝承がいくつも見られる。これは古く『魏志』「韓伝」にみえる蘇塗《そと》などとも共通しているものであると推測される。いわば一種のアジールである。

そういう非日常的空間では、限られた日、あるいは限られた時間に祭祀が行われる。和田はそれが「チマタ」に当たると指摘し、律令国家の成立にしたがって、大極殿の前が、一年のある決められた日時に祭りが行われる空間になっていったと推測し、以下のように述べる。

それ以前の飛鳥初期の段階では、飛鳥寺西の広場でありますとか、各所でいろんな祭りが行われていた。ところが藤原宮段階で大極殿が成立しますと、大極殿の前庭で、あるいは神祇官の斎院でというふうに、祭りの空間が限定されていく。また、祭りの行われるのも当初は卯の日とか、辰の日といった、日の干支に基づくものであったものが、何月何日という形で祭日が決められ、また時間も限定されて行われるようになってくると思ってます。

（和田萃「古代における水辺の祭祀」同書）

続くパネルディスカッションでは、古代の墓地をめぐって意見が交わされている。「生活している者、生きている者にとって、墓はどういうところにつくり、それはなぜなのか」という司会者の質問に対して、水野が「死者が全員といってもいいほど墓をもつのは現代のみ、それも日本やアメリカ、フランス、イギリスなどかぎられた国だけではないでしょうか」と答えている。前述したように、縄文時代には生きている人の目の前の円形広場に墓が造られていた。しかし、そこに葬られた人の数はきわめてわずかであり、選ばれた人間の墓と見てよい。供養もこの広場で行われているので、村の有力者の墓を身近なところに掘り、村の始祖、家祖として扱っていたようである。一方、一般の死者は集落の外に捨てられていたらしい。

手厚く葬っているということから、とにかく自分たちが住んでいる世界とは違う世界に行くのだという意識はあったようだ。そして、地下に埋めるということは、魂が地界に帰って行くという考え方と関係しているとも考えられる。いずれにしても、その世界は手の届かないところ、足の及ばないところ、あるいは目に見えないところであった。ということは、縄文時代にはすでに天界も存在していた可能性があるという。たとえば、巨木を立てて天界とつながる、というようなことでそれが表されていたのではないか、と推測されている。

また縄文人は、埋葬において非常に複雑な手続きをしていたという。縄文時代は一万年あったので、時代によっても地域によっても、非常にバラエティーに富んでいる。埋葬の仕方だけとってみても、両手両足を伸張した姿勢もあれば、手足を曲げた姿勢もあり、いったん埋葬したものを一定期間たってから掘り出して、その骨を大きな甕の中に入れるとか、いろいろな例がある。つまり少なくとも他界観はあって、違う世界に霊魂を送っているという意識があったと見られている。生者と死者とがムラを協同経営しているように考えていたと見られることから、死者はちょっと呼べば戻ってくるというくらいの身近な存在だったようである。

ところが、弥生時代になると、墓は集落のはずれだったり、少し離れたりしており、時には広大な墓地を設営するようになる。忌《い》みや穢《けが》れといった思想もこれに前後して発生したことは間違いない。方形周溝墓と言って、家族の墓として戸主と妻、子どもとその家族や縁者まで一緒に埋葬されているものもある。家族内の序列が棺の配置に表現されているのである。しかし、家族全員が墓を造るわけではなく、家族の中でも葬られないで捨てられた人々も多かった。

さらに興味深いことには、古墳時代前期の前方後円墳が生まれた頃は、庶民の墓はほとんど見つかっていないという。これは遺体を山野へ捨てたり、川へ流したりしていたということを意味する。やがて古墳時代後期になると「群集墳」が登場する。群集墳は丘陵の一角に二〇〇から三〇〇基も群集しているが、近畿地方ではこの大半は渡来系の人々の墓域とされており、一般的な墓地ではなかったようである。

祭祀空間の構造

社会人類学者の村武精一は、祭祀・儀礼・神話などがもたらした一定の社会空間あるいは祭祀空間の性格と、その内部にひそむ構造的な原理を明らかにした。「祭祀空間」について、村武は『祭祀空間の構造　社会人類学ノート』（一九八四年）で以下のように述べている。

川・湖沼・海などの《水界》は、しばしば暗黒の《洞穴》世界と結びついていることがある。日本本土にもしばしばそのような洞穴のシンボリズムが、暗黒の《地下界》や《水界》とかかわって、固有の民間信仰を生成している。琉球文化においては、そのような異界観をあちこちの祭り・民間伝承・神話などにみることができる。（村武精一『祭祀空間の構造』）

村武は、水界からもたらされる豊穣と幸が、共同体の、つまり《この世》の活性化の根源であることを明らかにするが、いまひとつ注目すべきことは、水界は、暗黒・混沌・反秩序などのシンボルをともなった異界であるということだ。かつ、水界は《女性原理》の支配する世界であった。つまり、女性原理が共同体の活性化に寄与してきたのである。

「沖縄の祭りにみられる始原的世界」に注目する村武は、「始原的世界の再来」として、沖縄の久高《くだか》島のイザイホー神事について言及する。イザイホーとは久高島で十二年に一度、女性が主役となって行われる神事である。三〇歳以上の女性は全員が巫女として参加する。六〇〇年を超える伝統行事であったが、一九七八年を最後に行われていない。

久高島のイザイホー神事のなかで選ばれた女性たちが先輩の神人たちに導かれながら小さな橋（天の橋）をわたって草ぶきの小屋に籠り、その後ふたたびあらわれて、そして再生の喜びにひたる儀礼がまず注目される。またわたくしが直接見聞したものに話をかぎれば、八重山地方の結願祭（〈シツ〉ともよぶ）の前夜、女性司祭者たちが聖地に籠る儀礼は有名である。また沖縄本島北部地方にみられるシヌグ祭でも、村落の男性たちが山に入って籠り、そして《山》を象徴する神として里に下ってきたり、子供たちが《山》をあらわす木の枝を打ちふりながら集落のなかを祓《はら》いまわることなどもおなじように一種のお籠りの神事であろう。

（村武精一、同書）

村武によれば、これらの諸儀礼は、世俗的世界を断ち切って、人々を聖なる存在に切り替えるという意味があるとともに、世俗的世界の表現である日常生活を共同する集落自体を、聖なる空間に切り替える意味を持つという。そして、その根底には、「始源的世界の再来を希求する目的があったのではあるまいか」と述べている。

また村武は「籠《こも》り」のための空間にも注目する。日常的秩序に支配される集落を断ち切って暗い異世界に籠るわけだが、そうした小屋の中や聖地は、世俗から分離された反秩序の世界と考えられるという。そこでは、年齢や身分など一切の日常的秩序から解き放たれる。これは一種の儀礼的死を意味すると考えられる。というのも、暗い洞穴とか土中とか墓などに埋葬される葬送儀礼と、構造的に相通ずるものがあるからである。

さらに村武は、沖縄の祭りの構造的特徴を指摘する。沖縄の祭りは、混沌・反秩序としての始源的世界を求めながら、そこから立ち直って、あるいは再生して「この世」の祝福と豊穣をかちとるという、いわば生きるための「活力」の源泉を、祖型世界への回帰を通して獲得しているのだという。たしかに沖縄の祭りには、村武の言う「暗黒願望」や「地下願望」を思わせるような習俗が多く見られる。「地下＝暗黒願望」の典型的なかたちは、八重山の「アカマタ・クロマタ」祭祀の男女二神「アカマタ」＝男神、「クロマタ」＝女神が、「ナビンドゥ」とよばれる集落はずれの洞穴から出現し、村人に幸と豊饒を授ける儀礼にも見られる。同じような習俗や儀礼は沖縄本島南部などにも見られ、こうした地方では、あちこちに複雑な迷路となっている地下水路と洞穴が存在しているのである。

村武は、沖縄の洞穴について以下のように述べている。

あの鉄の嵐といわれた沖縄戦のなかでこの地下迷路が、おおくの人びとを救ったことには、沖縄の人びとの無意識の願望と対応するものがあるように思われてしかたがない。この地方では、そういった洞穴をガマとよんでいるが、集落のはずれにあるガマがじつは《この世》の人びとに五穀の種（稲を中心とする）をもたらしてくれた場所なのである。だから農耕儀礼のある時期には、その共同体の宗家および、女性司祭者たちによって丁重に祈願されている。そしてまた他のところでは、そういったガマが、〈弥勒ガマ〉とよばれ、共同生活にとって重要な聖地になっている。

人間世界の根源をもたらしてくれる地下の行き止まりのない世界、つまり《迷路世界》が戦時の際、《この世》の人びとを救ったという事実は、偶然の符合にしてもわたくしにとってきわめて感銘ぶかいのである。（村武精一、同書）

琉球文化の構造的特性の一つは、神話と王国体制・民俗村落などの「共同体」が深く結びついて、一つのコスモロジー、または世界観を構成していることである。とくに、八重山地方の神話の基本的特性は、混沌の世界から島づくりがなされ、土中・洞穴＝地下界から「神の介在」によって男女二人が出現し、「この世」が造られたり、あるいは洪水その他の大災害による混沌の状態から「神の介在」によって「再生」したりすることである。

これらのモチーフの中には、混沌の始源的世界というイメージがある。その世界は「地下＝暗国」の世界だが、その始源的世界から男女二神、ときには兄妹二人が誕生するわけである。

また男女二神が海の彼方から出現することもあるが、これはまさに洪水のイメージである。

このような神話と儀礼が結びつく典型的な事例として、八重山地方の西表島・古見・小浜島・石垣島・宮良・新城島などで行われる「アカマタ・クロマタ」祭祀、石垣島の川平その他で見られる「マユンガナシ」などの来訪神信仰がある。

さらに村武は、沖縄の集落に見られる空間論的特徴を次のようにまとめている。

日本本土や琉球のような高文明社会では、南北軸にたいする東西軸の組み合せが、いろいろな象徴性をともなって位置づけられていた。他方、無文字社会の北部ルソン島の山地民社会では、《上流》と《下流》の基軸にたいし、《山》と《谷》との方位軸がからまって、集落の祭祀的空間が構成されていた。つまり、地形とか、ときには太陽の運行にしたがって祭祀空間が生成されているのである。こうした事例は、東南アジアの諸族にひろくみられる民俗方位観である。集落を全体的にとらえる上で、このような空間論的解読は欠かせない視角であると思う。

（村武精一、同書）

琉球で祭祀が行われる聖地を「御嶽《うたき》」という。村武によれば、沖縄本島およびその周辺離島では、一般的に一村落一御嶽であったが、宮古群島や八重山群島などの先島地方では一村落複御嶽が通常であったという。後者の場合、複数の御嶽の中で、儀礼的・宗教的格付けによる階序が見られたり、あるいはそれぞれの御嶽が信仰対象と儀礼的機能を分担したりしていたという。たとえば、稲・水・旅立ちなどの儀礼をそれぞれ異なる御嶽が司るのである。

村武によれば、いわゆる「沖縄本島型」の村落の祭祀的世界においては、御嶽を中心にさまざまな聖地が散在している。しかし、何といっても主となる御嶽が村落の守護を司り、ときには、「地つき家筋」の神話的系譜につながる神霊が鎮座されるという信仰が支配的であったという。そして、主御嶽につながりがあると信じられている「根神《ねがみ》（ニーガン）」筋、あるいは「シマモト・クニモト」などの父系門中《もんちゅう》が、その村落の祭祀的世界の中枢であり担い手であったという。その場合にも、沖縄本島の中・南部では、「門中」または「腹」つまり「氏族」が、父系的によく整備されていて、村落の祭祀的統合性を高めていたのである。しかし、本島北部や周辺離島などでは父系氏族としての組織化が必ずしも十分ではなく、村落祭祀の上でも複雑な信仰的あるいは社会的問題を引き起こしていた。いずれにしても、北を「浄」とする方位観を基軸において聖地の空間的位置が考慮され、儀礼が執り行われていたことは共通している。

沖縄文化論と聖地感覚

久高島の神事「イザイホー」については、芸術家の岡本太郎も『沖縄文化論』（一九六一年）で言及している。『沖縄文化論』は毎日出版文化賞を受賞した名著であるが、この中で岡本は久高島の大御嶽について、以下のように綴っている。

あの潔癖、純粋さ。——神体もなければ偶像も、イコノグラフィーもない。そんな死臭をみじんも感じさせない清潔感。

神はこのようになんにもない場所におりて来て、透明な空気の中で人間と向いあうのだ。のろはそのとき神と人間のメディアムであり、また同時に人間意志の強力なチャンピオンである。神はシャーマンの超自然的な吸引力によって顕現する。そして一たん儀式がはじまるとこの環境は、なんにもない故にこそ、逆に、最も厳粛に神聖にひきしまる。

日本の古代も神の場所はやはりここのように、清潔に、なんにもなかったのではないか。おそらくわれわれの祖先の信仰、その日常を支えていた感動、絶対感はこれと同質だった。でなければこんな、なんのひっかかりようもない御嶽が、このようにピンと肉体的に迫ってくるはずがない。——こちらの側に、何か触発されるものがあるからだ。日本人の血の中、伝統の中に、このなんにもない浄らかさに対する共感が生きているのだ。この御嶽に来て、ハッと不意をつかれたようにそれに気がつく。そしてそれは言いようのない激しさをもったノスタルジアである。

（岡本太郎『沖縄文化論』）

本当の「聖地」とは何か。岡本は今まで、エジプトの神殿、アクロポリス、出雲大社が神聖だと思っていたという。しかし、「何か違うのではないか。それは人間の意志と力にあふれた表情、いわば芸術の感動ではなかったか」と思うようになった。それを通して、岡本はその背後にある恐ろしい世界の迫力に圧倒されるようになる。「それは、権勢をバックにした豪壮さ、洗練を極めた形式美。つまり力と美に対する驚歎であり、アドミレーションである」と述べる。

しかし、沖縄の御嶽は自然物であり、人工の造形ではない。「沖縄の御嶽でつき動かされた感動はまったく異質だ。何度も言うように、なに一つ、もの、形としてこちらを圧してくるものはないのだ。清潔で、無条件である。だから逆にこちらから全霊をもって見えない世界によびかける。神聖感はひどく身近に、強烈だ。生きている実感、と同時にメタフィジックな感動である。静かな恍惚感として、それは肌にしみとおる」と岡本は人工の芸術を寄せ付けない御嶽の荘厳さについての感慨を述べている。

岡本太郎と同じように久高島に強い関心を抱き、大重潤一郎監督の映画「久高オデッセイ」の製作も手掛けた鎌田東二は著書『聖地感覚』において、「聖地」とされるような「民衆の世界観の中で感得された民俗空間は、ユークリッド幾何学やメルカトル図法で描くことのできるような均質な物理的延長ではない」と指摘している。

鎌田が言うそのような「聖地」とは、神仏や精霊あるいは超自然的存在などの聖なる諸存在が示現したり、またはそれらの聖なる諸存在を顕彰したり、記念したりしたある特異な場所の総称であるという。それは空間の特異点のような場所で、あの世とこの世とが交通し、往来する穴場であるというのである。

日本における「聖なる空間」の代表といえば、神社や仏教寺院などである。生命エネルギーを与えてくれる「パワースポット」として、近年、若い人々や女性の間で熱い注目を浴びている。日本では古来「良い場所」と「悪い場所」があるとされ、それぞれ「イヤシロチ」「ケガレチ」などと呼ばれていた。神社はそのイヤシロチの代表なのである。パワースポットブームの火付け役ともなった明治神宮は、一説によれば富士山から皇居へ向かう龍脈が合流する土地にあり、龍穴すなわち大地の気がみなぎる場所とされている。

こうした場所にたいする信仰は中国の風水にも見られるし、沖縄の御嶽は神が降臨する場所だとされている。宗教哲学者の鎌田東二によれば、空間とはデカルトがいうような「延長」的均質空間ではない。世界中の各地に、神界や霊界やさまざまな異界とアクセスし、ワープする空間があるという。ということは、世界は聖地というブラックホール、あるいは逆にホワイトホールによって多層的に通じ、穴を開けられた多孔体なのかもしれない。

あるキリスト教の牧師が「天国では、儀式も祈りも存在しない」と語ったことがあるのだが、それを聞いたとき、わたしは大きな気づきを与えられた。天国では、そこに神がおられる。天国から遠く離れた地上だからこそ、儀式や祈りが必要であるというのである。人間は、儀式や祈りによって、初めて遠隔地である天国にいる神とコミュニケーションができるというのである。天国が計り知れないパワーの源であるとすれば、そこに遠隔でアクセスするために儀式や祈りがあるのかもしれない。いわば、Ｗｉ－Ｆｉのような存在である。ということは、儀式や祈りとは、神仏などのサムシング・グレートに「接続」するための技術なのではないだろうか。

そして、この地上には空港やホテルやスターバックスなどのようにＷｉ－Ｆｉが即座につながりやすい場所がある。神社や寺院や教会などが建っている聖地とは、そのような場所ではないか。イヤシロチも同様である。そこは、すべての情報の「おおもと」である神仏にアクセスしやすい場所なのである。逆に、まったくＷｉ－Ｆｉがつながらない場所というのもある。神仏どころか、魔とアクセスしやすい場所、それがケガレチではないだろうか。

洞窟および洞窟的空間

日本の聖地はもともと自然物であった。岩や山、樹木、泉などを聖なるものとして、神々との交信の場としたのである。沖縄ではそれに加えて「ガマ」と呼ばれる洞窟が特筆される。

沖縄には琉球王国より特別な扱いを受けた「琉球八社」がある。波上宮・沖宮・識名宮・普天満宮・末吉宮・安里八幡宮・天久宮・金武宮の八つの神社だが、いずれも真言密教の影響が強いとされている。安里八幡宮のみ八幡神が祀られ、それ以外は熊野神が祀られている。

この琉球八社のほとんどに「ガマ」と呼ばれる洞窟がある。たとえば、普天間飛行場のすぐそばにある普天間宮の奥宮が祀られている洞窟からは三〇〇〇年前の土器が出土し、二万年前のシカの骨が出ている。普天間宮には、現在、熊野権現と琉球古神（日の神・龍宮神＝ニライカナイ神・普天間女神＝グジー神、天神・地神・海神）が祀られている。

日本神話のハイライトと言えば「岩戸開き」である。その舞台となった「天岩戸」もまた洞窟であった。太陽の女神であるアマテラスが天岩戸に籠もってしまったことから、この世は暗黒の世界となってしまった。この「天岩戸」は、イザナミの赴いた黄泉の国と同様、影の国、死の国である。その中はこの世ではない別世界となっている。

つまり、天岩戸から再び出てきたアマテラスは、多くの通過儀礼神話と同様に「死と再生」を経て、真の大御神となるのである。洞窟は多くの場合、その暗闇から「死」を連想させると同時に、先の鎌田の指摘にもあったように、母胎や産道という「再生」のイメージにもつながる、いわば両義性のメタファーを持った存在と言えよう。

「弘法大師」として知られる空海が修行したと伝えられる場所もまた洞窟であった。空海は十八歳で大学に入学したが、一年足らずで辞めてしまい、私度僧《しどそう》となって山林修行に励んだ。十九歳で吉野の山に分け入り、その後、出身地の四国を回っていわゆる「虚空蔵求聞持法」を行じた。その頃、阿波の太龍嶽や土佐の室戸岬の洞窟や吉野の金峯山や四国の石鎚山などで修行を重ねている。『聾瞽指帰《ろうこしいき》』（三教指帰《さんごうしいき》）の冒頭には「阿波国太瀧嶽に攀じ躋り、土佐国室戸岬に勤念す。谷響きを惜しまず、明星来影す」と記されている。

虚空蔵求聞持法とは、その法を満行成就するとすべての経典を記憶する能力ができるという超記憶増進術であった。三方が開けた山海などで、「ノウボウ　アカシャキャラバヤ　オンアリキャラマリボリ　ソワカ」という真言を百万遍、一〇〇日間唱え続ける行である。この行を行った場所が、阿波の太龍嶽や土佐の室戸岬の洞窟であった。また、阿波の太龍嶽には現在、四国八十八ヶ所第二十一番札所の太龍寺があり、その近くには龍の岩屋と呼ばれる洞窟がある。そこでも空海は修行したと伝承されている。

静岡県御殿場市には、空海が神仏並祀の社として開いたと言われる洞窟内の神社がある。現在では御胎内神社の名で、安産祈願の神として親しまれている。

空海だけではない。仏教の開祖であるブッダも洞窟で修行した。

二〇一六年二月十七日、わたしは若き日のゴータマ・シッダールタが修行したというインドの洞窟「留影窟」を訪れた。ブッダガヤ郊外にある前正覚山の中腹にある小さな洞窟である。現在の留影窟はチベット仏教の寺院となっており、シッダールタ王子が断食を行った洞窟には、ガンダーラ芸術の最高傑作といわれる苦行する釈迦像のレプリカが置かれている。そこでは今でも、暗くて狭い空間の中でチベット僧が実際に瞑想をしていた。

洞窟は芸術が生まれる場所でもあった。人類最古の芸術とされるのは、ショーベやアルタミラやラスコーの洞窟芸術である。洞窟に絵画を描いたのはクロマニヨン人のシャーマンであったと推測されているが、そもそも洞窟は当時の人々にとっての住居でもあった。外敵から身を守りやすく、雨露をしのげ、気温の変動も少ない洞窟は快適な場所であった。それに加え、地下水が湧いたり、声が反響したりといった、聖地として望ましい多くの条件を備えているのだ。鎌田は、「天岩戸」や「留影窟」といった洞窟は通過儀礼の舞台でもあったことを指摘している（『世阿弥　身心変容技法の思想』）。そして、能舞台においても、「鏡の間」と言われる洞窟に相当する場が設けられていることに触れ、このことは能が神楽の精神を引き継ぎ、身心変容すなわち神がかりや脱魂とそこからの回帰を主題としている点が大きいとしている。つまり、能は身心変容のメタファーを舞台上で再現したものだというのである。

能舞台の「鏡の間」とは、神霊に扮する者が面《おもて》をつけるための特別な楽屋のことである。そこには大きな鏡が据え付けられていて、「面をつけた顔をじっと見続けると、ふだんの自分の顔を忘れ、自分の日常の意識を忘れ、面、すなわち神霊に変容する」と能楽師の安田登が述べている（『身体感覚で『論語』を読みなおす。』）。

鎌田は、洞窟内で絵画を描いた原始人類にも間違いなく「身心変容」が起こったであろうという。なぜなら、暗黒の空間の中で、松明の灯りを頼りに長時間集中的に絵を描いているうちに、描いている動物などの対象と自己との間の距離が消え、同一化・一体化や融合が起こってくると考えられるからであるという。もちろんそこでは、岩肌に絵画を描いたり刻みつけたりするだけではなく、歌や音楽や舞踊などを含めた、祈りを伴う宗教的儀礼も行われたのであろう。

洞窟の暗闇の中から人類は誕生した。そして洞窟から芸術が、儀式が誕生した。おそらく洞窟という空間は、人間のすべての営みの始まりなのである。

社殿と儀式空間

「神社神道」という語が示すとおり、現代の神道は神社と不可分である。社殿そのものの建築様式においても、最古とされる神明造（伊勢神宮）や大社造（出雲大社）を始め、多様な種類が存在する。しかし、これまで見てきたように、原初の信仰は洞窟や山や岩といった自然物の霊気を崇めることから始まり、神道の神は同じ場所に常在するとは考えられていなかったのである。社殿が設けられるようになる以前の祭祀を行うための施設、いわば「神社の原初形態」には、神籬《ひもろぎ》、磐境《いわさか》、磐座《いわくら》、神奈備《かむなび》の四つの類型が想定されている。

神籬は清浄な土地に常緑樹を立て、神霊がよりつく神座としたものである。磐境は祭に際して石のかたまりを円形か方形に敷きつめ、そこに神霊を降臨させたもの。磐座は岩石の窪んだ部分に神霊を招いて祭祀を行ったもの。そして神奈備は、神が鎮まると考えられた森や山のことだ。神社社殿の形成以前は以上のような形態で神への祭祀が行われていた。

やがて、神霊の依代（神体）を収める場所であるホクラ（ホコラ）が設けられるようになったことに加え、祭の恒例化に伴う祭祀施設の常設化と共に、神がその建物に常在するという観念の変化が起こり、さらには仏教建築に触発されたこともあって、神を祭る施設の拡充が進み、常設の祭祀施設を持たなかった神社は、今日のかたちへと近づいていった。すなわち、日本人の儀式を考察する上では、社殿そのものよりも神社が設けられた場所の意味が重要であろう。

文化庁の発表（平成二六年）によると全国の神社の数は八万八〇〇〇社以上とされており、約七万七〇〇〇ある仏教系寺院よりも多い。そのうち神職者が常駐している有人社は二万程度とされており、宮司一人が平均二社以上を兼務している計算になる。神社の将来が心配になる数字であるし、実際に存続が危惧される神社（社殿）も存在することは事実であるが、じつは神道にとってそもそも社殿は必要不可欠なものではなかったのである。

民俗学の視点から見ると、柳田國男は「神社のこと」において、神社の性質について、「神人が祭をする処なりと答えて、だいたいに誤りがないと思っている」と述べている。

柳田にとってのマツリとは神人共食が行われ、同じ時間を過ごすことであり、神社とは、本来的には神を祭る行為、すなわち神人共食を行う場所であり、なおかつ、それが神社においての最も重要な儀礼だったというのである。その後、社殿の常設化等にともなって、諸々の儀礼が神社に集まるようになったと柳田は考えた。

柳田にとって、神社社殿の有無に大きな意味はなく、彼が重視したのは神社、もしくは御旅所などの神まつりが行われる場所であった。「山民の生活」によれば、その意識は、注連縄《しめなわ》などによって区切られ、一時的に聖なる場所での祭祀に対して、「ここより他には神を迎えて祭り申す場処はないという事が、我々にとっては非常に大切だったのである」という言葉に端的に表れている。

同じく折口信夫は、「民間信仰と神社と」において、神社の淵源について住宅での精霊祭祀の場所に由来するものと土地の神を一時的に招いて祭る場所に由来するものの二種を提示し、後者が一般的な神社の祖型であると述べている。

さらに、折口も柳田と同じく、神社が常設の建物でなかったことを指摘する。その上で、「神々と民俗」において、定期的な祭祀によって神が来臨する場合を除いては、神社等を通じた遙拝によって神と人がつながっていたという。つまり折口は、古代神社の役割として、神と人の祈りをつなげる場所とみたと言えるであろう。

同じ民俗学者でも、原田敏明の場合は、柳田・折口とは異なる視点から神社の役割を見た。原田は『神社』（一九八五年）において、「今日の神社とも違って、家形もなく、むしろ部落の人びとの集合するに適したところで、（中略）ただ村の中の広場であって、そこには部落の祭りが行われるにしても、それは祭りの時だけのことで、平常は特にそこに神が祭られるということもない」と述べている。

原田は神社の性質として、非常設性に加えて、祭祀を行う共同体の構成員が集まることの重要性を示唆している。原田の説に従うならば、神社という施設が常設であれ非常設であれ、そこには集団の儀礼を統合する、あるいは儀礼によって共同体をつなげるという機能が存在しているということになる。

以上を踏まえると、人が神に対する祭りを行う場所、すなわち神を迎え、共に時間を過ごす場所こそが神社なのであり、その場所においては、当然神をもてなす作法——儀式が伴うと言えよう。そしてその場所は、『延喜式』などによればどこよりも清浄であることが条件であり、それを実現する場所こそが神社だと言える（『延喜式』第三巻には、「凡そ神社の四至の内に樹木を伐り、及び死人を埋藏すること得ざれ」とあり、清浄の徹底が説かれている）。

そしてその場所は原田が指摘するとおり、神道が共同体に根ざす宗教、あるいは儀礼群である以上、まつりを執行する人間が参集できることは大きな意味をもつ。つまり、この性格こそが、日本における儀礼の代表であるとも言っても過言ではない。「まつり」が、参加する人間同士をつなぐという性格を生み出しているからである。

先述のとおり、神社が鎮座する場所には意味があるが、ここで先に紹介した柳田の、「ここより他には神を迎えて祭り申す場処はないという事」が重要になってくる。これを日本人はどう判断したのであろうか。

たとえば、山に対する日本人の信仰を見てみると、古代には、通常、山麓か山腹が祭場とされていた。これは山頂が神の住む場所だったからである。しかしそれに対して、同じ古代であっても山頂で祭祀が行われた筑波山のような例もあり、その山にどういった神を見出すかによって、祭祀を実行する場所に差異が存在していたことが理解できる。また、時代が下ると祭祀の場所は山林仏教の興隆と共に山頂での祭祀が拡がり、やがて山へ登拝することを修行とする修験道へとつながっていく。その結果、それまでに存在しない形態の信仰であれば新設され、あるいは新たな信仰形態へ対応することで、宗教施設は存在し続けた。前者は山林仏教の影響以前に存在しなかった山頂での祭祀遺跡等であり、後者は山岳修験の展開と共に境内の施設等が変化した熊野那智大社や伯耆大山での例の他、全国各地に見られる事例で、枚挙にいとまがない。山に対する信仰において、その形態を通史的に見ると大きな変化があるが、神社をはじめとする宗教施設は、その祈りや儀礼を執行する施設としての意味を有し続けたのである。

このように、聖なる場所を規定する信仰は時代によって変化し、神社すなわち祭祀を行う場所はそれに対して柔軟に変化してきた。つまり日本人にとって、宗教施設とは、それが存在しているから神聖だというわけではなく、「神聖な場所だから」「祭祀を行うべき場所だから」神社などの聖なる場所が鎮座するのである。

その点を考慮すれば、今日において日本人の祭りが行われる場所——たとえば現代において通過儀礼や結婚式を執り行うホテルや結婚式場、葬祭が執り行われる葬祭会館などは、祭祀が実際に行われる神聖な場所にほかならない。

たしかに自然物を崇拝するという神道の本義からすれば若干の違和感はあろうが、柳田の言うように、祭祀にとって最重要なことが「神人共食が行われ、同じ時間を過ごすこと」であるのであれば、葬祭会館は神の宿る場所としての条件を十分に備えていることになる。重要なのは場所自体の価値ではなく、そこに集い、祈る人々の気持ちなのである。神道においてはとりわけその傾向が強く、「ハコモノ」への依存が低いことは記憶に値する。

つまり現代社会における祭祀専門の施設は、「単なる場所貸し」の枠を超えた「儀式が行われる場」として、神社などの宗教施設の系譜につらなるものだと言ってよいであろう。

第十章　日本と儀式

宗教と日本人

人生の二大儀式である結婚式ならびに葬儀の形式は、宗教や民族によって、きわめて差異が大きい。これは世界各国のセレモニーが、その国の長年培われた宗教的伝統や民族的慣習といった、人々の心の支えともいうべき「民族的よりどころ」の結晶となっているからである。もちろん日本も例外ではない。結婚式ならびに葬儀に表れたわが国の儀式の源は、小笠原流礼法に代表される武家礼法に基づいているが、その武家礼法の源は『古事記』に代表される日本の伝統文化なのである。たとえば、『古事記』に描かれたイザナギ、イザナミのめぐり会いに代表される陰陽相和こそ、後醍醐天皇の室町期以降、今日に至るまで日本的儀式の基調となって継承されてきた結婚式の原型である。

一方、葬儀は、死と死後についての説明を儀式という「かたち」にしたものであるが、ほとんどが仏式とされている日本の葬儀には実は儒教の影響が色濃く見られる。葬儀だけでなく、墓も盆行事もすべて仏教というより儒教が生み出したものと言える。つまり、日本仏教そのものが儒教の影響を強く受けているのである。儒教と言うと、古臭い倫理道徳の話と誤解され、宗教ではないと思われがちであるが、本当は儒教ほど宗教らしい宗教はない。

そもそも宗教とは何だろうか。日本における儒教研究の第一人者である加地伸行によれば、宗教はその人にとって必要性があってはじめて、その姿が現れるものであるという。宗教とはあくまでも「自分にとっては必要である」という実存的な存在であり、必要としない人には無縁、無用の長物である。まさに「馬の耳に念仏」といったところだろう。

それでは、人はいつ、どういうときに宗教を意識し、求め、必要とするのであろうか。人それぞれだろうが、大半の人において宗教が意識にのぼってくる大きな機会がある。それは自分もしくは親しい人の「死」である。もちろん死の前には「老い」や「病い」などもあり、それによって宗教を意識する場合も多いであろうが、自らの死を前にし、それが避けがたいと実感したとき、ほとんどの人は確実に宗教を意識するようである。加地によれば、宗教とは「死ならびに死後の説明者」に他ならないという。通常、死は漠然とした不安であるにすぎないが、それが現実だと確信したとたん恐怖となる。その恐怖や不安を取り除くために「死とは何か」と考えるのが人間だが、大半の人間は心弱く、ただうろたえるばかりである。そして行きつくところ、誰かにすがって説明を求めるようになる。

しかし、そのとき死について語りうるのは何であろうか。現代人は死から逃れるために医学にすがりつく。でも、生物であるかぎり、人間はかならず死ぬ。医学は人が死ぬ理由や臨終については説明することができても、死んだ後についてはまったく無力である。死後について説明している、あるいは説明できるものは、ただ宗教だけなのである。

そのため、各宗教は死についてさまざまな具体的な説明をしている。たとえば、ユダヤ教・キリスト教・イスラム教はいずれも同じ唯一絶対神を信じ、啓典を持つ三姉妹宗教であるから、死んだのちも最期の審判によって復活を遂げるという共通した思想をもっている。ゆえにこれらの宗教では信者の遺体を火葬するのは厳禁なのである。一方、ヒンドゥー教や仏教においては魂こそが重要であり、魂は肉体を替えて輪廻するので、魂が抜けた遺体に価値はなく、火葬しようが河川に流そうがかまわないとされる。

従来、日本人の死後観は、イザナギがイザナミを追いかけていった「根の国」もしくは「黄《よ》泉《み》の国」や、奄美のニライカナイのイメージに見られるように、死者が他界に赴いて、この世と同じ生活をしていると考えられる傾向が強かった。

しかし、平安時代になると仏教の影響を受けて、人は死ぬと三途の川を渡り、生前の行いによって行く場所が決まるという因果応報型の死後観に変わった。死後は七日ごとに七回、閻魔《えんま》大王をはじめとする十王による裁きを受け、四十九日目に地獄に落ちるか、そのまま輪廻するかが決定されるとされ、死者供養はこの考えにもとづいて行われる。閻魔はもともとインド仏教の神だったが、そこに中国の道教思想が加わり、日本に伝来したのちも浄土思想や末法思想の影響を受けることで民俗宗教化したと考えられている。

その複雑さゆえに日本人の死後観はかなり混乱している。魂にたいする信仰はあるようなのでまったくの無宗教ではないのだが、はたして魂は不滅なのか、それとも新たに生まれ変わるのか、墓にいるのか位牌に宿るのか、盆に帰ってくるときはどこから来るのか、地獄や天国に行くとしてそれと生まれ変わりはどちらが優先されるのか、誰も明確なことは答えてくれない。肝心の宗教がそうなのである。じつはこの混乱の原因も儒教にあるのだが、これについては後で詳しく述べる。

そもそもあらゆる宗教は、神もしくは神的存在と直接的に接触し、交流し、秘められた神智の獲得をめざす。神道・仏教・儒教もしかり。今日、日本人のわたしたちが知っている三教の姿はきわめて表層的なものであり、その深層には神秘主義が潜んでいる。

神道においては、鎮魂法と帰神術で異界の神々や死者の霊とダイレクトに交流する「古神道」。仏教においては、生きながら仏の境地に達する即身成仏を最終目標とする「密教」。

そして儒教においては、「原儒」と呼ばれる儒教の源流がある。

そのすべてが、秘儀や密儀というべき儀式の体系を持っている。原儒とは、学問としての儒学になじんだ日本人からは想像もつかないシャーマニックな世界で、一種の霊媒術でもある。

孔子の母が原儒の流れを汲む巫祝《ふしゅく》であり、かつ葬祭業に携わっていた事実を、わが国における中国学の最高権威である白川静が『孔子伝』（一九七二年）において初めて明かした。

孔子は「シャーマニック・ソサエティ」とでも呼ぶべき巫祝社会に成長し、同時代の誰よりも葬礼に精通していたのである。つまり、儒教とは、孔子が実際に死を見聞した中から開いた、正真正銘の死に向かう宗教だと言える。儒教が大切にした「礼」は、土地の神々や妖怪の類を霊的に封じ込めるわざのことであったが、「礼」は「霊」に通じるのである。

それにしても、このような深さを持つ神道・仏教・儒教をその体内に納めている日本人の宗教的胃袋の強靭《きょうじん》さには改めて感嘆せざるをえない。ユダヤ教・キリスト教・イスラム教という三姉妹の啓典宗教には「父と子と聖霊」による「三位一体説」がある。しかし、わたしは日本もまた三位一体の国ではないかと考えている。ただし、日本の宗教におけるそれは、「神と仏と人」によっている。

宗教や信仰とは、何らかの対象を崇敬することにほかならないが、日本人の崇敬する対象はたいへん幅広いのである。森羅万象にひそむ神を讃え、浄土におわす仏を敬い、かつ先祖を拝み、君主をはじめ他人に対して忠誠や礼節を示してきた。たとえば日本人は、しごく気軽に「神様、仏様、〇〇様」と、現実に生きている人間を神仏と並べる。これこそまさに神・仏・人の三位一体化であり、それぞれの容器となった宗教は、神道、仏教、儒教なのである。

考えてみれば、生身の人間を神仏と並べるなど、まことに恐れ多いことである。

ユダヤ教・キリスト教・イスラム教といった一神教においては、神と人間を並べるなど、絶対にありえないことだ。しかし、日本ではそれが当たり前に行われてきた。さかのぼれば、西郷隆盛や徳川家康といった歴史的英雄がそうであったし、そもそも、日本では天皇そのものが神仏と並び称される存在である。

日本人の宗教に話がおよぶとき、かならずと言ってよいほど語られる話題がある。いわく、正月や七五三には神社に行き、バレンタインデーにはチョコレート店の前に行列をつくり、クリスマスにはプレゼントを探して街をかけめぐる。結婚式も教会で挙げることが多くなった。そして、葬儀では仏教の世話になる。こうした傾向を「無宗教」とか「宗教のイベント化」と批判的に言われることもあるが、これを卑屈にとらえる必要はまったくない。

神道、仏教、キリスト教、さらには儒教までをその体内に取り入れている日本人の精神風土をわたしは全面的に肯定する。一神教の世界では戦争が絶えないが、日本人はあらゆる神々を寛容に受け入れる。その広い心の源流をたどると、じつは聖徳太子に行き着くのである。

日本流の「三位一体」をなす「神仏儒」融合を一つのハイブリッド宗教として見るなら、その宗祖とは聖徳太子であった。儒教によって社会制度の調停をはかり、仏教によって人心の内的平安を実現する。すなわち心の部分を仏教で、社会の部分を儒教で、そして自然と人間の循環調停を神道が担う。三つの宗教がそれぞれ平和分担するという「和」の宗教国家構想を説いたのである。聖徳太子こそは、宗教における偉大な編集者であった。

太子が行った宗教における編集作業は、以後、日本人の精神的伝統となり、鎌倉時代に起こった武士道、江戸時代の商人思想である石門心学、あるいは今日にいたるまで日本人の生活習慣に根づいている冠婚葬祭にまで、さまざまな形で開花していったのである。

このような日本人の生活宗教習慣は「シンクレティズム」という言葉で表現される。シンクレティズムとは「習合信仰」や「重層信仰」と訳されるが、違うものが混じりあって区別がつかないという、ややネガティブな意味合いにも使われる。

しかし、日本の宗教の歴史を見てみれば、まさにその通りと言うほかはない。もともと神道があったところに仏教や儒教が入ってきて、これらが融合することによって日本人の伝統的精神が生まれてきた。そして、明治維新以後はキリスト教をも取り入れ、文明開化や戦後の復興などは、そのような精神を身につけた人々が、西洋の科学や技術を活かして見事な形でやり遂げたわけである。まさに「和魂洋才」という精神文化をフルに活かしながら、経済発展を実現していったのだ。

日本経済の急成長、そして日本人の不思議な宗教観は、世界にとっても大いなる謎だった。一九八三年の「タイム」誌の日本特集では、日本人の宗教のあり方を一人の女性の生涯をとおして説明している。ある女性が、お宮参りと七五三を神社で、結婚式をキリスト教式で行い、仏式で埋葬されるだろうと述べながらまったく違和感をもっていないという例を示し、日本人の宗教について「中途半端な折衷主義」であると論じている。また、「異なったさまざまな側面を混ぜ合わせることは、太古の神道に始まる日本の伝統である」と述べている。

こうした指摘は、宗教学者や社会学者をはじめ、日本人の多くにとって一般的な理解である。しかしだからと言って、わたしたち日本人は何の原則もなく、場当たり的に宗教を使っているわけではない。

日本に長く滞在したヤン・スィンゲドーは、東京大学出版会から刊行された、わが国初めての本格的な宗教学辞典である『宗教学辞典』（一九七三年）の「世俗化」の項目で、「和」と「分」の構造を用いて日本宗教のあり方を説明している。

それによれば、「和」は日本文化全体の特徴であり、日本人の伝統的な宗教意識は部分的には「分」に分けられるものの、全体としては「和」をなしている。たとえば、誕生儀礼すなわちお宮参りは神道の「分」、死の儀礼すなわち葬儀は仏教の「分」、結婚式はキリスト教の「分」という具合である。それぞれの宗教はそれぞれの「分」を守ることによって、日本人の宗教全体の「和」が維持されるという。

では、なぜこのような宗教観あるいは宗教感覚が生まれたのだろうか。日本人の宗教観や宗教感覚は世界でもきわめて独特であり、それゆえ「日本教」などと呼ばれるが、その背景には日本列島の自然環境がある。倫理学者の和辻哲郎は、名著『風土』において、日本をモンスーン型風土と類型化し、そこに生きる人間の構造は受容的・忍耐的であるとした。四季があり、春には桜が咲き、冬には雪が降る。梅雨には大雨が降り、台風が来て、雷が鳴り、地震が起こる。わたしたちの祖先は、そうしたバラエティゆたかな自然現象を、個性豊かなそれぞれの神がもたらす業であると信じたのであろう。

また、日本宗教のベースである神道が、教義や戒律を持たない柔らかな宗教であり、「和」を好む平和宗教であったことも忘れることはできない。第一章でも述べたが、天孫民族と出雲民族でさえ、非常に早くから融和してしまっている。三輪の大神《おおみわ》神社はオオクニヌシノカミ（大国主神）とスクナヒコナノミコト（少彦名命）を祀っているが、スクナヒコナは原住民である出雲族の参謀総長であったから、本来ならば侵略してきた天孫民族に惨殺されているはずなのである。それが完全に調和して、酒の神様、救いの神様になっている。『古事記』や『日本書紀』を読むと、まさに日本は大いなる「和」の国、つまり大和の国であることがよくわかる。

神道が平和宗教であったがゆえに、後から入ってきた儒教も仏教も、最初こそ衝突があったにせよ、結果として共生し、さらには習合していったわけである。宗教哲学者ミルチャ・エリアーデは、「日本人は、儒教の信者として生活し、神道の信者として結婚し、仏教徒として死ぬ」という名言を『エリアーデ世界宗教事典』（一九六八年）に残しているが、このような日本人の信仰や宗教感覚は世界的に見てもきわめてユニークである。

神道と儒教

日本人の信仰の基本は神道にあるが、その儀式には儒教の影響が強く見られる。しかし、儒教が神道の成立に影響を与えているという歴史的事実はこれまであまり認識されてこなかった。日本に本格的に儒教が入ってきたのは聖徳太子の時代であり、当初は律令制度を支える政治思想として輸入された。いわばシステムに付随する言語として導入されたにすぎなかったので、「礼」や「易」といった、本来の宗教的思想にたいしては無関心だったのである。世俗的な制度としての律令と、中国古来の神祇信仰との組み合わせは、日本の貴族には理解しがたく、中国における宗教や儀礼の持つ意味を理解する道を閉ざしてしまったのである。

しかし、律令制度が揺るぎはじめたとき、事態は変わった。貴族が習得すべきとされていた外来の知識や学問のみでは社会の現実に対処できなくなり、貴族たちは神祇の世界に関心を持たざるをえなくなる。彼らはまず、日本古来の有力な神社とその祭礼の由来を尋ねて、知識を広くした。それに応じて、数々の縁起や祭礼の記録も作られた。

こうして神祇への重視から神道には儒教的要素が取り入れられはじめたが、それにはもう一つ理由があった。仏教に圧倒され、日本の神々が仏の脇役に転落していく中で、仏が主で神が従という「本地垂迹説《ほんじすいじゃくせつ》」が日本人の信仰において主流となっていった。しかし、南北朝時代になると、これに反対して、日本の神々が主で仏を従とする「反本地垂迹説」を唱える人々が現れたのである。

その勢力の中心が伊勢神宮の神主たちであったために、反本地垂迹説は「伊勢神道」と呼ばれた。その後、度会家行《わたらいいえゆき》によって完成された伊勢神道は、日本の神々を最上位に置き、儒教や仏教はそれに従うものとした。それによって、日本における天皇の地位を歴史的かつ宗教的に明確に位置づけようとしたのである。

家行の神道論を受け継ぎながら、新たに儒教思想を援用して神道的な政治思想を生み出したのが、『徒然草』を書いた吉田兼好の兄としても知られる慈遍であった。出家して比叡山で天台教学を修め、後に神道に関心を深めた慈遍は、儒教的な「天」への恩恵を神道的に表現した。つまり、慈遍は儒教の思想を日本固有の宗教に援用することで、天皇を「天」に代わる存在であると主張したのである。

土着の信仰であった神祇信仰は、もともと人々に説く教説を持っていなかった。社領を再編して神社を建て直すことに努力を傾けた神官は、信徒を獲得するために神社の権威と神々の霊験を説きはじめた。そこで重要なコンセプトとなったのが「禁忌」である。

禁忌の論には二つの側面があった。その第一は、とりたてて教説といえるようなものを持たない神官を、一般の信者から区別する役割である。神官の呪術的な力を保障するには厳しい禁忌に服していることが必要であり、それこそが神官の権威を人々に認めさせることになるのである。また第二の側面は、その信者にとって、禁忌の一部に服することが唯一の信仰上の行為であると考えられた点である。このような背景のもとに、神道論の多くは禁忌の問題にふれ、禁忌を媒介として教説を示すことになった。

宮廷を中心として整えられていた神祇の祭祀は、律令制度が解体していく中で急速に衰微していった。そのとき、自分たちこそが神祇の伝統的な禁忌を厳重に守り伝えているという誇りが神官たちを支えていたのである。神祇の官人が守るべき禁忌の基本は、『神祇令』に定められたいわゆる「六色《ろくじき》の禁忌」で、神事に従う者は、喪を弔うこと、病を問うこと、宍《しし》を食うこと、刑殺を判《ことわ》って罪人を決罰すること、音楽をなすこと、穢悪《あいあく》の事に預ること、の六項の禁を厳重に守らなければならないとするものであった。

神道論の中では、さまざまな禁忌は神の託宣という形で説かれる。『倭姫命世記』（七六八年）をはじめ、いわゆる「神道五部書」には、伊勢神宮の祭神の神託として六色の禁忌が取り込まれ、後の神道論に対して権威を発した。禁忌は神道にとって唯一の教説であり、神祇信仰の信者にとっては内面的な心と結びついた問題であった。そのため、禁忌は神道論において繰り返し説かれる中で、託宣としての神聖化から教義の形成へと次第に向かっていったのである。

そして、ここでも家行の『類聚神祇本源』（一三二〇年）がその流れを作っていった。同書の第十三巻にあたる「禁誡篇」は、さまざまな文献の中から禁忌に関する条文を集めたダイジェストだが、神道論における禁忌の範囲がよくわかる。

こうして神道論における禁忌は、単なる祭祀参加者の守るべき禁制から、個人の修行という宗教的な存在に変化していくのである。家行は、『類聚神祇本源』の最終巻である「神道玄義篇」で、神道の目的は人間の心の「清浄」の状態を実現することであると説いた。そして、「清浄」に到達するのは「六色の禁法を以て潔斎の初門と為す」と説いた。

この主張は、神道における禁忌に対する考え方を決定づけたと言ってよい。このように禁忌の問題を媒介として、土着の神祇信仰は一気に宗教化を図り、さらに吉田兼倶《かねとも》の『唯一神道名法要集』（一四八四年）で神道としての宗教的な形態を整えようとした。神祇の儀礼を整えることは神道家の共通の関心だったが、その方向は古い祭祀の伝統を守ることにあった。伝統的な祭祀の再解釈は繰り返し行われたが、積極的に新しい祭祀を創出して儀礼を組み立てていく作業は行われなかったのだ。それを神祇信仰の上に立ちながらも強行した人物こそ、中世神道界のヒーローである吉田兼倶だった。彼は京都の吉田神社の神主だったが、日本の神々を最高として、仏教も儒教も道教も脇役であり、日本の神々に輝きを与える存在であると主張した。

これが「吉田神道」である。神道に対する兼倶の思想は『唯一神道名法要集』に要約されているが、兼倶が整えた祭祀とその儀礼のあとを追う形で唯一神道の教義が作られ、儀礼が重視されていることがよくわかる。

その後、最大のライバルである仏教の組織化に影響され、兼倶は儒教的要素を取り入れて儀礼を明確にし、組織を拡大していった。吉田神道は幕末までの三〇〇年もの間、神社界を支配したのである。その間、吉田神道からは吉川惟足《きっかわこれたる》を創始者とする「吉川《よしかわ》神道」が分かれた。惟足は、君臣の道や徳といった儒教の倫理を押し立て、それを日本の神々と結びつけようとした。すなわち、日本の神々と儒教の合一を唱えたのである。また、惟足と同時代の度会延佳《わたらいのぶよし》という伊勢神宮の神官が、伊勢神道を発展させて「度会神道」を提唱した。伊勢神道では儒教や仏教は日本の神々に従うとされたが、延佳は日本の神々と儒教を合体させた。そして、儒教でいう君臣、親子、兄弟、朋友といった道こそが日本の神々にふさわしい道であると説いたのであった。

仏教学者の末木文美士は『日本宗教史』（二〇〇六年）で、日本の神々と儒教の関係は不思議であると述べている。聖徳太子の頃、儒教は仏教の陰に隠れた存在だった。中世以降の貴族社会では貴族や僧侶といった知識人たちの教養を担っていた。隋や唐から渡来した儒教を学び、それに親しむのが知識人の証明だったのである。そこに宗教の匂いは感じられない。それなのに、なぜ吉田兼倶や吉川惟足や度会延佳たちは儒教に関心を示したのか。末木によれば、もともと神々の世界には教義は存在しなかった。それが渡来の神々にも寛容だった理由だったし、逆に、求心力という点では弱点だった。仏教の脇役に甘んじてきたのもそのためだった。そこで神々の側にいた人々は強力な援軍を探しはじめ、それが君臣の道や徳を説く儒教だったという。儒教の論理が日本の神々の世界を補強してくれたのである。儒教は、儀礼の形成のみならず、教義の確立という点でも神道をサポートしたわけだ。

仏教と儒教

日本においては、仏教と儒教も深く関わってきた。

仏教と儒教は日本における二大外来思想だが、外来思想同士であるという点においては、大きな対立が生じようがない。しかも、仏教はいち早く神道と習合し、日本化した。神道と混ざり合うことによって、仏教は「日本人の宗教」になったのである。それに対して、儒教は本来の宗教性を薄めることによって日本文化の中に浸透した。宗教としてではなく、学問や制度や道徳倫理として、儒教は日本人の中に定着したのである。

日本に入ってきた仏教と儒教にとって、最初にして最大の理解者はやはり聖徳太子であった。日本の神々を尊重する廃仏派から迫害された仏教を蘇我氏とともに日本に定着させ、日本仏教の道を開いたともいえる太子は、『勝鬘経』『維摩経』『法華経』の三経を重んじ、その註釈書としての『三経義疏《さんきょうぎしょ》』(六一五年)を自ら著した。仏教にも儒教にも深い理解を示した太子であったが、やはり最大の功績は日本仏教の道を開いたことだろう。

太子がファウンダーの役割を果たした日本の仏教は後世、大きな花を咲かせ、日本は世界に冠たる仏教王国となっていったのである。そのせいか、江戸時代の儒者や国学者は盛んに太子を攻撃している。林羅山などは「八耳《やつみみ》、天皇を弑《し》す」とまで極限している。「八耳」とは太子の呼称であり、「弑す」とは「殺す」の意味だろうから、聖徳太子が崇峻《すしゅん》天皇を殺したということである。しかし崇峻天皇の暗殺は、蘇我馬子が推古天皇に相談して計画・実行されたとされており、太子を犯人扱いにするのは言いがかりもはなはだしい。おそらく、羅山は太子が仏教に肩入れしたことが憎くてたまらなかったのだろう。

また、太子は「世間虚仮《せけんこけ》、唯仏是真《ゆいぶつぜしん》」という言葉を残している。「世間はバーチャルであって、ただ彼岸の世界の存在である仏だけがリアルである」という意味だが、これも江戸の儒者から攻撃の的になった。太子は摂政、つまり政治家であり、宗教家ではないにもかかわらず、仏だけがリアルだなどというのは間違っている。それでは政治家としての責任を果たしておらず、そもそも政治家になるべきではない。このような批判を荻生徂徠などが展開したのである。

しかし、太子は仏教のみを公式イデオロギーにしたわけではなく、儒教を用いて「冠位十二階」や「憲法十七条」を制定し、現実の政治において多大な業績を残したのだから、この批判も的はずれである。太子には、すぐれたバランス感覚があったのである。

やがて鎌倉時代に入るとさまざまな新仏教が興り、室町時代にかけて大きな勢力として成長する。その後、天下統一をめざす織田信長は、比叡山延暦寺の焼き討ち、それに続く一向一揆の拠点である石山本願寺の襲撃など、徹底して仏教教団を弾圧した。当時の延暦寺は戦国大名と手を組んだ武装勢力であり、一向一揆は本願寺を後ろ楯にした小領主たちが結合して起こしたものであって、いずれも信長にとっては邪魔者以外の何ものでもなく、完膚なきまでに打ちのめそうとしたのである。

そののち江戸幕府を開いた徳川家康は、信長を反面教師として、仏教を許容する姿勢をとった。本寺・末寺の関係を厳しく統制して仏教界を管理し、「檀家制度」や「寺請制度」などによって寺院を経済的に保護した。檀家制度によって、すべての家は必ず特定の宗派や寺に属することが義務づけられる代わりに、布教は禁止された。また寺には、檀家の人々の結婚、転居、就職、旅行の際に必要な身分証明書としての「寺請け証文」を発行させた。幕府が諸寺院に戸籍係の役目を与えたわけで、寺は徳川政権の末端組織に組み入れられ、仏教の権威は地に堕ちる。

しかし逆に、これ以降、仏教は大衆化されて民衆の中に根づいていくことになる。仏教は日本に伝来して以来、奈良時代の南都六宗にしろ、平安時代の天台宗や真言宗にしろ、大衆とは縁の遠い存在だった。平安末期までの仏教は天皇や貴族のためのものと言ってもよく、いわゆる高級でセレブな思想だったのである。

鎌倉仏教が出現してからは一般の人々の間にも広まるが、それでも武士などの新しい身分集団の人々が中心で、真の意味での大衆にまでは及ばなかった。それが家康の仏教対策によって、仏教は葬送儀礼を中心とする「葬式仏教」となり、一気に身近な存在となって日本中に広まったという側面を見逃すことはできない。こうして寺の僧侶が人々の葬儀をとり行うようになっていった。一般大衆に死者の弔いをする習慣ができたのも、この頃である。「葬式仏教」はよく批判の対象とされるが、葬儀や法事・法要などの先祖供養によって仏教は民衆の宗教的欲求を満たし、社会的機能を果たしてきた。このことは高く評価されるべきだろう。

巧妙な仏教対策によって仏教の権威を否定した家康は、そのかわりに儒教を積極的に受け入れる。それも宗教としての「儒教」ではなく、政治や道徳の学問としての「儒学」を受け入れたのである。家康は儒学を世俗社会における道徳とすると同時に、「士農工商」という身分制度を確立して、幕藩体制の強化を図った。古代中国の封建制度をモデルとしてつくられた儒学の政治思想は、圧倒的に仏教よりも幕藩体制に都合がよかったのであろう。

儒学の説く「五倫」とは、君臣の義・父子の親・夫婦の別・長幼の序・朋友の信だが、朋友以外はすべて身分的な上下関係である。君臣は言うに及ばず、父子・夫婦・兄弟にしても「家」を媒介としての君主への奉公につながっている。人間関係の全体が家康の構想する身分社会に合致するわけだ。おそらく、家康にとって儒学ほど都合のよい政治の道具はなかったはずである。幕府を頂点とする社会的な秩序の維持を図るためにも、仏教にかわって儒学を日本人の道徳として受け入れる必要が、家康にはどうしてもあったのである。

では、江戸時代以降は仏教が日本人の葬式を担当し、儒教が日本人の道徳を担当したのか。事実はそのように単純ではない。「葬式仏教」と呼ばれた日本仏教は儒教の影響を強く受けているのである。それも学問としての「儒学」ではなく、宗教としての「儒教」の影響を受けている。これについては後で詳しく述べる。

日本人と結婚式

葬式について考える前に、結婚式と日本人の関わりを考えてみよう。太平洋戦争以後、わが国の社会形態は大きな変革を遂げ、欧米文化の著しい影響を受けた。それにつれて結婚式も、神前式、教会式、仏式、人前式といった多様なスタイルに発展していった。しかし、花嫁が白無垢（打掛）から色鮮やかな振袖やドレスに色直しするという今日ごく一般的に行われる様式には、日本的な陰陽相和の象徴が見事に表現されている。

現代の結婚式は、従来のホテルや結婚式場で挙式するスタイルに加え、ハウスウエディングやレストランウエディングなどの新興勢力が入り乱れて、一種のカオス状態となっている。このようなカオスの中で、「日本で昔から行われてきた神社での神前式を見直そう」という声も起こっているが、神前式とて決して伝統的なものではなく、その歴史は意外にも新しい。それどころか、キリスト教式、仏式、人前式などの結婚式のスタイルの中で一番新しいのが神前式なのである。

もちろん古くから、日本人は神道による結婚式を行ってきた。でもそれは神主にお祓いを受けるとか、三三九度を交わすということではない。家を守る氏神の前で、新郎と新婦がともに生きることを誓い、その後で神々を家に迎えて、家族、親戚や近隣の住民と一緒にごちそうを食べて二人の門出を祝福するというものであった。つまり、昔の結婚式には宗教者は介在しなかったのである。神道もキリスト教も関係ない純粋な民間行事であったわけだ。

しかし、日本における冠婚葬祭の規範であった小笠原流礼法は、朱子学すなわち儒学を基本としていた。昔の自宅結婚式の流れは当然ながら小笠原流が支配していたから、その意味では日本伝統の結婚式のベースは儒教であったとも言える。

現在も北九州市の小倉に伝わる小笠原流礼法のルーツは二つあり、一つは、源頼朝の家来だった小笠原長清を祖とする鎌倉時代以来の弓道と馬術の礼法である。もう一つは、足利義満の礼儀作法の師だった小笠原長秀を祖とするもので、室町時代以来の冠婚葬祭や日常のマナー全般の規範としての礼法である。

明治時代以後、小笠原流礼法の影響のもと、日本の結婚式は家の中で完結する行為から、神社で行う神前結婚式が主流となった。これは当時、導入され始めたキリスト教式の結婚式に影響を受けて登場したもので、明治三三年（一九〇〇年）に宮中の賢所で行われた皇太子（のちの大正天皇）と節子妃との婚儀がきっかけである。その様子が報道され、民衆の間に、「皇太子殿下のようにおごそかに神前で結婚式をあげてみたい」という声が広まる中で、翌三四年に日比谷大神宮（現在は飯田橋にある東京大神宮）が一般人を対象に、大神宮の神前で模擬結婚式を行った。さらに翌三五年、アメリカ帰りの高島ドクトルと仙台の豪商の娘、金須松代のカップルによって、実際に民間での神前式第一号が行われたのである。九月二一日、午後四時三〇分から挙式はわずか三〇分間、その後は帝国ホテルに移動して披露宴、という現代ではおなじみのスタイルである。初の民間神前結婚式はナイト・ウエディングであった。

この神前結婚式について、当時の新聞は「立礼である点、簡易軽便にして」と三〇分式をほめたたえている。この日比谷大神宮の「仕掛け」がヒットして、全国各地の神社が神前結婚式を行うようになったのである。なお、ホテルの中に初めて神前式場をつくったのも帝国ホテルであるが、これは大正十二年（一九二三年）の関東大震災で日比谷大神宮が崩壊したのが理由であった。

このように神前結婚式の歴史はたかだか百年にすぎず、それもキリスト教式の導入がきっかけで生まれたものであるという点は興味深い。しかも、この動きは仏教にも影響を与え、明治時代末期には曹洞宗を皮切りに各宗派が仏前結婚式を始めたのである。増上寺や築地本願寺でも婚礼が行われた。

ところが、結婚式にはこれほど大きな影響を及ぼしたキリスト教が、日本での布教という点ではまったく不振であった。鎖国時代は致し方ないとしても、明治六年の切支丹禁制高札撤去から一四〇年以上経った現在も、いまだに信徒数は一〇〇万人ほどで、人口比は一％にも満たない。宗教界の世界シェア三〇％の看板が泣くというものだ。

一方、隣の韓国を見ると、キリスト教徒のシェアは二五％である。この三〇年間で大幅に信徒が増えたそうだが、同じ文化圏に属しながら一％と二五％、この違いはどこから来たのだろうか。いろいろな理由が考えられるが、一つには「入りやすさ」の違いがあったのではないかと言われる。韓国は伝統的な宗教風土として儒教の影響が強いことが知られている。儒教は十五〜十六世紀に朝鮮政権と結びついて強い影響力を持ったが、逆に十七世紀以降は王朝とともに衰退する。それと入れ代わりに、近代化とともにキリスト教が入ってきた。儒教とキリスト教はいずれも「天」という共通のコンセプトを持っていたがゆえに、スムースに交代が行われたのではないかというのである。

一方、日本には何があったかというと、基本として古神道に代表されるアニミズムである。自然界のあらゆる事物を霊的存在とみなす「やおよろず」的な宗教観で、キリスト教とは到底かみ合わない。アニミズムに「天」は存在せず、「天」の文字は古代から天皇という最高権力者のものだったのである。そのため日本ではキリスト教伝来の当初から「天」あるいは「天にいます神」という概念を受け取るのに苦労したのだ。キリスト教側から見れば、非常に教義を伝えにくい、受け入れられにくい土地であったろう。

そのように布教が奮わなかった日本のキリスト教が、なぜか教育界とブライダル業界では大成功を収めた。ともに女性のニーズをつかんだことが大きいとされるが、聖心や白百合に代表される女子のミッション・スクールや、上智・立教・青山学院・明治学院といったキリスト教系大学のイメージは高く、チャペル・ウエディングは今日に至るまで大人気である。神前式の誕生によって一時的に後退した教会式も、一九八〇年代に三浦友和と山口百恵、神田正輝と松田聖子、郷ひろみと二谷友里恵などの芸能人が教会で結婚式をして以来、女性にとって憧れのスタイルとして不動の座を占め、現在に至っている。

皇室や芸能人といった「セレブ」の儀式やライフスタイルを一般の人々が真似るという、スノビズムを媒介とした一種のシミュレーションをそこに見ることができる。それ以前にも、昭和を代表する結婚式である皇太子（今上天皇）と美智子妃の婚礼の儀によってウエディングドレスが定着したり、石原裕次郎と北原美枝の結婚披露宴が日活ホテルで行われたことによってホテル婚が流行したりという現象があった。

このシミュレーションは、結婚式のみならず葬儀も同様で、一九八七年の石原裕次郎と八九年の美空ひばりの豪華な葬儀はさまざまな形でその後の日本人の葬儀に影響を与えたと言われている。日本においては「神・仏・人」の三位一体があると述べたが、どうやら結婚式と葬儀においては、まず「人」が儀式のトレンドを作っているわけである。

日本人と葬儀

では、いよいよ日本人の葬儀について見てみよう。結婚式における神前式と同様、多くの日本人は現在のような仏式葬儀が昔から行われてきたと思っている。たしかに、葬儀や法要に仏教が関与した形跡は早い段階から見ることができる。また、仏教が日本に伝来するまでのインド、中国、朝鮮といった各地にも見ることができる。しかし、仏教が葬儀や法要を主に担うようになったのは日本のみに見られる現象であり、それも江戸時代になってからのことである。

キリシタンの追放を決めた幕府は「キリスト教禁止令」を出したが、人々がキリシタンでないことを証明するためにはいずれかの寺の檀家になるしか方法がなかった。これが寺請《てらうけ》制度である。住民がキリシタンでないことを証明するためには「宗門人別帳《しゅうもんにんべつちょう》」を作成し、それが戸籍の役目も果たした。その延長で、寺院が墓地を管理し、「過去帳」という死者の戸籍も管理することになった。こうして死者との接点という役割が与えられたことで、死者を送る葬儀も仏式が定着していくのである。

一方、明治維新後は神仏分離によって神道が復興するにつれ、神道式の葬儀を見直す動きがはじまり、仏式とは異なる神葬祭《しんそうさい》が登場した。神葬祭の主な行事は、帰幽奉告《きゆうほうこく》、通夜祭《つやさい》、葬場祭、霊前祭などである。しかし、神葬祭は広く普及するには至らなかった。葬式仏教はそれほど強固に日本に定着していたのだ。

その根底には、じつは儒教の存在があった。仏式葬儀では、寺院の本堂中央に安置されている本尊の他に、真言宗系なら「南無大師遍照金剛」、浄土宗・真宗系なら「南無阿弥陀仏」、禅宗系なら「南無釈迦牟尼仏」、日蓮宗系なら「南無妙法蓮華経」といった、その宗派のシンボルとなっている重要な言葉を記した掛軸も本尊とする。

葬儀ではこの掛軸の前に柩を置くが、崇め拝む対象は、あくまでも本尊としての掛軸である。掛軸への拝礼が終わってから柩に対して思いをいたすということが、本来は仏式葬儀における最重要ポイントである。しかし、実際には仏式葬儀参列者のほとんどは、故人の写真を仰ぎ、柩に向かって礼拝する。そして故人を想っては泣き、何回も香をつまんで焼香し、遺族に重々しく挨拶するばかりで、本尊をまったく無視して退場する。

葬儀が始まり、本尊に対する読経が終わると、導師はすぐに退場する。その後、遺族たちによって柩に別れ花が入れられ、次いで彼らが柩を持って出棺となる。このとき、本尊に読経して死者を導いた導師が先に退場してしまい、出棺には立ち会わないことに疑問を持つ人もいるだろう。しかし、その理由は簡単だ。死者は成仏したのであり、仏教では、死者の肉体はもはや単なる物体にすぎないからである。あるいは、死者は成仏しておらず、死者は「中陰《ちゅういん》」と呼ばれる生と死の中間領域に入ったと考えられるのかもしれない。しかし、その場合も、残された肉体には何ら仏教的意味はない。

儒教学の第一人者である加地伸行によれば、葬儀とは死と死後についての説明を儀式という「形」にしたものであるという。日本の仏式葬儀とは儒教の「招魂再生」にほかならない。

また、位牌のルーツもじつは仏教ではなく、儒教である。位牌というと、故人の戒名を書いて立てるものとして用いられているため、日本人の多くは仏教の習慣だと信じている。しかし、仏教には本来、位牌を用いるという習慣はない。仏教は輪廻転生が基本であるので、故人の魂はそのままの形でずっと残っていることはない。たしかに魂は不滅ではあるが、輪廻転生によって虫や魚など他の生き物になることもあれば、別人として生まれ代わることもある。そしてその際、前世の記憶をなくしてしまうとされている。ところが古代中国には、人間の魂は死んだ後も不滅で、しかも、その人間の個性が失われないまま残るという信仰があった。

つまり古代中国の霊魂不滅説は輪廻転生説とは根本的に異なるものであり、それを象徴しているのが「位牌」なのである。もともと儒教は「原儒」と呼ばれた葬祭業者の集団がルーツとなっているが、彼らが強調したのは「死者の魂は生きており、先祖として自分たちを見守ってくれている」という考え方だった。その考えが凝縮されたものこそ、位牌なのである。葬儀のときに位牌を立てるという風習は、葬儀に用いられた木主を立てるという儒教に基づいた習慣が日本に伝わったものなのだ。

墓も同様である。「空《くう》」を唱える仏教の考えでは、本来、墓というものは不要だが、儒教においては重要である。儒教文化圏の人々は、遺体を残すことに異常にこだわる。なぜなら、遺体にせよ遺骨にせよ、何か形となるものを残しておかなければ、招魂再生のときに困るからである。その意味で、死者の霊魂が憑依する位牌や墓が重視されるのだが、この発想は樹木や岩石に神霊が乗り移るという神道の「依代《よりしろ》」にきわめて近い。彼岸の仏をリアルな存在として、この世をバーチャルな虚仮世界と見る仏教にはありえない発想なのである。

さらには、盆の行事も、やはり儒教の祖先祭祀である。というのは、輪廻転生を本当に信じているならば、故人の魂が死後どこに行こうと、そんなことを気にする必要がないはずである。にもかかわらず気にして救おうとするのは、やはり祖先祭祀という儒教的発想が影響しているせいであろう。なお、三回忌という年忌の発想も仏教ではなく、儒教から来たものである。このように儒教ほど、人間の死と死後について豊かに説明してくれる宗教はなく、それは他宗教である仏教の死者儀礼の深奥にまで沈潜していったのである。

儒教では、その肉体は、死とともに脱《ぬ》けでた霊魂が再びもどってきて、憑《よ》りつく可能性を持つものとされる。だから、死後、遺体をそのまま地中に葬り、墓を作る。それがお骨《こつ》を重視する根本感覚となるのである。そうした儒教的立場からすれば、死者の肉体は、悲しく泣くべき対象であり、家族（遺族）がきちんと管理すべき対象なのである。出棺のとき、仏教的には僧侶は関係がなく、儒教的には家族が関係し、その柩を運ぶのは、当然なのである。

（加地伸行『儒教とは何か』）

加地によれば、儒教では死者を悼んでいろいろな儀式を行う。始めにまず北窓の下にベッドを設けて、そこに遺体を安置する。これは儒教の規定である。このあと順を追って実にこまごまとした規定の下に儀式を進行する。そして出棺となり、墓地に葬る。死から葬るまでの間、遺体を家に安置しておくが、このことを殯《ひん》（もがり）という。死後すぐに遺体を葬るわけではない。今日の葬儀において、お通夜をしたり告別式がすむまで柩を安置しているのは、医学や法律の時間制限は別としても、また日本古来の習俗と融合しているとしても、それは儒教における殯の残影なのである。

儒教では、死から殯の儀式を経て、遺体を地中に葬り、さらにその後の儀式が続くが、そういう一連の儀式全体を「喪」という。遺体を埋める「葬」は「喪礼」の一段階にすぎない。だから儒教的に言えば、「葬式」ではなくて「喪式」である。また、婚礼は昏《くら》い間に行われたことから、日本語の「冠婚葬祭」は儒教では「冠昏喪祭」が正しい。

仏式葬儀の中には、このように儒式葬儀の儀礼が取り込まれているのである。加地によれば、インドにおける本来の仏教に、果たして現在のような葬送の儀礼があったのかどうかさえ疑問であるという。たとえば、明代の儒者である丘濬《きゅうしゅん》が「仏教は中国伝統の喪礼や祭祀の仕方を盗んで葬儀や法要の諸儀礼を作っている」と語ったと、中国、南宋時代に成立した礼儀作法の書である『文公家礼儀節《ぶんこうかれいぎせつ》』の序に出ている。しかし加地は、「誤解なきようにあえて記すが、日本仏教はもちろんすぐれた宗教として存在する。私は仏教信者でありつつ、儒教的感覚の中で生きている」と述べている。この言葉は、多くの日本人にも当てはまるものだ。

さて仏式葬儀には、儒教以外の宗教の影も隠れている。葬儀の帰路、会葬者に対して遺族側は答礼として御挨拶をする。そのとき、「清め塩」の小さな紙袋が渡される。葬儀が終わって帰宅して家に入る前、この清め塩を身体にふりかけるためである。なぜ、そんなことをする必要があるかというと、葬儀で死者と関わり、死の穢《けが》れがついたであろうから、それを除いて清めるための塩なのである。

この「死者の穢れ」という発想は、仏教でも儒教でもない。これは神道にもとづく日本古来の死生観である。日本人は、インド人や中国人と異なり、死者を穢れたものと考えてきた。日本人は人が死ぬと、「不幸があった」などと言うが、死なない人間はいないわけだから、この発想では人生はすべて不幸に終わることになってしまう。マゾヒズム的というか、非常に奇妙な考え方であり、仏教や儒教では「死」を「不幸」などとは表現しない。「死」を「帰天」ととらえるキリスト教徒の中には、死者への礼に反するとして「清め塩」を否定する信者もいる。しかし、いくら世界的に見て奇妙な死生観であっても、伝統や習慣は簡単には消えない。日本古来の死生観は、仏式葬儀の中にも取り込まれ、生きているのである。

また、儒式葬儀と日本人の死生観にも重なり合う部分がある。仏教ではお骨に何の意味もないという。しかし、わたしたち日本人は依然としてお骨を単なる物体として考えることができない。飛行機や船などの事故の犠牲者の遺体は、たとえ白骨になっていても探し求めようとする。あくまでも霊魂とお骨とを同一視するという意識がある。この感覚は日本人独自の祖霊観、祖霊意識であり、かつまた古今東西、世界中に見られるものである。もちろん、中国にも存在したし、今もある。そして、この感覚を見事に理論化して、さらに体系化したものこそ儒教なのである。加地は「おそらくそれは世界で唯一の理論体系である」と述べている。

日本人の祖霊感覚は仏教よりも儒教に近いわけである。このように、仏式葬儀の中には、じつは神道も儒教も入り込んでいるのだ。武士道や心学と同じように、葬儀においても神道、仏教、儒教が混ざり合っているのである。こうして見ると、日本人の生活に密着した冠婚葬祭は、さまざまな宗教の受け皿となっていることがよくわかる。

冠婚葬祭互助会の誕生と発展

江戸時代から明治時代の葬儀において儀式の中心となったのは、「野辺送り」と称された葬列であった。正装した近親者が棺を担ぎ、葬列を組んで村中を練り歩いたのち、埋葬地もしくは火葬場まで運んだのである。葬儀は共同体が総出で行う一大イベントであったが、すでに十七世紀には葬具を扱う専門業者や棺を担ぐ人足が存在したという記録がある。明治中期になると葬具貸しと人足請負業が合体して「葬儀社」が誕生した。

やがて明治末期から大正時代になると、都市化の進行にともなって葬列が省略されるようになり、その代わりの儀式として告別式が登場する。葬儀社の業務も、葬列の手配に代わって告別式の祭壇を用意することにシフトする。とはいえ、当時の告別式は自宅で行われることが多く、精進落としの料理なども近所の主婦が総出で用意し、ふるまっていた。それが高度成長期以降、病院で最期を看取ることが増えてくると、遺体の運搬や処理も含めた葬儀の一切を葬儀社にコーディネートしてもらうことが一般化する。

この間のパラダイムチェンジに大きな影響を与えたのが日清・日露の両戦争による数万人の

戦死者であり、さらに太平洋戦争では二三〇万人以上もの日本兵がお国のためにと散っていった。夫や息子の悲報を受けても、物資不足と人手不足から満足に葬儀を出せなかった遺族の無念はいかばかりであったろうか。

このときの苦い経験をもとに、終戦直後の昭和二三年（一九四八年）、横須賀の地にわが国初の冠婚葬祭互助会が誕生した。

互助会のコンセプトは日本的な「結《ゆい》」「講《こう》」にもとづいている。

「結」とは奈良時代からみられる共同労働のことで、田植えや収穫、屋根の葺き替えなどにあたって、労働力の交換を前提とした相互扶助によって集約的な作業を可能にしたシステムである。また「講」は鎌倉時代に始まった互助的無利息融通組合で、「無尽《むじん》」「頼母子講《たのもしこう》」などとも呼ばれる。メンバー全員が定期的に積み立てを行い、順番に一人ずつに融通することで、家畜の購入や家の普請などが可能になった。

「講」はまた、日本の同業組合の先駆でもある。鎌倉時代の僧・重源は全国の山岳寺院に「講」への参加を呼びかけ、源平の争乱に焼け落ちた東大寺の復興をなしとげた。衰微した中国の天台山復興も「講」を用いて日中共同プロジェクトで成功させた。じつは、いま寺院や美術館で見られる運慶や快慶を頂点とする鎌倉美術や鎌倉建築のほとんどが「講」の遺産である。

また、鎌倉後期に仏教の戒律を復興し、真言律宗を組織した叡尊や忍性は、「講」を募って癩病救済や貧民救済の事業を起こしたが、日本の福祉事業のルーツもほとんどこのような「講」

から始まったのである。この二人の活動は日本のボランタリー活動の最初の頂点を築くものとして、あるいは、介護問題が重視されている今日的な課題の発端を築いたものとして、とりわけ高く評価されている。

このような「結」と「講」の二つの特徴を合体させ、近代の事業として確立させたのが冠婚葬祭互助会の経営システムである。日本的伝統と風習文化を継承し、「結」と「講」の相互扶助システムが人生の二大セレモニーである結婚式と葬儀に導入され、互助会を飛躍的に発展させる要因となった。

冠婚葬祭互助会はビジネスモデルとしてはきわめてユニークで特異である。互助会の業務内容は互助会部門と施行部門に分けられるが、両者はまったく異業種であり、前者は金融業、後者はホスピタリティ・サービス業である。

互助会は相互扶助精神を活動の基本理念としながらも、一方では経営体として消費者保護への責任がなければならない。そのためには適正利潤を求めながら、それを消費者に還元する方法が講じられなければならない。互助会の母体となる企業がしっかりしているからこそ、会員は毎月の掛金を掛け、必要時に役務を提供してもらえる。これは会員と互助会の信頼関係の上に成り立っている。いつ発生するかわからない結婚式や葬儀に対して、前受金を積み立てていくのであり、そこには社会的責任と信頼が必要となる。

公共性・福祉性の高い互助会事業に携わる者は、一私企業の利潤追求とは違い、社会への奉仕者としての誇りを持つべきである。掛金を掛けてくれる会員に対して冠婚葬祭の施行という役務提供をすること、これが一般に考えられる互助会の使命である。しかし、さらに大きな視点から互助会の使命というものを考えてみることもできる。

本章の冒頭でも述べたが、結婚式ならびに葬儀の形式は、国により、民族によって、きわめて著しく差異がある。これは世界各国のセレモニーには、その国の長年培われた宗教的伝統あるいは民族的慣習といった、人々の心の支えともいうべき「民族的よりどころ」が反映されているからであろう。

結婚式のみならず葬儀、さらには各種通過儀礼を総合的にとり行う冠婚葬祭互助会の最大の使命とは、日本の儀礼文化を継承し、「日本的よりどころ」を守る、すなわち日本人の精神そのものを守ることなのである。その意味で冠婚葬祭互助会とは、茶の湯・生け花・能・歌舞伎・相撲など、日本の伝統文化を継承する諸団体と同等もしくはそれ以上に「文化の核」とも言える重要なものを継承する重要な役割を担っているのである。

また、結婚式と葬儀は互助会にとって二大役務とされているが、それに次ぐ通過儀礼の施行は第三役務と呼ばれている。ビジネスとして考えた場合、これらの利益率はそれほど高くない。しかし、これまで述べてきたように、日本人の精神生活にとって通過儀礼の果たす役割は大きいのである。初宮参り、七五三、成人式で子どもの成長を祝う。長寿祝いや法事で親戚が一堂に集まる。そのような通過儀礼は家族や一族の思い出を強化し、心の絆を強める。また、子どもたちに、人のために祝ってあげるという「やさしさ」や「思いやり」の心を育て、自分のために祝ってもらうことによって「感謝」の心が育まれる。互助会が通過儀礼を行うきっかけを作り、それを習慣化することの意義は非常に大きい。

「ボランタリー・エコノミー」という言葉がある。「自発する経済」と訳されるが、平たく言うと、ボランティア活動と経済活動の融合である。ボランタリー・エコノミーは教育からNPO活動まで、基本的には「すすんで人の役に立つ」ことでお金が回るというしくみを指す。強いものが弱いものを支配するとか保護するというモデルではなく、相互に関係がつながることがボランタリー・エコノミーの力である。近代に登場した赤十字、YMCA、協同組合、幼稚園などはすべてボランタリー組織であった。そして、互助会のルーツというべき「結」や「講」もまたボランタリー組織であった。互助会は日本式ボランタリー・エコノミーなのである。

もちろん、互助会への批判もないわけではない。結婚式や葬儀が豪華になり、高額になっていく一方で、地味婚やナシ婚、家族葬や直葬といった儀式の簡素化も広がっている。

これらはどちらが正しいというべきものではないことは承知している。しかし、儀式本来の、ともに祝いたい気持ち、もしくは亡くなった知り合いに最期のお別れをしたいという気持ちに応えられない儀式で本当によいのか、という疑念が残る。少なくとも、神を迎え、人々と共食を行うという日本の伝統的な「まつり」の精神は受け継ぐ価値のあるものである。そこには単なる文化だけではない、民族としての誇りやアイデンティティが存在しているからである。

その意味においても、わたしたち冠婚葬祭業に携わる者の使命は重要である。「よい式だった」「感動的だった」と感謝されるような結婚式、また「自分もあのように送ってほしい」と言われるような葬儀を提供できるように、いつかは必ず自分も送られる立場になることを忘れることなく、これからも儀式に携わっていきたい。

第十一章　世界と儀式

儀式としてのオリンピック

前章では日本における儀式を概観したが、この章では対象を世界に広げて考えてみたい。世界規模の儀式といえば、真っ先に頭に浮かぶのはオリンピックである。オリンピックは平和の祭典であり、全世界の饗宴である。数々のスポーツ競技はもちろんのこと、華々しい開会式は言語や宗教の違いを超えて、人類すべてにとっての祭りであることを実感させるイベントである。

古代ギリシャにおけるオリンピア祭の由来は諸説あるが、そのうちの一つとして、トロイア戦争で死んだパトロクロスの死を悼むため、アキレウスが競技会を行ったというホメーロスによる説がある。これが事実ならば、古代オリンピックは葬送の祭りとして発生したということになろう。

二一世紀最初の開催となった二〇〇四年のオリンピックは、奇しくも五輪発祥の地アテネで開催されたが、このことは人類にとって古代オリンピックとの悲しい符合を感じる。アテネオリンピックは、二〇世紀末に起こった9・11同時多発テロや、アフガニスタン、イラクで亡くなった人々の霊をなぐさめる壮大な葬送儀礼と見ることもできるからである。

オリンピックは、ピエール・ド・クーベルタンというフランスの偉大な理想主義者の手によって、じつに一五〇〇年もの長い眠りからさめ、一八九六年の第一回アテネ大会で近代オリンピックとして復活した。その後一二〇年が経過し、オリンピックは大きな変貌を遂げる。

「アマチュアリズム」の原則は完全に姿を消し、ショー化や商業化の波も、もはや止めることはできない。各国の企業は販売や宣伝戦略にオリンピックを利用し、開催側は企業の金をあてにする。二〇二〇年の東京オリンピックをめぐる諸問題でも明らかなように、大手広告代理店を中心とするオリンピック・ビジネスは、今や、巨額のマーケットとなっている。

しかし、いくら商業化しようとも、オリンピックの火はけっして絶やしてはならない。

言うまでもなく、オリンピックは平和の祭典である。悲しいことだが、古今東西、人類の歴史は戦争の連続だった。有史以来、世界で戦争がなかった年はわずか十数年という説もある。戦争の根本原因は人間の「憎悪」であり、それに加えて、さまざまな形の欲望や他国に対する恐怖心への対抗などが悲劇を招いてきたのである。だが、それでも世界中の人々が平和を希求し、さまざまな手法で模索し続けてきたのもまた事実である。国際連盟や国際連合の設立などとともに人類が苦労して生み出した平和のための最大の文化装置こそがオリンピックであることには違いないのだ。

オリンピックが人類の幸福のために、どれほどの寄与をしたかを数字で示すことはできない。ノーベル平和賞受賞者であり、第七回アントワープ大会の陸上銀メダリストでもあるイギリスのフィリップ・ノエル＝ベーカーは、オリンピックを「核時代における国際理解のための最善のメディア」であると述べている。古代のオリンピア祭典は民族統合のメディアとして、利害の反する各ポリスの団結を導いた。現代のオリンピックは世界の諸民族に共通する平和の願いを集約し、共存の可能性を実証しながら発展を続けている。その点が、もう一つの国際イベントである万国博覧会とは明らかな違いと言えよう。

万国博覧会とオリンピックは二大グローバル・イベントである。万国博は産業のオリンピックであり、オリンピックはスポーツの万国博と言ってもよいであろう。しかし、もともとの近代オリンピックは万国博の「余興」にすぎなかった。一八九六年の第一回アテネ大会に続く三回のオリンピックは、文字通り万国博の余興として開催されたのである。一九〇〇年のパリ大会は同年のパリ万博と、一九〇四年のセントルイス大会は同年のセントルイス万博と、そして一九〇八年のロンドン大会も同年の仏英博と深く関係していた。しかも、いずれにおいても主役は博覧会であり、オリンピックは脇役的な存在であった。

オリンピックはその後、第五回ストックホルム大会でようやく万国博から独立し、徐々にその規模を拡大していく。それでも一九二〇年代までは万国博のような華々しさに欠け、国際的イベントと言えるものではなかった。オリンピックと万国博の関係が逆転するのは、一九三六年のベルリン・オリンピックからである。

このとき政権の座にあってすでに三年を経過していたナチス総統アドルフ・ヒトラーは、ユダヤ人に対する残忍な迫害や周辺諸国への侵略意図をカムフラージュしつつ、自らの「第三帝国」を神聖化する恰好の仕掛けとして、オリンピックを徹底的に利用した。そのために彼が行ったのが、大会のスペクタクル化である。すなわち、まさにこのベルリン・オリンピックにおいて、聖火リレーや表彰台、壮大なオリンピック・スタジアムの建設およびショーアップされた開会式など、現在に至るオリンピックの伝統が発明されていったのだ。

ヒトラーの恋人でもあった女流監督レニー・リーフェンシュタールの記録映画「民族の祭典」を観るとよくわかるが、世界中の人々はベルリン・オリンピックに異常なまでに熱狂した。ヒトラーは、大衆の「共感」を創造する天才的な儀式プロデューサーであったと言える。

近代オリンピック復興の構想そのものは、クーベルタンが一八八九年のパリ万博を経験したことから生まれたという。クーベルタンはパリ万博の開会式に強い感銘を受け、入場行進や国旗掲揚、国歌斉唱、開催国元首による開催宣言、そしてメダル授与などのいくつもの要素が、万国博からオリンピックのなかに取り入れられていった。それにさらなる演出を加え、洗練したのがヒトラーであった。第二次大戦後になると、諸国家が覇権を争う国際的イベントとしては、万国博よりオリンピックが中心になっていく。一方で、近代工業社会における産業見本市的な性格の強い万国博は、人類が共感するイベントとしてはその役割を終えたと言ってもよいだろう。

さて、古代の話に戻る。天空神ゼウスに拝げる全ギリシャの宗教行事であったオリンピア祭典は当初一日だけだったが、紀元前四六八年の第七八回大会以後、五日制になった。第一日が競技者の資格審査と、ゼウス神前の宣誓、第二日に戦車競走、競馬競走、五種競技が行われた。そして第三日目は必ず満月の日を選んだという。第三日目の午前中、ゼウスの祭壇に犠牲を捧げる供犠が行われ、午後は少年競技となり、夜には盛大な宴会を催した。

第四日の午前は競走競技、午後はレスリング、ボクシング、古代の総合格闘技であるパンクラチオン、武装競走で、夜はまたまた大宴会、最終日の第五日は表彰式と最後の宴会というプログラムで大会が進められた。

犠牲には牛、豚、羊などが用いられ、三日にわたる夜宴の御馳走にこれらの肉が食べられたという。その数は相当なもので、多くの人々が大量の焼肉料理をたいらげた。当時ギリシャ人の食物といえば、ブドウ、イチジク、オリーブなどの果物、魚、イカなどの魚介類、小麦粉でつくる餅などに果実酒が加わったもので、焼肉は高級料理であり、めったに口に入るものではなかった。それがオリンピアの祭典では一大バーベキュー・パーティーとなって、ふんだんに食べられたのだから、これは大変な魅力だったに違いない。こうなると、祭典は食欲を吸引力にした宗教行事のようだが、儀式においてはそういったハレとしての一面も否定することはできないだろう。

祭典の舞台であったオリンピアには、ゼウス、ヘラの神殿を中心として、宝物殿や反響廊など、当時の一流建築家たちが技術の粋を尽くして建てた美しい石造建築が建ち並んでいた。またアルチスの森には、優勝者の栄誉を称える数多くの彫像が立っていた。いずれもギリシャ芸術が誇る傑作ばかりである。

オリーブや月桂冠が深く茂る森、そこにそびえる壮大な大理石の宮殿、緑に包まれた広大な競技場、そしてこの神域を彩る美しい彫刻の数々。オリンピアは南国にふさわしい明るさと、荘厳さ、清純な空気に包まれたすばらしい神苑だった。そして、満月の青白い光を浴びる神苑アルチスの森を背景として、巨大なかがり火をたきながら焼肉に舌鼓を打つゴージャスな大夜宴が開催されたわけだ。オリンピア祭典とは、宗教、芸術、スポーツ、グルメといった「文化」や「遊び」のエッセンスがすべて凝縮された古代のスーパーイベントだったのである。

ちなみに、二〇二〇年の東京オリンピックでは、わたしは小笠原家茶道古流の「国際大茶会」の開催を計画している。古流とは豊前小倉藩に伝わる茶道の流派である。茶会ほど平和な行事はない。ぜひ、東京オリンピックのプレ・イベントとして、国家や民族や宗教を超越した茶会を成功させたいと願っている。

儀式・政治・権力

アメリカの人類学者であるＤ・Ｉ・カーツァーは、『儀式・政治・権力』（一九八八年）で、儀式の持つ力について豊富な実例を示して考察した。彼はコンセンサスのないところに連帯をもたらそうとするとき、儀式が重要な役割を演じると主張している。これは、それが政治の知覚になんの効果もないという意味ではない。実際、儀式は、政治の出来事、政治の方針、政治のシステム、政治の指導者に関する人びとの考えに、影響を与えるあたえる重要な手段であるとして、カーツァーは次のように述べる。

儀式をとおして人びとは、なにが適切な政治制度か、なにが政治の指導者にふさわしい資質か、周囲の世界がどれほどこれらの基準を満たしているかについて、その考えを発展させせる。政治の理解は、シンボルによって媒介されるのだし、シンボリックな表現の有力なかたちである儀式は、政治的現実を構築する価値ある手段である。（カーツァー『儀式・政治・権力』）

カーツァーによれば、儀式は、共通の信念の必要なしに、共通の行為を育てうる。人々の行為は、信念の表明としてよりも、状況の圧力への反応とするほうが、よりよく説明できるのである。実際、ウィリアム・ジェイムズをはじめとした多くの心理学者たちは、人々の心構えがその行動を決定するのではなく、逆に行動が心に影響を与えると主張してきた。

儀式は参加者の情緒を操作する力を持っている。そのような儀式にみられる情緒の発生源は何であろうか。デュルケムは、儀式の情緒的強度を、人びとがその社会にたいして感じる強い依存性を表現する事実に帰した。しかしながら、カーツァーによれば、定期的スケジュールの儀式の他に、個々人が人生の移行点に達したときにもまた、典型的に儀式があるという。ここでは、儀式に結びついた強い情緒が、このような状況で人が苦しむ内面の葛藤、不確実さ、恐怖を反映するというのである。儀式は、現実の政治においても、人々の情緒に大きな影響を与えるインパクトをもっている。カーツァーは次のように述べる。

人びとは儀式への参加から、大いなる満足をひきだすのだ。統治者たちは、数千年ものあいだ（ほんとうのところ、統治者というものがあったかぎり）その正統性を支持する民衆の情緒を喚起し、その政策に民衆の熱狂をあつめるために、儀式を工夫し、採用してきたのだ。だが、おなじ理由から、儀式はまた、人びとを蜂起にむけて動員するため、強力な情緒をひきださねばならない、革命グループにとっても重要である。トロツキーは、ソヴィエト国家の初期のころ、こうした儀式形式の必要を認めていた。彼は、大衆にたいしては「合理主義的」アピールでは不充分だと論じて、日常儀式の教会独占には、とくに神経をとがらせた。「劇場的なものへの人間の欲望」「情緒を表《おもて》に出して明示することへの強い、正当な欲求」を認めるべきであるとトロツキーは力説した。

（カーツァー、同書）

カーツァーによれば、集権化された社会では、儀式が組織区別の主要な役割を演じる。自分の治世を前任者のそれから分離したい統治者は、旧い儀式を代替する新しい儀式を発明する必要がある。古代中国において、征服された隋王朝に続いて唐王朝が興ったとき、新体制の太史令となった傅奕《ふえき》は、新しい暦、新しい宮廷服の色、新しい官制、新しい音曲、新しい宮廷儀式をつくることを力説した。カーツァーは「新体制の、時間をシンボライズする新しい方法との同一視――時間をはかる新システムの創出にあきらかな――は、古代中国ばかりでなく、往年の皇帝たちからムッソリーニまでのローマでも、革命期のフランスでも、くりかえしみられたことだった。時間をコントロールすることによって、統治者たちは、その政治的創造を自然のリズムに固定した」と述べている。

儀式は、ヒエラルキー組織の力関係に対しても強い影響力をもつ。儀式の無視や不備によって、人々は権力を失うこともあれば、儀式の操作によって権力を増大することもできるのだ。この特徴は、権力が最も集中しているところで最もドラマティックに見られる。

二〇〇〇年前の中国で、中国の農民だった劉邦は兵を挙げ、漢朝を樹立した。「高祖」となった彼が、皇帝として最初に行ったことのひとつが宮廷儀式の廃止であった。農民出身の彼は、さまざまな儀式を瑣末事とみなしたのである。しかし、この結果、宮廷では部下がほとんど彼にたいして敬意を示さなくなった。部下たちが酔っ払って宮中接見を中断させたこともあり、彼らは大声で互いに侮辱し合い、木造宮殿の柱を剣で切りつけたという。自分自身と臣下との間に然るべき距離がないのに悩まされた皇帝は、新しい儀式法典を発布した。変化は劇的で、皇帝はもはや宮廷に歩いて入ることはなく、その到着を告げる数百人の旗持ち役を連れ、駕籠に乗ったまま運ばれた。すると全員が立ちあがって彼に乾杯した。彼はもはや農民君主ではない皇帝となった。

儀式の政治効果は、まず第一に、既存のシステムとその中の権力者を正統化することにある。このテーゼを唱えた代表的な人物がデュルケムで、人々は儀式を通して、彼らが住む俗界の社会政治秩序を、宇宙的次元に投射すると論じている。個人と集団との、社会的に承認された「固有の」関係のシステムを人々がシンボライズするのは儀式を通してなのである。

デュルケムは、成層化社会の政治の安定性が、そのシステムと権力者の正統性に関する民衆の信念にもとづくことを意味すると考えた。人々が儀式を通してその社会を崇めるから、政治の正統性が安定した社会すべての特徴になるというのである。転じて儀式こそが、この社会コンセンサスを育て、かつ表現していると言えるだろう。

なぜ儀式は、こうした正統化の有力手段になるのであろうか。その理由のひとつは、それがある特定の宇宙イメージを、そのイメージへの強力な情緒的愛着と結びつける方法をさしだすからであるという。カーツァーによれば、儀式は、世界がつくられているかについて、一定の見方を体現するシンボルから成り立っている。だが同時に、標準化された、しばしば情緒に充たされた社会行為に関わらせることによって、儀式は、これらのシンボルを卓越したものとなし、それらへの愛着を促進するという。ヴィクター・ターナーによれば、儀式とは「強制的なものを望ましいものに、定期的に変換するメカニズム」であり、儀式において「支配的シンボルが、社会の倫理的、法律的規範を、強力な情緒の刺激との深い関係に置く」のである。「ひとは独りではまったく無力である」とデュルケムは言ったが、カーツァーは「その生存を仲間に左右される人間は、たえず社会の強さと善意を確認することによって、みずからを慰める必要がある」として、次のように述べる。

この社会的コムニオンの欲求は、なんらかの共通行為をとおして充たされるしかない。「人びとが一体になり一体と感じるのは、ある対象にたいして、おなじ叫びを発し、おなじ言葉を発音し、おなじ身振りをすることによってである」。こうしたシンボルの使用をとおしてのみ、その内的精神状態をコミュニケイトできるのであり、その連帯をいちばんよく表現できる方法が、グループとしてシンボリックな行為に参加することによってである。

（カーツァー、同書）

社会的コムニオンの儀礼は、社会的連帯をめざす生得の努力を表すだけではない。さらにそれを樹立し、更新するのである。こうした儀式への参加を通して、人々は社会グループに依存する。儀式によって、社会グループの境界、個々人が忠誠を感じる人びとの集団の境界は定義される。儀式活動は、グループの連帯のために必要な方法なのだ。定期的に集まり、こうしたシンボリックな行為にともに参加することによってのみ、集団の理念と感情は行き渡る。デュルケムはこのような儀式の必然性について次のように述べた。

その社会の統一と個性をつくる集団感情と集団理念を定期的に高揚し、確認する必要を感じない社会はありえない。いまではこの道徳の再創出が、個々人がたがいに身近に結ばれて、その共通の感情を共通に再確認する再会、集会、会合の手段をのぞいては達成されえない。したがって、その目的、生みだす結果においてであれ、この結果を達成するためにとられる過程であれ、通常の宗教の式典と変わりない儀式がおこなわれるようになっている。

（デュルケム『宗教生活の原初形態』）

こうして、社会的連帯が社会の要求とみなされる。儀式がその連帯性創出に欠かせない要素とみなされるわけである。しかし、カーツァーは「その儀式の解釈で、連帯を価値コンセンサスと同一視したという、デュルケムの一般的読みかたは彼の主張の強度をそこなっている」と述べている。デュルケムの天才は、儀式が信念の共有を要求することなしに連帯を打ち立てると認めているところにあるというのである。カーツァーは「連帯は、ともに考える人々によってではなく、ともに行為する人々によって生みだされるのである」と喝破する。

革命祭典から記念式典へ

人々は、儀式を通して、その社会的帰属を表明する。ゆえに、共同体の儀式をコントロールできる政治勢力は、その権威を正統化するに好都合な立場にある。儀式を通して権威はドラマ化され、それによって魅力的になる。このドラマ化は、誰に権威があり、誰にないかを確立するだけではなく、政治の有力者間の相対的権威の程度をも規定する。

アメリカの政治における最大のドラマとして、四年ごとの大統領選キャンペーンがある。これは最も精錬された、儀式の競争的用法と言ってもよい。キャンペーンは巡礼のようなものであり、アメリカ国民は、その高度に儀式化された登場を通して候補者を知らされる。候補者は自分自身のイメージを最大限に演出し、それを競争者のイメージと対比させるために儀式的なテクニックを使う。共和党であれ民主党であれ、理想を定義し、民衆の情緒に火をつけるために、候補者はあらゆるシンボルを駆使し、顔に化粧を施し、シャーマンのように演説する。

革命運動やそれに続く新体制にとっても、儀式は重要な意味を持つ。旧体制を破壊し、ラディカルな政治思想を制度化するためには、強力な支持がなければならない。民衆がそれまでに確立された習慣と概念を捨てることが必要になるからである。

人類史上に残る革命といえば、フランス革命である。カーツァーによれば、フランス革命においては、十八世紀末の革命の十年間に、驚くべき速さで「巨大な儀式装置」が確立されたという。もちろん、革命の成功あるいは失敗は、儀式闘争の観点からだけでは理解できない。しかし、革命の儀式は、政治戦争を反映するだけでなく、それを戦う有力な武器でもあった。フランス革命における儀式戦争は、政府の派閥の間でも、あるいは政府と教会の間でも戦われた。カーツァーは次のように述べている。

一七九二年、長いあいだ人びとを教会に結びつけてきた通過儀礼——洗礼から結婚をへて死にいたるまで——を、国家が収用した。新しい統治者たちは、忠誠を誓うべきサクラメントとして、聖書を〈人権宣言〉でおきかえた。革命の聖歌が、教会のそれをおきかえた。そして革命の偉大な出来事をマークする祭典が、ローカルな聖人の日の行列をおきかえた。まことに、日曜という聖日《ホリ・デイ》を基軸とした七曜暦を、政府は、革命的な一〇日間の旬暦でおきかえたのであって、それが、新しい世俗の祭典によって区切られた。（カーツァー、前掲書）

フランス革命の儀式は、連帯を生みだすだけでなく、恐怖を沁み込ませるために設計されていた。悪名高いギロチンだけが脅しの唯一の装置というわけではなかったのである。さまざまの儀式が、人々に、新体制への忠誠を誓うことを求めた。

社会理論家として、既存の学問の枠組みにとらわれないとの評価が高いポール・コナトンは、『社会はいかに記憶するか』（一九八九年）においてフランス革命における王の公開処刑を取り上げ、次のように述べている。


ルイ十六世の裁判と処刑の意味はすべて、その儀式が公開されたことにあった。国王としての身分を否定し、その公的地位を死にいたらしめたのは、この点であった。暗殺や投獄や流刑などではなく、王制に対する人々の公認の憎悪が実際に表現され目撃されるような方法で、王制の権化であるルイ十六世を死に追いやったことによって、初めて王朝の原理は破壊されたのである。革命家は王制をつつむ不可侵性のオーラが歴然と否定されるような儀式的措置を見つける必要があった。（コナトン『社会はいかに記憶するか』）

コナトンによれば、すべての王室を終結させるために、ルイ十六世には王としての葬儀が与えられなければならなかった。その裁判と処刑の儀式は、先に行われた儀式の記憶を無効にする意図があったのである。戴冠式で聖別された王の頭を切り落とすことで、革命派は王を身体的な死だけでなく、政治的な死にいたらしめたのである。

フランス革命の一連の儀式戦争を最終的に制したのはナポレオン・ボナパルトであった。ナポレオンは革命祭典を禁止したが、そのことは政治と儀式の密接な相互関係を物語っている。そして自らは盛大な戴冠式によって皇帝となったのである。

大衆参加と内部の敵の探索でマークされる革命祭典が、軍事力と、征服と、外国の敵の敗北をたたえる儀式に道をゆずった。ナポレオンもまた、儀典大臣をかかえていたのであって、その皇帝への一八〇六年の報告書が、革命が消え去ったあとにも、政治儀式にたいする統治者の関心がつづいたことを示している。二つの大きな国民祝典が提案された。ひとつは、ナポレオンによってつくりだされた新しい社会秩序を特筆する、平和と正義にささげたもの。もうひとつは、ナポレオン自身を讃える年次祭典で、その戴冠記念日のつぎの日曜日に祝われた。革命の礼讃が、ナポレオンの礼讃におきかえられたが、後者もまた前者に似て、不面目な最期をみるだろう。

（コナトン、同書）

ナポレオンは革命祭典を、自らを記念する儀式に置き換えた。コナトンは、現代においても、これと同様に、記念日の復興による儀式が行われていることを指摘する。たとえば、フランス第三共和政においては一八八〇年に「バスティーユ記念日」が歴史的な日となり、ドイツでは普仏戦争の二五周年を記念して一八九六年に記念式典が行われた。

コナトンは、この二つはともに新しい政権の樹立を記念するものであったとする。

どちらの場合においても、儀礼のコンテクストはそのイデオロギーとしての機能を実証している。フランスでは、穏健な共和党ブルジョアジーが、革進派の政敵の脅威をかわすための戦略の一部として儀礼を発明した。それは、三色旗やラ・マルセイエーズのシンボル、また自由、平等、博愛への言及で、フランス国家統一の事実を第三共和政の市民に思い出させ、そのなかで一七八九年におけるフランス国家を毎年重ねて主張することによって達成される。ドイツでは、ヴィルヘルム二世の政権が一八七一年以前には政治的に何らの特定もしていなかったある民族に、実はナショナル・アイデンティティを享受しているのだと確信させるための戦略の一部として、式典を発明している。それは、新しい帝国のすべての市民が共有する国家的・歴史的経験として、ビスマルクのドイツ統一を祝うことで成し遂げられる。

（コナトン、同書）

ヒトラーによるオリンピック式典の演出もまた、このイデオロギー補強の延長上にあるとみなしてもよいであろう。ただしヒトラーは、ナショナル・アイデンティティのためではなく、ナチスが平和主義であると錯覚させるためにオリンピックを利用したのである。

コナトンが言うように、社会の記憶は普遍的でも絶対的でもないのであろう。なぜなら、それは記念式典によって、正当化され、公に認識され、維持されていくにすぎないからである。

キリスト教のプレゼンテーション

儀式は言語を超えたメッセージを伝える伝達装置として、多くの人々への情報伝達を可能にしてきた。

人々に大きな影響力を与えるプレゼンテーションの達人たちは、現在でも、政治や広告の世界に多く発見することができる。しかし、歴史上で最もそうした才能に長けていたのは宗教家である。ブッダ、キリスト、ムハンマドなど、世界宗教の開祖はいずれもプレゼンテーションの天才であった。

宗教はあらゆる宣伝技術を生んだ。言ってみれば、政治のプロパガンダも広告のプロモーションも、布教から派生している。政治や広告は宗教の子なのである。中でもキリスト教こそは、史上最大のプレゼンテーション戦略によって勢力を拡大してきた集団と言えるだろう。

このことは、ヨーロッパのカテドラルを訪れれば容易に実感できる。ヨーロッパではどこに行っても、その土地で最も高くそびえているのは、十字架のついたキリスト教の大寺院である。これらは豪華な彫刻と絵と宝物で飾られ、わたしたちのような異教徒であっても必ずと言っていいほど宗教的感動に浸れる荘厳な雰囲気が用意されている。

たとえば、パリのノートルダム寺院は十三世紀半ばに建てられた荘重なゴシック様式の建築である。天井は薄暗く、昼間でも何も見えない。やがて陽が傾くと、壮大なステンドグラスから射し込む七色の光が、今まで見えなかった天井の奥のほうを照らし出す。すると、そこに神々しい聖母マリアの顔が浮かび上がり、思わず厳粛な気分になる。寺院の内部では、信徒たちがうやうやしく礼拝をし、聖職者たちが朗々とした声で説教をしている。聖職者が立っている祭壇の前は最も音響効果の良い場所に設計してあり、『聖書』の言葉が、まるで人間のものでないような韻々とした声で、明晰に聞こえてくる。

やがてパイプオルガンが鳴り出し、荘厳さが一段と高まったところに聖歌隊によるラテン語のミサ曲の合唱が始まる。この、視覚と音響の相乗効果による美しさ、素晴らしさには、キリスト教徒でなくとも、思わず父なる神に祈りを捧げたくなってしまう。

キリスト教には、こういう芸術的な仕掛けが実にたくさんある。音楽、絵画、彫刻、すべてを動員して神のありがたさ、御恵みをたたえるという一大プレゼンテーションなのである。この宣伝力はハリウッドなどはるかに凌ぐ。それどころか、現在の宣伝様式はすべてキリスト教に属するものと言えるだろう。

キリスト教は布教の効力を上げるために、芸術の発展に恐るべきエネルギーを注ぎ込んできた。歴代のローマ法王が愛した芸術家は、ルネッサンス時代のダ・ヴィンチ、ラファエロ、ミケランジェロをはじめ、枚挙にいとまがない。そして彼らの作品はすべて、布教活動の道具になったのである。ヨーロッパの街を歩けば、必ずキリスト教のオブジェに突き当たる。そのような完璧なシステムができ上がっているのである。ヨーロッパは街全体がキリスト教をテーマにしたテーマパークだと言っても過言ではない。ディズニーランドならぬキリストランドなのである。他の宗教、たとえば仏教でも荘重な寺院が建てられてはいるが、ディテールに至るまでのコンセプトの浸透性や、演出の徹底性において、キリスト教には到底かなわない。

とくにカトリックは膨大なエネルギーを、建築、彫刻、絵画の創造に注ぎ込んだ。しかし、やがてその行きすぎにより教会内部から反省や反発が生じ、宗教革命を引き起こす一因となった。ここに生まれたのがプロテスタントである。宗教革命の中心的人物マルティン・ルターは豪華な教会建築や偶像崇拝に反対を唱え、簡素化を実行に移した。しかし、キリスト教のプレゼンテーションの精神が死んだわけではなかった。

ルターはプロテスタントの布教にあたって、ドイツ語の聖書とともに自ら作曲した賛美歌を利用した。以後、賛美歌は各国において自国語で作詞作曲されるようになる。賛美歌集を開いてみると、ヨーロッパのあらゆる地域の人々に親しまれた伝統的なメロディーが集約されていることがわかる。その中でも最大のヒット曲が「きよしこの夜」である。一八一八年のクリスマスにオーストリアの教会で初演された「きよしこの夜」は、数十年後には日本をはじめ、地球上の文明国で知らない者がいないほどに広まった。当時の情報伝達のスピードとしてはすさまじい勢いと言えるだろう。

現在でも、世界で最も知られている歌は「きよしこの夜」、最も多く描かれた画像はキリスト、そして世界最大のベストセラーは『聖書』である。わたしたちの目と耳と心は、すでにその何割かをキリスト教文化の支配下に置かれてしまっているであろう。キリスト教の宣伝力のすごさは、戦後の日本において、クリスマスが急速に年間最大のイベントとして定着した事実からもわかる。さらに、菓子産業の商魂が大きく働いているとはいえ、バレンタインデーは完全に認知され、ここ数年でハロウィンも急激に普及している。もっとも、ハロウィンは異教の祭りという位置づけで、キリスト教会からは無視されることが多いようだが。

日本の若い女性は教会での結婚式に憧れ、上智大学や立教大学、青山学院大学をはじめとしたキリスト教系の学校は人気が高い。聖心や白百合などのキリスト教系女子大は、「お嬢さま」「上流階級」といった高級イメージと結びついている。とにかく、日本においてキリスト教のイメージは非常に良い。これを明治維新以来の脱亜人欧的な欧米コンプレックスの表れとみることもできるが、やはりキリスト教の高度なブランド戦略の影響が大きいだろう。そして、その宣伝戦略の核は牧師や神父による説教にあるというよりも、建築、彫刻、絵画、音楽などの芸術への憧れをともなって、キリスト教を日本人の心にインプットしていったのである。

一説によれば、今日残っている西洋音楽の中の三分の一から半数近くはキリスト教の宗教音楽であるという。さらに、残りの半分、あるいは三分の二の音楽の中で、キリスト教を切り離してしまうとまったく意味がわからなくなってしまう曲が半分以上ある。つまり、キリスト教と関係のない音楽を探す方が難しいというぐらい、西洋音楽とキリスト教は密着しているのである。これは当時の芸術家のスポンサーが教会もしくは教会と縁の深い資産家であったことが大きく影響している。音楽に限った話ではなく、人類の遺産として残された絵画や彫刻や文学などの芸術作品はすべて、音楽と同じぐらいの比率でキリスト教に関係している。このように、ヨーロッパ文化からキリスト教を取り去ってしまうと、音楽、絵画、文学はほとんど成り立たなくなってしまうであろう。

たとえば「音楽の父」と呼ばれるヨハン・セバスティアン・バッハは偉大な才能の持ち主であった。バッハの音楽は現在でも生き続け、おそらく永遠のものであろうと言われるが、バッハはとりわけ葬式音楽に力を入れていたという。金持ちの葬式があると大勢の信徒が参拝する。

バッハは依頼を受けるたびに新しい葬送曲を作ってオルガンで演奏し、その謝礼で生計を立てていた。バッハの日記には、「この頃お葬式が少なく、実入りが少なくてやりきれない」ということが書いてある。だからといって、バッハを金儲け主義の芸術屋だとか、御布施取りの坊主と同じなどと批判してはいけない。バッハの葬式音楽は、いずれも芸術的価値が高く、葬儀に集まった人々を深く感動させ、その心をとらえて離さなかったのである。日本の葬儀ディレクターたちは、現代のバッハを目指さなければならない。葬儀の参列者に深い感動を与え、故人の霊魂を天上に帰す美しい儀式を司ったとき、芸術と宗教とビジネスは矛盾なく一致するのではないだろうか。

ナチスに見る儀式力

先に、ヒトラーがオリンピックを巧みに利用したことを述べたが、彼はキリスト教の宣伝戦略をも徹底的に研究して利用した。ナチスのプロパガンダの方法がキリスト教の布教に似ていることは、すでに当時から指摘されていた。ナチスの党大会では多くの旗をひらめかせ、整然とした行進をし、さまざまな歌を歌った。中にはバッハの時代の音楽を編曲したものもあった。賛美歌の手法と同じである。華麗な制服、独特の挙手、歩き方、軍楽隊、当時のデザイナーや映画監督らを総動員した演出なども、すべてキリスト教の宣伝技術を手本にしたという。

ヒトラーは宣伝や大衆動員の天才だった。彼は一九三六年の第十一回ベルリン・オリンピック大会をはじめ、第三帝国において数多くの祝祭をプロデュースしたが、いずれも宗教的祭儀の特質をうまく取り込んだものであった。また、祝日、民衆の合唱劇、青年運動なども政治活動に利用し、劇、音楽、通過儀礼を中心とする民俗行事、郷土芸能なども広く取り入れた。さらには、壮大な建築やマス集会をつくって、次々に大規模なイベントを催したのである。

ヒトラーはまさに大衆を動かす超一流の心理学者であり、儀式で人心を操る天才であった。ナチスの式典や祭典が荘厳な演出に満ちていたことはよく知られているが、それらはカトリックの儀式を徹底的に模倣したものであった。そして、その最大のハイライトはヒトラー自身の演説だった。神がかり的と言われたヒトラーの演説には、巧みに計算されたローテクとハイテクによる演出が織り込まれていた。演説はたいてい夕暮れから夜にかけて行われ、当時の最新テクノロジーであったマイクやサーチライトも使われた。

満天の星空の下、無数の松明が燃えさかり、サーチライトが交錯する。ファンタスティックな光景に加え、大楽隊の奏でる楽器の音が異様な雰囲気をかもし出し、マイクで増幅されたヒトラーの声が民衆の中の憎悪と夢を呼び起こす。熱気と興奮。恍惚と陶酔。すでに催眠状態に陥った民衆の心は、ヒトラーの発する霊的なパワーに完全に支配されてしまう。このような呪術的ともいうべき儀式の力をナチスは利用したのである。コナトンは次のように書いている。

一九三三年一月の政権掌握から一九三九年九月の戦争勃発までの間、ドイツ第三帝国の国民は数々の記念式典によって、国民社会主義政党とそのイデオロギーを絶え間なく思い出させられることとなった。その記念式典の数や順序や構成はただちに権威あるものと認められ、その形式は第三帝国消滅まで存続した。キリスト教の暦が異教時代の季節ごとの行事と関係があったのと同様に、帝国の記念式典はキリスト教の暦と関連があり、この新しく発明された規範の影響は生活のすみずみまで行き渡ることになる。国民社会主義政党の歳時の儀式規定は管理の行き届いた完全なものだった。

（コナトン、同書）

コナトンは、「社会の記憶とは、戦没者追悼行事からオリンピックまで、国家の記念式典を通して過去のイメージが社会全体で共有され、伝統として受け継がれていくものである」と主張している。とくに記念式典には社会の記憶のメカニズムが最も明確に現れるという。身体の習慣の記憶と社会の記憶をつなぐものが記念式典だからである。

多くの文化には祭典がある。祭典はその文化に備わった神話の記念祭として、または特定の歴史的な日時あるいは神話の時代に起こった出来事を想い起こすものとして執り行われる。キリスト教の聖人の祭りも毎年決まった日に祝われる。戦没者追悼の式典は、記念碑で執り行われる。半旗が掲げられ、墓に花が供えられる。

コナトンによれば、すべての記念式典に見られる特徴は、その式典が過去からの連続性を暗示するだけでなく、明白にその連続性を主張することであるという。そして、多くの場合、記念式典は多かれ少なかれ不変的順序をもち、過去に起こったとされる出来事のひとつを儀礼的に再現する。これはその出来事が国家にとっての神話であることを示している。たとえば日本における原爆記念日の式典や東日本大震災の慰霊祭などは、それらが忘れられてはならない現代の神話であることの証左である。

ディズニーランドと月の宮殿

二〇世紀において、ヒトラーの演出センスに匹敵しうる人物といえば、ウォルト・ディズニーであろう。ディズニーは、二次元のアニメーション映画から出発して、三次元のテーマパークであるディズニーランドを創造した。ディズニーランドは子どもも大人も楽しく遊べて、幸福な気分になれる「愛と魔法の王国」である。

ウォルト・ディズニーの商業的成功の一つの鍵は、メルヘンの世界に流れる死と恐怖のテーマを自由自在に利用した点にあると言われている。彼が二〇歳で初めて製作した短編アニメーション映画が「赤ずきん」であったことはきわめて示唆的であるが、グリム童話をはじめとしたヨーロッパのメルヘンの世界はディズニーにとってアイディアの宝庫であった。メルヘンのストーリーは、時間や空間や常識を越えた次元で展開し、言葉をしゃべる動物や植物も登場すれば、死者も平気で霊界から蘇る。そこには誰もが知っている事物に空想的な行動を許し、それによって人生の真実を語らせるという神話的思考が貫かれているのである。

意外なことだが、ディズニーランドは「死の遊園地」としての一面を持っている。ディズニーランドは、ファンタジーランド、フロンティアランド、アドベンチャーランド、トゥモローランドの四つの世界から成立しているが、その中の核ともいうべきファンタジーランドは「死」のイメージに満ちているのである。

死者の世界に対するディズニーの興味は初期のころから見られる。一九二九年の短編アニメーション映画「骸骨の踊り」は満月の夜の墓場で骸骨たちがグリークの音楽にあわせてラインダンスを踊るという、グロテスクなユーモアに満ちた内容だった。ミッキーマウスに代表される陽気で天真爛漫な世界と同時並行して、ディズニーは死者たちの怪奇的世界をユーモアの対象として追求してきたが、この二つは「白雪姫」以降の長編アニメーションにおいて見事に融合するのである。

文化人類学者の能登路雅子は、『ディズニーランドという聖地』（一九九〇年）において、究極の陽の世界と究極の陰の世界、すなわち天国と地獄がどちらも観客大衆の心をとらえるという発見を、ディズニーは本能的にしていたと推測している。日本の古い寺の境内に今でも残っている絵解きを見てみると、極楽絵と地獄絵が並んでいたりするが、ディズニーの作品世界もまた、こうした両極のイメージが渾然一体となっているというのである。そして、ディズニーランドのファンタジーランドこそは、まさにそうした想像力に支えられた神話的領域であるとして、能登路は次のように述べる。

大クジラの腹のなかに呑みこまれた人形の少年が脱出し、妖精の魔法で人間になる「ピノキオの勇敢な旅」のアトラクションもしかり、うさぎの巣穴から地下世界に落ちてトランプの女王に首をはねられそうになるものの、地上に戻る「不思議の国のアリス」もしかり、また、自動車を暴走させて地獄行きを命ぜられたカエルが無事この世に生還する「ミスター・トードの無謀運転」もしかりである。そして、地獄からの生還、死からの再生をいったん果たした主人公には永遠の安全と幸福が約束される。百年ののち、毫も変わらぬ姿で蘇った眠れる森の美女のように、ガラスの棺からめざめていつまでも幸せに暮らした白雪姫のように、そして、「ピーター・パン空の旅」のなかでロンドンの空とネバーランドを往復しながらも決して大人に成長することのない少年のように、主人公たちはいつまでも若く美しい。

（能登路雅子『ディズニーランドという聖地』）

ファンタジーランドを貫いているテーマとは、「天国と地獄」というよりも「死と再生」と言った方が正しいかもしれない。主人公たちはいずれも、一度死んでから（または異界に入ってから）、この世に戻って来る。だからファンタジーランドは、「死」のイメージとともに「再生」のイメージにも満たされているのである。

繰り返しになるが、「死と再生」はイニシエーションのテーマである。民族的伝統にもとづく通過儀礼が失われつつあるのと相反するように、ディズニーランドのアトラクションを訪れることで「夢と冒険」をかなえようとする若者は増加している。しかし、ディズニーランドにおける「冒険」はあくまで擬似的なものであり、その経験は苦痛も不安もともなわず、最初から成功と快楽が約束された見せかけの「死と再生」もどきにすぎない。

このチープなイニシエーションを象徴するかのように、各国のディズニーランドにはそれぞれのシンボルとなっているコンクリートの城がある。アメリカ・ロサンゼルスのディズニーランドでは「眠れる森の美女の城」、東京ディズニーランドでは「シンデレラ城」が「愛と魔法の王国」のシンボルとなっている。そしてそれらの城のモデルが、南ドイツ、バヴァリア地方の森に立つノイシュヴァンシュタイン城であることはよく知られている。

ノイシュヴァンシュタイン城は日本人観光客にも人気のスポットである。山と湖に囲まれた断崖の上にそびえる白大理石造りの美しい城は、バイエルンの青年君主ルードヴィヒ二世が心に描いていた「月の宮殿」を模したものと言われている。

ルードヴィヒ二世は、ゲルマン神話やさまざまな伝説をテーマとしたワーグナーの楽劇音楽に骨の髄まで心酔していた。彼は、それらの劇に登場する幻想的な城や建物を実際に地上に再現しようとして、ノイシュヴァンシュタイン城を建てたのである。つまり、ノイシュヴァンシュタイン城は、ワーグナーランドとしてのテーマパークだったのである。神々や妖精たちの住む「夢の城」でなければならなかったために、それはおよそ地上的な配慮を無視した、建築困難な切り立った岩山の上に造られた。そしてルードヴィヒ二世は、一人の廷臣もつけることなく、たった一人でそこを訪れては芸術的妄想に耽ったのである。

ルードヴィヒ二世はこのように奇怪な情熱にとりつかれた王だった。彼は城の明かり取りから射し入る青白い月光を、一人静かにいつまでも眺めつづけるのが常だったという。ルードヴィヒ二世の神話世界への過度の没入と、天上的なものへの強い憧れは「月」の魔力に集約される。常人には理解しがたい彼の城づくりへの情熱を指して、当時の人々は「ルナティック（狂気的）」と評した。昔の人々は月（ルナ）には人を狂わせる霊力があったと考えていたのである。

ルードヴィヒ二世は、やがて「月に憑かれて気が触れた王」として廃位された。彼を「月の王」と呼んだのはフランスの詩人アポリネールであった。アポリネールの属した超現実主義の文学運動シュールレアリズムは、その守護神の一人に月神アルテミスを数えていた。アポリネールは、ルードヴィヒ二世の月への想いをわがことのように感じていたのであろう。

ルードヴィヒ二世こそは、「ロマンティック」と「ルナティック」という月が象徴する二つのものを一個の肉体の中に見事に取り入れた「月の王」であり、ノイシュヴァンシュタイン城は、彼の月への想念が具現化した「月の宮殿」であった。だとすれば、そのノイシュヴァンシュタイン城を模した城をシンボルとして成り立っているディズニーランドもまた、人間を魅惑する「月の宮殿」と言えるのかもしれない。

世界の宗教と月信仰

宗教儀式においても月は重要な意味をもっている。もともと太陽信仰と月信仰は、地球上のあらゆる場所において見られる普遍的な信仰である。常に不変の姿を保つ太陽は神の生命の象徴であり、満ち欠けによって死と再生を繰り返す月は人間の生命の象徴とされることが多い。

神道には、ツクヨミノミコト（月読命）という月の神がいる。この神は、太陽神であるアマテラスオオミカミ（天照大神）およびスサノオノミコト（素佐之男命）と並んで「三貴子」とされる最上神である。アマテラスとスサノオといえば日本神話界の二大スーパースターであるが、不思議なことにその二神と並ぶツクヨミについての記述は記紀にもほとんど見られない。しかし、アマテラスとスサノオが対立関係にあるのに対して、ツクヨミは無為の神としての平和的なイメージを発しているのである。

仏教においては、ブッダことゴーダマ・シッダールタは満月の夜に生まれ、満月の夜に悟りを開き、満月の夜に亡くなったという。ミャンマーなどの上座仏教の伝承によると、ブッダの降誕、成道、入滅の三つの重要な出来事はすべてインドの暦でヴァイシャーカの月（太陽暦の四〜五月に相当）の満月の夜に起こったそうである。東南アジアの仏教国では、ヴァイシャーカの月の満月の日に、現在でも祭りが盛んに行われている。また、毎月二回、満月と新月の日に出家修行者たちが集まって反省の儀式が行われている。

中国の宗教においては、道教が月との関連が深い。道教では、月は真実、すなわち「闇に輝く眼」であり、超自然的存在の象徴でもある。中国伝統の神話には「異教崇拝」を意味するペーガニズムが漂っている。つまりそこには、東洋的合理主義や、現実主義的な儒教や道教が席捲する以前の、非合理的で呪術的あるいは神秘主義的なもう一つの中国の顔があるのである。中国神話における月は、自然界の中の女性性、すなわち太陰の原理の本質である。受容的で儚《はかな》いものの象徴でもあるが、同時に不死を表す。乳棒と乳鉢を持った月のウサギは、不老不死の霊薬を調合しているとも言われる。こうした月信仰から中国神話が生まれ、儒教や道教もその影響を受けている。

ユダヤ・キリスト・イスラムの三姉妹宗教も、月に重大な影響を受けている。バビロンでは月は大神シンであった。この最古の月神の聖なるすまいはシナイ山であり、彼はイシュタルの父である。この神に対する信仰が、安息日の遵守をはじめとして、ユダヤ教をはじめとするヘブライの宗教に大きな影響を与えたのである。後にこの神は主神マルドゥクと合体した。

モーセがヤハウェから十戒を授かった場所こそシナイ山であり、この月神シンはユダヤの唯一神の原像ともなっている。ちなみに、キリスト教では、月は大天使ガブリエルの住処とされ、「イエス・キリストの磔刑《たっけい》」の象徴でもある。毎月、月は三日間だけわたしたちの視野から消えるが、再び姿を現し、次第に大きくなって満月になる。これは人類のために死んだキリストが、三日目に復活して人々を救ったことと重なる。

そのキリスト教と血で血を洗ってきた歴史を持つイスラム教においては、月は最も重要な存在とされる。とくに三日月は楽園のイメージであり、復活の象徴とされている。『コーラン』には月に関する記述が多いが、神とムハンマドの関係について、「月が太陽の光を映すように、預言者ムハンマドは、神アッラーを映す」と神秘詩人ルーミーは表現している。

この他にも、世界のあらゆる宗教の原点にはいずれも月への信仰が厳然として存在している。また、潮の干満によって人間が誕生したり死亡したりすることからもわかるように、月は人間の生死をコントロールしているとされている。

月が人間に与える影響は科学を超越しているとも考えられる。これは現代においても、月面に降り立った宇宙飛行士の多くが、宇宙空間で神の実在を感じたと報告していることに表れている。第九章「空間と儀式」で紹介した宇宙飛行士のエドガー・ミッチェルは、月に行く前は熱心なキリスト教原理主義者であったが、帰還後には、キリスト教が教える人格神は存在しないと思うに至った。彼はあらゆる宗教の神は本質的には同じであるとし、宗教発生の秘密について、「宗教はすべて、この宇宙のスピリチュアルな本質との一体感を経験するという神秘体験を持った人間が、それぞれにそれを表現することによって生まれたものだ。その原初的体験は本質的には同じものだと思う」と述べたことが立花隆の『宇宙からの帰還』（一九八三年）で紹介されている。

しかし、いざその高邁な理想を宗教として表現しようという段になると、悲しいかな、人間はどうしても時代や地域、文化の影響を受けざるをえない。スピリチュアルな原初的体験を共有しているはずのユダヤ教、キリスト教、イスラム教は、残念ながら共生していくことができずに不幸な歴史を刻んできた。

日本では少なくとも明治維新以降の歴史においてはさまざまな宗教が争うことなく共生している。八百万の神々をいただく多神教としての神道も、「慈悲」の心を求める仏教も、思いやりとしての「仁」を重要視する儒教も、他の宗教を認め、共存していける寛容性を持っている。自分だけを絶対視しない。自己を絶対的中心とはしない。根本的に開かれていて寛容であり、他者に対する畏敬の念をもっている。だからこそ、神道も仏教も儒教も日本において習合し、または融合したのであろう。日本人がさまざまな宗教的儀式を受け入れ、自国の文化に取り入れてきたことは、間違いなくこうした心性によっている。

日本人は宗教的ではないと言われるが、宗教行事や儀式は大好きなのである。たしかに特定の神は信仰していなくとも、他者の神の存在を否定するというわけでもない。宗教に無関心であるというよりも、むしろあらゆる宗教にたいして寛容なのであって、そこにはスピリチュアルな宇宙的神性に通じる、広くて平等な信仰心の存在さえも感じる。

第十二章　社会と儀式

心の社会

人類はこれまで、農業化、工業化、情報化という三度の大きな変革を経験してきた。それらの変革は、それぞれ農業革命、産業革命、情報革命と呼ばれる。第三番目の情報革命とは、情報処理と情報通信の分野での科学技術の飛躍、とくにインターネットが引き金となった工業社会から情報社会への社会構造の革命であり、ＩＴ革命とも言われる。

ＩＴとは、「インフォメーション・テクノロジー」の略である。ＩＴで重要なのは、もちろんＩ（情報）であって、Ｔ（技術）ではない。その情報にしても、コンピュータから出てくるものは、過去のものの分析にすぎない。経営学者ピーター・ドラッカーは、早くから社会の「情報化」を唱え、後のＩＴ革命を予言していたが、「ＩＴ革命の本当の主役はまだ現れていない」

という言葉を遺して二〇〇五年に逝去した。

ドラッカーが期待していた情報化の真の主役とは何だったのであろうか。

情報には二種類ある。コンピュータで処理できる「記号系」情報と、コンピュータでは処理できない「非記号系」情報である。記号系は、音（声）にはじまり、言葉、それを記した文字、静止画としての絵、それがビデオのように動く動画などで、これらは「知的情報」と呼ばれる。一方、非記号系は、舌で感じる味、鼻で知る香り、皮膚で感じる肌ざわりといったクオリアの世界、心と心のコミュニケーションとしての以心伝心、さらにはインスピレーションのような第六感の世界であり、これらを「心的情報」と呼ぶことができる。これまでの情報社会とは、記号系の知的情報が中心の「知的情報社会」だったが、これからは非記号系の心的情報が中心の「心的情報社会」、つまり、「心の社会」となるというのがわたしの予想である。

オックスフォード大学で人工知能（ＡＩ）を研究するマイケル・Ａ・オズボーンらは、二〇一四年に、今後二〇年間で米国の総雇用者の約四七％の仕事が自動化される可能性があるという内容の「雇用の未来」と題する論文を発表して話題になった。この予測が当たるかどうかはともかく、事実、ＡＩの発達は著しい。家事ロボットや自動運転車などが実用化される日も近いことだろう。

しかし、どんなに優れた機械であっても、人間に及ばない領域というものは必ず存在する。それは人間が本来もちあわせている不確実なもの、「心」である。「情報」の「情」は『万葉集』

の時代には「こころ」と読まれていた。つまり本来の意味の情報とは、心の働きを相手に報せることなのである。人間はつねに「思いやり」「感謝」「感動」「癒し」といったポジティブな感情と、「怒り」「憎しみ」「妬み」「嫉み」などのネガティブな感情を抱え、コンピュータ以上に複雑な情報処理を行いながら社会活動を送っている。そのため、人間の行動はつねに合理的で最善のものとはかぎらない。しかし、そのような混沌とエネルギーこそが社会を動かしていることは、すでに神話やイニシエーションを考察する中で確認してきたとおりである。

今後、機械が進化して人間に近づけば近づくほど、機械と人間との絶対的な差がますます明確になっていくであろう。おそらくその近未来においては、人間の心のみが持つ価値こそが最高視されていると思われる。そして人間の心を最大限に発揮できる仕事が見直され、社会的に再評価されるに違いない。具体的には医療や保育、介護やサービス業など、対人間のコミュニケーションが主体となる仕事である。現在は人間が行っている力仕事や汚れ作業は機械が担い、純粋なホスピタリティの部分を人間が受け持つ。もちろん冠婚葬祭業も例外ではない。

機械にはけっして代行できないのは、人間同士の「共感」する能力である。

人は、どんなときに共感するだろうか。たとえば、感動的な映画を観終わったときや卒業式で仲間たちと別れを惜しむとき、そこには間違いなく共感が生まれていると言えよう。これは体験や感動を共有した者同士の連帯感情であり、神話や儀礼もこの延長上にある。人類の偉大な精神の営みである哲学・芸術・宗教も、すべては母なる神話と儀式から生まれてきた。神話と儀式はまさしく人類にとって共感の文化装置なのである。

神話は宇宙の中における人間の位置づけを行うための物語である。世界中の民族や国家は自らのアイデンティティーを確立するために固有の神話を持っている。日本も、中国も、インドも、アフリカやアラブやヨーロッパの諸国も、みな民族の記憶として、または国家の存在理由（レゾン・デートル）として、神話を大事にしている。

ところが、神話を持っていない唯一の国が存在する。それは現在、地球上の覇権を握る超大国、アメリカ合衆国である。建国二百年あまりで巨大化した神話なき国・アメリカは、さまざまな人種からなる他民族国家であったため、国家としての単一の理想を獲得するのは容易ではなかった。なにしろ、移民のアングロサクソンたちは、祖父や曾祖父の時代には黒人を奴隷にしたり、先住民族を虐殺して土地を奪ったりしていたのである。

単一国家としてのアイデンティティー獲得のために、またアメリカンドリームというおとぎ話を人々に信じさせるためには、どうしても神話の代用品が必要だった。そこで大きな役割を演じたのが映画である。映画はもともと十九世紀末にフランスのリュミエール兄弟が発明したが、アメリカにおいてはエンタテイメント産業の枠を大きく超えて発展した。人々は映画のメッセージを信じ、アメリカの、そして自らの人生におけるハッピーエンドを疑わなかった。

つまり映画は、神話なき国において神話の代用品となったのである。それは、グリフィスの「國民の創生」や「イントレランス」といった映画草創期の大作に顕著に表れているが、「風と共に去りぬ」にしろ「駅馬車」にしろ「ゴッドファーザー」にしろ、すべてはアメリカ神話の断片であると言える。そしてこの神話は過去のみならず、「ブレードランナー」「ターミネーター」「マトリックス」のように未来までをも描き出す。

フランケンシュタインやドラキュラ、バッドマンやスパイダーマンなどのヒーローは、最初は原作小説やコミックに登場するキャラクターにすぎなかったが、映画によって神話的存在となった。神話学者ジョゼフ・キャンベルの英雄論にもとづいてストーリーが書かれた「スターウォーズ」シリーズに至っては、最初から意図的に神話として制作されている。日本においても、「風の谷のナウシカ」「天空の城ラピュタ」「もののけ姫」「千と千尋の神隠し」などの宮崎駿監督のアニメ映画は日本古来の神話的世界を想像力ゆたかに描いている。映画産業の本質は神話産業であり、現代人に共感をもたらす大きな装置として働いているのである。

さらに、映画と儀式の関係について見てみたい。第六章「芸術と儀式」で紹介した茶人の関根宗中は、一般的に茶道や舞台芸術や映画が「総合芸術」と称されていることを指摘している（『茶道と中国文化』）。たしかに、儀式そのものを芸術にまで高めた茶道はもちろん、ハリソンが『古代芸術と祭式』で述べたように、古代の祭式つまり宗教儀式から派生した演劇すなわち舞台芸術もまた総合芸術であるということはよく理解できる。

それでは、残る映画はどうであろうか。アカデミー賞の各賞をみればわかるように、監督、脚本、撮影、演出、衣装、音楽、そして演技といった、あらゆる芸術ジャンルの結晶が映画だ。

では、映画と儀式にはどのような関係があるのか。わたしは、映画が開始される前に上映される映画会社のオープニング・ロゴや最後のエンドロールがまさに儀式ではないかと考えている。

映画館で暗闇に身を置き、映画という神話世界に没入することは、非日常の時間に突入することである。そしてその「開始」を告げる儀式がオープニング・ロゴであり、エンドロールはその「終了」を告げる儀式ではないだろうか。エンドロールは物語世界から現実世界に戻るための短い架橋である。その儀式を経て、観客は物語から得たカタルシスを抱きつつ、現実世界の光の中に戻るのだ。

また、映画館が暗闇の空間であるという点にも注目したい。第九章「空間と儀式」では、洞窟の暗闇の中から人類が誕生し、洞窟から芸術が、さらに儀式が誕生した歴史をたどり、洞窟という空間が人間のすべての営みの始まりであることを指摘した。そして、じつはこの洞窟的空間は、現代において映画館に引き継がれているというのがわたしの持論なのである。

そして映画と並んで共感を生みだす社会的装置となるのが、冠婚葬祭に代表されるセレモニーである。わたしはこれまで数え切れないほど多くの結婚式や葬儀に立ち会ってきた。もちろんすべてがそうであったとは言えないが、冠婚葬祭とは人々の共感を生み出す装置であることを実感する。とくに、披露宴で花嫁が声をつまらせながら両親への感謝の手紙を読む場面や、告別式で故人への哀惜の念が強すぎて弔辞が読めなくなる場面などでは、居合わせた人々が思わず涙を誘われる。ここには非常に強大な共感のエネルギーが存在している。

共感のエネルギーは、音楽コンサートの会場などでもたびたび生まれる。カリスマ的なミュージシャンはしばしば「現代の神」と言われたりするが、繰り返されるリズミカルな音楽的刺激には、大脳辺縁系や自律神経系を活性化させる効果があることがわかっている。これらは、脳が現実を解釈したり、感じたり、思考したりする伝達回路を変化させ、自他の境界を曖昧にしてしまう。あたかも暗闇の中でシャーマンと一緒に呪文を唱え、幻覚作用のある薬草を焚きながら行われる呪術的儀式と同じような効果をもたらすのである。

これによって生まれる共感のエネルギーは、ヴィクター・ターナーが「コミュニタス」と名づけたものに通じていると言えよう。コミュニタスとは、身分や地位や財産、さらには男女の性別など、ありとあらゆるものを超えた自由で平等な実存的人間の相互関係のあり方である。簡潔に言えば、「心の共同体」ということになる。この境地は宗教的儀式と深く関わっているのだが、もちろんすべての儀式が宗教的であるわけではない。政治集会から、裁判、祝日、求愛、スポーツ競技、そしてロック・コンサートや個人の冠婚葬祭に至るまで、いずれも立派な社会的・市民的な「儀式」である。こうした世俗的な儀式にも、個人をより大きな集団や大義の一部として定義しなおすというそれぞれの意義がある。個人的な利益を犠牲にして公益に奉仕することを奨励し、社会の団結を強めるための機構としては、世俗的な儀式は、宗教的な儀式よりもはるかに実践的である。この機能を軽視してはならない。

そもそも、社会に利益をもたらすからこそ、儀式的行動が進化してきたとも考えられるのだ。

ターナーも、コミュニタスは何より宗教儀式において発生するとしながらも、それを大きく超えて、広く歴史・社会・文化の諸現象の理解を試みている。そしてターナーは、この「心の共同体」としてのコミュニタスに気づくことにより、「社会とは、ひとつの事物ではなく、ひとつのプロセスである」という進化論的な社会観に到達したのである。

「心の共同体」は、「共同知」を生む。儀式とはメンバーが知識を共有するための「ナレッジ・マネジメント」にほかならないとわたしは考えている。たとえば会社における毎日の朝礼にはじまって、新年祝賀式典、創立記念式典、進発式あるいは社葬などは、いずれも社員間に「共同知」を生み出すための文化装置であると言えよう。これについては本章の最後で述べる。

伝統的共同体においては、「共同知」は儀式のみならず、しきたり、言い伝え、あるいは老人の知恵、民話や童謡、そして祭りという形で蓄積され、伝承されてきた。かつてグリム兄弟が採集し、柳田國男が調査してきたのは、このような「共同知」の全貌だったのである。それは昔話の形を借りてはいるものの、じつはコミュニティを維持し運営するための問題解決の方法や、利害対立が起こったときの対処のノウハウなどが語られていることが多い。逆に、そうした伝統的文化を軽視した地域や都市部においては、祭りも伝説も形骸化してしまっている。

このような「共同知」は、じつは伝統的共同体の専売特許ではなく、情報共有を原則とするインターネットの世界にも存在している。それは「コミュニティ」と名づけられて、あたかもなにかしらの紐帯があるように見せかけてはいるが、インターネットにおいて共有されるものは記号化された知的情報にすぎず、伝統的共同体のそれが主として記号化されない心的情報であるのとは大きく異なっている。

結婚式で読まれる両親への感謝の手紙や告別式の弔辞が人を感動させ、共感を生み出すのも、「もらい泣き」という表現が表すとおり、記号化できない感情の伝播によるものである。ここでの共通項はいずれも「別れ」に関わっている点であろう。両親との別れ、故人との別れ、さらには卒業式や送別会など、「別れ」には特別な感傷がともなう。日本の歌謡曲をはじめ世界中のラブソングを見ても、ヒットしたものの多くは失恋や恋人との死別といった「別れ」を歌っている。文学や映画の名場面でも、別離や死別のシーンが涙を誘う。これらはすべて、共にすごした時間が二度と戻ってこないことへの哀惜の情である。人間は情報処理能力がすぐれており、自分の未来が予測できるからこそ、そこに欠けている仲間の存在を前もって悲しむことができるのかもしれない。

古代都市の儀式

古代オリンピックについては前章で触れたが、オリンピックが発祥した古代ギリシャでは、儀式によって社会が成立していたといっても過言ではない。フランスの歴史家フュステル・ド・クーランジュは、『古代都市』（一八六四年）においてデカルト的懐疑を史学に適用し、歴史家や詩人たちが遺したテキストに基づいて、古代ギリシャや古代ローマの社会における最初期の諸制度の起源を分析した。その根底にはつねに儀式の存在があった。

同書の緒言「古代人の制度を知るためには、その最古の信仰を研究する必要があることについて」の冒頭でクーランジュは、ギリシャ人とローマ人とを同じ研究にまとめた理由について、「この両国民が元来おなじ民族から派生し、分離したとはいえおなじ言語に属する語法をかたるとともに、本質的に共通の制度をもち、かつまた、それぞれ類似した一連の革命をへてきたからである」と説明している。

こころみに、ペリクレス時代のギリシア人とキケロ時代のローマ人とを観察してみよう。彼らはその心の奥底に太古の幾世紀の正確な痕跡と確実な足跡とをおさめている。キケロ時代の人々は、(私はとくに庶民階級についていうのであるが)、伝統にみちた想像をもっていた。その伝説は遠い太古から由来したもので、当時の人々の考え方の証跡を保存している。また、彼らはきわめてふるい語根をもつ言語を使用するが、それは古代の思想を表現するために、思想そのものとおなじ型をとって、その痕跡を保存し、それを世紀から世紀へつたえたのである。ひとつの語根の本質的な意味は、ときとしてふるい世論や風習をしめすことがある。思想はかわり、記憶はうしなわれるが、言語はきえさった信仰のうごかしがたい証人として、後世にのこる。また、彼らは犠牲献祭や葬式や婚礼のときに特殊の儀式をおこなうが、その儀式が人そのものよりもふるいことは、彼らの信仰とまったく無関係になっているのをみてもあきらかである。しかし、彼らが遵奉する儀式や朗誦する祈祷文をさらにくわしく観察するならば、そこに、彼らより十五世紀も二十世紀も以前の人類の信仰の痕跡を見いだすことができるであろう。

（クーランジュ『古代都市』）

人類の歴史の最初には、まず儀式の存在があったことがわかる。

クーランジュによれば、古代の部族は家族や支族とひとしく独立した団体として構成されたものであった。部族は独自の祭祀を持ち、その祭祀には他人が加わることを許さなかったという。部族が成立すれば、どんな家族も新規にそれに加入できなかったのである。そしてまた、二つの部族が一つに融合することも許されなかった。各部族の宗教がそれに反対したからだ。しかし、数個の支族が結合して部族をなしたように、数個の部族も、それぞれの祭祀を尊重するという条件で互いに連合することができ、この連盟が成立した日に「都市」が生まれた。

また、古代ギリシャやローマの宗教の最大の特徴は祖先崇拝であった。これは人類における宗教のある型の一つと考えられる。同じような祖先崇拝が、中国では古代から現在に至るまで存在している。また今日のアフリカやアジアの多くの地域にも同じような信仰が存在している。『古代社会』を再評価した人類学者のラドクリフ＝ブラウンは、「われわれが最も容易に宗教的礼拝の社会的機能を発見し、提示しうるのは祖先崇拝においてである」と述べている。

クーランジュによれば、古代の祖先崇拝は家族を一つの祭壇の周囲に集めた。これから最初の宗教や最初の祈願、義務の観念および道徳が生じ、所有権が設定され、相続順位が確立したという。そして、あらゆる私法と家族制度のすべての規則もここから派生したというのだ。それから、信仰が大きくなり、人々の結合もこれにならって大きくなった。人類はめいめいのあいだに共通の神があることを知るにしたがって、ますます大きな団体に結合した。家族内で発見され設定された諸規則が順次に支族や都市に適用されていったのである。インド、ギリシャ、およびエトルリアの伝説では、神々が社会法則を人類に啓示したという。社会法則は神々の所産であり、その神々は人間の信仰が生んだものだったのである。

クーランジュは、「われわれが古代史家の著作をよんでまずおどろくことは、あらゆる都会が、たとえどんなにふるくても建設者の姓名と建設の日時とを知っていると主張することである」と述べている。これはどの都市もその誕生を記念した神聖な儀式の思い出を無視できなかったためで、各都市は毎年犠牲奉献によって記念日を祝ったという。アテナイもローマと同様に、その誕生日を盛大に祝った。

都市の建設者は、都市の存立を左右する宗教的行為を成就した者であった。彼は永遠に聖火が燃え続くべき竈《かまど》を設置し、祈祷と儀式によって神々を勧請《かんじょう》して、新しい都へ永久に定住させた。そして、各都市にとっては、その創設当時の追想ほど記憶に残るものはなかった。この名と事績とは市民の記憶から消えなかった。なぜなら、それはすでに宗教の一部であって、年ごとの神聖な儀式に際して必ず回想されたからである。

また、古代にあっては、あらゆる社会の紐帯をなしたものは祭祀であった。家族の祭壇が一家の人々をその周囲に結合させたように、都市は同じ守護神をもち、同じ祭壇に向かって宗教的儀式を行う人々の集団だった。各都市はその都市だけに属する神々をもち、それは通常原始的な家族宗教の神々と同じ性質のものであったのだ。ある神を専有する都市は、その神が他の市民を保護することを喜ばず、また彼らの礼拝をも許さなかった。

古代都市は宗教都市であり、儀式都市であった。クーランジュは次のように述べる。

各都市は他国のどんな権力にも服従しない神官の団体をもっていた。ふたつの都市の神官のあいだには、なんの関係も交際もなく、また知識や儀式の交換もおこなわれなかった。ひとつの都会から他の都会へうつれば、そこにちがう神と教理と儀式とを見いだす。古代人も儀式書をもっていたが、ある都市の儀式書は他の都市のものとおなじではない。各都市にはそれぞれ祈祷や宗礼をしるした書物があったが、それは厳秘にされ、他国人がそれを一瞥しても、自国の宗教と運命とを危険におとしいれると信じていた。こうして、宗教はまったく地方的で、各都市の市民のものであった。すなわち、この言葉を古代の意味にもちいれば、各都市に特有のものであったのである。一般に、人々は自分の都市の神々しか知らず、ただその神々だけを崇拝した。アイスキュロスの悲劇で、一外国人がアルゴス人に「余は君の国の神々をおそれぬ。余はなにも彼らにおうところがない」といっている言葉は、あらゆる人々のいえることであった。（クーランジュ、同書）

クーランジュは「公共の聖餐」にも言及する。家の祭祀の主な儀式は犠牲奉献とよぶ聖餐であった。祭壇で調理した食物を食べることは、人々にとっての最初の宗教儀式だった。神と霊交しようとする欲求は、神を招待して分け前を捧げるこの食事によって満たされたのだ。

都市の祭祀の主な儀式も、また同じような聖餐であった。聖餐は守護の神々に敬意を表すために、すべての市民が共同で行わなければならなかった。この習慣はギリシャ全土で広く行われ、都市の禍福はこの儀式の成就にかかっていると信じられたのである。

これらの聖餐はホメロスの『オデュッセイア』でも描かれ、アテナイ最古の伝説の中にも現れている。会食者はみな頭に冠をいただいたが、宗教上の厳粛な儀式の場合に、木の葉あるいは花の冠をかぶるのは古代の習慣であった。会食者はまた、白色の衣を着用した。白色は古代人にとっては神聖な色で、神々を喜ばせるものだった。

都市は儀式によって建設された。その儀式は、国家の神々を城壁の内に定住させる効力を持っていると考えられ、その効力は毎年祭典を営んで更新する必要があった。この祭典は「生誕の日」と呼ばれ、全市民がこぞって祝わなければならなかった。神聖なことはなにによらず祭典をもよおす機縁となったのである。都市の城郭をまつる祭りや、領土の境界をまつる祭りも開催され、これらの日には、市民は白衣をまとい花冠をいただいて盛大な行列を作り、祈祷を唱えながら都市や領土の中を練り歩いた。先頭には数名の神官が生贄の動物を引いて進み、祭典の最後にこれをほふって神に捧げるのであった。

クーランジュは、古代都市で行われた儀式について次のように紹介している。

都市の宗教のもっとも重要な儀式に、潔斎式というものがあった。これはアテナイでは毎年おこなわれ、ローマでは四年ごとにおこなわれた。この儀式の種々の行事やその名称は、この儀式が神に対して市民のおかした罪を消滅する効果のあったことをしめしている。実際、きわめて複雑な形式をもつこの宗教は、古代人にとっては恐怖の的であった。心の誠実とか意図の潔白とかいうことは大して問題ではなかった。宗教が無数の規定にもとづくこまかしい行事からなっていたから、人はつねになにかの手おち、怠慢あるいは過失をおかしはしなかったかと心配しなければならず、どれかの神の怒りや恨みをうけていないと確信することができなかった。それで、人の心をやすめるためには、罪をあがなう献祭が必要であった。

（クーランジュ、同書）

また、古代都市では凱旋式も行われた。勝利の後ではつねに盛大な献祭が営まれたが、これが凱旋式の起原である。ローマ人の凱旋式はよく知られているが、ギリシャ人のあいだでも盛んに行われた。この習慣は勝利を都市の神々の功績に帰するという考えから生じた。アイスキュロスの著書などに出てくるが、戦いに先立って、軍隊は神に祈祷を捧げ、「戦利品を神々の広庭にたてまつる」ことを誓った。この約束のために、凱旋将軍には犠牲奉献の義務があった。軍隊はその儀式を営むために都会に帰り、長い行列を作って「トリアンボス」と呼ばれる賛歌をうたいながら神殿に赴いたのである。

儀式こそ宗教である

『古代都市』を読むと、儀式が人間社会に与える影響力の大きさを改めて痛感するが、同時に宗教についての見方も変わってくる。クーランジュは、次のように述べている、

宗教という言葉の意味は、現在とはまったくちがっていた。この言葉によって、われわれは一連の教理と神についての教義とわれわれの内部や周囲にある神秘に対する信条とを意味するが、古代人にあっては、儀式、宗礼および外的な礼拝行為を意味した。教義は決しておもきをおかれず、そのおもな部分は宗礼で、これが義務となって絶大の権力をふるった。

（クーランジュ、同書）

宗教においては、教義よりも儀式が先にあったのである。そして、都市にとって何よりも儀式や祭祀が最重要問題であった。それらが都市の歴史を作ったと言っても過言ではない。どんな都市の市民でも、歴史上の事実を忘れてもよいとは考えなかった。歴史に含まれることはすべて祭祀と関連していたからである。実際に、歴史は都市建設の業によってはじまり、まず建設者の神聖な名を記した。そして都市の神々すなわち守護の神人たちの伝説によって継続し、さらに、それぞれの祭祀の年代と起原と理由を教え、難解な儀式を残らず説明した。国家の神々がその力や慈悲や怒りを示したこともすべて歴史に記入され、神官がたくみに凶兆を避けたり、神々の怒りを鎮めたりしたときの儀式も記載された。

ホメロスとヴェルギリウスは、たえず神聖な儀式に従事していた国王について述べている。またデモステネスによれば、アッティカの古代の王は祭司として犠牲奉献を自ら行ったという。さらにクセノフォンによれば、スパルタ王はラケダイモーンの宗教の首長だった。エトルリアの世襲族長は同時に行政官であり、軍事上の統領であり、かつ祭司長であった。ローマの国王についても同様である。伝説はつねに国王が神官であったことを示している。

これらの国王兼神官は宗教的儀式によって即位した。そして、ローマの行政官も儀式によって選ばれた。行政官の選任に関する第一の原則は、キケロの言った「儀式によって指名さるべし」ということであった。選挙から数か月をへて、もし儀式の一部が無視されたり、または十分に行われなかったりしたことを元老院に訴え出る者があれば、元老院は執政官に退位を命じ、執政官は素直にその命令に従った。

法律も儀式と深く関わっていた。古代インドと同様に、古代ギリシャとローマ人において、法律ははじめ宗教の一部であった。都市の古い法典は、法律上の規定と同時に礼拝式や祈祷を含んだ集大成であった。所有権や相続権の法規が、犠牲奉献や墓や死者礼拝に関する規定と混じっていたのである。ローマ最古の法典で現代に残っているものは、市民生活の関係を規定するとともに、祭祀のことにも関連している。ある法律は罪ある婦人が祭壇に近づくことを禁じているし、ある法律は一定の料理を聖餐に用いることを禁じ、またある法律は凱旋将軍が帰還したときに行う宗教的儀式を定めている。十二表法の法典はこれより後のものだが、葬儀に関する宗教上の儀式について細かい規定を記載している。ソロンの著作は同時に法典であり、憲法であり、儀式書だった。これは結婚の儀式や死者の礼拝とともに、犠牲奉献の順序や生贄の価格まで定めていた。

古代ローマでは、法律は長い間、成文表記されなかったという。そして、信仰や祈祷の方式とともに、父から子へ伝えられた。それは家族あるいは都市の竈にまつわって永続した神聖な伝統であった。これを成文にしたとき、法律は「儀式書」という神聖な書物の内に書き入れられて、祈祷文や儀式次第と雑居した。後には、法律も儀式書と分離して別に書かれるようになったが、神殿の内に置かれ、神官が保管した。

戦争を終わらせるために平和条約を結ぶときにも、儀式が重要な役割を果たした。ホメロスが『イリアス』の中にはっきり書いているように、平和条約を結ぶためには、宗教的な儀式を必要としたのである。ツキディデスの時代にも、条約は犠牲奉献によって結ばれた。ギリシャ人は「条約に署名する」とは言わずに、「誓約の生贄を殺す」または「灌祭を営む」と言い、現代語で条約署名者というものを表そうとするときには、古代の歴史家は「これは灌祭を行えるものの名なり」と言ったという。

クーランジュは、古代ローマ人について次のように述べている。

われわれはローマ人の生活で宗教がどんな地位をしめるかを研究しなければならない。その家は現代の神殿にひとしかった。彼らはそこに自分の祭祀と神々とを見いだした。竈も神であり、壁も入口も神であり、畑をかこむ境界も神であった。墓は祭壇で、祖先は神格をおびる存在であった。

彼らの日々の行為はどれもみな儀式で、一日の全部が宗教に属していた。朝な夕なに竈神にいのり、守護神にいのり、祖先にいのった。わが家への出入ごとに、これらのものに祈祷をささげた。食事も家の神々とともにする宗教的行為であった。子供の出生、家族宗教への導入、元服、結婚、およびこれらの事件の週年祭は、すべてみな礼拝の厳粛な行為であった。

（クーランジュ、同書）

これを読んで「ローマ人は日本人に似ている」と思わない日本人はいないだろう。まるで日本民俗学の本を読んでいるようである。『古代社会』の日本版の「薦辞」で法学者の中川善之助が「読んで行くうちに、これは是非日本でも広く紹介さるべき名著であると熟々思った。古代のギリシアやローマや印度の人たちが考えたり信じたりしていたことの中には如何にも吾々と似ているものが多いのである」と書いたのも納得できる。クーランジュが描き出した古代の儀式社会は、人類普遍の社会像なのかもしれない。

儀式の社会的機能

クーランジュの『古代社会』は、長らく人類学者たちから不当に無視されてきた。この書に新たな光を与えたのは、社会人類学、文化人類学の泰斗アルフレッド・レジナルド・ラドクリフ＝ブラウンである。彼は、『古代社会』の内容が宗教の社会的機能の理論にとって大きな価値を持つことを発見した。

ラドクリフ＝ブラウンはフィールドワークの手法を導入したマリノフスキーとともに文化人類学の確立に貢献したとされている。二人は同年齢であったが、調査手法の確立に貢献したマリノフスキーに対し、ラドクリフ＝ブラウンはデュルケムの社会理論をもとにした構造機能主義理論を提唱し、分析概念としての社会関係と社会構造の概念を明確化したことで知られる。

『未開社会における構造と機能』（一九五二年）において、ラドクリフ＝ブラウンは儀礼研究にせまる三つの方法について紹介している。

第一の方法は、儀礼の目的や理由を考察することによるものである。人類学の文献を調べてみると、この研究方法が非常にしばしば採用されていることに気づく。しかし、二つの違った社会で行われる基本的には同一の儀礼が、社会によって異なる目的や理由を持つかもしれず、これは最も実り少ない方法であると言える。

第二の方法は、儀礼の目的や理由そのものではなく、それらの意味を考察することである。ラドクリフ＝ブラウンはここで「シンボル」と「意味」という二つの言葉を一致させて使っている。意味を持っているすべてのものはシンボルであり、シンボルによって表現されているもののならすべて意味があるというわけである。そして、彼は第三の方法を次のように紹介する。

我々は儀礼の効果――それはその儀礼を行っている人々が儀礼が産み出すと想像している効果ではなくて、その儀礼が実際に産み出している効果――を考察することができる。儀礼は直接的もしくは直線的効果を、何らかの方法で直接にそれに関与している人々の上に及ぼしている。それを、他に適当な言葉もないので心理的効果とよんでもよいだろう。しかし社会構造、すなわち、秩序ある生活に個々人をつなぎ合わせている社会諸関係の網の目の上にも儀礼は第二次的な効果を持っている。これらを我々は社会的効果とよんでもよいかもしれない。儀礼の心理的な効果を考察することによって、その心理的機能を規定することに成功するかもしれない。また社会的効果を考察することにより、その社会的機能を発見するかもしれない。普通の、あるいは平均的な心理的効果を考えに入れることなしに、儀礼の社会的機能を見出そうとするのは、明らかに不可能である。しかし、もっと影響のうすい社会学的効果を多かれ少かれまったく無視して、心理的効果を論ずることはできる。そしてこれはいわゆる「機能主義人類学」でしばしば行われている。

（ラドクリフ＝ブラウン『未開社会における構造と機能』）

ラドクリフ＝ブラウンは、儀礼が神話と不可分な関係にあることを強調する。各儀礼はそれと結びついている神話を有しているが、彼は「その結果として、あらゆる個々の儀礼の意味が宇宙哲学の光の中で明らかになってくる」と述べている。宇宙哲学とは、自然界および人間社会についての一群の観念や信仰で、すべてのオーストラリア部族に流布しているというが、この「宇宙哲学」というスケールの大きな言葉には非常に感銘を受けた。考えてみれば、神話も儀礼も宇宙の中での人間の位置を求める精神的営為だと言えよう。神話と儀礼は、宇宙哲学における二大分野なのかもしれない。

ラドクリフ＝ブラウンは、儀礼の心理的効果にも言及する。彼によれば、儀礼の直接的な心理的効果は、ある程度までそれを行っている人々を眺めたり、人々と話したりすることによって観察することができるという。儀礼の表面上の目的はたしかに彼らの心の中に存在しているが、また、宇宙哲学的信仰の複雑な組合せも彼らの心の中に存在しており、それに関わり合うことによって儀礼が意味を持ってくるというのである。

なるほど儀礼を行っている人は、たとえ儀礼を一人きりで行っているとしても、――時にはそういうことがあるが――儀礼を行うことから、はっきりした満足の感情を得ている。しかしそれは単にその人が、彼自身や彼の仲間の部族の人々に、もっと十分な食物を供給する役に立ったと考えているからだと想像するのは、まったく誤っているだろう。彼の満足は儀礼的義務――それを我々は宗教的義務とよんでもよいが――を遂行したことにある。原住民が感じていることを表現するのに、私自身の観察から私が判断するものを、私自身の言葉でさしはさめば、儀礼の遂行において――それをするのは彼の特権でもあり、義務でもある――彼は、人間も自然も、その相互依存的な部分である宇宙の秩序の維持に、少しばかりの貢献を行ったのであるといえよう。こうして彼が得た満足は、彼にとっての特別な価値を儀礼に与えている。

（ラドクリフ＝ブラウン、同書）

さらにラドクリフ＝ブラウンは孔子にも言及し、「紀元前五、六世紀の中国では、孔子およびその後継者らは葬礼、喪、供犠というような儀礼を正しく遂行することの非常な重要性を力説している」と述べている。孔子の後に改革者である墨子が現れ、利他主義と功利主義の折衷を説いた。墨子は、葬式や服喪の儀礼は無益であり、有用な行為を妨げるので、それらを廃止するか、最小の程度にまで減ずるべきであると訴えた。紀元前二〜三世紀には、儒家の荀子および儀礼の書物である『礼記』の編纂者らは、これらの儀礼はなんら実利的な価値はもっていないかもしれないが、にもかかわらず非常に重要な社会的機能を持っていると、その効果について墨子に反駁している。

ラドクリフ＝ブラウンは、「簡単にいえば、この理論は、儀礼はある社会的状況に固有な感情の秩序ある（礼記では美化されたといっている）表現であるということである。こうして儀礼は人間感情を規制し洗練させるのに役立っている。我々は儀礼の遂行に参与することは、感情——その存在に社会秩序自体が依存しているのであるが——を、個人の中に養うのに役立っているといってもよいだろう」と述べている。

儀礼の重要性

さらに、ラドクリフ＝ブラウンは注目に値することを述べている。「宗教を理解しようと試みるに当って、我々が最初に注意を集中するべきものは信仰よりもむしろ儀礼についてである」というのである。フランスの神学者、聖書学者であるアルフレッド・ロアジィもよく似た意見を唱えていることが援用されている。彼は宗教分析の主題に供犠の儀礼を選び、あらゆる宗教において儀礼は最も安定した永続的な要素であり、したがって儀礼の中に古代崇拝の精神を最もよく発見することができると主張した。

また、「宗教においては信仰よりも儀礼のほうが重要である」という見解は、宗教学の先駆者として知られるウィリアム・ロバートソン・スミスも同様である。イギリスの旧約聖書学者でセム語学者であったスミスは、スコットランドの自由教会牧師であり、『ブリタニカ百科事典』の編集長も務めた。神学者でもあった彼は、宗教における儀礼を教義と同等に重要なものとみなした。信者たちの共同の行為としての儀礼、とくに供犠・共食の行動が、神と信者の間の宗教的意味のみならず、信者集団の共同性や紐帯に対し効用を持つと主張した。

スミスは以下のように述べている。

古代であろうと近代であろうと、あらゆる宗教に関して、我々は一方ではある種の信仰、他方ではある種の制度、宗教的慣行、および行為の諸規則を見出す。我々の近年の習慣では宗教をその慣行面よりはむしろ信仰の面から眺めている。何故なら比較的最近にいたるまで、ヨーロッパでまともに研究された唯一の宗教の形態は、さまざまのキリスト教会のそれであった。そしてキリスト教徒全体が、儀礼はその解釈との関連においてのみ重要であるという点に同意している。そこで宗教研究といえば、主としてキリスト教信仰の研究を意味し、宗教教育は常に教義から始められる。この教義とは入信者が受け入れるよう教えられる教理上の真実から湧き出てくるものとして、彼の前に提示される宗教的義務なのである。すべてこれらのことは、我々にとってまったく当然のことのように思われるので、異質な宗教あるいは古代宗教に接する場合にも、我々はここでも当然のこととして最初の仕事は教義を探究することであり、その中に儀礼や慣行についての鍵を見出すのであると考える。しかし古代宗教はその大部分が教義を有していなかった。それらはもっぱら制度と慣行から成立っていた。人々が何らかの意味づけもしないで、ある儀礼に習慣的に従うことは多分ないだろう。しかし一般的にみて慣行は厳密にとりきめられていながら、それに附せられた意味が極端にぼやけていること、また同一の儀礼が異なる民族により、異なる方法で説明され、その結果として生ずるどちらが正しい説であるかとか、どちらが間違った説であるかというようなことは、何ら疑問が持たれていないことを我々は発見するのである。（スミス『セム族の宗教』）

「要するに儀礼は教義ではなく、神話と結びついているのである」と断言するスミスは、儀礼的および慣行的慣例は古代宗教の総体であったと述べている。彼によれば、未開時代の宗教は、実行を期待されるような信仰の体系ではなかった。それはその社会の各成員が当然のこととして従っている、定められた一団の伝統的慣行であった。もし誰かが理由も知らずに、ある行動をすることに同意したならば非常に不自然である。しかし古代宗教においては、それが普通であった。最初に教理としての理由があってそれが実行に表現されたというのではなくて、反対に、実行が教理理論に先行したのだ。スミスはさらに述べる。

人々は言葉で一般原理を表現し始める前に、行為の一般規則を作り上げる。政治的諸制度は政治理論よりも古く、同様に、宗教的諸制度は宗教理論よりも古い。この類比は任意的に選択されたものではない。何故なら実際に古代社会では、宗教的・政治的諸制度は完全に平行していたからである。双方の分野において形態と先例が非常に重要とされているが、しかし何故その先例が信奉されてきたかという説明では、ただ単にそれが最初に確立されるに至ったことについての物語が語られているだけであった。先例が一度うちたてられれば、権威を持つに至るということは、別に証明を要するとはみえなかった。社会の規則は先例に基づいているのであり、社会が継続して存在していることは、何故一度固定した先例がそのまま受けつがれていくのかということについての十分な理由であった。（スミス、同書）

どうやら儀礼の背景にあるものは教義ではなく神話であるという点は間違いがないようだ。ラドクリフ＝ブラウンも、「儀礼は比較的安定しており、教義は変化しやすいことはキリスト教から例証できる。キリスト教の宗派のどれをとってみても本質的な二つの儀礼は洗礼式と聖餐式である。そして我々は聖餐式の荘厳な秘儀が正教会、ローマ教会、英国国教会で異なって解釈されていることを知っている。儀礼そのものよりも、儀礼と結びついた信仰を正確に設定することが近年強調されるのは、教義の相違についてお互い闘争し、抹殺しあってきた道程の中で証明されている」(『未開社会における構造と機能』)と述べている。

ラドクリフ＝ブラウンはまた、「儀礼はある種の感情の規制された象徴的表現とみなすことができる」とも述べている。それゆえに儀礼は、社会構成が依存している感情を規制し、維持し、世代から世代へ伝達する効果を持っている場合に、またその程度にまで、特定の社会的機能を持っているということを示すことができるというのだ。彼は「宗教とはどこでも、何らかの形で我々自身の外にある威力に対する依存感の表現である」と提言し、この威力を「精神的力」とか「道徳的力」と呼んでもいいと述べている。

じつは、この考え方はけっして新しいものではない。これは古代中国の「礼」の思想そのものであると言える。これが最も明瞭なのは、紀元前三世紀に生きていた荀子の教えや、少し後に編集された『礼記』においてである。

宇宙の秩序としての「礼」

人類史上で最も強く儀礼の重要性を訴えたのは、間違いなく孔子であろう。孔子にとって、そもそも儀礼とは何であったのか。

ラドクリフ＝ブラウンは以下のように述べている。

あなた方も御存じのように孔子の教えの主要な点の一つは、儀礼を正しく遂行することの重要性であった。しかし孔子は超自然的なものについて論じようとしなかったといわれている。儒学においては、音楽や儀礼は社会秩序を確立し保持するための手段として考えられ、そしてその目的達成のための手段としては、法律や罰則にまさるものとみなされている。我々は音楽については、非常に異なった見解を持っているが、プラトンも何かしら似たような考え方を主張していたことが想い起こされよう。そして私は音楽（およびダンス）と宗教儀礼との関係についての人類学的研究は、何らかの興味深い結果をもたらすであろうと示唆しておく。礼記の一部は音楽に関するものである（楽記）。（ラドクリフ＝ブラウン、前掲書）

ラドクリフ＝ブラウンは、「儀式は大衆を共に結合させておく絆である。もしこの絆が除去された場合には、それらの大衆は混乱におちいる」という『礼記』の言葉を紹介しながら、荀子に始まる後期の儒者たちが、儀礼、とくに服喪と供犠の儀礼が社会秩序の維持という機能を遂行している方式に注目したことを指摘する。そして、彼らの理論の主要な点は、儀礼は人間の情緒を「規制」し「洗練」するのに役立つということであると述べる。

荀子は「礼なる者は生死を治《をさ》むるに謹《つつし》む者なり。生は人の始にして、死は人の終なり、終始倶《とも》に善なれば、人道畢《おは》る。故に君子は始を敬《つつし》みて終を慎《つつし》み、終始一の如し。是れ君子の道にして礼義の文なり。夫《か》の其の生を厚くして、其の死を薄くするは、是れ其の知あるを敬《つつし》みて、其の知無きを慢《あなど》るなり」に始まる一連の「礼」に関する見解を述べた後、「是れ礼儀の法式にして、儒者是なり」と喝破している。この荀子の「礼」についての見解を紹介した後、ラドクリフ＝ブラウンは次のように述べる。

この学派の古代思想家たちがとっていた見解は、宗教儀礼は、その儀礼の効用を説明しているかもしれない一切の信仰とは独立した、重要な社会的機能を持っているというのであった。儀礼は人間のある種の情緒や感情に規制された表現を与え、これらの感情を生き生きと活動的に保たせた。さらに秩序ある社会生活の存在や継続を可能にしたのは、これらの感情が個々人の行為を統制し、あるいは影響を与えているということによってであった。

（ラドクリフ＝ブラウン、前掲書）

さて、荀子といえば、孟子と対比されることが多い。孟子の「性善説」に対して、荀子は「性悪説」を唱えたからである。荀子によれば、人間は放任しておくと、必ず悪に向かう。この悪に向かう人間を善へと進路変更するには、「偽」というものが必要になる。「偽」とは字のごとく「人」と「為」のこと、すなわち人間の行為である「人為」を意味する。具体的には「礼」であり、学問による教化である。なお、この「偽」を排して自然な生き方を提唱した人物こそ、道家の老子であった。

荀子の性悪説は誤解されがちである。悪を肯定する思想であるとか、人間を信頼していないニヒリズムのように理解されることが多いのだが、そんなことはまったくない。人間は放任しておくと悪に向かうから、教化や教育によって善に向かわせようとする旨の意なのである。人間は善に向かうことができると言っているのだから、性悪説においても人間を信頼しているのだ。ユダヤ教やフロイトが唱えた西洋型の性悪説とは、その本質が異なっている。孟子の性善説にしろ、荀子の性悪説にしろ、「人間への信頼」こそが儒教の基本底流なのである。

とはいえ、人間の主体性を信頼せず、法律で人民を縛る法治主義を唱えた韓非子や李斯《りし》といった法家の巨人もまた、荀子の門人であった。中国を初めて統一した秦の始皇帝は、韓非子や李斯の意見を取り入れたが、「焚書坑儒《ふんしょこうじゅ》」として知られる儒教の大弾圧を行ったことで知られる。しかし、始皇帝に影響を与えた法家の師である荀子は、漢代において孟子よりも儒教の正統とされたのである。その荀子は、以下のように社会規範としての「礼」の重要性を訴えた。

水行する者は深きに表《しるし》（標）す、表の明かならざるときは則ち陥《おちい》る。民を治むる者は道に表す、表の明かならざるときは則ち乱る。礼なる者は表なり。礼を非とすれば世を昏《くら》くし、世を昏くすれば大いに乱る。故に道は明かならざるなく、外内に表を異にし、隠顕に常あれ

ば、民の陥《おとし》〔穽《あな》〕は乃ち去るなり。　　（天論篇）

川を渡る者は深い所に標識を立てておくが、標識のはっきりしないときは落ちこんでしまう。民衆を治める者は〔民衆の〕よるべき道に標識を立てるが、標識のはっきりしないときは混乱する。礼（社会規範）こそはその標識である。礼を非難すれば社会を昏迷させ、社会を昏迷させれば大混乱におちいる。そこで、よるべき道がすべてはっきりして、その道の内外表裏では標識が異なりいつも一定不変であるというようにするなら、民衆のおとし穴はついに無くなるのである。

礼は何《いず》くより起るや。曰わく、人は生まれながらにして欲あり。欲して得ざれば則ち求めなきこと能わず。求めて度量分界なければ則ち争わざること能わず。争えば則ち乱れ、乱るれば則ち窮す。先王は其の乱を悪《にく》みしなり。故に礼義を制《さだ》めて以てこれを分かち、以て人の欲を養い人の求めを給（足）し、欲をして必ず物に窮せず物をして必ず欲に屈《つ》さず、両者相い持して長〔養〕せしむ。是れ礼の起る所なり。　　（礼論篇）

礼の起源はどういう点にあるか？　それを論じよう。人間は生まれつき欲望を持っていて、欲望がとげられなければどうしてもそれを追求しないわけにはいかず、追求してそこにきまった範囲の規則分別がなければどうしても争わないわけにはいかない。〔こうして〕争いあえば社会は混乱し、結局ゆきづまってしまうことになる。古代の聖王はその社会的混乱を憎んだのである。そこで礼義すなわち社会規範を制定して分別づけ、それによって人々の欲望を養い人々の求めを満足させ、対象物〔を奪いあってその不足〕のために欲望のゆきづまることが決してなく、欲望〔を放任した奪いあい〕のために対象物のつきてしまうことが決してないようにして、欲望とその対象物とをたがいに平均してのばすようにしたのである。これが礼の発生した起点である。
（金谷治訳『荀子』）

また、ラドクリフ＝ブラウンが『荀子』とともに取り上げた『礼記』は、儀礼の書である。古代中国では、礼は社会生活上の規範だけでなく、政治制度や宗教儀礼等、精神的・政治的なものと広い範囲で関わる。その豊かな内容をまとめた五経の一つが『礼記』である。いわゆる「四書五経」とは『論語』『大学』『中庸』『孟子』の四書、『易経』『書経』『詩経』『礼記』『春秋』の五経の総称だが、「五経を以て四書よりも高し」とする。また、このうち『大学』『中庸』はもともと『礼記』の一章を独立させたものだ。

『礼記』で取り上げられる「礼」は、きわめて多様な意味に用いられている。政治的な制度も意味すれば、神への儀礼や作法も意味すれば、日常生活上の細かなマナーやエチケットにまで及ぶ。道徳倫理、各種の祭祀、先祖供養、歴史、人間の集団における序列の意味などはすべて「礼」の中にあったのである。

「礼」は儒教のみならず、黄老、仙道、方術、民間宗教の母体でもあったが、「礼」を最も知り尽くしていた人物こそ孔子だった。孔子の言行録である『論語』には、「礼」「礼を履《ふ》む」「礼を聞く」「礼を学ぶ」「礼を知る」などの語が頻出する。

孔子が目指した道徳的・政治的改革は、一般の人間をすぐれた人間としての「君子」に変える方法のことであり、一種の全体教育と呼ぶべきものであった。道にそった儀礼的行動をとることができるなら、つまりは礼を正しく行うことができるなら、誰でも君子になることができるというのである。しかし、こういった行動は容易に身につくものではない。それは外面的な儀礼主義ではないし、儀式を行うことで意図的に感情を高揚させることでもない。

孔子は、正しい儀礼を行うことによって、膨大なエネルギーを持った「呪術の力」、あるいは「宗教の力」が解き放たれると考えたのである。「儒」は「呪」にも通じるのだ。

宇宙や社会も、人間に働いているのと同じ呪術の力、宗教の力によって支配されており、礼にのっとって正しい行動さえすれば、それで充分であると考えたのである。個人においては、『論語』衛霊公篇で有名な舜王をとりあげ、「彼はただそこに、顔を南の方に三毛、重々しく威厳をもって立つ。ただそれだけである」と君子の儀礼的姿勢について述べている。

また宇宙および社会においては、為政篇の中で「徳による支配は、あたかも北極星になったようなものである。同じ場所にとどまったままで、他のすべての星がその周囲を忠実に巡っていく」と述べている。まさに、これこそが孔子の理想であったのだ。

最もありふれたことから、最も予期せぬことまで、人生のいかなる状況においても礼儀正しくふるまえる君子。それには「仁」が必要である。孔子は人間を儒教の最高徳目である「仁」に導こうとしていたのである。さらに、すべてのものに「理」という本来の性格をもたらし、社会に秩序と持続性を与え、人間を社会全体に結びつけるもの、それがすなわち「礼」なのだ。

孔子の説いた「礼」は宇宙および社会の秩序に関わっていたが、ロジェ・カイヨワも、『人間と聖なるもの』（一九三九年）において、宇宙の秩序について述べている。カイヨワによれば、力は秩序の内部に存在し、みずからの場所にとどまる。その運命を逸脱することはせずに、許可されたもののなかに位置し、禁止されたものを勝手に処分しないように努めるのである。こうして、宇宙はその秩序の内部に維持されるというのだ。それは同時に、宇宙に従属している者のためでもあるという。祭儀の諸規則において宇宙の秩序を維持することこそが、さまざまな禁止の果たしている役割であるとして、カイヨワは『礼記』の「堤防が洪水を予防するように、祭儀は無秩序を未然に防ぐ」という言葉を紹介した後、続けて次のように述べる。


しかし、時の経過とともに、堤防は浸食され、禁止の機構の働きは低下し、その歯車は磨滅する。人間は年老いて死ぬが、子孫において再生する。自然は、冬が近づくとその豊穣を失い、衰弱していくように見える。世界を再び創造し、システムを若返らせなければならない。禁止は、世界の終末が偶発的に生じるのを防ぐことができるだけだ。禁止によっては、世界をその不可避的な破滅、その寿命が尽きることから守ることはできない。禁止は世界の衰退を止めることはできず、ただ引き延ばすだけである。やがて、世界の再創造が必要となる時が到来する。積極的な行為によって、秩序に新たな安定が確立される必要がある。創造のシミュラークルによって、自然と社会とが一新されることが求められるのだ。そのために用意されるのが、祝祭である。

（カイヨワ『人間と聖なるもの』）

また、カイヨワは普遍的秩序の維持について言及している。彼によれば、社会と自然は普遍的秩序の維持にもとづいて存続しているとみなされるが、この秩序は諸制度の統一性と諸現象の規則性を確実なものとする多くの禁止によって保護されているという。社会と自然の健康と安定を保証すると思われるあらゆるものは、聖なるものとみなされる。そして、それらを危険にさらすと思われるものは、冒瀆的なものとみなされる。両者の混合と過剰すなわち放埒、改革と変化はひとしく恐れられる。こうしたことがらは衰弱や破滅の要素として現れるからだとして、カイヨワは儀礼の機能について以下のように述べる。

多様な儀礼がそれらを償おうとする。つまり、それらによって混乱した配置を復活させ、それらをこの配置に組みこむのである。そのさい、危険な力は中和される。すなわち、自己保存のみを目的とし不動性のみを保証する世界にこのようなことがらが侵入したというだけの事実によって、有毒性の存在が暴露され、中和される。凝集をうながす聖なるものが、解体をもたらす聖なるものと対立するのはこのときである。前者は俗なる世界を支え、持続させる。後者はこの世界を脅かし、動揺させるが、それを更新し、緩慢な滅亡から救う。

（カイヨワ、同書）

ここは非常に重要な部分であり、カイヨワは「礼」の力について語っている。カイヨワにとっての儀礼の意味とは「原初のカオスへの回帰」とともに、細部にわたる「宇宙秩序の正当性の確立」にあることをはっきりと示していると言えるだろう。

ヴィクター・ターナーも古代中国の「礼」の思想に注目している。彼は「礼」という漢字がもともと祖先の霊や神そして精霊を崇拝し、崇敬するための供犠と密接に結びついており、孔子の時代には、それが「社会と家族のさまざまな関係を司る、書かれざる慣行」を示すものとなったことを明かしている（『象徴と社会』）。

さらにターナーは、「孔子は、極限状況を感動的なものと考えている。仁を『人間らしさの感覚、あるいは人間性』への感受性と訳し、その社会的なあらわれがコミュニタスであると解釈できようが、一方礼は、私が構造とよんできたものによく似ている」と述べている。

つまり、「仁」は「コミュニタス」、「礼」は「構造」に似ているというのである。この慧眼には驚かされたが、深く納得もした。さらに、ターナーは次のように述べる。

構造の規範に沿って、それらを自己利益や自派の目的に転化しようとすることなしに行動するならば、つまり平和的かつ正しい社会的な共存を行なおうとすると、次のような結果が生ずる。その結果とは、自発的かつ実存的なコミュニタスによって作り出される帰結と似かよったものだ、と孔子は語っているように思われる。これは後年、彼を批判した人びとが「保守派」と名づけた立場のことである。この立場とは、一方では、儀礼や礼節によって人々を結びつけるとともに、他方、全般的な相互依存関係の枠内で個々人の自由を保証するものである。つまり距離をおくこととは束縛することではなく、各人の尊厳を保障することなのだ。

（ターナー『象徴と社会』）

会社と儀式

ここまで抽象的な社会論を紹介してきたが、もう少し身近な例として、日本においては社会的紐帯の代名詞とさえなっている「会社」という存在について触れておきたい。

「社会」と「会社」はいずれも明治時代に福沢諭吉が発明した日本語であるとされており、ともに「人の集まり」といった意味である。福沢は英語の「company」を見て、これは「society」

とほとんど同じだと気づき、「社会」という漢語をさかさまにして、「会社」という新しい単語を作ったのだという。

陽明学者の安岡正篤は、人が集まると、その中心に社《やしろ》ができると述べている。つまり、人の集まりの中心には神社がつくられる。そこから会社という社、さらには社会という大きな社が生まれる、と非常に興味深いことを言っている。

「会社は社会のもの」と喝破したのは、本章の冒頭でも紹介したピーター・ドラッカーである。会社は社会のものであるということは、会社は社会を構成する大きな要素であるということだ。会社はそれぞれが営利を追求する存在であるが、利己的にならずに心ある存在であることを目指せば、社会全体が変わるはずである。最近はＣＳＲ（企業の社会的責任）に対する企業の意識もようやく浸透しはじめた感があるが、営利追求と社会貢献が同時に果たせるとなれば、雇用者の労働に対する肯定感も増すのではないだろうか。つまり、会社は社会にとって細胞のような存在だと考えられる。細胞が元気で活力があれば、社会全体も元気になるはずである。

では、会社にとって儀式はどういった意味を持つのであろうか。

会社が主催する儀式や行事には入社式や退社式、創立記念式典や社長就任披露宴など、多種多様なものがある。それらは一括して「会社儀礼」と呼ばれている。経済活動の主体である会社に儀礼があるのは、会社が共同体である証であろう。

経営人類学的分析によれば、日本には「会社宗教」があるとされている。多くの会社の社長室や事務所の一角には神棚があるし、ビルの屋上や工場の片隅には鳥居とともに祠《ほこら》が建っている。ふだんは気にも留めないだろうが、社員は神仏の加護のもとにあるのである。

民俗学者・宗教学者の宇野正人によれば、会社に祀られている神は、稲荷をはじめ、地元の有力な神、業種に関連の深い神、創業者の信奉した神など、さまざまである（『企業の神社』）。会社の神棚にはそうした神社の御札が奉安されているのである。

また、墓を所有している会社もある。高野山や比叡山などの山中にあり、在職中の物故従業員や創業者以下役員の霊の供養がなされている。

こうした宗教的な空間があれば、当然、宗教的な時間が会社に流れる。毎朝、神棚に向かって手を合わせる経営者もいれば、わが社のように会社の神社で月次祭を行う企業もある。物故者慰霊法要の時には全国一斉に黙祷を捧げるという大会社もある。とはいっても、これらの儀礼は特定の宗教への帰依を促すものではなく、あくまでも業務中の社員の安全と業績の安泰を祈るという社内行事である。

そして会社には、むしろ宗教色がまったくない儀式のほうが多い。代表的なものは入社式であろう。日本では一般に会社は共同体であると考えられている。いわゆる「縁」の典型として、血縁、地縁の次に「社縁」が挙げられるが、会社とは社縁による共同体なのである。その共同体への加入を象徴する儀式が入社式であり、これは通過儀礼に近いものである。宗教人類学者の中牧弘允は『会社のカミ・ホトケ　経営と宗教の人類学』（二〇〇六年）で次のように述べている。

日本の会社ではふつう役所や学校とおなじように四月一日に一斉に新入社員をむかえる。かれらは同期とよばれ、出世競争のライバルでもあるが、時には助け合う仲間同士でもある。人類学的にみれば、入社式は年齢階梯《かいてい》制の新人に対する歓迎の儀礼の一種と規定できる。式の後は一定期間、新人研修が義務づけられている。そこではたんに会社の歴史や業務の概要を学ぶだけでなく、共同生活をとおして先輩後輩の関係や立ち居ふるまいを習得し、会社人としてふさわしい初歩的訓練を受ける。入社式と新人研修は、人類学の用語をふたたびつかえば、訓練や苦痛をともなうイニシエーションの会社版にほかならない。

（中牧弘允『会社のカミ・ホトケ』）

入社式が社縁共同体への加入儀式ならば、そこからの離脱を象徴化する儀式も存在し、それは「社葬」と呼ばれる。ただし、新入社員ならば誰でも参加できる入社式に対して、社葬の対象者はトップ経営者のみである。中牧によれば、入社式には「平等原理」が、社葬には「不平等原理」が働いているという。社葬とは一般的に、亡くなった会社のトップ経営者に対し、会社の名において、資金面でも人材面でも、会社が全面的に主催する葬儀であり、社内よりも社外に目が向けられている会社儀礼である。この社葬について、中牧は『社葬の経営人類学』

（一九九九年）で、「故人の交友関係のみならず、会社の取引先、株主、業界関係者、政治家など、会社のつきあい関係を最大限に巻き込む儀式であり、故人と一面識がなくても義理で参加する者や一種ハレがましい気分の者も含まれる」と述べている。

社葬では、新聞に死亡告知と社葬の社告が掲載され、関係者に対して会葬案内状が送られる。社葬は、社外からできるだけ多くの人に来てもらうことを目標の一つとする大イベントなのだ。社葬の当日は、幹部社員が動員され、大企業でも重要な仕事はストップする。総務や秘書といった関係部局では、社葬の準備に相当の時間が費やされる。すべてが支障なく運ぶように、彼らは神経の休まる暇もなく気を配らねばならず、過労とストレスで何キロも痩せる担当者もいる。こうまで大変な思いをしてまで、なぜ会社は社葬を行うのか。

その理由について、中牧は次のように述べている。

あえて会社が社葬をいとなむ最大の理由は、会社の名において多大な貢献をしたトップ経営者を顕彰することである。葬儀委員長の式文告知（追悼の辞）では、会社という経営体のリーダーとしておこなった業績や貢献についての言及がなされ、それに感謝するための葬儀であるという趣旨が述べられる。来賓の弔辞においても会社や業界の発展のために故人がいかに尽力したかが強調される。そこでは会社人としての故人の功績が最大級の賛辞の表現をとって顕彰される。表彰や勲章はこの時に一段と輝きを増し、故人の生涯がプラスの面で総括される。当然、生前のマイナス面への言及は礼儀としてなされない。わたしはこの弔辞にこそ、会社の会社による会社のための葬儀のクライマックスがある、とみている。なぜなら、弔辞を読む人物は社会的地位の高い名士で、故人の功績を顕彰するに最もふさわしい人物として選りすぐられるからである。

（中牧弘允『社葬の経営人類学』）

顕彰とセットで重視されるのは告別である。葬儀とは本来は旅立ちの儀式だが、社葬においては故人の旅立ちはあまり問題ではなく、むしろ会社としての別れの演出が大切である。弔辞においても故人の喪失を悼み、その冥福を祈る言葉が述べられ、焼香や玉串奉奠は別れの儀式的表現として行われる。そして焼香後、立礼する遺族や会社役員に対し、会葬者は追悼の意を言葉や態度で表すのである。

中牧は、密葬と社葬、あるいは仮葬と本葬という組合せが昭和四〇年代から目立つようになったと指摘する。そのことによって、遺族は事実上二度の葬儀を余儀なくされるが、とくに大都市の大企業では二度目の葬儀を社葬として執行することが一般的な習慣となった。中牧は映画「００７は二度死ぬ」にちなんで「社長は二度死ぬ」として、次のように述べている。

二度の葬式はそれぞれ意味合いが異なっている。最初の密葬が遺族を中心とする「イエの宗教」の葬儀だとすれば、二度目の社葬は「会社宗教」のセレモニーということになる。

誤解をおそれずにあえて単純化すれば、社長は最初はイエのために、二度目は会社のために死ぬのである。（中牧弘允、同書）

このように見てくると、社葬には一種の「王殺し」の側面があると言える。社長や会長などVIPが亡くなっても組織が衰えていないことを関係者に表明するための機会が社葬なのである。とすれば、これもまたイニシエーションであると言えよう。いずれにしろVIPが亡くなれば、会社は密葬から社葬までの一連の葬儀を仕切らなければならない。それは経営学的に言えばリスク・マネジメントが試される機会でもある。

社葬は故人を顕彰し告別する厳粛で形式ばった儀式であるが、VIPの死にもかかわらず会社が不滅であり、またVIPの死をとおして会社が更新すると主張する行事でもある。そこでは故人の顕彰と告別に焦点があてられるが、会社自体も威信を獲得し、象徴的な「死と再生」をとげる。（中牧弘允、同書）

社葬とは、VIPの死にあたり、厳かに死者の欠落を埋め、同時に会社の不死を演出することによって、会社をよみがえらせる「産霊《むすび》」の秘儀であると言ってもよい。VIPの死を通して会社の再生を演じる「かたち」こそが社葬の重要な側面なのである。

このとき、儀式には「かたち」が重視される。これをたんなる形式主義と捉えるのは浅薄である。葬儀では、人間の死に「かたち」を与えることが重要なのである。愛する者を失い、不安に揺れ動く遺族に「かたち」を与えることで、動揺を押さえ悲しみを癒すことが可能となる。残された社員や取引先などの関係者も、「かたち」に乱れがないことから安心感を得る。儀式のもつ力とは、「かたち」があることによって発揮されるのである。

そうした意味からも、会社儀礼のような共同体における儀礼においては決まった「かたち」を繰り返すことが何よりも重要になる。何年も何年も同じやり方で儀式を繰り返すことは、若い人々にとっては自分が今見聞きしていることは何年も前に年長者たちが見聞きしたことだという確信を与え、老人たちには、未来の人々が自分の知っていることを知ることになるという安心を与えるのである。これによって、集団の精神的な縦軸があたかも姿勢の良い背骨のように真っ直ぐに貫かれることになる。儀式の順序が不変であることは、このような知識と経験を成員に共有させることによって意義と権威を生み出すのである。

第十三章　家族と儀式

「家」という宗教集団

　そもそも「家族」とは何であろうか。

　宗教学者の柳川啓一は、家族とは宗教集団であると言う。厳密にいえば「家族」というよりも「家」が宗教集団であると言っている。「家」は「祖先」を祭る集団である。しかし、単に生きている家族が死者を祀るという意味ではない。柳川によれば、「家」は世代を超えた存在であるから、生者と「祖先」すなわち死者をふくめた共同体である。死者と生者は「祖先」の恩とこれに報いる生者の供養という宗教行為によって、相互依存の関係にある。宗教行為としての供養がなければ、死者はあの世で迷ってしまうからである。その意味で、「家」はそれ自体が宗教集団となるというのだ。

柳川はまた、「家」を生者と死者による共同体として見ている。近世にいたって確立されてくる葬儀と年忌法要の慣行は、死者を一つの通過儀礼のサイクルに組み込むことになった。すなわち、初七日、四十九日、一周忌、三回忌、七回忌、十三回忌といった葬儀のイニシエーションを設けたのである。三十年忌ないし三十三年忌の「とむらいあげ」によって、個人の法要は終わり、その後は集合体としての「祖先」になる。

これは誕生儀礼の構造と好対照をなしている。生まれた人間もまた、お七夜、宮まいり、七五三、十三参り、成人式を経て共同体の成員となった。乳幼児死亡率の高い時代にあっては「七歳までは神の内」と言って、七歳までの子どもが亡くなると神の元に帰されたと考え、子を喪った悲しみを慰めた。七歳を超えれば成人まで生存する確率が高くなることを祝ったのが七歳のお祝いである。同様に死者の魂も、亡くなってすぐに現世から離れるわけではなく、段階を経て少しずつ成仏すると考えたのである。これもまた、家族を喪った悲しみを癒やすためのグリーフケアのプロセスと見ることができよう。柳川は次のように述べる。

こうした祖先崇拝は、小家族の親しさや団結をつよめるものであるが、「自分たちの家で祭るのでなければ、何処も他では祭る者の無い人の霊」を崇拝の対象とするために、各家においで個別化された信仰となる。ことに、日本の祖先崇拝は、血のつながりによるのではなく、他家から嫁入り婿入りした者も、自分の出自の家ではなく、血縁関係のない祖先を祭るのであるから、中国、韓国の祖先崇拝のような、同族、一族という、小家族をこえた大きな祭祀集団を上位にもつものではない。分家すれば、その分家した者が第一代の祖先となって、本家とは別になるので、日本の祖先崇拝は、無限にスプリットして行く。閉鎖的で、先代先代とたどって行く垂直的な線であらわされる。

（柳川啓一『祭と儀礼の宗教学』）

「祖先」あるいは「ご先祖さま」は「今生きている人々に連なる先代までの人々」である。共同体の成員にとっては顔や名前を知らなくとも自分たちを護ってくれる存在である。また老人たちにとっては、やがて自分たちの行きつく場所でもある。順送りに弔い、弔われることがわかっていたので、死にあたっても「自分もまた祖先になる」という覚悟を決めることができたのであろう。

「祖先」は「祖霊」でもあり、「祖霊信仰」と「祖先崇拝」を同じような意味で使う場合がある。ともに、死亡した祖先が生きている者の生活に影響を与えている、あるいは与えることができる、という信仰に基づく宗教体系である。祖先崇拝は世界中で見られるが、儒教の影響を受けた中国、日本（沖縄）、朝鮮など東アジアでとくに顕著である。中国では祖先崇拝の行事として「清明節」などの習慣がある。

イギリスの社会人類学者マイヤー・フォーティスは西アフリカのタレンシ族を調査し、『祖先崇拝の論理』（一九八〇年）を著した。フォーティスは、祖先崇拝がタレンシ族の社会生活全体に広く浸み込んでおり、同じことはアフリカの社会すべてについて言えるとして、「祖先崇拝が行なわれているどの社会でも、この信仰が、家族・親族・出自といった社会的関係や制度に根ざしているという点に異論はあるまい」と指摘している。

哲学者の柄谷行人は、フォーティスの報告をふまえて、『遊動論』（二〇一四年）で「死者が祖霊になるのに一定の時間がかかり、また、そのためには子孫の供養が必要だという考えは、どこでも共通している。だから、子孫が不可欠なのである」と述べ、さらに「タレンシたちにとっても、人生における最大の不幸は、自分のために葬式を営み、出自に基づいて家系を継いでくれる息子を残さずに死ぬことで、この不幸に比べれば、死そのものなど問題にもならない」ことを強調した。

重要なことは、祖先崇拝は単なる死者崇拝ではないということである。両者の違いについてフォーティスは次のように述べている。

もしも祖先崇拝が死者崇拝の一部であるに過ぎないのなら、祖先崇拝の意味は、死・たましい・死霊・霊・後生などをめぐる慣習化した信仰や行事の中に求められるはずである。しかし、民族誌や歴史上の事例を見れば、死霊・たましい・幽霊などとの宗教的交わりが、真の祖先崇拝でないことは明らかである。こうした霊の存在や、その超人間的性格は生から死への変化にかかわるもので、このことは葬送儀礼の中にはっきり見てとることが出来る。

（フォーティス『祖先崇拝の理論』）

タイラーやマリノフスキーといった高名な人類学者たちは、祖先崇拝について考察を重ねた。タイラー説に従う人々は、儀礼、信仰、慣例などの内容を祖先崇拝の主な現象と考え、祖先崇拝を死についての考え方や霊魂観の産物として解釈しようとする。他方、マリノフスキー説に従う人々は、肉親を失った動揺や死滅することに対する恐怖を情緒的に和らげ、安堵させるために祖先崇拝が必要なのだと説く。しかし、フォーティスはさらに一歩進んで、自分のために葬式を挙げて祀ってくれる祖先が必要だからであるという合目的説を展開したのである。

この点について、日本ではどうなのであろうか。近世日本人の祖先崇拝を研究したベルギー人の社会宗教学者オームス・ヘルマンは『祖先崇拝のシンボリズム』（一九八七年）で次のように言う。

日本の祖先崇拝は、民族学者・社会学者・文化人類学者などによってかなりよく研究されてきた。しかしこれらの研究で、ともすれば忘れられがちなのは、祖先崇拝が、宗教的な現象だということである。すなわち単なる社会現象ではなく、同時に、それは、象徴に関わる文化システムであり、人々はある特別な認識（ある種の「信仰」）を通してこれと同化するのである。

（オームス『祖先崇拝のシンボリズム』）

日本人にとって祖先崇拝は特定の宗教として意識されてはいない。宗教以前の慣習として内面化されているのである。ヘルマンによれば、それは社会現象でも宗教現象でもとらえられないシンボルに関わる文化のシステムであるというのだ。

たしかに、日本人の宗教は「葬式仏教」などと揶揄されることもあるが、これは裏を返せば、日常の生活では宗教は必要としていなくとも、亡くなった家族を弔い、祖先として祀るための儀式は必要と認識されているということである。

古代より日本人は、先祖を「カミ」「ホトケ」と呼んで大切にし、どの時代にあっても「ご先祖さま」を祀ってきた。それは、宗教を超越した日本文化および日本人の「こころ」の特徴であると言えるだろう。この日本人の「こころ」が、神道、仏教、儒教という三本柱のハイブリッドであることは、すでに第十章「日本と儀式」で触れたとおりである。

では、日本人にとって「先祖」とは何か。結論から言うと、「先祖」とは「子ども」である。日本人は世界的に見ても子どもを大切にする民族だという。そして、子どもを大切にする心は先祖を大切にする心とつながっている。柳田國男は『先祖の話』（一九四六年）で、輪廻転生の思想が入ってくる以前の日本にも生まれ変わりの思想があったと説いており、その特色を次の三つだとしている。

第一に、日本の生まれ変わりは仏教が説くような六道輪廻ではなく、あくまで人間から人間への生まれ変わりであること。

第二に、魂が若返るためにこの世に生まれ変わって働くという、魂を若くする思想があること。

第三に、生まれ変わる場合は、必ず同じ氏族か血筋の子孫に生まれ変わるということ。

柳田は「祖父が孫に生まれてくるということが通則であった時代もあった」と述べ、そういった時代の名残として、家の主人の通称を一代おきに同じにする風習があることも指摘する。

柳田の先祖論について、鎌田東二は『翁童論　子どもと老人の精神誌』（一九八八年）で次のように述べている。

この柳田のいう「祖父が孫に生まれてくる」という思想は、いいかえると、子どもこそが先祖であるという考え方にほかならない。「七歳までは神の内」という日本人の子ども観は、童こそが翁を魂の面影として宿しているという、日本人の人間観や死生観を表わしているのではなかろうか。柳田國男は、日本人の子どもを大切にするという感覚の根底には、遠い先祖の霊が子どもの中に立ち返って宿っているという考え方があったのではないかと推測しているが、注目すべき見解であろう。

（鎌田東二『翁童論』）

「子どもこそが先祖である」という発想をかつての日本人が常識として持っていたというのであれば驚くべき卓見である。たしかに、亡くなった家族がまた再生してくるならば、死に別れの悲しさは生まれ変わってくるまでのこととして受け入れることができる。また、自分自身が死ぬ場合のことを想像してみたときも、生まれ変わるのであれば、見ず知らずの赤の他人を親として選ぶよりも、自分の子孫の子として再生したいと願うであろう。そして、その希望が死への恐怖をも克服させてくれるかもしれない。生命を連綿と続く輪と捉えるならば、個としての生と死はそのほんの一部にすぎず、自分が属する「家」とともに、生命もまた永遠なるものと考えることが可能なのである。

日本人の伝統的な霊魂観、生命観は既存の宗教を凌駕した特長を備えているのである。

古代の家族宗教

祖先崇拝は人類普遍の信仰と言ってよい。前章でも紹介したフランスの歴史家フュステル・ド・クーランジュは、古代ギリシャや古代ローマの祖先崇拝のようすを『古代都市』で紹介している。のちに同書を再評価したラドクリフ゠ブラウンは、その核心を次のように紹介する。

古代ギリシアやローマの宗教のもっとも大切な部分は祖先崇拝であった。我々はこれを宗教のある型の一つの例と考えてもよいであろう。大体同種の宗教的礼拝が、中国では古代から現在にいたるまで存在している。また今日のアフリカやアジアの多くの地域に、同種の礼拝が存在しており、それらを研究することができる。それ故、この型の宗教については広く比較研究をすることが可能である。私自身の経験では、我々がもっとも容易に宗教的礼拝の社会的機能を発見し、提示しうるのは、祖先崇拝においてである。

（ラドクリフ＝ブラウン『未開社会における構造と機能』）

古代ギリシャ人やローマ人の家には祭壇が据えてあったという。そして、つねに燃える灰が供えられていた。夜も昼もその火を絶やさないのが、家長の神聖な義務であった。祭壇の火が消えると、その家には災いが襲うと考えられていたのである。毎晩、人々は炭火が燃え尽きないように、灰をかけておく。朝になって眼がさめると、まずその火をかきたて、木の枝を乗せて火力を盛んにした。祭壇の火が消えるのは、家族全員が死滅したときである。古代人のあいだでは、竈《かまど》が消えるのと家が絶えるのとは、同じ意味であった。

火の儀式は、そのまま食事の儀式につながる。古代人にとっての食事はとくに宗教的な行為で、神が司ることであった。神がパンを焼き、食物を調理したのである。食事の初めと終わりには、神に祈りをあげなければならなかった。食事を始める前には、祭壇に食物の初物を捧げた。酒を飲む前にも、祭壇に酒を注いで灌祭《かんさい》を行った。それは神の分け前であるからだ。誰もが、神が食卓に列して一緒に飲食していることを信じていた。

クーランジュによれば、ギリシャ人やローマ人の祖先である民族には、はるかな太古の時代から、死者と竈とを礼拝する信仰があったことは確実であるという。この古代宗教は物質的自然界に神を求めずに、人間そのものの内に神を求めた。礼拝の対象として、わたしたちの内にある不可視の存在を、すなわち肉を生かしかつ支持する精神力・思考力を選んだのである。

この宗教は時とともに徐々に衰退していったが、けっして消滅はしなかった。ギリシャにおいては、オリンポスの華やかな宗教もこれを根こそぎにすることはできなかった。クーランジュは、当時の葬礼について次のように述べている。


死者の崇拝は、キリスト教徒の聖者崇拝とはまったくちがっていた。この崇拝の第一の規則は、おのおのの家族によって、血縁ある死者に対してだけなされることである。葬礼は、宗教的には、近親者だけでいとなんだ。きまった時期におこなわれた供養の儀式も、家族だけが列席する権利をもち、他家のものは全部厳重に除外された。死者は一家のものの供物しかうけず、子孫の礼拝だけをのぞむと信じられていた。その家に属さないものが儀式に列するのは、生霊の安息をみだすことであった。したがって、法律は他家の墓地にちかよることを禁じていた。たとえ不注意からにせよ、墓に足をふれることは非常に不敬な行為で、かような罪をおかしたものは死者の怒りをしずめるとともに、わが身のけがれをきよめなければならなかった。

（クーランジュ『古代都市』）

家族のみが葬儀に列席する権利を持っていたというのである。あたかも現代日本で流行している「家族葬」を彷彿とさせるかのような記述である。しかし、その後、キリスト教の出現により様相が一変することは周知のとおりである。

インドにおいても、ギリシャと同様に、死者への供物は直系の子孫だけから捧げられた。インド人の法律は、アテナイの法律と同じく、神饌の儀式には、たとえ友人でも、他家のものが列席することを禁じたのである。各家族はめいめい墓地を持っており、死者はそこへ憩いに行った。クーランジュは、古代人の墓地について以下のように述べている。

血統をおなじうするものはそこにほうむられ、他家のものはだれもはいることをゆるされなかった。諸種の儀式や週年祭はその墓のまえでいとなまれた。家族の各人は神となった祖先の姿をそこにみるようにおもった。古代にあっては、墓は各家族の所有地のなかにおかれた。しかも、ある古代人の言葉によれば「子孫のものが家への出入りの都度祖先にであって祈りをささげることができるように」墓は宅地の中央、戸口からあまり遠くないところへきずかれた。こうして祖先は家族のあいだに現存していた。祖先は目にこそみえないが、つねに家庭内にあって、生前と同様に家族の一員であり、その父であった。不滅で、幸福で、神格をそなえた祖先は、地上にのこした子孫の生活に関心をもって、その欲するところを知り、弱点をおぎなった。まだ生きてはたらいているもの、すなわち、古代の表現にしたがえば、まだ一生の年貢をおさめきらないものは、支持者と指導者とを身ぢかくもっていた。それは祖先たちである。彼らは困難にであえば祖先のふるい知恵にすがり、悲嘆にくれては慰めをねがい、危険にであっては庇護を、過失をおかしては許しをもとめた。(クーランジュ、同書)

この家族宗教には、一定した宗規も共通の儀式書もなかったという。おのおのの家族は、その点で、完全な独立を保っていたのである。外部のどんな権力もその礼拝や信仰を規制する力がなかった。家長がすなわち祭司で、祭司のあいだに階級の別はなかった。ローマの神官長やアテナイの執政官は、家長がその宗教儀式を完全に果たしているかどうかを確かめる権利を持っていた。しかし、家長に対して少しの変更でも要求する権利はなかった。

とにかく、「儀式にしたがって献祭を執行せよ」というのが絶対の規則であった。各家族は特殊の祭式と別個の行事と祈祷の呪文と賛歌とをもっており、家父がその唯一の代表者であり、また神官であった。そして、彼だけがその宗教の教えを伝える権利をもっていた。それは父子相伝で、譲られるのは息子に限られていた。儀式や祈祷文や賛歌はこの家族宗教の根幹をなしていたが、それは世襲の神聖な財産だったのである。家族はこれを誰にも分けず、他家の者に洩らすことすら禁じていた。この事情はインドでも同様であった。バラモン教では、「家に伝わり、父より受けた賛歌のゆえに、我は外敵に対して強し」と言っている。

古代家族の成員を融合したものは、血統や感情や体力よりもさらに強力なものであった。それは竈と祖先への信仰である。この信仰は、全家族を現世と他界を通じて一体となるに至らせた。古代の家族は自然の結合である以上に、宗教的な結合でもあったのだ。したがって、女性は結婚の神聖な儀式によって同じ宗教に帰依しなければ、けっして家族の一員とは認められなかったという。古代ギリシャ語では、「家族」を示すのに「エピスチオン」という言葉を使った。それは「竈のかたわらにいるもの」という意味であった。家族とは、同じ竈神に祈り、同じ祖先に神饌《しんせん》を捧げる人々の一団のことだったのである。

古代ギリシャと日本の婚礼

古代ギリシャ人の信仰を「家族宗教」と呼ぶならば、それが設定した最初の制度は婚姻であったとされている。男子から男子へ伝えられた竈神と祖先との崇拝は、けっして男子だけに属していたものではなく、女子も祭祀にはたずさわった。娘としては父の、妻としては夫の宗教行為に従うのである。クーランジュは「この事実だけみても、古代人のあいだの夫婦結合の本質を推察することができる。ふたつの家族は、たとえならんでくらしていようとも、別々の神をもつ」と述べている。

ある若い娘は幼時から父の宗教を信仰し、熱心に竈神をまつり、日々に灌祭を行い、祭日には花や葉飾りで竈を飾り、これに保護を願い、その恩恵に感謝した。父祖の竈神は彼女の神であった。この娘に隣家の若者が結婚を申し込んだとする。娘にとっては、父の家を出て他家に入るという以外に、別の重大な問題がある。それは父祖の竈を捨て、夫の竈に祈らなければならないことである。彼女は宗教を変更し、これまでとは別の儀式を実行し、別の祈りを口にしなければならないのだ。少女時代の神と別れて、よく知らない神に従うことになる。

彼女は婚家の神を尊崇しながら、同時に実家の神を信奉し続けることはできない。この宗教では、同じ人物が二つの竈と二系の祖先とを祀ることを絶対に許さなかった。ある古代人は、「結婚するやいなや妻は父祖の家族宗教とはまったく関係を断ち、夫の竈神に生贄を捧げるべきものである」と言ったという。

古代人の思想の奥にわけいれば、夫婦の結合がどんなに重大であり、この問題に対する宗教の干渉がどんなに必要であったかが理解できよう。それゆえ、わかい娘が今後遵奉する信仰に帰依するために、神聖な儀式にのっとる必要があったのは当然である。出生によってむすばれない竈神の侍者となるためには、叙品《じょほん》式あるいは養子縁組ともいうようなものが必要ではなかったであろうか。

結婚はかように重大な結果を生ずる神聖な儀式であった。

（クーランジュ、同書）

ところが、この結婚を司った宗教は、ジュピターやジュノーやその他のオリンポスの神々ではなかった。儀式は神殿で行われるのではなく、めいめいの家であげ、これを司るのは家の神であった。実際には、オリンポスの神々の宗教が優位を占めるようになった時代には、人々は婚礼の祈りのときにもその神々を祈願せずにはいられなかった。さらに、婚儀に先立って神殿に赴いて神々に生贄を捧げた。それは婚礼の序式と呼ばれたが、儀式の主な部分は、つねに竈の前で行われたのである。

クーランジュによれば、古代ギリシャ人の婚礼は三幕から成り立っていたという。第一幕は娘の実家の前で、第二幕は両家のあいだの道中で、第三幕は夫の家の竈の前で行われ、それぞれ「婚約の式（エンギユエーシス）」「輿入れの式（ポンペー）」「納めの式（テルス）」、と呼ばれたという。古代ローマの結婚も古代ギリシャとよく似ていて、同じく三段に分かれていた。

日本人の婚礼も、もともとは三幕から成り立っている。すなわち、結納式、結婚式という二つのセレモニー、それに結婚披露宴というパーティが合わさったものということである。結婚披露宴とは、言ってみれば両家ゆかりの者たちが同じ竈で料理された食物を囲んで饗宴を催すことである。

かつて古代ギリシャの哲学者プラトンは、元来一個の球体であった男女が、離れて半球体になりつつも、元のもう半分を求めて結婚するものだという「人間球体説」を唱えた。プラトンのいう球体とは「魂」のことであったとわたしは考える。結婚は男女の未熟な魂を結んで夫婦という完成品を作ることだ。そして結婚は本来、両家の家族の絆をも強く結ぶものであった。

この四半世紀で日本人の結婚式や披露宴は大きく変化した。仲人、結納、金屏風といったものが急速に消え、和装を着る花嫁も減っている。結婚式や披露宴のキーワードも家と家との結びつきよりも、「自由」「個人主義」「合理主義」を強調するものに変わってきた。その結果なのか原因なのかはわからないが、現在では年間三〇万組以上の夫婦が離婚している。じつに、この三〇年間で日本人の離婚は二倍以上になった。しかし、どんなに時代が変わろうとも、わたしは結婚式や披露宴のキーワードは「家族」であると思っている。近代以前の「家」ではなく、あくまでも現代の「家族」である。

とりわけ、最近の風潮でわたしが残念に思っていることは「結納」の衰退である。「縁を結ぶ」という言葉にあるように、日本人の冠婚葬祭の「かたち」を作ってきた小笠原流礼法は「結び」方というものを重視した。水引に代表されるように、紐ひとつとってみても結び方には儀礼的な意味が込められているのである。結納とはこの「結び」を永遠に「納める」ことを意味する儀式であり、新郎新婦の魂、そして両家の絆をほどけないものとして結ぶのである。それはいわば「固結び」である。それと対照的に、現代のカジュアルな結婚式は「チョウチョ結び」である。見た目はいいけれども、引っ張ればすぐに解けてしまう。

結納が減少した理由は「形式張っている」「面倒である」というものが多い。しかし、儀式とはもともと形式、すなわち「かたち」なのである。形式張っているから意味がないというのは論理的なようでいてじつはそうではない。儀式というものに対する理解不足であり、目に見えない意味をないがしろにすることである。そもそも、儀式というのは少しくらい面倒なほうがいい。そのほうが、脳に強い情報を与えられるからである。この場合の情報とは、もちろん「わたしたちは結婚する」であり、「少々の問題があったとしても簡単には離婚しない覚悟がある」という自他にたいするメッセージである。

結婚式にしても葬式にしても、儀式とはもともと形式的なものである。そこに実利的な意味が認められないからという理由で否定するのは筋が違う。わたしたちは社会の情報化にともなって、祖霊への感謝や本来のイニシエーションを置き去りにしてきてしまった。それによって目に見ないもの、心や魂に働きかけるものがどんどん弱体化してしまっている。

しかし、「かたち」には「ちから」がある。儀式は心や魂に力を吹き込み、決定的な影響を与えるための人類の知恵である。わたしたちはこのまま、その偉大な知恵を手放してしまうことになるのだろうか。

『礼記』の家族論

儀式の持つ力を最も知り尽くしていたのは古代中国の孔子であった。

彼が開いた儒教は壮大な「礼」の思想体系であった。数多い儒教書の中でも、最も儀式の重要性を説いているのが「四書五経」の五経の一つである『礼記』である。

その「昏義篇」には、「結婚の意義」が次のように述べられている。

昏礼《こんれい》は、まさに二姓の好《よしみ》を合せて、上は以て宗廟《そうびょう》に事《つか》え、下は以て後世に継《つ》がんとするなり。ゆえに君子これを重んず。ここを以て昏礼には納采《のうさい》・問名《もんめい》・納吉《のうきつ》・納徴《のうちょう》・請期《せいき》に、みな主人廟《びょう》に筵几《えんき》して拝して門外に迎え、入りて揖譲《ゆうじょう》して升り、命《めい》を廟に聴《き》く。敬《つつ》しみ慎《つつ》しみて昏礼を重んじ正しくするゆえんなり。

昏礼は、二つの姓の友好をむすんで、それで男性側の家は先祖をまつるみたまやの礼を失なわないようにし、後世子々孫々にまでいたる血統を断たぬようにするものである。だから君子は昏礼を重視するのである。こういうわけで昏礼には数々の段階の礼がある。まず納采にはじまり、問名、納吉、納徴、請期とすすんで昏礼が行なわれることになる。これらの礼の行ないかたは、女性側の家の主人は廟に筵と几とを設置し、男性側からの使者を廟門の外で拝して迎え、門を入ると階に至るまで三回えしゃくし、階に至ると升ることを三回譲ってから堂に升り、廟で男性側の家からの命をきくのである。かくのごとくするのは、心を敬しく慎んで、昏礼を重々しく厳正にするためなのである。

（下見隆雄『礼記』）

ここには婚礼の意義が述べられている。『礼記』の訳者である中国哲学者の下見隆雄は、「男女の結合が個の意志を越えて、祖先から子孫への種の継続をなす存在として固定され社会制度によってぬりつぶされていることがよくわかる。結婚に限らずすべてのことがらが、個を越えて集団を保ち動かせる観念によって彩られるのは古代社会の特色である」と述べている。

また、同じく「昏義篇」には、以下のように述べられている。

敬慎重正《けいしんちょうせい》して后《のち》にこれに親しむは礼の大体なり。しかして男女の別を成して、夫婦の義を立つるゆえんなり。男女別ありて後に夫婦義あり。夫婦義ありて後に父子親あり。父子親ありて後に君臣正あり。ゆえに曰く、昏礼は礼の本なりと。それ礼は冠《かん》するに始まり、昏《こん》に本づき、喪祭《そうさい》に重くし、朝聘《ちょうへい》に尊《たっと》くし、射郷《しゃきょう》に和《やわら》ぐ。これ礼の大体なり。

納采・問名・納吉・納徴・請期というように儀礼が進行して、壻が婦を迎える親迎が行なわれる。婚礼はこのように敬しく慎しんで重々しくまちがいなく進められていってそして夫婦が相親しむのである。それは婚礼がすべての礼の根本になる要素を持っているからである。そしてまたこのようにていねいに行なうことによって、男女が互にけじめを守って接するべきものであること、またこれが夫婦の間の義をたてることになることを教えている。そもそも男女の間にけじめがあってこそ夫婦の正しい結びつきは生じるものであり、夫婦の義があってはじめて父子の間にも肉親の愛がめばえるのであり、父子が正しい愛で結ばれていればこそ君臣の関係もこの感情をおし及ぼして正しく成りたつのである。こういうわけで、婚礼こそはすべての礼の本になるものといえるわけである。礼というものは冠礼から始まり、婚礼を本として、喪祭を重んじてその終りを慎しむのである。朝聘の礼を尊んで君臣の義を正しく保ち、射郷の礼をほどよく行なうことによって人々の気持をとけあわせなごませるのである。こういうわけで、婚礼こそはすべての礼の最も重要なる根本と云えるわけである。

(下見隆雄、同書)

一般に、儒教では「葬礼」を重視することが知られている。しかしながら、『礼記』では「葬礼」ではなく「婚礼」が礼の最も重要なる根本であると述べられている。これは、わたしが考えるに、優先順位の問題ではないだろうか。葬儀を行うためには家族の存在が必要である。死者は自分の葬儀を行うことはできないから、葬儀を挙げてくれる家族をつくるためには子どもを授からなければならず、そのためにはまず結婚しなければならないわけである。「卵が先か鶏が先か」ではないが、結婚しなければ祖霊になることさえおぼつかない。礼の精神は天地に基づくが、具体的な制度としての礼は男女の婚礼から出発するのである。

しかし、日本の現状は厳しい。二〇一〇年の統計によると、五〇歳で一度も結婚したことのない生涯未婚率が男性二〇%、女性でも一〇%となっている。一九六五年の統計では男性は一・五%、女性は二・五%のみだった。晩婚化、非婚化に加え、雇用環境の悪化により出生率も減少も止まらない。この結果はとうぜん日本人の臨終にも影響を与える。孤独死、直葬、果ては遺骨の引き取り手を必要としない「0葬」まで登場した現代日本では、魂の循環も生まれ変わりも期待できそうにない。人々が現世志向に偏るのも無理のないことである。

孟子が説いた「人の道」

葬儀については、儒教が生んだ「人の道」という考えも知る必要がある。

従来、儒教は宗教ではなく、道徳思想としてとらえられてきた。しかし、じつは儒教ほど宗教らしい宗教はない。儒教が宗教であることの最大の理由とは、葬儀を行うことである。葬儀を単なる習俗としてみる人もいるが、葬儀とは紛れもなく宗教儀礼の根幹をなす。なぜなら宗教とは生死についてよりどころとなる考えを提供するものであり、葬儀とは「死および死後の説明」を形にしたものである。儒教においてはとくに葬礼を重視した。

古代の儒教グループはもともと「原儒」と呼ばれた葬送のプロフェッショナル集団であった。儒教の創始者とされる孔子の母親も、葬儀や占い、あるいは雨乞いに携わる巫女《みこ》だったという。これは漢文学者の白川静が『孔子伝』で明らかにしている。

雨乞いは、氏族の生活を左右する重要な農耕儀礼として、古代においては盛んに行われた。フレイザーの『金枝篇』には、未開社会における雨乞いの儀礼が多く紹介されている。それゆえに、「儒」は需要の「需」、すなわち「もとめる」の意味でもあった。なぜなら、古代人の生活で最も切実に求められたのは、旱魃《かんばつ》のときの雨であったからである。

そして、儒教の発生そのものが葬送儀礼と分かちがたく結びついていた。

白川静によれば、孔子の父親と母親は正式の結婚をしておらず、孔子は私生児であったという。孔子から二〇〇年ほど後に登場する孟子の母親は、孟子が子どもの頃に葬式遊びをするのを嫌って家を三回替えた、いわゆる「孟母三遷」でよく知られている。孟子の師である孔子も子ども時代にはよく葬式遊びをしたようだ。私生児であり、かつ父親を早く亡くしたため、貧困と苦難のうちに母と二人暮らしをした孔子の少年時代は、今でいう母子家庭である。葬送の仕事をしながら母は孔子を育てた。そんな母親とその仕事を孔子はどのように見ただろうか。おそらく、深い感謝の念と尊敬の念を抱いたのではないだろうか。

孔子は母親の影響のもと、「葬礼ほど人間の尊厳を重んじた価値ある行為はない」と考えていたとしか思えない。そうでないと、孔子が生んだ儒教がこれほどまでに葬礼に価値を置く理由がまったくわからなくなる。

孔子は、人間にとって最も親しい人間とは、その字のとおり「親」であると述べた。そして、その最も親しい親の葬儀をきちんとあげることこそ「人の道」の基本であるという価値観を打ち出した。孔子の後継者である孟子も、親の葬儀に何よりも価値を置いた。彼は『孟子』の中で、昔の習俗について次のように述べている。

蓋《けだ》し上世嘗《かつ》て其の親を葬らざる者あり、其の親死すれば則ち挙《あ》げて之を壑《たに》に委《す》てたり。他《ある》日《ひ》之《ここ》を過ぐれば、狐・狸之を食い、蠅《はえ》・蚋《ぶゆ》之を姑嘬（咀嘬）い、其の顙《ひたい》に泚《あせい》（汗出）でたるありて睨《ななめにみ》て〔正〕《まともに》視《み》ず。夫《か》の泚《あせい》でたるは、人の為に泚《あせい》でたるに非ず、中心より面目《めんぼく》に達《いた》れるなり、蓋《すなわ》ち帰反《かえ》りて虆梩《もっこすき》もて之を掩《おお》えり。之を掩える誠に是《ぜ》ならば、則ち孝子仁人の其の親を掩うことも亦《また》必ず道《ゆえ》（以）あらん。

おもうに、太古《たいこ》には親が死んでも葬らない時代があった。親が死ぬと、みんなその死骸《しがい》をはこんで谷間に棄《す》てておいた。あとで、そこを通りかかって見ると、狐《きつね》や狸《たぬき》が死骸の肉を食い、蠅《はえ》や蚋《ぶゆ》などが一杯たかっていたので、思わず知らず額《ひたい》に冷汗《ひやあせ》がにじみでて、横目でちらりと見たきり、まともには見られなかった。この冷汗は、他人に見られるのが恥かしくてでたのではない。心の奥底から親に済《す》まない、痛《いた》ましいと感じて、面《かお》や目ににじみでたのである。そこで、急いでわが家に帰って、土籠《もっこ》や土車《つちぐるま》をとってきて、土を〔運んで死骸の上に〕かけて見えないように掩《おお》いかくした。〔これが埋葬《まいそう》の起源《おこり》なのである〕。このように土をかけて見えなくするのが、まことに道理にかなった善いことだとすれば、後世の孝子や仁人がその親を手厚く葬ることも、これまた当然の道理であろう。〔したがって、薄葬のよくないことは、もはやいうまでもあるまい。〕

（小林勝人訳『孟子』）

このように、孟子は「埋葬をきちんと行うことは、単なる習慣の問題ではない。それは、親子の絆を証しているのであり、死ですらそれをほどくことができないのだ」と結論づけている。古代の中国人たちは自分たちのあり方のルールとして「礼」というものを持っていたが、葬儀を最重要視することで、「死」がこの「礼」の基準となっていった。

人間はその一生において、さまざまな社会的関係をつくっていく。一般人なら、成人式、結婚式、葬儀、祖先祭祀といった、いわゆる冠婚葬祭である。この中で、冠（成人式）は一般庶民にまで徹底したわけではない。また結婚しない人間もいるし、祖先の祭祀をしない者もいる。しかし、必ず避けられないものは「葬」である。葬礼こそ一般人の「礼」の中心だと言ってよい。

それでは、葬礼のモデルとはなにかといえば、親の葬礼を置いて他ない。なぜなら、一般的に言って、親が子よりも後で亡くなるという特別な場合を除けば、人間はほとんど必ず親の死を迎え、葬礼を行うからである。この必ず経験する、親に対する葬礼を基準とし、それを最高の弔意を表すものとするのである。つまり、最も親しい「親」の死を最も悲しむわけである。親の葬礼を行うことこそは、すべての「礼」の中心となる行為であり、「人の道」を歩むことにほかならないのである。

ヘーゲルが説いた「埋葬の倫理」

孟子とほぼ同じことを述べた人物が十八世紀のドイツにいた。ゲオルグ・ヘーゲル、近代哲学における最高の巨人である。

ヘーゲルの哲学はこれまでマルクス主義につながる悪しき思想の根源とされてきた。しかし、わたしは、ヘーゲルほど現代社会が直面する諸問題に対応できる思想家はいないと考えている。たとえば、彼は『精神現象学』（一八〇七年）において、次のように述べている。

抽象的な自然の運動を補って、それに意識の運動をつけくわえ、自然の行為に介入し、血縁の死者を破壊から救いだすこと、もっと適切にいえば、破壊されて純粋な存在となることが避けられないものとすれば、破壊の行為をみずから引きうけることである。

それによって、死んだ共同の存在が自分のうちに還ってきて自立した存在となり、ただ個物としてある無力な死体がみんなに認められた個人となる。死者は、その存在がその行為や否定的な統一力から切り離されるから、空虚な個物となり、他にたいして受動的に存在するものでしかなくなって、すべての低級な理性なき生物や自然の元素の力の餌食となる。理性なき生物はその生命ゆえに、自然の元素はその否定力ゆえに、いまや死者よりも強いものとなっているのである。無意識の欲望や元素の抽象的な力にもとづくこうした死者凌辱の行為を防ぎとめるのが家族であり、家族はみずから行為を起こすことによって血縁者を大地のふところに返し、不滅の原始的な個たらしめる。それによって、死者は共同世界の仲間に引きいれられるので、この共同世界は、死者を思うさま破壊しようとする元素の力や低級な生物を配下におさめ、その力を抑制するのである。

（ヘーゲル『精神現象学』）

ヘーゲルは、共同体と人間の関係について徹底的に考えた人であった。社会制度と個人のあり方をみたとき、共同体には大きく二つのものがある。一つは「国家（ポリス）」という公共的で明確な法律を持った共同体。もう一つは、血縁で結ばれた私的な共同体、つまり「家族」である。ヘーゲルによれば、国家は男たちのつくりあげる共同体だ。男は家族の中で育つが、成年になると公共的なものに眼を向け、そこにアイデンティファイする。自由と共同性を実現した「人倫の国」こそが、ヘーゲルにとっての国家である。

では、家族はどうか。家族は、男女が結びつき、愛し合う場所であり、愛の結晶である子どもを育てる場所である。国家の側からすれば、家族の機能とは「子どもを立派な公民として育て上げる」ということにつきるだろう。しかし、家族の最大の存在意義とは何か。ヘーゲルは、家族の最大の義務を次のように明らかにした。

この最後の義務こそ完全な神の掟であり、個人にたいする共同体の積極的な行動である。

愛を超えるような共同体的広がりをもつ他のすべての行為は、人間の掟に属するものであって、自然発生的な共同体（家族）に現実にとりこまれた状態にある個人を、そこから脱出させようとするものである。ところで、すでに見たように、人間の正義の内容と力は、現実の意識的な共同体秩序――民族全体――にあり、神の正義と掟の内容と力は、現実の彼岸にある個人――死者――にあるのだが、といって死者は無力なのではない。死者の力は純粋に抽象的・一般的な、元素にもどった個たることにあって、かつて元素たることを脱却して、みずから民族の現実の一員たることを意識していた個人が、その掟でもあり土台でもある純粋に抽象的な元素へともどっているのだ。（ヘーゲル、同書）

家族の最大の義務とは、「埋葬の義務」なのである。どんな人間でも必ず死を迎えるが、これに抵抗することはできない。死は、自己意識の外側から襲ってくる暴力といえるが、これに精神的な意義を与えて、それを単なる「自己」の喪失や破壊ではないものに変えること。それこそが埋葬という行為なのである。家族は死者を埋葬することによって、彼や彼女を祖先の霊のメンバーの中に加入させる。これは「自己」意識としての人間が自分の死を受け入れるためには、ぜひとも必要な行為なのだ。

ヘーゲルは『精神現象学』において、「死」の問題に正面から取り組んだ。死の恐怖を知ることによって、「自己」の意識がめばえる。死を廃絶してしまうことはできない。できるのは、ただ死に「意味」を与えることだけである。だから、死者を弔うという制度が発生するのは必然的なのである。

ヘーゲルは言う。国家のために戦って死んだ男たちを埋葬するのは女たち、すなわち家族の役目である、と。もし、埋葬されずに死骸が鳥や獣の餌食にされるならば、それは死者にとっても、遺された家族にとっても、耐えがたいことなのである。家族の執り行う埋葬が「死」に意義を与えてくれるのである。孟子と同じく、ヘーゲルも「埋葬の倫理」というものを訴えた。古今東西、あらゆる宗教や哲学が肉親を弔うことの重要性を説いている。有史以来、親が死んで、葬式を出そうと思えば出せるのに、金がもったいないからといって出さなかった民族も国家も存在しない。ところが、現在の日本人は出費を惜しみ、手間を面倒がって葬式を簡略化し、もしくは自分の葬式を希望しない。そんな前代未聞の存在に日本人がなってしまったら、これはもう世界の恥どころではなく、人類史上の恥であろう。

年中行事と冠婚葬祭

戦後、日本の家制度は解体され、両親と子どもから構成される「核家族」が家族の基本となった。昨今では熟年離婚や家族崩壊という話もめずらしくはなくなった。しかし、日本人は長い歴史を通して、家族という単位がその基盤となってきた。それは、最初から個人を単位と考える欧米の生活とはおのずから性格を異にするものであった。
家族を生活の単位とする日本人の生活慣習や社会慣習の核となる存在としては、ライフイベントである冠婚葬祭のほか、毎年繰り返される「年中行事」があった。
倉林正次は次のように述べている。

生活慣習といったものも、家族生活を基調として育まれて来た。生産や生業の種類によって、その内容も違っては来るが、日本人の生活には、そうした相違を越えて、あい共通する生活のリズムといったものが存した。一年間の生活の中に、いくつかの折り目をなす事柄があって、それらが生活の流れの中に、豊かな色取りを織り込んできた。

（倉林正次『儀礼文化学の提唱』）

わが国の生活習慣の基本をなしているのは、生活に「豊かな色取りを織り込んできた」年中行事であった。年中行事には時代や地域による相違があり、さらに家々による相違も存する。生活の基盤が家族に存するように、これら年中行事も家がその基本単位をなしてきたのである。
年中行事は、それぞれ異なる内容と性格をもっている。一年を通して考察してみると、そこには「まつり」のサイクルと呼ぶべき枠組みがあることに気づく。これを宮廷や神社の祭祀と総合的に考え合わせると一つの祭祀体系が見出されるが、それは村々の神社の祭礼と本質的に同じものであると言えるだろう。

現在の日本社会は「無縁社会」と呼ばれることもある。しかし、この世に無縁の人間など存在しない。どんな人にも、必ず血縁や地縁がある。そして、多くの人は学校や職場や趣味などでその他にもさまざまな縁を得ていく。この世は「縁」で満ちているのだ。ただ、それに多くの人々は気づかないだけなのである。

わたしは冠婚葬祭を業とする者であるが、冠婚葬祭とは「縁」という目に見えないものを実体化して見えるようにするものであると考えている。結婚式や葬儀、七五三や成人式や法事・法要、そのいずれにおいても、縁というものが強く意識される。ふだんは会う機会のない生活を送っていても、冠婚葬祭が行われるときには「縁」で結ばれたもの同士が一堂に会する。「縁」という抽象的概念が実体化され、可視化されるのである。

冠婚葬祭とは結婚式と葬儀のみを指すと思っている人も多い。たしかに婚礼と葬礼は人生の二大儀礼ではあるが、けっして冠婚葬祭のすべてではない。「冠婚＋葬祭」ではなく、「冠＋婚＋葬＋祭」なのである。

「冠」はもともと元服のことで、現在では、誕生から成人までのさまざまな成長行事を「冠」とする。すなわち、初宮参り、七五三、十三祝い、成人式などである。

「祭」は先祖の祭祀である。回忌などの追善供養、春と秋の彼岸や盆、さらには正月、節句、中元、歳暮など、日本の季節行事の多くは先祖をしのび、神霊をまつる日であった。現在では、正月から大みそかまでの年中行事を「祭」とする。

そして、「婚」と「葬」である。結婚式および葬儀の形式は、国によって、また民族によって著しい差異がある。これは世界各国のセレモニーには、その国で長年培われた宗教的伝統や民族的慣習などが反映しているからだ。儀式の根底には「民族的よりどころ」が重要である。

日本には、茶の湯・生け花・能・歌舞伎・相撲といった、さまざまな伝統文化がある。そして、それらの根幹にはいずれも「儀式」というものが厳然として存在する。すなわち、儀式なくして文化はありえないのである。つまり儀式とは「文化の核」と言えるだろう。日本では、儀式文化が冠婚葬祭の中に凝縮されているのだ。

さらに、冠婚葬祭とは、すべてのものに感謝する機会でもある。七五三・成人式・長寿祝いなどは、無事に生きられたことを神に感謝する儀式である。よって、いずれも神社や神殿での神事すなわち儀式が欠かせない。これまでの成長を見守ってきてくれた神仏・先祖・両親・そして地域の方々へ「ありがとうございます」という感謝を伝える場を持つことが、人生を豊かに過ごしていくことにつながるのではないだろうか。

家族葬について考える

冠婚葬祭の根本的なルールは変わらないが、マナーは時代によって変化していく。情報機器の世界では「アップデート」という言葉をよく使うが、冠婚葬祭にもアップデートはあってよい。そうしないと時代の変化やニーズから取り残されてしまうからである。

しかし、時代のニーズには迎合すべきものと慎重になるべきものがある。冠婚葬祭で言えば、後者の代表的な例の一つが「家族葬」であろう。地方新聞の紙面によく見られる死亡欄で「葬儀は近親者のみで行います」という案内を見かけることが多くなった。続けて、「後日、お別れの会を開催します」という場合もある。「葬儀は家族葬で」というのが主流になりつつある。

家族葬を選ぶ理由としては、次の四点があげられる。

1　遺族が高齢者

業者に葬儀を依頼するにしても、見送る側の負担を最小限にしたい。

2　長期闘病生活を送った

遺族が長期の看病をした場合など、遺族の健康状態を考慮したい。

3　死の理由を公開したくない

自殺や特別な事故死の場合には、最小限の参列者にとどめたい。

4　あまり人付き合いがなかった

少子化の影響で、親類の参列者が少ないし、近所や職場での交流が少ない。

さらにこれらは、故人の希望があった場合と、遺族が希望した場合に分かれる。いずれにしても、そこには「ひっそりと葬式を行いたい」「負担がかからない範囲で見送ってほしい」という思いが見え隠れしている。

しかし、本音の部分はどうなのであろうか。自分で自分の葬式は挙げられない。お世話になった方々、親しく交際してきた方々に見送られたいと思いつつも、遺族に気を遣った場合もあるかもしれない。

『葬式は、要らない』（二〇一〇年）を書いた宗教学者の島田裕巳のように、葬儀は「贅沢」であり「不要」だと断言する人もいる。果たして、本当に葬儀は不要だろうか。人生の最期のセレモニーにおいて、故人はお世話になった方々に集まってもらい、旧交を温めてもらう機会にしてほしいと願っていたのではないだろうか。自分と共に過ごした日々のことを思い出してもらい、語り合ってもらい、別れを偲んでほしかったのではないだろうか。

わたしはよく講演会などで「自分の葬儀にどれくらいの人に来てもらいたいかをイメージしてください」という話をする。誤解しないでいただきたいのだが、多くの人が葬儀に集まることが生前のステイタスになるという類の話ではない。

実際、葬儀に集まる何割かは故人ではなく遺族の知り合いだったりもする。そうした人々をすべてシャットアウトして、「ひっそりと少人数で見送ってほしい」と言う裏には、じつは「自分には人望がないのではないか」「さびしいお葬式だったと言われるくらいならば最初から家族だけでよい」という不安があるのではないだろうか。

わたしはこうした理由で家族葬が選択されることに、大きな不安を感じている。先の四つの分類のうちの4に該当するものである。

いま、日本の社会を表現して「無縁社会」などという言い方がされる。血縁、地縁、社縁といったすべての「縁」が絶たれた絶望的な社会だというのである。わたしは無縁社会を解決するひとつの方法は、葬式について積極的に考えることではないかと思っている。自身の葬儀をイメージし、「自分の葬儀はさびしいものにはしない。お世話になった方々に、また遺された家族がこれからもお世話になる人たちに、わたしの人生の卒業式に立ち会っていただくのだ」と思うことで、葬儀のイメージは変わるのではないだろうか。

人は死に方を選ぶことはできない。しかし、葬儀のあり方を選ぶことはできる。自分の葬儀を決めることは、人生の退場の仕方をプロデュースすることである。それはさかのぼって今をいかに生きるかということにつながってくるのである。

ここ数年、日本人の葬儀に対する意識が急激に低くなっている。親族のみで行う「家族葬」、通夜も葬儀も行わずに遺体を火葬場に直行させる「直葬」、さらには遺骨や遺灰を火葬場に捨ててくる「0葬」といった「薄葬」への流れが止まらない。いままではタブー視されていたことが一気に解禁になってしまったかのような観がある。

ところが一方では、現在の日本は大変な「終活ブーム」である。「終活」をテーマにした講演会やシンポジウムも盛んに開催され、わたしもよく出演させていただく。そのとき、参加者から「今の終活ブームというものを、どう捉えていますか」という質問を受ける機会が多い。

わたしは、いつも以下のような話をさせていただく。

これまでの日本では「死」について考えることはタブーだった。しかし、「死」を直視することによって「生」も輝く。その意味では、自らの死を積極的にプランニングし、デザインしていく「終活」が盛んになるのは良いことであると考える。

一方で、気になることもある。「終活」という言葉には明るく前向きなイメージがあるが、じつはその裏には「迷惑」というキーワードが潜んでいるように思えてならない。みな、家族や隣人に迷惑をかけたくないと言うのである。

「残された子どもに迷惑をかけたくないから、葬儀は直葬でいい」

「子孫に迷惑をかけたくないから、墓はつくらなくていい」

「失業した。まったく収入がなく、生活費も尽きた。でも、親に迷惑をかけたくないから、たとえ孤独死しても親元には帰れない」

葬儀だけではない。

「招待した人に迷惑をかけたくないから、結婚披露宴はやりません」

「好意を抱いている人に迷惑をかけたくないから、交際を申し込むのはやめよう」

すべては、「迷惑」をかけたくないがために、人間関係がどんどん萎縮し、希薄化し、社会全体の無縁化が進んでいるように思えてならない。

しかし、そもそも、家族とはお互いに迷惑をかけ合うものではないであろうか。子どもは親に迷惑をかけつつ育てられた。その子どもが親の葬儀をあげ、さらに子孫が先祖の墓を守る。本来は当たり前の話である。もともと「つながり」や「縁」というものは、互いに迷惑をかけ合い、それを許し合うものだったはずである。

「迷惑をかけたくない」という言葉は、希薄な「つながり」を象徴している。

日本社会では「ひとりぼっち」で生きる、家族のいない人間が増え続けていることも事実である。たしかに日本人は、他人に迷惑をかけてはいけないと教えられる。迷惑をかける見返りとして金銭を支払うという方法もある。しかし、人間の老いや病気や死はもっと不合理なものである。長い間働き、あるいは子どもを育て、年をとってまで迷惑をかけてはいけないという理由はあるだろうか。死に際にすべての縁を整理して、この世からひとり静かに去ることがそれほど美徳なのだろうか。

結婚式について見たとおり、現在「面倒なことは、なるべく避けたい」という安易な考えを容認する風潮があることも事実である。しかし、こうした風潮に影響を受けた「終活」には「無縁化」が背中合わせとなっている危険性があることを十分に認識すべきである。この点に関しては、わたしたち一人ひとりが日々の生活の中で自省する必要もあるだろう。親の最期を看取ることが果たして迷惑なのか、葬式を挙げることがほんとうに迷惑なのか。自分の死についての覚悟はどうなのか。「迷惑をかけない」という言葉は、一見他人のことを気遣っているようで聞こえは良いが、実際は自分が「面倒くさい」というのが本音なのではないだろうか。

「面倒くさい」ことというのは、現代の日本社会が直面している問題のキーワードである。恋愛が面倒くさいから結婚しない、電話が面倒くさいからメールで済ませる、料理が面倒くさいから外食で済ませる、そして、その面倒くさいことを引き受けてくれるような社会のシステムがちゃんと出来上がっている。

しかし、本来は「面倒くさいこと」の中にこそ、幸せがあるのではないだろうか。

赤ちゃんのオムツを替えることだって、早起きして子どもの弁当を作ることだって、寝たきりになった親の介護をすることだって、みんな「面倒くさいこと」に違いない。でも、それは親として、子として、やらなければならないことである。そして、子どもが成長した後、また親が亡くなった後、どうなるか。わたしたちは「あのときは大変だったけど、精一杯やってあげて良かった。あのとき、自分は幸せだった」としみじみと思うのではないか。なぜなら、子が育ってしまい、親が亡くなった後では、どちらももうやりたくともできないからである。

人間はすべてのことを記憶しておくわけにはいかない。しかし、「面倒くさいこと」は記憶に残るものである、簡単にできてしまったこと、つまり面倒くさくないことは脳内でスルーされてしまって、記憶に残らない。まさに「苦労こそ最高の思い出」なのである。そして、もう一度言うが、葬儀という儀式は基本的に「面倒」なものである。しかし、故人の縁をたどり、さまざまな人に葬儀に参列してもらい、言葉を交わし、ときには故人の知られざる一面を知り、在りし日の姿に思いを馳せる。故人が主人公となる最期の日なのである。「面倒」の中にこそ、幸せの本質がある。

小津映画と家族葬

この章を終えるにあたり、小津安二郎監督の映画について述べておきたい。

わたしは小津映画が昔から大好きで、ほぼ全作品を観ている。黒澤明と並んで「日本映画最大の巨匠」であった彼の作品には、必ずと言ってよいほど結婚式か葬儀のシーンが出てくる。小津ほど「家族」のあるべき姿を描き続けた監督はいないと世界中から評価されているが、彼はおそらく、冠婚葬祭こそが「家族」の姿をくっきりと浮かび上がらせる最高の舞台であることを知っていたのであろう。

その小津自身は、生涯、家族というものを持たなかった。女優の原節子と結婚するのではないかと何度も噂されながらも、ついに実現しなかった。原は、「晩春」「麦秋」「東京物語」「東京暮色」「秋日和」「小早川家の秋」という六本の小津作品に出演しており、二人は日本映画界における最強コンビであった。

映画評論家の西村雄一郎は、小津が初めて原を起用した作品である「晩春」について、『殉愛　原節子と小津安二郎』（二〇一二年）で次のように述べている。

『晩春』は、劇中に能が登場する映画だが、実際に能の要素を取り入れた、小津作品中、最も官能的な映画だといっていい。一時間四八分という比較的短い映画だが、無駄なカットが一切なく、どのシーンもが必然性をもち、それぞれに緊密に連携し、特に清々しいまでの構成の美を感じさせる。それは、構成が、能の〝序・破・急〟を意識しているからだと思われる。

（西村雄一郎『殉愛』）

このくだりを読んで、わたしは大いに納得した。西村によれば、小津の映画は、全部とは言わないまでも、その多くが「序・破・急」のリズムを意識しているという。中でも「晩春」は、とくに能的なリズムにのっとった映画であるという。この映画を観終わったとき、見事なまでの無駄のなさ、きちんとした構造の強靭さを感じるというのである。

第七章「芸能と儀式」でも触れたが、能のリズムとは儀式のリズムである。能のリズムを持った小津映画は儀式的な映画であると言ってよいだろう。

「晩春」のラスト近くには、結婚式の朝のシーンが登場する。原が演じる紀子の支度が整い、みんなが式場に行こうとする。その前に、花嫁姿の紀子は笠智衆演じる父を呼び止め、三つ指をついて、「お父さん、長い間、いろいろお世話になりました」と言う。このシーンについて、西村は次のように述べている。

小津の映画では、小津の考える日本人の〝原風景〟となるものが随所に描かれる。日本人であればこうあってほしい、こういう風景を見たい、こうするのが最も美しいといった心象風景を映画のなかで見せてくれるのだ。この結婚式の挨拶のシーンも、そんな〝原風景〟の典型である。年齢を重ね、小津映画を見てほっとするのは、日本人として後に続く者に教えておきたい、こうした日本人の規範を、きちんと描いてくれているからだろう。

（西村雄一郎、同書）

小津映画最高の名作とされるのは、「東京物語」である。西村は十九歳のとき、銀座の名画座で「東京物語」を初めて観たという。そのときは「どこがいいのか、さっぱりわからなかった」が、十年たち、二〇年たって再見すると、その凄さがわかってきたという。西村は、その理由を「それは家族のなかから葬式を出す経験をしたからだ」と述べている。つまり「死」というものがより身近になったからであるというのだ。静かに流れていく時間の中で、今、自分が生きている世界から、そこにあったものが少しずつ消えていくことの寂しさ、虚しさ、無常観を心から感じたという。その意味で、小津映画とは、年をとればとるほどわかってくる映画の典型なのであろう。

「東京物語」では、葬儀が終わった後の描写も見事である。葬儀が終わり、遺族は料亭で会食をする。杉村春子扮する長女の志げは、「ねえ、京子、お母さんの夏帯あったわね。あれ、あたし形見に欲しいの」と言い出す。その志げも、長男の幸一も、三男の敬三（大阪志郎）も、次々に帰っていく。実家に集まった人たちが、一人減り、また一人減っていく。

「東京物語」について、篠田正浩は「何かが無くなっていく映画」と述べたというが、まさに、去っていく者、残されていく者が残酷にも区分けされていくのである。そして最後まで老父（笠智衆）の側にいたのは、戦死した二男の嫁である紀子（原節子）だけであった。老父は、血を分けた子どもたちよりも親切な紀子に感謝の言葉を述べ、亡き妻の形見である女物の懐中時計を贈る。この場面について、西村は次のように述べている。

父が懐中時計を渡した意味は、そこに〝時間の永遠性〟を表現しているのだ。たとえ持ち主が変わっても、人が滅して転じても、時間だけは常に絶え間なく流れていく。今という時間は、過ぎていく時間の最後の瞬間であり、次に来る時間の最初の時間だ。

小津は『小早川家の秋』のラストで、笠智衆扮する農夫に、「死んでも死んでも、あとからあとからせんぐりせんぐり生れてくるヮ」と言わせている。それと同じように、『東京物語』のこのシーンでは、流れては消え、流れては消えする時間の永続性、永遠性、無常観というものを、時計というオブジェによって表現しているのだ。

（西村雄一郎、同書）

わたしは、この文章を読んで、「儀式とは、時間の永遠性に関わるもの」であるということを改めて痛感した。

人は生まれ、老いて、病み、やがて死ぬ。しかし、その後もせんぐりせんぐり新しい命が生まれてくる。時間が永遠であるように、生命もまた永遠である。すべての日本人が「永遠」の旅立ちを果たす日が来ることを心より願ってやまない。

第十四章　人間と儀式

儀式的動物あるいはホモ・フューネラル

第一章「儀礼と儀式」でも紹介したが、「人類の歴史は墓場からはじまった」という説がある。約七万年前、旧人に属するネアンデルタール人たちは、近親者の遺体を特定の場所に葬り、ときにはそこに花を捧げていた。死者を特定の場所に葬るという行為は、その死を何らかの意味で記念することにほかならない。しかもそれは本質的に「個人の死」に関わる。ネアンデルタール人が最初に死者に花をたむけた瞬間、「死そのものの意味」と「個人」という人類にとって最重要な二つの価値が生まれた。

ネアンデルタール人たちに何が起きたのであろうか。何が起こったにせよ、そうした行動を彼らに実現させた想念こそ、原初の宗教を誕生に導いた原動力であった。このことを別の言葉で表現するなら、人類は埋葬という行為によって文化を生み、人間性を発見したのである。

人間を定義する考え方として「ホモ・サピエンス」（賢いヒト）や「ホモ・ファーベル」（工作するヒト）などが有名である。オランダの文化史家ヨハン・ホイジンガは「ホモ・ルーデンス」（遊ぶヒト）、ルーマニアの宗教学者ミルチア・エリアーデは「ホモ・レリギオースス」（宗教的ヒト）を提唱した。同様の言葉に「ホモ・サケル」（聖なるヒト）というものもある。

しかし、人間とは「ホモ・フューネラル」（弔う人間）だと、わたしは考える。ヒトと人間は違う。ヒトは生物学上の種にすぎないが、人間は社会的存在である。ある意味で、ヒトはその生涯を終え、自らの葬儀を多くの他人に弔ってもらうことによって初めて人間となることができるのかもしれない。葬儀、すなわち儀式とは、人間の存在理由に関わる重大な行為なのである。

「ダーウィンの番犬」という異名を持ち、チャールズ・ダーウィンの進化論を擁護したイギリスの生物学者トマス・ヘンリー・ハクスリーは、「動物の行動パターンの大部分が、儀式化のプロセスに帰せられている」と主張した。また、多くの生態学者たちは、一定の動物が抗争状態で利用する様式化されたディスプレイを重視し、これを「儀式」と呼んでいる。

哲学者のルートヴィヒ・ウィトゲンシュタインも「人間は儀式的動物である」と言っているが、その原点は間違いなく「埋葬」にあるだろう。

人類学者の海部陽介は、『人類がたどってきた道』（二〇〇五年）において、「私たち現代人にとって、埋葬という行為は、死者を敬《うやま》う儀礼的意味を含むもので、まさにシンボリックな行為である」として、人類の埋葬の最古の証拠がアフリカでなく西アジアで見つかっていると述べている。イスラエルのカフゼーとスフールのホモ・サピエンスの墓がそれで、年代は約十万年前だという。

海部によれば、死んだ仲間の遺体の取り扱いについても、示唆的な報告がいくつかあるという。スペインのアタプエルカからは、およそ三〇万年前の、最初期のネアンデルタール人の化石が大量に発見されたが、これらはどうやら洞窟の一番奥深い場所に、意図的に投げ込まれたものらしい。さらに西アジアでは、カフゼーとスフールのホモ・サピエンス以外にも、タブーン洞窟から十二万年前の可能性のある墓が見つかっている。

一九五七年から六一年にかけて、イラクのシャニダール洞窟で発掘が行われた。その結果、ネアンデルタール人が墓に花を添えた証拠が見つかったと報じられた。発見された一体の人骨の周囲の土壌から、さまざまな種類の花粉が検出されたのである。

ネアンデルタール人の化石は、化石人類としては例外的に大量に見つかっている。彼らは、七万年頃から積極的に死者を埋葬するようになったため、頭から足まで揃った化石も十以上ある。そのため、この種の骨格形態、文化、行動については、比較的多くのことがわかった。

海部は「ネアンデルタール人の埋葬」について、次のように述べている。

多くの研究者は、七万年前以降のネアンデルタール人が埋葬を行なっていたと考えているが、その実態をめぐっては論争がある。イスラエルのタブーン遺跡の墓は、一〇万年以上前のものである可能性もあるとされるが、まだ確かなことはわかっていない。一つの極端な考えは、彼らの埋葬行為は単なる遺体の処分に近いもので、シンボリックな行為ではなかったとするものである（墓とされるものは自然死した遺体が運よくそのまま保存されたもので、ネアンデルタール人には埋葬行為自体が存在しなかったという説もあるが、これは極論に過ぎる）。こうした説の支持者は、ネアンデルタール人の墓には明確な副葬品が存在しないと主張し、クロマニョン人の埋葬との違いを強調している。三万七〇〇〇年前以降のクロマニョン人の墓では、死者はアクセサリーを身につけ、赤色オーカーがまかれたり、火を焚かれたりした例も知られている。これはおそらく儀礼を伴う、明らかにシンボリックな行為だ。

（海部陽介『人類がたどってきた道』）

しかし、このような考えはネアンデルタール人の埋葬行為をあまりにも過小評価しているとの意見も多いとして、海部はイスラエルのケバラ、およびフランスのレグゥドーで発見されたネアンデルタール人化石を取り上げる。それには、身体の骨と下顎骨がありながら頭骨がない。これを何らかの葬送儀礼が行われた痕跡と見る意見もあるのである。さらにわずかながら、ネアンデルタール人の墓にも副葬品があるという主張もあるという。

ホモ・サピエンスにしても、四万年以上前の時代となると、儀礼的な埋葬行為の証拠は乏しい。西アジアで発見された十万年前のホモ・サピエンスの墓（カフゼーとスフール）に、動物の骨が供えられていたという主張もあるが、これ以降三万七〇〇〇年前までの間の時期には、アフリカ、西アジア、ヨーロッパで、ホモ・サピエンスの墓らしいものはほとんど見つかっていないとされている。

現生人類であるホモ・サピエンスは、約二〇万年前にアフリカで種として確立した。そして、四万〜五万年前にヨーロッパに進出した。つまり、先住のネアンデルタール人（ホモ・ネアンデルタールレンス）と一時共存していたのである。そのため、頭骨化石の分析に基づき、混血（交雑）があったという説も存在していたのだが、この研究結果により、種の文化には影響しなかったことがはっきりしたと世界中に報じられた。

数年前にこれを報道した「ネアンデルタール人と現生人類の間に混血はなかった」という新聞記事を読んで、わたしは「まだまだ謎は多く残されている」と思った。たとえＤＮＡのバトンタッチがなかったとしても、わたしたちの「こころ」にはネアンデルタール人たちの心が流れているとわたしは信じていたのである。現代の人類がネアンデルタール人とつながっていないのなら、現代人が埋葬をはじめとする葬送儀礼を行うことの根拠をネアンデルタール人に求めることは非常に危険である。しかし、たとえ物理的な遺伝はなかったとしても、そこには精神的な遺伝、つまり進化における必然があったとわたしは信じている。その最大の証拠こそ、今日にいたるまでわたしたち人類が埋葬という文化を守り続けていることである。

ところが二〇一〇年になって、マックスプランク研究所とアメリカのバイオ企業などからなる国際チームが再度、ネアンデルタール人のゲノム（全遺伝情報）を骨の化石から解読したところ、現生人類とわずかに混血していたと推定されるとの研究結果が出た。そして、その研究結果は二〇一〇年五月七日付のアメリカの科学誌「サイエンス」に発表されたのである。

これは同年四月二五日にわたしの『葬式は必要！』（二〇一〇年）が刊行された直後のことであった。人類史をひっくりかえす大発見、しかもそれは、人間にとって葬式が必要であることの根幹をなす大発見であった。NHKスペシャル取材班による『ヒューマン なぜヒトは人間になれたのか』（二〇一四年）には、人類の歴史が以下のようにまとめられている。

私たちの祖先が、チンパンジーやボノボの祖先たちと袂《たもと》を分かったのは七〇〇万年前頃という途方もない昔の話だ。一般的には人類の誕生の瞬間は、その七〇〇万年前だといわれている。しかし、それは私たち自身、つまりホモ・サピエンスの登場ではない。人類の誕生後、猿人、原人、旧人と経て、ようやく新人と呼ばれるホモ・サピエンスに至る。そのあいだ、進化は一本道ではなかった。数多くの人類の種が存在していたが、結果的に私たちホモ・サピエンスだけが生き残り、ほかの人類の系統は子孫を残さずにほとんど死に絶えてしまったのだ。人種は違えども、現在地球上にいる人類のなかに、ホモ・サピエンス以外の種はいない。

かつては、ネアンデルタール人などの旧人を、現代人と共にホモ・サピエンスとする考え方もあったが、いまでは、現代人、および現代人とほぼ同様の骨格の形をした人類を、ホモ・サピエンス種としている。

（ＮＨＫスペシャル取材班『ヒューマン』）

このホモ・サピエンスに関してはいろんな見方がされている。近世以降の諸科学の驚異的発展は、生物体としての人間のあり方を細部にわたって明らかにしてきた。哲学者ニーチェの「超人」、精神分析家フロイトの「性的人間」、そして経済学者マルクスの「経済的人間」といった学説は、人間存在の深淵を類例のない仕方で解明してみせた。しかし、それらはいずれも人間の全体像に迫るにはあまりにも偏っていたように思う。

シンボリック・システム

ユダヤ系のドイツの哲学者カッシーラーは、人間を「シンボルを操るもの」と定義した。これは、わたしの提唱する「ホモ・フューネラル」の別名といってもよい。なぜなら、埋葬とは最もシンボリックな行為だからである。

カッシーラーは新カント派の泰斗として、シンボル＝象徴体系としての文化に関する壮大な哲学を展開した。遺作の『人間　シンボルを操るもの』（一九四四年）はカント以来の「哲学的人間学」の伝統的ドイツ哲学の知的集大成であり、ミシェル・フーコーの『知の考古学』（一九六九年）に多大な影響を与えたことで知られる。

その『人間』で、カッシーラーは「人間性への鍵　シンボル（象徴）」として、ユクスキュルの生物学を援用しながら、動物の世界が感受系と反応系からなる各々の種に特有の「機能的円環」を形作っていることを確認する。カッシーラーの立脚点は、人間の行動を生物学的説明に還元する自然主義の立場とははなから無縁であり、逆に感受系と反応系の間に人間に特有の第三の連結、すなわち「シンボリック・システム」を見出すのである。

この「シンボリック・システム」という新たな機能を獲得することによって、人間は他の動物とは異なる「新次元の実在」の中に生きることになるのである。カッシーラーは「人間はただ物理的宇宙ではなく、シンボルの宇宙に住んでいる。言語、神話、芸術および宗教は、この宇宙の部分をなすものである」（『人間』）と主張しているが、この言葉は彼の大著『シンボル形式の哲学』（一九二九年）をはじめとするカッシーラー哲学全体を貫く基本テーゼであると言えるだろう。

人類学者のカーツァーによれば、わたしたちはシンボルを通して、わたしたちを包むカオスの経験に立ち向かい、秩序を創出する。シンボリックなカテゴリーを人間の創造の産物と認めるのではなく、それを客観化することによって、ともかくもそれを自然の産物、単純に知覚し認識する「事物」とみなす。じつに、客観世界と主観世界の間に立てる区別そのものが、事実の世界と意見の世界を分ける、人間が創り出したシンボルの産物であるとしている。

では、儀式とシンボルはどのような関係にあるのか。カーツァーはこう言っている。


私は、儀式を、シンボルの網につつまれた行為と定義してきている。こうしたシンボル化を欠く、標準化された反復行為は、儀式ではなく、習慣もしくは慣習の例である。シンボル化は、行為に、はるかに重要な意味をあたえる。儀式をとおして宇宙についての信念が獲得され、強化され、ついには変化するにいたる。カッシーラーがいうように、「自然は、式典がなければなにものをも生みださない」。儀式行為は、宇宙に意味をあたえるだけではない。宇宙の一部になる。ある観察者が記すように、「儀式行為をとおして、内部が外部になり、主観的な世界像が社会的現実になる」。

（カーツァー『儀式・政治・権力』）


このようなシンボルの宇宙に住む人間は、「贈与」という行為を発明した。

フランスの社会学者、文化人類学者であるマルセル・モースは、主著『贈与論』（一九二四年）において、ポリネシア、メラネシア、そしてアメリカ北西部のアルカイックな部族たちによって実践されてきた、ポトラッチ、クラなどの交換体系の分析を通じて、宗教、法、道徳、経済の諸領域に還元できない「全体的社会的事実」の概念を打ち出した。

かのクロード・レヴィ゠ストロースが、『贈与論』から未開社会における女性の交換システムを定式化する大きなヒントを得たことはよく知られている。レヴィ゠ストロースは、これによって構造主義革命を旗揚げしたとされ、その結果、『贈与論』の名声も高まったのだ。同書の序論「贈与について、とりわけ、贈り物に対してお返しをする義務について」で、モースは、「わたしたちの経済組織や法体系に先だって存在してきたあらゆる経済組織・法体系においては、財や富や生産物が、個人と個人とが交わす取引のなかでただ単純に交換されるなどということは、ほとんど一度として認めることはできない」と述べている。

それは、第一に、お互いに義務を負い、交換をおこない、契約を交わすのは、個人ではなく集団である。第二に、これらの集団が交換するのは動産や不動産、経済的な有用性のあるものだけではない。交換されるのは何よりも、礼儀作法にかなったふるまいであり、饗宴であり、儀礼であり、軍務であり、女性であり、子どもであり、祝祭であり、祭市であるという。

モースはこの説をポトラッチにもとづいて述べる。ポトラッチとは、北アメリカの太平洋側北西部海岸の先住民族によって行われる祭りの儀式である。儀式に先立っては、巨大な丸太を彫刻したトーテムポールが彫られ、これを部族員総出で立ち上げる行事が行われる。ポトラッチの際、裕福な家族や部族の指導者が家に客を迎えて舞踊や歌唱が付随した祝宴でもてなし、富を再分配するのが目的とされる。子どもの誕生や命名式、成人の儀式、結婚式、葬式、死者の追悼などの機会にポトラッチが催された。太平洋岸北西部先住民族の社会では、一族の地位は所有する財産の規模ではなく、ポトラッチで贈与される財産の規模によって高まったという。

ポトラッチによる精神的な影響は、気前の良さを競い合う人間に作用を及ぼし、人間がそこで互いに渡し合う物や、そこで消費する物に作用を及ぼすという。だが、それだけではない。ポトラッチは、それに参加する死者の魂にも、人間がその名前を受け継いでいる死者の魂にも作用を及ぼすのである。人間は、「名前を継いだもの」、すなわち霊と同じ名前を受け継ぐ。人間同士で贈り物を交換すれば、その交換が死者の霊や神々の諸事物や動物や自然に働きかけ、「人間に対して気前良く」あるように促す。贈り物の交換が豊かな富を生むのである。

なぜ、人間は物を贈り合うのか。その答えを、モースは次のように述べる。

> 結局のところ、それは混ざり合いなのだ。物に霊魂を混ぜ合わせ、霊魂に物を混ぜ合わせるのだ。さまざまな生を混ぜ合わせ、そうすると、混ぜ合わされるべき人や物は、その一つひとつがそれぞれの領分の外に出て、互いに混ざり合うのである。それこそがまさしく契約であり交換なのである。
>
> （モース『贈与論』）

まさに、シンボリック・システムの中から贈与という儀礼行為が誕生したと言える。そして、シンボリック・システムは言語というものを発明した。そこから、哲学や芸術や宗教といった、人間の精神的営為も生まれ、発展していったと言える。

では、そもそも哲学とは何だろうか。また、芸術とは、宗教とは何か。

一言で語るならば、それらは人間が言語を持ち、それを操り、意識を発生させ、抽象的表象を持つようになったことと引き換えに得たものである。わたしたちが知っているような話し言葉の誕生が、人類の先史時代を特徴づける一つの出来事だったことに疑問の余地はない。あるいは、それこそが実際に先史時代を特徴づけた決定的な出来事だったのかもしれない。言語を身につけた人類は、自然界に新たな世界をつくり出すことができた。つまり、内省的な意識の世界と、他者とともにつくりあげて共有する世界、わたしたちが「文化」と呼ぶものである。ハワイの言語学者デリック・ビッカートンは、「言語こそが、人間以外のあらゆる生物を拘束する直接体験という監獄を打ちこわし、時間や空間に縛られない無限の自由へとわれわれを解き放ったのである」と述べている。

人間は言葉というものを所有することによって、現実の世界で見聞したり体験したことのない、もしくは現実の世界には存在しない抽象的イメージを、それぞれの意識のなかに形づくることができる。そして、そのイメージを具現化するために自らの肉体を用いて自然を操作することができるが、その能力の発露が文明であった。それによって人間はこの自然の上に、田や畑や建造物などの人工的世界を建設し、地球上で最も繁栄する生物となったのである。

抽象的なイメージ形成力を持ち、自然を操作する力を持ち、自らの生存力を高めてきた人間だが、その反面で言語を持ったことにより大きな原罪、あるいは反対給付を背負うことになる。なぜなら人間はもともと宇宙や自然の一部であると自己認識していた。しかし、意識を持ったことで、自分がこの宇宙で分離され、孤立した存在であることを知り、意識のなかに不安を宿してしまったのである。実存主義の哲学者たちは、それを「分離の不安」と呼ぶ。しかし、不安を抱えたままでは人間は生きにくいので、それを除去する努力をせざるを得なかった。この営みこそが文化の原点であり、それは大きく哲学・芸術・宗教と分類することができる。したがって、文明と文化は相互補完の対概念であると言えるだろう。

「分離の不安」が言語を宿すことによって生じたのであれば、その言語を操る理性や知性からもう一度「感性」のレベルに戻り、不安を昇華させようとする営み、それが芸術であると言えるだろう。また、麻薬を麻薬で制するがごとくに、言語を駆使することで悩みが生じたのであれば、それをさらに十分に使いこなすことによって真理を求め、悟りを開こうとした試みが哲学である。さらに宗教とは、その教義の解読とともに、祈り、瞑想、座禅などの行為を通して絶対者、神、仏、ブラフマンといった、この世の創造者であり支配者であると人間が考える存在に帰依し、悟りを得て、心の安らぎを追求する精神的営為である。

このように、哲学・芸術・宗教は同根であり、人間が言語を操って抽象的イメージを形成し、文明を築いていく代償として「分離の不安」を宿したことへのリアクションだと言えよう。

儀式の心理的機能

この「分離の不安」が肥大化すると、強迫神経症に至る。この強迫神経症こそが人間にさまざまな儀式を行わせたと考えたのは、ジークムント・フロイトである。フロイトの宗教批判の核心は、強迫神経症との共通性にあった。彼は一九〇七年ごろから、宗教的な儀礼と強迫神経症の患者の儀礼との共通性に注目していた。強迫神経症の患者には、宗教的な儀礼を行わないと、激しい不安に駆られる人々がいる。フロイトの文明論集である『幻想の未来／文化への不満』を翻訳した哲学者の中山元は同書の「解説　フロイトの宗教批判」において次のように述べている。

この儀礼は、日常生活において「つねに同じか、あるいは規則的に変更される方法で実行されている細かなしぐさ、付随的な行為、制限、規定から成り立っている」。たとえば寝る前に、ベッドの前で特定の位置に立ち、椅子に衣服を畳んでおき、掛け布団、シーツ、枕の正確な位置を決定し、ある特定の姿勢で横たわらないかぎり、就寝できない女性がいる。フロイトはこの女性を分析して、それが結婚初夜の破瓜《はか》の血の記憶と結びついていることを明らかにしたのだった。

問題なのは、他人から無意味としか思われない強迫的な儀礼が、患者にとっては（少なくとも分析をうけるまでは）、やめることができないものであることだ。「この儀式に違反すればかならず耐えがたい不安」が患者を襲い、やめた分を補うための「埋め合わせ」をしなければならなくなるのである。

（中山元「解説」フロイト『幻想の未来／文化への不満』）

「この儀式に違反すればかならず耐えがたい不安」に襲われるというのは非常に重要な指摘であり、人類が連綿と結婚式や葬儀の伝統を継承してきた大きな理由もここにあると思われる。つまり、「人間は結婚式や葬儀をきちんと行わなければ大きな不安に襲われ、不幸になる」という思想が人類史を根底から支えてきたと言えるだろう。逆に言えば、儀式には人間の不安やストレスをなくす、あるいは減少させる力があると信じられているということである。

フロイトは、強迫神経症の患者のさまざまな儀礼と、キリスト教のミサにおける細かな決まりには共通性があることに注目した。どちらにも「中止したときの道徳的不安、他のすべての行為からの完全な隔離（妨害の禁止）、そして細かなことを行う小心さ」が見られるというのである。そして意味がないと見えることも、「そのすべての細部にいたるまで意味にみちており、人格の重要な関心に奉仕」していると考えるのである。

このフロイトの考えについて、中山は「この強迫神経症の患者たちがこうした儀礼を反復する背景にあるのは罪悪感である」と述べる。患者はその罪悪感を意識することができない。しかしある欲望が知覚されると、患者はその欲望に疚《やま》しさを感じ、そのために懲罰を期待し、「いつでも待ち構えている期待不安」に襲われる。そして、その不安を打ち消すために儀礼が反復されるのである。

「欲動の絶え間ない圧迫に拮抗するために、つねに新たな心的な努力が要求される。儀式と強迫行為は、一部は欲望の防衛に、一部は予期される不幸にたいする防衛に向かうものとして成立する」というわけである。フロイトは、患者が無意識のうちに感じている欲望を性的な欲望と解釈した。しかし、中山によれば、宗教ではもっと異なる欲望から、同じような儀礼の強迫的な反復が形成されるという。信者は悪しき欲望のために罪を感じるのだが、これは必ずしも性的なものとは限らない。戒律があるために、その戒律に反することを望む心の動きが感じられると、自分は「罪人である」と思うのである。

そして中山は、人間の「良心」はこうした神罰にたいする「期待不安」から生まれるのだとすると、宗教的な人間の信心深さは、強迫神経症の患者の儀礼のおける細心さと共通した性格を持つことになると述べている。「神経症は個人的な宗教性であり、宗教は普遍的な強迫神経症」であると結論できるとフロイトは考えるというのだ。

フロイトの説は「儀式の心理的機能」を説明するものであると言えるが、ではフロイトと並び精神分析の双璧とされるユングの場合はどうであろうか。わが国を代表するユング派心理学者であった河合隼雄は、ユングの「儀式」についての考えを次のように紹介している。

自我が、コンプレックス内の内容とエネルギーとを、自分のものとするために必要な水路づけの機能を果すものとして、儀式というものがあると、ユングは考える（「心的エネルギー」）。その例として、ユングは未開人の行なういろいろな儀式をあげている。たとえば、狩猟や戦闘などに出発するとき、いろいろと複雑な儀式を彼等が行なうことは、もちろん他の目的も有しているが、ひとつは、そのような儀式によって、狩猟や戦いを行なうに必要なエネルギーに水路を与え、それによって有効なエネルギーを引き出そうとしていると考えるのである。

このような「水路づけ」の機能をもつものとして、儀式を考えるとき、それはある意味では直接体験の危険性を防ぐものとも考えることができる。われわれが何かを体験するためには、それが自我の機能を破壊するようなものであってはならない。たとえてみれば、大量の水が一時に流出すると洪水になるだけであるが、われわれがそれを川に流しこみ、必要な水路へと導くとき、それは灌漑や発電などに利用できるのである。ここに水路の役割は、水を防ぐものであり、水を導くものである。ここに、儀式の両面性がある。それは体験に導くものであり、体験から身を守るものでもある。

（河合隼雄『コンプレックス』）

河合によれば、人間が、自我の力を超越するものとしての神に向かうとき、多くの儀式を必要とするのもこのためであるという。人はできるだけ神に近く接したいと願う。しかし、その直接体験はおそらく人間を死に到らしめるほどの力を持つと考えられる。命を失うことなく、出来る限り近く神に接するにはどうすればいいか。その最善の方法として多くの儀式が生み出されてきたというのである。しかし、このような意味が不明となったとき、儀式は神に近づく手段としてではなく、人間と神との間の障壁としてのみ作用する。つまり、儀式が形骸化するのである。

魂のコントロール術

人間にとっての儀式の意味を考える上で、ある殺人者のケースを見てみたい。

一九九七年に起きた神戸連続児童殺傷事件における殺人及び死体遺棄の容疑で一人の男子中学生が逮捕された。自ら「酒鬼薔薇聖斗」と名乗った元少年Aである。彼が書いた手記『絶歌』（二〇一五年）には「それぞれの儀式」という章がある。土部淳君を殺害した遺体を隠した入角ノ池のほとりにある大きな樹木を「アエダヴァーム（生命の樹）」と名付けていたという元少年Aは、次のように書いている。

女性器と男性器のイメージを重ね合わせたアエダヴァームは、僕にとって〝生命の起源〟だった。その生命の起源を象徴する樹の根元の洞に、僕は遺体の一部を隠した。僕は、心のどこかで淳君を〝生き返らせたかった〟のではないか。

ふざけた事をほざくなと思われるかもしれない。しかし、極限状態に置かれた人間というものは、時に正常な頭ではとうてい思い浮かばない不可解な行動に出ることがある。

英会話講師リンゼイ・アン・ホーカーさん殺害容疑で指名手配され、二年七か月ものあいだ全国を転々としながら逃げ続けた市橋達也は、その極限状態の逃走生活の中で、「被害者を生き返らせるため」に四国八十八箇所のお遍路巡りを行った。

光市母子殺害事件の犯人である元少年は、母子を殺害後、母親の遺体を「生き返らせるため」に屍姦し、子供の遺体を「ドラえもんに助けてもらうため」に押入れに隠したのだと話した。

世間や被害者の感情を逆撫《さかな》でするような彼らの不謹慎な言動を、僕は彼らと同じ（人間であることを捨てきれなかった未熟な）一殺人者として、一笑に付すことはできない。

彼らがどこまで本気でそういった「よみがえりの儀式」を行ったのかはわからない。自分自身についてさえ、何を考えていたのかは未だによくわからない。

（少年Ａ『絶歌』）

精神科医の片田珠美は、『絶歌』を読んで、著者と一九八〇年代に世間を震撼させた連続幼女殺人犯の宮崎勤との共通点を感じたという。片田は両者の共通点について、「いずれの場合も、愛する者の死という喪失体験が精神状態の激変をもたらしている。宮崎勤は、祖父の死後何かにとりつかれたようにビデオ収集に熱中するようになり、祖父再生の儀式として殺害した幼女の遺体の一部を食べている」と述べている。また、「Aも祖母の死後、『祖母の位牌の前で、祖母の遺影に見つめられながら、祖母の愛用していた遺品で、祖母のことを想いながら、精通を経験した』という。この最初の射精で経験した快楽を忘れられなかったからこそ、祖母の部屋で〝冒涜の儀式〟を繰り返し、やがて性的な衝動に突き動かされて猫を殺すようになる」と述べる（『週刊文春』二〇一五年六月二五日号）。

つまり、宮崎勤と元少年A共通のキーワードは「儀式」なのである。

わたしは、儀式の本質を「魂のコントロール術」であるととらえている。儀式が最大限の力を発揮するときは、人間の魂が不安定に揺れているときだ。儀式は、その不安定な魂を鎮め、安定させるテクノロジーなのである。

殺人者の不安定な魂の安定法までもが「儀式」と呼ばれたことは皮肉だが、日本において一般的な儀式は「冠婚葬祭」と呼ばれる。これは、まさに「魂のコントロール術」の体系である。

まず、この世に生まれたばかりの赤ん坊の魂。次に、成長していく子どもの魂。そして、大人になる新成人の魂。それらの不安定な魂を安定させるために、初宮参り、七五三、成人式などがある。また、これから結婚する新郎新婦の魂は喜びに満ちている一方で、じつはさまざまな不安に揺れ動いてもいる。その不安な魂を安定させ、男女の結婚、すなわち「結魂」を果たすために結婚式というものはある。さらに、老いてゆく人間の魂も不安に揺れている。なぜなら、人間にとって最大の不安である「死」に向かってゆく過程が「老い」だからである。日本の「長寿祝い」は、老いてゆく者の魂を安定させるための一連の儀式だと考えてよいであろう。

そして、人生における最大の儀式としての葬儀がある。葬儀とは「物語の癒し」にほかならない。愛する人を亡くした人の心は不安定に揺れ動いている。大事な人間が消えていくことによって、これからの生活に対する不安がある。その人がいた場所がぽっかり空いてしまい、それをどうやって埋めたらよいのかといった不安もある。遺された人は、このような不安を抱えて数日間を過ごさなければならない。心が動揺していて矛盾を抱えているとき、この心に儀式のようなきちんとまとまった「かたち」を与えないと、人間の心はいつまでたっても不安や執着を抱えることになる。これは非常に危険なことなのである。死者が遠くへ離れていくことを遺された人が実感できるように演出することが、葬儀の重要なポイントである。死者の旅立ちをドラマ化し、物語とするために葬儀というものはあると言ってもよい。

また、葬儀には、儀式の力でいったん時間と空間を断ち切ってリセットし、再度、新しい時間と空間を創造して生きていくことを確認する意味もある。もし、愛する人を亡くした人が葬儀をしなかったらどうなるか。そのまま何食わぬ顔で次の日から生活しようとしても、喪失で歪んでしまった時間と空間を再創造することができず、心が悲鳴をあげてしまう。「うつ」になって、ついには自死に至ることもあるだろう。ある意味、自死の連鎖による「人類の滅亡」を葬儀という文化装置が防いできたと考えることができる。

さらに、一連の法要がある。これらは故人をしのび、冥福を祈るためのものである。故人に対し、「あなたは亡くなったのですよ」と現在の状況を伝達する役割がある。また、遺族の心にぽっかりと空いた穴を埋める役割もある。動揺や不安を抱え込んでいる心には「かたち」を与えることが重要なのである。儀式には、人間を再生する「ちから」があるのだ。

感情の共同体

第十二章「社会と儀式」で、ターナーが唱えた「コミュニタス」に触れたが、儀式は感情の共有というものと関わっている。興奮とカタルシスは人間の本質にかかわる部分であるが、エモーショナルな儀式の例として卒業式が挙げられる。日本の学校における卒業式では、教師と生徒が努力を重ね、みんなでともに歌い、感動するという「最高の卒業式」が目指される。最後は感極まって涙する「感情の共同体」が達成されるわけだが、じつはこの「泣く卒業式」というのは日本独自の文化であるという。卒業式は必ずしも別れが悲しくて泣くわけではなく、みんなが泣くから自分も泣くという伝染的要素が強いとされる。

歴史社会学者の有本真紀は、『卒業式の歴史学』(二〇一三年)において、この「儀式と感情との接合」が誕生した背景に迫り、そこに明治初期以来の学校制度構築の歴史が横たわっていることを指摘している。同書の序章では、「涙の社会性・文化性」というものが論じられる。学校においては涙が望ましいとされる状況がある。有本によれば、それは「誰も理由を問うことのない涙」であり、個人が泣くのではなく複数の個々人が泣くのでもない、いわば「集団の涙」である。そこでは、連帯の証となるような「共同化された涙」であることが重要な条件となるとして、有本は次のように述べている。

この「涙の共同化」は、努力や感動ときわめて親密な関係をもっている。たとえば、スポーツ競技や合唱コンクールなど「みんなでがんばった」結果が表れる場面の涙は、美しく道徳的なものとみなされる。「みんなで泣く」ことが、子どもたちの精神的成長の表れと解されることもある。その際教師も一緒に涙するならば、良好な教師－生徒関係が築かれているとして肯定的に受け止められることが多い。（有本真紀『卒業式の歴史学』）

実生活での卒業式も、感動や涙と強く結びついている。「感動の卒業式」「涙、涙の卒業式」などの言い回しが、慣用句として流通してもいるが、実際には涙のない卒業式もあるとして、有本は次のように述べている。

少なからぬ児童・生徒が「くだらない」「面倒くさい」と思いながら参加しているとしても、感動と涙を抜きにしては卒業式というものを観念することができないほどである。だからこそ、ネット上に「卒業式で泣けない私はおかしいのでしょうか」と不安が表明されたり、

「特に感慨深いこともないのに、場の雰囲気にのまれて泣きそうです。どうしたら涙をこらえられますか」という質問に多くの回答が寄せられたりする。卒業式での涙が全く個々人の意に任されているものならば、涙に向けられる周囲の目がこれほど意識されることはないだろう。さらに、「卒業式＝涙という方程式ができ上がり、何日も前から「卒業式、泣く？」とか、「いいなあ、〇〇ちゃんは泣けて」だとか、そんな会話をしているクラスメートたちへの反抗」という書き込みは、卒業式を控えたクラスの会話が「涙の方程式」を前提に展開されていることを象徴的に示している。（有本真紀、同書）

感動によって泣くセレモニーといえば、結婚式も同様である。

「感情社会学」で知られるアメリカの社会学者A・R・ホックシールドは、『管理される心』（一九八三年）において、結婚式について述べている。ホックシールドは、結婚式は花嫁や花婿だけでなく、集まった立会人たちにとっても重要な儀礼的出来事であると指摘する。そこではさまざまな親戚や友人たちがどこに座ったか、そして、それぞれどの人がどの程度真剣に関与しているのかに注意が向けられるという。さらには、感情と儀礼という外的な出来事との間に存在する領域——感情規則と感情管理の領域——で何が起こったかということにも関心を持つだろうとして、彼は次のように述べる。

結婚式の準備と儀式に参加することを通して、花嫁はある種の視野の歪みと歓喜を経験する権利と義務を獲得する。権利と義務は、喜びと明るさを外部に表現することにも適応される。花嫁というものはどのように考え、感じ、見るべきかに関する一般的な規則を自分が了解していることを示しながら、花嫁は自分自身を作り上げる。彼女は花嫁らしく振舞うのである。すべてがうまくいくと、彼女は出来事（結婚式）と、その出来事についての妥当な考え方（それを真剣に捉えること）および、適切な感じ方（幸せ、有頂天、ハイな気分）との間の統一性を経験する。これが起こるとき儀式はうまくいく。

（ホックシールド『管理される心』）

泣くセレモニーといえば葬儀も同様である。ホックシールドによれば、葬儀は、結婚式と同じように人間関係のなかのある一部分を象徴化し、個人にそのとき限りのある役割を提供するという。喪主の役割は花嫁の役割と同じである。すなわち、儀式の前に存在し、儀式の後も存続する。しかし儀式の間の感じ方は、儀式自体の、そして儀式によって思い起こされる絆をどう了解しているかということに関連づけられているとして、彼は次のように述べる。

原則的に葬式は、自発的な悲しみや嘆きを誘発するのに適している。なぜなら葬儀は遺族に死の最終性を思い出させると同時に、それを了解しようとする彼らに心強さと慰めの感覚を与えるからである。それに応えて遺族はたいてい、ここは悲しみを感じるのにふさわしい場であり、それ以外の何物でもないと感じる。それでも、悲嘆にくれる〔べき〕人が、嘆き損ねる要旨は驚くほど多様である。

（ホックシールド、同書）

デュルケムは、社会的現象を情緒性から派生させた。儀式に参加した人々の間に、感情の共同体が生まれ、感動が湧き起こるというわけである。しかし、レヴィ＝ストロースは『今日のトーテミスム』において、「集会および儀式のさいにそこで現に感ずる感動が、儀礼を生み、あるいは存続させるのではなくて、儀礼活動が感動を挑発するのだ」と断言している。デュルケムのいう「湧きたつ社会環境とその興奮そのもの」から宗教的理論が生まれたどころか、社会環境は宗教的理論を前提としているのであるとレヴィ＝ストロースは述べている。

真実のところ、欲動および感動はなんの説明にもならない。肉体の強さからにせよ、精神の無力さからにせよ、欲動および感動はつねになにものかに由来している。いずれの場合にせよ、帰結であって、けっして原因であることはない。原因は、生物学のみがその術を心得ているように、有機体の中に求めるか、それでなければ知性のうちにのみ求めることができる。後者こそ、心理学および民族学に与えられた唯一の道である。

（レヴィ＝ストロース『今日のトーテミスム』）

「聖なるもの」とのアクセス

儀式はまた、「聖なるもの」とのアクセス技術でもある。

イギリスの牧師にして神学者であるロジャー・グレンジャーは、「儀礼とは人間の聖性の表現にほかならない」と喝破する（『言語としての儀礼』）。彼によれば、人間は儀礼の中で本来の自己確認、人間の意味と真実を再発見するという。また、人間に呼びかける聖なる他者、切望の的である未知なる存在に対してそれら再発見したものを委ねるという。

自分が何者であるかをさらに深く掘りさげるとともに、自分ではない存在に向けていっそう遠くに到達しようとする。遠くに手を差し延べることによって、人間は自己の内部へと浸透し、自己の存在と和解するに至る。自然に即応した儀礼、あるいは時の経過に即して行われる通過儀礼、人間本来の在り方の中で自己を再発見する猶予を与え、人間とは何かを教えてくれる儀礼、こうした儀礼の力によって、わたしたちは相互に授与し合い、他者の呼びかけに応答する処分自由の存在であることが明らかになる。こうして示された真実は、現実的であると同時に、人間にとって体験可能な真実へと変化する。グレンジャーは「意味を儀礼の中で行為化することとは、意味の聖性を生に付与し、生きた肉体の中にその意味を具体化し、それを永遠化することである」とし、さらに以下のように述べている。

われわれは儀礼において、未知で支配しえぬものに献身する。生きてゆくためにはかくも帰依しなければならぬとする認識の上に、他者なるもの、非妥協的存在、聖なるものへと顔を向ける。儀礼は献身の象徴である。儀礼を合理化しようとしたり、その象徴的現実以外の現実性を与えてみたりすることは不可能である。もし、そのような聖なるものへの侵犯を企てるなら、儀礼はもはや儀礼ではない。それは未知なるものへの帰依ではなく、自己を遮蔽するもう一つの手段、自己崇拝のもう一つの印へと転化してしまう。儀礼においては、その分離性ゆえに価値を付与された個々の登場人物の自己確認が、象徴的に世界の確認を表わしている。人間が実存の裂け目を越えて応答する他者、敵対的でありながら人間を引き寄せようとする他者を象徴するにあたって、身体と精神、人と人との結合からなる儀礼以上にふさわしい象徴がありえようか。

（グレンジャー『言語としての儀礼』）

儀式を「聖なるもの」の表現として見たのは、宗教学者ミルチャ・エリアーデも同様である。エリアーデは主著『聖と俗』の「序言」で、次のように述べている。

古代社会の人間は、聖なるもののなかで、あるいは浄められた事物のすぐそばで生活しようと努める。この傾向はもっともなこととして理解される、というのも〈原始人〉およびすべて前近代的社会にとって、聖なるものとは力であり、究極的にはとりも直さず実在そのもののを意味するからである。聖なるものは実有に充ちている。聖なる力は実在と永遠性と造成力とを同時に意味する。聖と俗との対照はしばしば現実と非現実あるいは偽の現実との対照として現われる。（もちろん古代語のなかにこれらの現実非現実という哲学用語を見出そうと期待してはならない。）存在し、実在にあやかり、力に充ち満ちてあることを、宗教的人間が熱望する所以もこの故に理解される。

（エリアーデ『聖と俗』）

『聖と俗』の訳者である風間敏夫はインド思想の研究者であるが、同書「現代と東洋の宗教（訳者あとがきに代えて）」で、「古代インドの祭式は発展の後、それ自体が独自の力をもつに至った」と述べている。すなわち、神々すら祭式の力によって動かされ、祭式を司る祭官（婆羅門）は神々と同等の力を持つと信ぜられたという。宇宙、祭式、および人間の個体はたがいに相応連関し、祭式の完成により祭主の個体は宇宙的なものとして完成するという。

風間によれば、古代インドではプラジャーパティという神が最高神として崇拝されたが、この神は普通考えられる一神教的な神とは趣を異にし、空間的な一切宇宙であるとともに、「歳」として時間的にも一切宇宙であり、同時に「祭式」そのものであったという。そこで祭主の個体（アートマン）も究極的には、このプラジャーパティと一如することになる。

やがて祭式は、具体的な祭儀から一転して内面化する。そして、いわば人間個体のなかで常恒不断に行われる祭式となる。宇宙の本体を表す原理はブラフマン（梵）と呼ばれるようになり、このブラフマンと人間個体の本質であるアートマン（我）との一如を説くウパニシャッドの哲学が成立する。風間は「古代インド思想はここで一応その頂点に達するが、このとき具体的祭式はようやくその支配的地位を、このような本質的《知》の到達に譲る」と述べる。

さらに、風間は古代の祭式の時代が終焉するとともに、孔子やブッダといった偉大な聖人が出現したという興味深い見解を示し、こう述べている。

シナにおける孔子、インドにおける釈迦は共に古代の祭式中心の時代がようやく終りを告げる頃、歴史的時代における一個の人格として出現し、独自な人間の道ともいうべきものを開拓したと考えられる。それは古代祭式に還る道ではない。さらに人類を神話伝説のいわゆる「黄金時代」に還すことは当時にあってもすでに不可能であった。またインドの場合にみたように、祭式による周期的な生の更新という途が、果たして人間のあり方として完全な成功を収めうるものであったか否か、についても大きな疑問が存する。孔子や釈迦の場合はこのような祭式の内面化から、やがて日常の時々刻々、到るところ、つまり造次顚沛が常に新しい宇宙的生の創造でありうるような道であった。それは古代の伝統を汲む、宇宙的な人間のあり方である。

（風間敏夫「現代と東洋の宗教」エリアーデ『聖と俗』）

エリアーデの言葉を使えば、孔子やブッダは「宇宙的責任を引き受ける」ところの人間であった。そして、彼らはこの宇宙的創造力を基礎にすることによってかえって世俗的人間関係が適正に行われうる道となることを知っていたのである。歴史的人格といっても、孔子やブッダの場合は、ユダヤ・キリスト教における預言者の歴史性とは本質的に異なる。それは、歴史性そのものに絶対的価値を認めようとするものではないからである。

孔子とブッダのコラボとしての「慈礼」

河合隼雄は『コンプレックス』において、儀式のプラスの側面をあげるだけでなく、そのマイナスの側面についても指摘し、「困ったことには、儀式はともすると、その中に流れる精神が忘れられ、様式だけが継承される。つまり、儀式が形骸化する」と述べている。

河合によれば、「儀式ばった行為だけで、精神がない」などと揶揄される場合の儀式は、形骸化したものであり、本来の意味での儀式とは異なっているという。

生命を持たない儀式の無意味さは、中学生でもすぐ発見できる。最近の「荒れる成人式」のように、形骸化されたことを自ら認めながら、その儀式を破壊することに低級な儀式的意味を見出して喜んでいる人もいる。しかし、「問題は、われわれにふさわしい儀式の創造にある」と河合は言う。そして、「われわれの自我を、――その合理性や同一性などを――破壊することなく、それに新しい生命を吹きこむ儀式を見出すこと。これが現代人に課せられている責務のひとつである」と述べている。

それでも儀式の心理的機能を認め、儀式そのものの必要性を訴える河合は、人間が儀式を否定した場合どうなるかについて、次のように述べている。

形骸となった儀式のみならず、全ての儀式を否定した若者は、再生のエネルギーの流出の道を自ら断ち、そこには著しいエネルギーの沈滞が生じる。水路を失ったエネルギーが暴発するとき、自分か他人かの血が流され、儀式はひとつの「事件」になり下ってしまい、二十世紀の若者の中にも、未開人の血が流れていたことを実証するのみとなる。このような悲劇を克服するためには、われわれは、個人にふさわしい儀式を創造してゆかねばならないと思う。このような点で、分析家というものは、儀式の準備を手伝うものとなったり、司祭となったり、あるいは参列者となったりして、その個人の儀式の創造に参加してゆくものと考えることも出来る。

（河合隼雄『コンプレックス』）

わたしは、冠婚葬祭業という儀式産業に従事する者の一人として、このような河合の提言をつねに心に置いている。冠婚葬祭の根本をなすのは「礼」の精神である。

では、「礼」とは何か。それは、二五〇〇年前の中国で、孔子が説いた大いなる教えである。平たく言えば「人間尊重」ということであろう。孔子こそは「人間が社会の中でどう生きるか」

を考え抜いた最大の「人間通」であると言ってもよい。その孔子が開いた儒教は、ある意味で壮大な「人間関係学」ではないだろうか。

この「人間関係学」とは、つまるところ「良い人間関係づくり」が目的である。「良い人間関係づくり」のためには、まずはマナーとしての礼儀作法が必要となる。

いま、わたしたちが「礼儀作法」と呼んでいるものの多くは、武家礼法であった小笠原流礼法がルーツとなっている。とくに、冠婚葬祭に関わる礼法のほとんどすべては小笠原流に基づいている。

しかしながら、小笠原流礼法などというと、なにか堅苦しいイメージがある。実際、「慇懃《いんぎん》無礼《ぶれい》」という言葉があるくらい、「礼」というものはどうしても形式主義に流れがちだ。また、その結果、心のこもっていない挨拶、お辞儀、笑顔が生まれてしまう。これが河合の言うところの「形骸主義」である。

「礼」が形式主義に流れるのを防ぐために、孔子は音楽を持ち出して「礼楽」というものを唱えたが、わたしたちは日常生活や日常業務の中でいつも楽器を演奏したり歌ったりするわけにもいかない。ならば、どのように心がければよいであろうか。

そこでわたしは、「慈」という言葉を「礼」と組み合わせてはどうかと思い立った。「慈」とは何か。それは、他の生命に対して自他怨親のない平等な気持ちを持つことである。もともと、アビダルマ教学においては「慈《じ》・悲《ひ》・喜《き》・捨《しゃ》」という四文字が使われ、それらは

「四無量心」、「四梵柱」などと呼ばれる。

「慈」とは「慈しみ」、相手の幸福を望む心。

「悲」とは「憐れみ」、苦しみを除いてあげたいと思う心。

「喜」とは「随喜」、相手の幸福を共に喜ぶ心。

「捨」とは「落ち着き」、相手に対する平静で落ち着いた心。

「ブッダの慈しみは、イエスの愛も超える」と言った人がいたが、仏教における「慈」の心は人間のみならず、あらゆる生きとし生けるものへと注がれている。

「慈」という言葉は、他の言葉と結びつく。たとえば、「悲」と結びついて「慈悲」となり、「愛」と結びついて「慈愛」となる。さらには、儒教の徳目である「仁」と結んだ「仁慈」というものもある。わたしは、「慈」と「礼」を結びつけたいと考える。すなわち、「慈礼」という新しいコンセプトを提唱したい。

「慈礼」つまり「慈しみに基づく人間尊重の心」があれば、心のこもった挨拶、お辞儀、笑顔、そして、結婚式や葬儀といった冠婚葬祭サービスの提供が可能となる。つまり、形骸化していない生きた儀式を行うことができる。

「慈」はブッダの思想の核心であり、「礼」は孔子の思想の核心である。

つまり「慈礼」とは、ブッダと孔子という、エリアーデいわく「宇宙的責任を引き受ける」二人のコラボレーションなのである。

また、「慈礼」はキリスト教の「ホスピタリティ」という言葉と同義語でもある。さらには、神道的世界観から生まれたとされる「おもてなし」という言葉にも通じる。「慈礼」も「ホスピタリティ」も「おもてなし」も、その実質は「慈悲」や「仁」や「隣人愛」や「情」といった、目には見えない大切な「こころ」を「かたち」にしたものなのである。それらは宗教や民族や国家を超えた普遍性を持っている。

わたしは、本書を書くために膨大な数の書物や論文を読破した。しかし、わたしは研究者ではなく、冠婚葬祭業を本職とする実践家である。冠婚葬祭を通じて「慈礼」を追求し、実践していくことで、人生にかかわる儀式に参加する人たちが、今ここにある生命の尊さを実感し、次世代にバトンを手渡していくお手伝いができれば本望である。そのために、今後もわたしは冠婚葬祭業を通じて、「慈礼」を実践していきたいと願っている。

わたしは本書を書くにあたり、「儀式とは何か」「なぜ人間は儀式を必要とするのか」について考えに考え抜いた。そして、儀式とは人類の行為の中で最古のものであることに注目した。ネアンデルタール人もホモ・サピエンスも埋葬をはじめとした葬送儀礼を行ったのである。人類最古の営みは他にもある。石器を作る、洞窟に壁画を描く、雨乞いの祈りをするなどだ。しかし、現在において、そんなことをしている民族はいないだろう。儀式だけが現在も続けられているわけである。最古にして現在進行形ということは、普遍性があるのではないか。ならば、人類は未来永劫にわたって儀式を行い続けると、わたしは信じる。

じつは、人類にとって最古にして現在進行形の営みは、他にもある。食べること、子どもを作ること、そして寝ることである。これらは食欲・性欲・睡眠欲として、人間の「三大欲求」とされている。つまり、人間にとっての本能である。

わたしは、儀式を行うことも人間の本能ではないかと考える。ネアンデルタール人の骨からは、葬儀の風習とともに身体障害者をサポートした形跡が見られる。儀式を行うことと相互扶助は、人間の本能なのではないだろうか。これはネアンデルタール人のみならず、わたしたち現生人類（ホモ・サピエンス）の場合も同じである。儀式および相互扶助という本能がなければ、人類はとうの昔に滅亡していたであろう。人間には、人とコミュニケーションし、豊かな人間関係を持ち、助け合い、そして儀式を行いたいという本能があるのだ。

この本能が人間にある限り、儀式は永遠に不滅である。

おわりに　儀式文化の継承と創新のために

わたしたちは、いつから人間になったのか。そして、いつまで人間でいられるのか。その答えは、すべて儀式という営みの中にある。儀式の中核をなすのは、古代中国で生まれた「礼」という思想である。古代の「礼」には次の三つの性格があったとされる。

㈠ 神霊と交信するツール
㈡ 人間関係を良好にする潤滑油
㈢ 自他を変容させる通過儀礼

最初の神霊と交信するツールとしての礼は、諸星大二郎の名作コミック『孔子暗黒伝』などで描かれているシャーマニズムとしての礼である。「礼」の旧字体が「禮」であるが、甲骨文にも金文にも「禮」という字はない。右側の「豊」だけがあり、「豊」がそのまま「禮」となった。この「豊」という字は、神に捧げるために神饌を台（＝豆）の上に置く形をしている。台の上には玉や禾穀などの供物が置かれた。また「豊」に「酉（酒）」をつけると「醴」という酒を表す漢字が生まれた。甲骨文や金文では「豊」は、祭りに用いられる酒である「醴酒《れいしゅ》」という意味にも使われる。この酒は古代インドの神酒ソーマのように、祭祀において高揚感や幻覚作用をもたらす力があったと考えられている。このように、幻覚酒である醴酒や供物を捧げて、神や先祖の霊と交信することが「礼」の原義であったのである。

もともと宗教用語であったと言ってもよい「礼」の観念が変質し、拡大していくのは、春秋・戦国時代からである。礼の宗教性は希薄となり、もっぱら人間が社会で生きていくうえで守るべき規範、つまり社会的な儀礼として、礼は重んじられるようになった。

孔子の言行録である『論語』にも礼への言及は多い。このことからも孔子の時代には、礼は儒家を中心によく学ばれていたことがわかる。孔子の門人たちにとって、礼を修得しなければ教養人として自立したことにはならないとされ、冠婚葬祭などのそれぞれの状況における立ち居ふるまいも重要視されるようになったのだ。

礼は「儀式」によって実現される。儀式には国家儀式のような大きなものもあるが、個人においては通過儀礼が重要となる。すなわち、結婚式や葬儀などの冠婚葬祭である。

結婚したら、必ず結婚式を挙げなければならないとされた。これは、国家や民族や宗教を超えた人類普遍の「人の道」であった。結婚式は何のために行うのかと考えたら、それは簡単に言えば、神や人の前で離婚しないように約束するためである。前式でも教会式でも人前式でも、二人が夫婦として仲良く添い遂げることを誓う「宣誓の言葉」を述べる。

入籍するだけなら役所に婚姻届を出せばいいし、結婚したことを周囲の人々に知らせ祝福してもらいたいのなら、レストランでの披露パーティーで充分だ。わざわざ結婚式をやる意味とは、離婚を防止するため、これに尽きる。そもそも、最初から離婚するつもりで結婚する人間が、この世にいるだろうか。もし、そんな人がいたら、まず「慰謝料目当て」という言葉を連想し、さらには「保険金殺人」といった犯罪の匂いさえする。

葬儀という儀式も同様である。孔子の最大の後継者である孟子は人の道を歩む上で一番大切なことは親の葬儀をあげることだと述べている。また、史上最高の哲学者とされたドイツのヘーゲルも、孟子同様に「親の埋葬理論」を説いている。もともと、約七万年前にネアンデルタール人が死者に花を手向けた瞬間からサルがヒトになったとも言われるほど、葬儀は「人類の精神的存在基盤」とも呼べるものなのだ。

親に限らず、愛する肉親の葬儀をきちんとあげることは、人間として当然であることは言うまでもない。きちんと冠婚葬祭という儀式を行うことが、きちんと人生を送ることにつながるのだ。いま、改めて「儀式とは何ぞや」を問わねば、日本という国、日本人という民族は取り返しのつかない「奈落の底」に堕ち、人類社会からドロップアウトしてしまう。

わたしは、冠婚葬祭互助会を経営し、その全国団体の会長も務めている。

いま、日本人に広く儀式を提供する冠婚葬祭互助会の社会的役割と使命が問われている。たしかに、互助会というビジネスモデルが大きな過渡期にさしかかっていることは事実だろう。その上で、わたしは、互助会の役割とは「良い人間関係づくりのお手伝いをすること」、そして使命とは「冠婚葬祭サービスの提供によって、たくさんの見えない縁を可視化すること」

に尽きると考える。そして、「縁って有難いなあ。家族って良いなあ」と思っていただくには、わたしたちのような冠婚葬祭業者が参列者に心からの感動を与えられる素晴らしい結婚式や葬儀を提供していくことが最も重要であると思う。

互助会が儀式をしっかりと提供し、さらには「隣人祭り」などの新しい社会的価値を創造するイノベーションに取り組めば、無縁社会を克服することもできるはずだ。「豊かな人間関係」こそは冠婚葬祭事業のインフラであり、互助会は「有縁社会」を再構築する力を持っている。これからの時代、互助会の持つ社会的使命はますます大きくなると確信する。

人間は神話と儀式を必要としている。社会と人生が合理性のみになれば、人間の心は悲鳴を上げてしまうだろう。結婚式も葬儀も、人類の普遍的文化である。子孫の繁栄を予祝する結婚という慶事には結婚式という儀式によって、すべての人間に訪れる死亡という弔事には葬儀という儀式によって、喜怒哀楽の感情を周囲の人々と分かち合う。この習慣は、人種・民族・宗教を超えて、太古から現在に至るまで行われている。この二大セレモニーはさらに、未来においても継承されると予想される「不滅の儀式」であり、人類が存続する限り永遠に行われることであろう。

しかし、結婚式ならびに葬儀のスタイルは、国により、あるいは民族や宗教によって、きわめて著しい差異がある。それは世界各国のセレモニーというものが、人々の心の支えともいうべき「民族的よりどころ」となって反映しているからだ。

結婚式や葬儀をはじめとした人生儀礼を総合的に提供する冠婚葬祭互助会の最大の使命とは何か。それは、日本の儀式文化を継承し、「日本的よりどころ」を守る、すなわち日本人の精神そのものを守ること、さらには日本人を幸福にする儀式を新たに創造することであろう。

その意味で、冠婚葬祭互助会の全国団体とは、茶の湯・生け花・能・歌舞伎・相撲などの日本の伝統文化を継承する諸団体と同じ役割、いや、儀式というさらに「文化の核」ともいえる重要なものを継承するという点において、それ以上の役割を担っていると考える。これからも、日本人を幸福にするために、わたしは儀式文化の継承と創新に努めていきたい。

戦後七〇年の大きな節目となる昨年、わたしは『唯葬論』（三五館）を上梓した。「なぜ人間は死者を想うのか」という副題がついた同書において、人類の文明も文化も、その発展の根底には「死者への想い」があったと述べ、「死」ではなく「葬」こそ、われわれの営為のおおもとであると訴えた。そして、葬儀こそが人類の存在基盤であるという「唯葬論」を提唱した。

世の中には「唯物論」「唯心論」をはじめ、岸田秀氏が唱えた「唯幻論」、養老孟司氏が唱えた「唯脳論」などがあるが、わたしは「唯葬論」というものを提唱した。結局、「唯○論」というのは、すべて「世界をどう見るか」という世界観、「人間とは何か」という人間観に関わっている。わたしは、「ホモ・フューネラル」という言葉に表現されるように人間とは「葬儀をするヒト」であり、人間のすべての営みは「葬」というコンセプトに集約されると考える。

繰り返しになるが、カタチにはチカラがある。カタチとは儀式のことである。わたしは冠婚葬祭会社を経営しているが、冠婚葬祭ほど凄いものはないと痛感することが多い。というのも、冠婚葬祭というものがなかったら、人類はとうの昔に滅亡していたのではないかと思うのだ。

二〇一六年で創立五〇周年を迎えるわが社の社名「サンレー」には「産霊《むすび》」という意味がある。神道と関わりの深い言葉だが、新郎新婦という二つの「いのち」の結びつきによって、子どもという新しい「いのち」を産むということである。「むすび」によって生まれるものこそ、「むすこ」であり、「むすめ」だ。結婚式の存在によって、人類は綿々と続いてきたと言ってよいであろう。

そして人生最期のセレモニーである葬儀は、故人の魂を送ることはもちろん、残された人々の魂にもエネルギーを与えてくれる。もし葬儀を行わなければ、配偶者や子ども、家族の死によって遺族の心には大きな穴が開き、おそらくは自殺の連鎖が起きたことであろう。葬儀という営みをやめれば、人が人でなくなる。葬儀というカタチは人類の滅亡を防ぐ知恵なのである。

オウム真理教の「麻原彰晃」こと松本智津夫が説法において好んで繰り返した言葉は、「人は死ぬ、必ず死ぬ、絶対死ぬ、死は避けられない」という文句であった。死の事実を露骨に突きつけることによってオウムは多くの信者を獲得したが、結局は「人の死をどのように弔うか」という宗教の核心を衝くことはできなかった。言うまでもないが、人が死ぬのは当たり前だ。

「必ず死ぬ」とか「絶対死ぬ」とか「死は避けられない」など、ことさら言う必要などない。最も重要なのは、人が死ぬことではなく、死者をどのように弔うかということ。問われるべきは「死」でなく「葬」なのだ。よって、同書の書名は『唯死論』ではなく『唯葬論』とした。

『唯葬論』がこれまでのわたしの仕事の総決算、あるいは集大成的な著作であるとしたら、本書『儀式論』はわたしの新たな出発の書であるように思う。本書の脱稿後、宗教学者の島田裕巳氏と葬儀をテーマに対談する機会を得た。「葬儀」をテーマにした島田氏との共著『葬式に迷う日本人』（三五館）の巻末対談である。これまで往復書簡の形で、何通か手紙のやりとりをしてから最後に直接語り合ったのだ。かつて、わたしは島田氏の『葬式は、要らない』（幻冬舎新書）というベストセラーに対し、反論の書として『葬式は必要！』（双葉新書）を書いた。それが話題となって島田氏とはNHKの討論番組で共演したこともある。それから五年後、わたしは再び島田氏の著書『0葬《ゼロ》』（集英社）に対抗して『永遠葬』（現代書林）を執筆した。

島田氏は、葬式無用論の代表的論客として有名だが、わたしは葬式必要論者の代表のようにみられることが多い。そんな二人が共著を出したということに驚く人も多いようである。確かにわたしたちは、これまで因縁の関係のように言われてきた。

しかし、意見が違うからといって、いがみ合う必要などまったくない。意見の違う相手を人間として尊重した上で、どうすれば現代の日本における「葬儀」をもっと良くできるかを考え、そのアップデートの方法について議論を深めることが大切だ。

対談は東京・六本木ヒルズ四九階の「アカデミーヒルズ」で行われた。島田氏とは意見の一致も多々あり、まことに有意義な時間を過ごすことができた。弁証法のごとく、「正」と「反」がぶつかって新たに「合」が生まれたような気がする。

最近、原発や安保の問題にせよ、意見の違う者が対話しても、相手の話を聞かずに一方的に自説を押し付けるだけのケースが目立つ。ひどい場合は、相手に話をさせないように言論封殺するケースもある。そんな姿を子どもたちが見たら、どう思うだろうか。間違いなく、彼らの未来に悪影響しか与えないはずである。わたしたちは互いに相手の話を傾聴し、自分の考えもしっかりと述べ合った。当事者が言うのも何だが、理想的な議論が実現したように思う。わたしたちを最初に紹介してくださり、再会のキーマンともなった宗教哲学者の鎌田東二氏は、わたしたちが対談したことを知って、「対極的な異論のある人と心置きなく論議し尽くせるなんて、『自由民主主義』の極意・極地・極道ですよ」と言ってくださった。光栄である。

島田氏と語り合って、改めて日本における葬儀のアップデートの必要性を痛感した。日本人の葬儀の九割以上は仏式葬儀であるが、これが一種の制度疲労を起こしている。よく「葬式仏教」とか「先祖供養仏教」とか言われるが、これまでずっと日本仏教は日本人、それも一般庶民の宗教的欲求を満たしてきたことを忘れてはならない。その宗教的欲求とは、自身の「死後の安心」であり、先祖をはじめとした「死者の供養」に尽きるであろう。

「葬式仏教」は、一種のグリーフケアにおける文化装置だったのである。日本の宗教の強みは葬儀にある。「成仏」というのは有限の存在である「ヒト」を「ホトケ」という無限の存在に転化させるシステムではないだろうか。ホトケになれば、永遠に生き続けることができる。仏式葬儀には、ヒトを永遠の存在に転化させる機能があるのだ。

二〇一一年の夏、東日本大震災の被災地が初盆を迎えた。地震や津波の犠牲者の「初盆」だったが、生き残った被災者の心のケアという側面から見ても非常に重要であった。多くの被災者がこの初盆を心待ちにしていたのである。通夜、告別式、初七日、四十九日と続く、日本仏教における一連の死者儀礼の流れにおいて、初盆は一つのクライマックスである。日本における最大のグリーフケア・システムと言ってもよいかもしれない。そして、次の大事なことを忘れてはならない。それは、基本的に葬儀がなければ、初盆はないということである。葬儀があって、初七日や四十九日があって、初盆が来るのである。小学校に入学しなければ運動会や修学旅行を経験できないように、葬儀をきちんと行わなければお盆というのは来ないのだ。

今後、葬儀の形もさまざまな形に変わっていくであろうが、原点、すなわち「初期設定」を再確認した上で、時代に合わせた改善、いわば「アップデート」、さらには「アップグレード」を心掛ける努力が必要なのは言うまでもない。「制度疲労」を迎えたのなら、「アップグレード」を行えばいいのである。わたしは、わが社の社員や冠婚葬祭互助会業界の仲間たちの力を借りながら、日本人の葬儀のアップデートにこれからも取り組んでいきたいと考えている。

最後に、わたしの儀式への想いを「儀式讃」として巻末にまとめてみた。これは『古今和歌集』で紀貫之が和歌への想いを綴った「仮名序」をイメージして作成した。本当は「儀式序」として巻頭に置こうかとも考えたが、それだと十四章にわたる論考の意味がなくなると思い、巻末に「儀式讃」として掲載した次第である。

わたしは本書を何かに取り憑かれたように一気に書き上げた。わたしの心中には「俺が書かねば誰が書く」という大いなる使命感があった。本書は合計六〇〇ページ、箔押し、函入りという豪華版である。人文書の冬の時代に夢でも見ているようである。実際、「いつか、こんな本を出版してみたい」という愛書家、蔵書家、読書家としてのわたしの夢は本書の上梓によってすべて叶えられた。出版していただいた弘文堂の鯉渕友南社長、つねに適切なアドバイスと慈愛にあふれる励ましを与え続けて下さった編集の外山千尋氏には心より感謝いたします。

また、本書の執筆に関してさまざまな形でサポートしていただいた株式会社サンレー秘書室の鳥丸耕一課長、織田祐子氏、瀬津隆彦氏、サンレー北陸の西宏課長、書道家の福成喜光氏に対しても感謝の気持ちでいっぱいである。みなさん、本当にありがとうございました。

二〇一六年十月十六日　満月の夜に

一条　真也

儀式讃

儀式讃

かたちは人の心をたひらけく
やすらけく揺るがぬものと
なすべきものなり
つらつら感ずるにかたちにはちから
あるなり　いにしへより
かたちのことを儀式となづく
まこと儀式にはちからあるなり
みたまがこころもとなく揺れし
とき儀式はその大いなるちからに

よりて人の心をばきよく美《うるは》しく
たくましくしたまふ
ひとびとの心を定め　幸ひを
与ふるかたち　儀式と呼べり
この世に生まれし赤子のみたまを
すこやかにはぐくみ　おとなと　ならし
むるために儀式あり　初宮参り
七五三　成人式　これなり
おとなとなりし良き偉丈夫と
乙女が結ばるるには　かたちを
もととなすべきなり　ふたつの
みたまを結ぶかたちを結魂といふ

結納の式 結婚の式 披露の宴
あばさりひとつとなりて やうやう
みたすはふかく結ばるるものなり
あいむつみて子をなし ただしき
人の道をあゆみて世のため人の
ために尽くす姿をもって 子を
はぐくみその節々に儀式を執り
おこなひてこころきよくまことに
ただしきひととなすなり
人は老いるほどに豊かなこころと
なれるとはいへ 光陰は矢の如く

やがて身は果つること　世の
ならひなり
されど日の本には老いゆく人の
心もとなきみたまをたひらけく
する儀式あり
長寿祝ふこれなり　還暦
古稀　喜寿　傘寿　米寿　卒寿
白寿などあり
還暦は　生まれし年と等しき
干支の年を迎ふることより
暦に還るといふ

古稀は杜甫の言の葉にある
人生七十古来稀也に由来する
なり
喜寿は喜の草書に由来し
傘寿は傘の略字に通ずる
ことによる　米寿は八十八が米の
文字に通ずることによる　卒寿は
卒の略字が九十に通ずることによる
白寿は百から一を除きて白
の文字となれるによる
而して黒髪に霜の降るとは

いへみたまはやうやう
豊かになり神に近づく
されどひとの命ははかなき
ものなり 無常たちまちに
いたれり 洋の東西を問はず
およそ身罷らざるものなし
されば明日はあらじと思ひ
定むる覚悟をもつべし
愛しきものを喪へる人の心は
荒海にたゆたふ小舟のごとし
佛の道によれる事 ふとは

物語といふかたちの慰めなり
物語よく慰撫するちからある
ことを学すべし
物語によりてみたまはとこしへに
栄ゆるものとなり 子々孫々を
守り導くこと 疑ふなかれ
かたちにはちからがあると 思ほゆを
知る 送る儀式が要らぬはず
なし 送魂と名づくる所以なり
斯くの如く儀式こそ 人を
人ならしむるものなり

まさに知るべし
儀式はあまねく人の世を
照らし導くものなり
まこと儀式には　ちから
あるなり

儀式讃

かたちは人の心をたひらけくやすらけく
揺るがぬものとなすべきものなり
つらつら感ずるにかたちにはちからあるなり
いにしへよりかたちのことを儀式となづく
まことと儀式にはちからあるなり
みたまがこころもとなく揺れしとき
儀式はその大いなるちからによりて
人の心をばきよく美しくたくましくしたまふ
ひとびとの心を定め幸ひを
与ふるかたち儀式と呼べり
この世に生まれし赤子のみたまを
すこやかにはぐくみ
おとなとならしむるために儀式あり
初宮参り 七五三 成人式これなり
おとなとなりし良き偉丈夫と乙女が結ばるるには
かたちをもととなすべきなり
ふたつのみたまを結ぶかたちを結魂といふ
結納の式 結婚の式 披露の宴あはさり
ひとつとなりて
やうやうみたまはふかく結ばるるものなり
あいむつみて子をなし
ただしき人の道をあゆみて
世のため人のために尽くす姿をもって
子をはぐくみ
その節々に儀式を執りおこなひて
こころきよくまことにただしきひととなすなり
人は老いるほどに豊かなこころとなれるとはいへ
光陰は矢の如く
やがて身は果つること世のならひなり
されど日の本には

老いゆく人の心もとなきみたまを
たひらけくする儀式あり
長寿祝ふこれなり
還暦　古稀　喜寿　傘寿　米寿　卒寿　白寿などあり
還暦は生まれし年と等しき干支の年を
迎ふることより暦に還るといふ
古稀は杜甫の言の葉にある
人生七十古来稀也に由来するなり
喜寿は喜の草書に由来し
傘寿は傘の略字に通ずることによる
米寿は八十八が米の文字に通ずることによる
卒寿は卒の略字が九十に通ずることによる
白寿は百から一を除きて白の文字となれるによる
而して黒髪に霜の降るとはいへ
みたまはやうやう豊かになり神に近づく
されどひとの命ははかなきものなり
無常たちまちにいたれり

洋の東西を問はずおよそ身罷らざるものなし
されば明日はあらじと思ひ定むる覚悟をもつべし
愛しきものを喪へる人の心は
荒海にたゆたふ小舟のごとし
佛の道によれる弔ふとは
物語といふかたちの慰めなり
物語よく慰撫するちからあることを学すべし
物語によりて
みたまはとこしへに栄ゆるものとなり
子々孫々を守り導くこと疑ふなかれ
かたちにはちからがあると思ほゆを知る
送る儀式が要らぬはずなし
送魂と名づくる所以なり
斯くの如く儀式こそ人を人ならしむるものなり
まさに知るべし
儀式はあまねく人の世を照らし導くものなり
まこと儀式にはちからあるなり

参考文献

青木保『儀礼の象徴性』岩波現代文庫、二〇〇六
青木保ほか編『岩波講座　文化人類学　第九巻　儀礼とパフォーマンス』岩波書店、一九九七
安蘇谷正彦『神道思想の形成』ぺりかん社、一九八五
安蘇谷正彦『神道とはなにか』ぺりかん社、一九九四
アラン著／神谷幹夫訳『幸福論』岩波文庫、一九九八
有本真紀『卒業式の歴史学』講談社、二〇一三
有賀喜左衞門『有賀喜左衞門著作集』七、未来社、一九六九
飯田道夫『相撲節会　大相撲の源流』人文書院、二〇〇四
五十嵐太郎・村瀬良太『「結婚式教会」の誕生』春秋社、二〇〇七
石井研士「現代日本における儀礼文化の持続と変容の理解に向けて」『明治聖徳記念学会紀要』三七、二〇〇三
石井研士『結婚式　幸せを創る儀式』日本放送出版協会、二〇〇五
石井研士『日本人の一年と一生　変わりゆく日本人の心性』春秋社、二〇〇五
石川栄吉ほか編『文化人類学事典』弘文堂、一九八七
石田一良『日本文化史　日本の心と形』東海大学出版会、一九八九
石塚正英『儀礼と神観念の起原　ディオニューソス神楽からナチス神話まで』論創社、二〇〇五
井上忠司・サントリー不易流行研究所『現代家庭の年中行事』講談社、一九九三
今村仁司・今村真介『儀礼のオントロギー　人間社会を再生産するもの』講談社、二〇〇七
岩田勝『神楽源流考』名著出版、一九八三
ウェイド、N著／依田卓巳訳『宗教を生みだす本能　進化論からみたヒトと信仰』NTT出版、二〇一一
上野誠『日本人にとって聖なるものとは何か　神と自然の古代学』中央公論社、二〇一五
上井久義『日本古代の親族と祭祀』人文書院、一九八八
ヴンダーリヒ、H・G著／関楠生訳『迷宮に死者は住む　クレタの秘密と西欧の目覚め』新潮社、一九七五
NHKスペシャル取材班『ヒューマン　なぜヒトは人間になれたのか』角川書店、二〇一二

エリアーデ、M著／堀一郎訳『永遠回帰の神話　祖型と反復』未来社、一九六三

エリアーデ、M著／風間敏夫訳『聖と俗　宗教的なるものの本質について』法政大学出版局、一九六九

エリアーデ、M著／堀一郎訳『生と再生　イニシェーションの宗教的意義』東京大学出版会、一九七一

エリアーデ、M著／岡三郎訳『神話と夢想と秘儀』国文社、一九七二

エリアーデ、M著／荒木美智雄ほか訳『世界宗教史一　石器時代からエレウシスの密儀まで』筑摩書房、一九九一

エリアーデ、M著、アポストロス＝カッパドナ、D編／奥山倫明訳『象徴と芸術の宗教学』作品社、二〇〇五

エルツ、R著／吉田禎吾ほか訳『右手の優越　宗教的両極性の研究』ちくま学芸文庫、二〇〇一

大江匡房／後藤昭雄ほか校注『江談抄』『新日本古典文学大系』三二、岩波書店、一九九七

大林太良『葬制の起源』角川書店、一九七七

大藤ゆき『児やらい』岩崎美術社、一九六八

オームス、H『祖先崇拝のシンボリズム』弘文堂、一九八七

岡正雄教授古稀記念論文集『民族学からみた日本』河出書房新社、一九七〇

岡田荘司編『日本神道史』吉川弘文館、二〇一〇

岡田荘司・笹生衛『事典　神社の歴史と祭り』吉川弘文館、二〇一三

岡田精司『新編　神社の古代史』学生社、二〇一一

岡本太郎『沖縄文化論　忘れられた日本』中公文庫、一九九六

岡本太郎『神秘日本』角川ソフィア文庫、二〇一五

岡本太郎『日本再発見　芸術風土記』角川ソフィア文庫、二〇一五

小口偉一・堀一郎監修『宗教学辞典』東京大学出版会、一九七三

奥野克巳・花渕馨也共編『文化人類学のレッスン　フィールドからの出発』学陽書房、二〇〇五

オットー、R著／久松英二訳『聖なるもの』岩波書店、二〇一〇

オットー、W・F著／辻村誠三訳『神話と宗教　古代ギリシャ宗教の精神』筑摩書房、一九六六

オットー、W・F著／西澤龍生訳『ディオニューソス　神話と祭儀』論創社、一九九七

オットー、W・F著／西沢竜生訳『ミューズ　舞踏と神話』論創社、一九九八

オッペンハイマー、S著／仲村明子訳『人類の足跡一〇万年全史』草思社、二〇〇七

小野昭『ネアンデルタール人奇跡の再発見』朝日新聞出版、二〇一二

小野祖教『神道の秘儀』上・下、平河出版社、一九八二
小野泰博ほか編『日本宗教事典』弘文堂、一九八五
小野亮哉『雅楽事典』音楽之友社、一九八九
折口信夫『折口信夫全集』第二巻（「若水の話」）、中央公論社、一九六五
折口信夫『折口信夫全集』第一六巻（「日本の年中行事　その入り立ち」）、中央公論社、一九六七
折口信夫『折口信夫全集』第一七巻（「氏神及びやしろ」「草相撲の話」「古代演劇論」）、中央公論社、一九六七
折口信夫『折口信夫全集』第一八巻（「日本藝能史六講」）、中央公論社、一九六七
折口信夫『折口信夫全集』第二〇巻（「民間信仰と神社と」「神々と民俗」）、中央公論社、一九六七
折口信夫『日本芸能史六講』講談社、一九九一
折口信夫『古代研究Ⅰ　祭りの発生』中央公論新社、二〇〇二
折口信夫『古代研究Ⅱ　祝詞の発生』中央公論新社、二〇〇三
折口信夫『古代研究Ⅲ　国文学の発生』中央公論新社、二〇〇三
折口信夫『古代研究Ⅳ　女房文学から隠者文学へ』中央公論新社、二〇〇四
折口信夫『折口信夫芸能論集』講談社、二〇一二
恩賜財団母子愛育会編『日本産育習俗資料集成』第一法規、一九七五
カーゼル、O著／小柳義夫訳『秘儀と秘義　古代の儀礼とキリスト教の典礼』みすず書房、一九七五
カーツァー、D・I著／小池和子訳『儀式・政治・権力』勁草書房、一九八九
海部陽介『人類がたどってきた道　〝文化の多様化〟の起源を探る』日本放送出版協会、二〇〇五
カイヨワ、R著／久米博訳『神話と人間』せりか書房、一九七五
カイヨワ、R著／塚原史ほか訳『〔改訳版〕人間と聖なるもの』せりか書房、一九九四
加地伸行『沈黙の宗教　儒教』筑摩書房、一九九四
加地伸行『儒教とは何か』中央公論社、一九九〇
梶原正昭・山下宏明校注『平家物語』新日本古典文学大系四四―四五、岩波書店、一九九一
片田珠美「祖母の遺影前での精通から猫惨殺まで　わたしはこう読んだ」『週刊文春』五七（二四）、二〇一五
カッシーラー、E著／生松敬三・木田元訳『シンボル形式の哲学』第一―四巻、岩波書店、一九八九―一九九七
カッシーラー、E著／宮城音弥訳『人間　この象徴を操るもの〔改版〕』岩波書店、一九八二

金谷治訳注『荀子』上・下、岩波文庫、一九六一―一九六二
金谷治訳『論語』岩波書店、一九九九
金子郁容『ボランタリー経済の誕生　自発する経済とコミュニティ』実業之日本社、一九九八
鎌田純一『神道史概説』神社新報社、二〇一〇
鎌田東二『翁童論　子どもと老人の精神誌』新曜社、一九八八
鎌田東二『老いと死のフォークロア』新曜社、一九九〇
鎌田東二『神道とは何か　自然の霊性を感じて生きる』PHP研究所、二〇〇〇
鎌田東二『聖地感覚』角川学芸出版、二〇〇八
鎌田東二『古事記ワンダーランド』角川学芸出版、二〇一二
鎌田東二『歌と宗教　歌うこと。そして祈ること』、ポプラ社、二〇一四
鎌田東二『世直しの思想』春秋社、二〇一六
鎌田東二『世阿弥　身心変容技法の思想』青土社、二〇一六
柄谷行人『遊動論　柳田国男と山人』文藝春秋、二〇一四
河合隼雄『コンプレックス』岩波新書、一九七一
川端要壽『物語日本相撲史』筑摩書房、一九九三
川村邦光『弔い論』青弓社、二〇一三
川村邦光『弔いの文化史　日本人の鎮魂の形』中央公論新社、二〇一五
ギアツ、C著／小泉潤二訳『ヌガラ　一九世紀バリの劇場国家』みすず書房、一九九〇
紀貫之ほか撰／小島憲之・新井栄蔵校注『古今和歌集』新日本古典文学大系五、岩波書店、一九八九
キャンベル、J&モイヤーズ、B・D著／飛田茂雄訳『神話の力』早川書房、一九九二
クーランジュ、F・d・N・D著／田辺貞之助訳『古代都市』白水社、一九九五
倉石あつ子「祭　家族の分化と祭の変容と」『跡見学園女子大学人文学フォーラム』九、二〇一一
倉石あつ子・小松和彦・宮田登編『人生儀礼事典』小学館、二〇〇〇
倉野憲司編『古事記』岩波書店、一九六三
倉林正次『儀礼文化序説』大学教育社、一九八二
倉林正次「周期伝承論」『日本民俗研究大系』第三巻、國學院大學、一九八三

倉林正次『儀礼文化学の提唱　日本文化のカタチとココロ』おうふう、二〇一一
クレーマー、S・N著／小川英雄・森雅子訳『聖婚』新地書房、一九八九
グレンジャー、R著／柳川啓一監訳『言語としての儀礼』紀伊國屋書店、一九七七
黒坂勝美編『令集解』前篇『新訂増補　国史大系』第二三巻、吉川弘文館、二〇〇〇
ケレーニイ、K著／高橋英夫訳『神話と古代宗教』筑摩書房、二〇〇〇
ケレーニイ、K&ユング、C・G著／杉浦忠夫訳『神話学入門』晶文社、一九七五
小池寿子『死を見つめる美術史』筑摩書房、二〇〇六
國學院大學日本文化研究所編『神道事典』弘文堂、一九九四
國學院大學日本文化研究所編『祭祀空間・儀礼空間』雄山閣出版、一九九九
小島憲之・新井栄蔵校注『古今和歌集』岩波書店、一九八九
互助会保証株式会社・全日本冠婚葬祭互助協会編『冠婚葬祭の歴史　人生儀礼はどう営まれてきたか』水曜社、二〇一四
コッテル、A著／左近司祥子ほか訳『世界神話辞典』柏書房、一九九三
ゴッフマン、E著／浅野敏夫訳『儀礼としての相互行為〈新訳版〉対面行動の社会学』法政大学出版局、二〇〇二
ゴドウィン、J著／吉村正和訳『図説　古代密儀宗教』平凡社、一九九五
コナトン、P著／芦刈美紀子訳『社会はいかに記憶するか　個人と社会の関係』新曜社、二〇一一
小林勝人訳注『孟子』上・下、岩波文庫、一九六八―七二
小林道憲『宗教とはなにか　古代世界の神話と儀礼から』日本放送出版協会、一九九七
小林道憲『芸術学事始め　宇宙を招くもの』中央公論新社、二〇一五
小松和彦ほか編『文化人類学文献事典』弘文堂、二〇〇四
胡麻鶴醇之・西島一郎注『神道大系　神宮編一』神道大系編纂会、一九七九
コムストック、W・R著／柳川啓一監訳『宗教　原始形態と理論』東京大学出版会、一九七六
五来重『葬と供養』東方出版、二〇一三
西條勉『「古事記」神話の謎を解く』中央公論新社、二〇一一
坂本太郎・家永三郎・井上光貞・大野晋編『日本書紀』一―五、岩波書店、一九九四―九五
桜井英治『贈与の歴史学』中央公論新社、二〇一一

桜井治男「新しい共同体における神社の創建と共生意識」現代神道研究集成会編『現代神道研究集成　第五巻
　祭祀研究編Ⅱ』神社新報社、一九九九
佐々木勝『屋敷神の世界　民俗信仰と祖霊』名著出版、一九八三
澤田一矢編『大相撲の事典』東京堂出版、一九九五
ジェイムズ、W著／桝田啓三郎訳『宗教的経験の諸相』上・下、日本教文社、一九六二
下見隆雄『礼記』明徳出版社、一九七三
島薗進『宗教学の名著三〇』筑摩書房、二〇〇八
島薗進ほか編『宗教学文献事典』弘文堂、二〇〇七
島田裕巳『葬式は、要らない』幻冬舎、二〇一〇
島田裕巳『0葬　あっさり死ぬ』集英社、二〇一四
シュタイナー、R著／西川隆範訳『秘儀の歴史』国書刊行会、一九九六
白川静『孔子伝』中央公論新社、二〇〇三
新谷尚紀『葬式は誰がするのか』吉川弘文館、二〇一五
新谷尚紀・波平恵美子・湯川洋司編『暮らしの中の民俗学』一―三、二〇〇三
鈴木隆泰『葬式仏教正当論』興山舎、二〇一三
鈴木正崇「通過儀礼」『講座日本の民俗学六　時間の民俗』雄山閣、一九九八
須藤隆仙『世界宗教用語大事典』新人物往来社、二〇〇四
スミス、W・R著／永橋卓介訳『セム族の宗教』前・後編、岩波書店、一九四一―四三
『世界の宗教と経典』総解説』自由国民社、一九八九
『世界の神話伝説』総解説』自由国民社、一九八七
関根宗中『茶道と中国文化』淡交社、二〇一六
薗田稔「祭り　原空間の民俗」『日本民俗文化大系』九、小学館、一九八四
薗田稔・橋本政宣編『神道史大辞典』吉川弘文館、二〇〇四
ターナー、V．W著／冨倉光雄訳『儀礼の過程』思索社、一九七六
ターナー、V．W著／梶原景昭訳『象徴と社会』紀伊國屋書店、一九八一
ターナー、V・W、山口昌男編『見世物の人類学』三省堂、一九八三

タイラー、E・B著／比屋根安定訳『原始文化　神話・哲学・宗教・言語・芸能・風習に関する研究』誠信書房、一九六二
高尾利数ほか著『世界の宗教　総解説〔増補版〕』自由国民社、二〇〇七
高間大介『人間はどこから来たのか、どこへ行くのか』角川書店、二〇一〇
岸田秀『ものぐさ精神分析』正・続、中央公論新社、一九九六
田口祐子「初宮参り　母親たちから聞いた現代のお宮参り」石井研士編『神道はどこへいくか』ぺりかん社、二〇一〇
ダグラス、M著／塚本利明訳『汚穢と禁忌』ちくま学芸文庫、二〇〇九
竹内照夫『新釈漢文大系　礼記』上・中・下、明治書院、一九七一―七九
竹沢尚一郎『象徴と権力　儀礼の一般理論』勁草書房、一九八七
竹田聴洲『竹田聴洲著作集』第五巻（「村落同族祭祀の研究」）、国書刊行会、一九九六
竹田聴洲『竹田聴洲著作集』第六巻（「祖先崇拝」「日本人の「家」と宗教」）、国書刊行会、一九九六
立花隆『宇宙からの帰還』中央公論社、一九八三
田中元『古代日本人の時間感覚』吉川弘文社、一九七五
谷口貢・板橋春夫編『日本人の一生　通過儀礼の民俗学』八千代出版、二〇一四
チウェ、M・S-Y著／安田雪訳『儀式は何の役に立つか　ゲーム理論のレッスン』新曜社、二〇〇三
坪井洋文「日本人の生死観」『民族学からみた日本　岡正雄教授古稀記念論文集』河出書房新社、一九七〇
虎尾俊哉編『延喜式』上、集英社、二〇〇〇
鶴蒔靖夫『自分らしい人生の卒業を望むあなたへ　明るく笑顔でいま準備を』IN通信社、二〇一三
デュルケム、E著／古野清人訳『宗教生活の原初形態』上・下、岩波書店、一九四一―四二
デュルケム、E著／井伊玄太郎訳『社会分業論』上・下、講談社、一九八九
デュルケム、E著／麻生誠・山村健訳『道徳教育論』講談社、二〇一〇
田世民『近世日本における儒礼受容の研究』ぺりかん社、二〇一二
ドーリング・キンダースリー社編／豊島実和訳『宗教学大図鑑』三省堂、二〇一五
直江広治『屋敷神の研究　日本信仰伝承論』吉川弘文館、一九六五
中西進『古代往還』中央公論新社、二〇〇八

中牧弘允『会社のカミ・ホトケ　経営と宗教の人類学』講談社、二〇〇六
中牧弘允編『社葬の経営人類学』東方出版、一九九九
中村英重『古代祭祀論』吉川弘文館、一九九九
中村雄二郎『魔女ランダ考　演劇的知とはなにか』岩波書店、一九八三
奈良女子大学古代学学術研究センター設立準備室編『儀礼にみる日本の仏教』法蔵館、二〇〇一
西海賢二・久野俊彦・時枝務編『日本の霊山読み解き事典』柏書房、二〇一四
西角井正慶『神楽研究』壬生書院、一九三四
西角井正慶『村の遊び　民俗芸能の見方』岩崎美術社、一九六六
西村雄一郎『殉愛　原節子と小津安二郎』新潮社、二〇一二
新田一郎『相撲の歴史』講談社、二〇一〇
日本文化人類学会編『文化人類学事典』丸善、二〇〇九
ネフスキー、N著／岡正雄編『月と不死』平凡社、一九七一
能登路雅子『ディズニーランドという聖地』岩波新書、一九九〇
芳賀綏『日本人らしさの発見　しなやかな〈凹型文化〉を世界に発信する』大修館書店、二〇一三
蓮實重彦『監督 小津安二郎』筑摩書房、一九八三
バタイユ、G著／生田耕作訳『呪われた部分』二見書房、一九七三
バタイユ、G著／湯浅博雄訳『宗教の理論』人文書院、一九八五
バタイユ、G著／中山元訳『呪われた部分　有用性の限界』ちくま学芸文庫、二〇〇三
原田敏明『神社　民俗学の立場からみる』至文堂、一九六一
原田敏明『宗教と社会』東海大学出版会、一九七二
原田敏明『村の祭祀』中央公論社、一九七五
原田敏明『村祭と座』中央公論社、一九七六
原田敏明『村の祭と聖なるもの』中央公論社、一九八〇
ハリソン、J・E著／佐々木理訳『古代芸術と祭式』ちくま学芸文庫、一九九七
比較家族史学会編『現代家族ペディア』弘文堂、二〇一五
ファン・ヘネップ、A著／綾部恒雄・綾部裕子訳『通過儀礼』岩波文庫、二〇一二

フィンレイソン、C著／上原直子訳『そして最後にヒトが残った　ネアンデルタール人と私たちの五〇万年史』白揚社、二〇一三
フォーテス、M著／田中真砂子編訳『祖先崇拝の論理』ぺりかん社、一九八〇
福嶋亮大『神話が考える　ネットワーク社会の文化論』青土社、二〇一〇
福田アジオほか編『日本民俗大辞典』上・下、吉川弘文館、一九九九―二〇〇〇
船田淳一『神仏と儀礼の中世』法藏館、二〇一一
フレイザー、J・G著／吉川信訳『初版　金枝篇』上・下、ちくま学芸文庫、二〇〇三
フロイト、S著／高橋義孝ほか訳『フロイト著作集　第三巻』人文書院、一九六九
フロイト、S著／中山元訳『幻想の未来／文化への不満』光文社古典新訳文庫、二〇〇七
フロイト、S著／中山元訳『人はなぜ戦争をするのか』光文社古典新訳文庫、二〇〇八
ヘーゲル、G・W・F著／長谷川宏訳『精神現象学』作品社、一九九八
ベック、H著／西川隆範訳『秘儀の世界から』平河出版社、一九九三
ホイジンガ、J著／高橋英夫訳『ホモ・ルーデンス』中央公論社、一九七三
ホール、M・P著／大沼忠弘・山田耕士・吉村正和訳『古代の密儀』人文書院、一九八〇
ホックシールド、A・R著／石川准・室伏亜希訳『管理される心　感情が商品になるとき』世界思想社、二〇〇〇
益田勝実『火山列島の思想』講談社、二〇一五
松平斉光『祭　本質と諸相　古代人の宇宙』朝日新聞社、一九七七
マリノフスキー、B・K著／宮武公夫・高橋巌根訳『呪術・科学・宗教・神話』人文書院、一九九七
マレー、S著／椰野みさと訳『死者を弔うということ　世界の各地に葬送のかたちを訪ねる』草思社、二〇一四
ミッチェル、E著／前田樹子訳『月面上の思索』めるくまーる、二〇一〇
みつとみ俊郎『音楽はなぜ人を幸せにするのか』新潮社、二〇〇三
宮田登「暮らしのリズムと信仰」『日本民俗学講座』三、朝倉書店、一九七七
宮田登『日和見　日本王権論の試み』平凡社、一九九二
民俗學研究所編『民俗學辭典』東京堂出版、一九五一
民俗学事典編集委員会編『民俗学事典』丸善出版、二〇一四
村武精一『祭祀空間の構造　社会人類学ノート』東京大学出版会、一九八四

メトカーフ、P&ハンティントン、R著／池上良正ほか訳『死の儀礼　葬送習俗の人類学的研究』未來社、一九九六
モース、M著／森山工訳『贈与論　他二篇』岩波文庫、二〇一四
元少年A『絶歌　神戸連続児童殺傷事件』太田出版、二〇一五
安田登『身体感覚で「論語」を読みなおす。　古代中国の文字から』春秋社、二〇〇九
柳川啓一『祭と儀礼の宗教学』筑摩書房、一九八七
柳田國男『定本　柳田国男集』第四巻（「盆過ぎメドチ談」「山民の生活」）、筑摩書房、一九六三
柳田國男『定本　柳田国男集』第五巻（「伝説」「一目小僧その他」）、筑摩書房、一九六二
柳田國男『定本　柳田國男集』第一〇巻（「日本の祭」「神社のこと」「先祖の話」）、筑摩書房、一九六二
柳田國男『定本　柳田国男集』第一一巻（「氏神と氏子」）、筑摩書房、一九六三
柳田國男『定本　柳田国男集』第一二巻（「石神問答」「塚と森の話」）、筑摩書房、一九六九
柳田國男『定本　柳田国男集』第一三巻（「年中行事覚書」「宮参り」「民間暦小考」）、筑摩書房、一九六三
柳田國男『定本　柳田国男集』第一五巻（「小児生存権の歴史」）、筑摩書房、一九六三
柳田國男『柳田國男全集』第八巻、筑摩書房、一九九八
柳田國男『柳田國男全集』第二〇巻（「民間伝承論」）、筑摩書房、一九九九
柳田國男・関敬吾『日本民俗学入門』東洋堂、一九四七
矢作直樹『「あの世」と「この世」をつなぐお別れの作法』ダイヤモンド社、二〇一三
山折哲雄『宗教の力　日本人の心はどこへ行くのか』PHP研究所、一九九九
山口昌男『文化と両義性』岩波現代文庫、二〇〇〇
山田知子『相撲の民俗史』東京書籍、一九九六
山田慎也『現代日本の死と葬儀　葬祭業の展開と死生観の変容』東京大学出版、二〇〇七
ユング、C・G著／村本詔司訳『心理学と宗教』人文書院、一九八九
ユング、C・Gほか著／河合隼雄監訳『人間と象徴　無意識の世界』上・下、河出書房新社、一九七五
養老孟司『唯脳論』青土社、一九八九
養老孟司・斎藤磐根『脳と墓1　ヒトはなぜ埋葬するのか』弘文堂、一九九二
吉見崇一『ユダヤの祭りと通過儀礼』リトン、一九九四
吉本隆明『改訂新版　共同幻想論』角川書店、一九八二

ラ・フォンテイン、J・S著／綾部真雄訳『イニシエーション　儀礼的〝越境〟をめぐる通文化的研究』弘文堂、二〇〇六
ラドクリフ＝ブラウン、A・R著／青柳まちこ訳『新版　未開社会における構造と機能』新泉社、一九七五
リチー、D著／山本喜久男訳『小津安二郎の美学　映画のなかの日本』フィルムアート社、一九七八
リーチ、E・R著／青木保・井上兼行訳『人類学再考』思索社、一九九〇
リーチ、E・R著／青木保・宮坂敬造訳『文化とコミュニケーション　構造人類学入門』紀伊國屋書店、一九八一
ルイス＝ウィリアムズ、D著／港千尋訳『洞窟のなかの心』講談社、二〇一二
ルノワール、F著／今枝由郎訳『人類の宗教の歴史　9大潮流の誕生・本質・将来』トランスビュー、二〇一二
レヴィ＝ストロース、C著／荒川幾男ほか訳『構造人類学』みすず書房、一九七二
レヴィ＝ストロース、C著／大橋保夫訳『野生の思考』みすず書房、一九七六
レヴィ＝ストロース、C著／大橋保夫訳『神話と意味』みすず書房、一九九六
レヴィ＝ストロース、C著／仲澤紀雄訳『今日のトーテミスム』みすず書房、二〇〇〇
レヴィ＝ストロース、C著／川田順造訳『月の裏側』中央公論新社、二〇一四
レヴィ＝ブリュル、L著／山田吉彦訳『未開社会の思惟』上・下、岩波文庫、一九五三
ローレンツ、K・Z著／日高敏隆・久保和彦訳『攻撃』みすず書房、一九八五
ロバーツ、A著／野中香方子訳『人類二〇万年遥かなる旅路』文藝春秋、二〇一三
和歌森太郎『和歌森太郎著作集』第一五巻、一九八二
佐久間進『婚礼の心、葬祭の心』評言社、一九七七
佐久間進『思いやりの作法』毎日新聞社、一九九九
佐久間進『人間尊重の「かたち」』PHP研究所、二〇一四
佐久間庸和『ハートフル・カンパニー　サンレーグループの志と挑戦』三五館、二〇〇六
佐久間庸和『ホスピタリティ・カンパニー　サンレーグループの人間尊重経営』三五館、二〇一一
佐久間庸和『ミッショナリー・カンパニー　サンレーグループの大いなる使命』三五館、二〇一六
一条真也『ロマンティック・デス　月と死のセレモニー』国書刊行会、一九九一
一条真也『遊びの神話』PHP文庫、一九九一

一条真也『魂をデザインする　葬儀とは何か』国書刊行会、一九九二
一条真也『ハートビジネス宣言　幸福創造の白魔術』東急エージェンシー、一九九二
一条真也『結魂論　なぜ人は結婚するのか』成甲書房、二〇〇三
一条真也『老福論　人は老いるほど豊かになる』成甲書房、二〇〇三
一条真也『ハートフル・ソサエティ　人は、かならず「心」に向かう』三五館、二〇〇五
一条真也『ロマンティック・デス　月を見よ、死を想え』幻冬舎文庫、二〇〇五
一条真也『ユダヤ教vsキリスト教vsイスラム教　「宗教衝突」の深層』大和書房・だいわ文庫、二〇〇六
一条真也『愛する人を亡くした人へ　悲しみを癒す15通の手紙』現代書林、二〇〇七
一条真也『世界をつくった八大聖人　人類の教師たちのメッセージ』ＰＨＰ新書、二〇〇八
一条真也『葬式は必要！　最期の儀式に迷う日本人のために』双葉社、二〇一〇
一条真也『ご先祖さまとのつきあい方　お盆、お彼岸、墓参り、そして無縁社会を乗り越える生き方』双葉社、二〇一〇
一条真也『隣人の時代　有縁社会のつくり方』三五館、二〇一一
一条真也『礼を求めて　なぜ人間は儀式を必要とするのか』三五館、二〇一二
一条真也『慈を求めて　なぜ人間には祈りが必要なのか』三五館、二〇一四
一条真也『決定版　冠婚葬祭入門』有楽出版社、二〇一四
一条真也『和を求めて　なぜ日本人は平和を愛するのか』三五館、二〇一五
一条真也『永遠葬　想いは続く』三五館、二〇一五
一条真也『唯葬論　なぜ人間は死者を想うのか』三五館、二〇一五
一条真也編『最期のセレモニー　メモリアルスタッフが見た、感動の実話集』ＰＨＰ研究所、二〇〇九
一条真也編『むすびびと　こころの仕事』三五館、二〇〇九
一条真也監修『徹底比較！　日中韓しきたりとマナー　冠婚葬祭からビジネスまで』祥伝社、二〇一三
一条真也・鎌田東二『満月交感　ムーンサルトレター』上・下、水曜社、二〇一一
一条真也・鎌田東二『満月交遊　ムーンサルトレター』上・下、水曜社、二〇一五
一条真也・島田裕巳『葬式に迷う日本人　最期の儀式を考えるヒント』三五館、二〇一六

著者紹介　一条 真也　いちじょう　しんや

1963年生まれ。早稲田大学政治経済学部卒業。広告代理店勤務を経て、大手冠婚葬祭（株）サンレー代表取締役社長。全国冠婚葬祭互助会連盟会長、冠婚葬祭総合研究所客員研究員、九州国際大学客員教授。1988年に刊行した『ハートフルに遊ぶ』（東急エージェンシー）以降、80冊以上の著書がある。近著に『決定版　冠婚葬祭入門』（実業之日本社）、『永遠葬』（現代書林）、『唯葬論』（三五館）、島田裕巳氏との共著『葬式に迷う日本人』（三五館）。2012年、孔子と『論語』の精神の普及に貢献した人物に贈与される第二回「孔子文化賞」を稲盛和夫氏と同時受賞。

儀式論

2016（平成28）年11月18日　初版1刷発行

著　者　一条　真也

発行者　鯉渕　友南

発行所　株式会社 弘文堂　101-0062 東京都千代田区神田駿河台1の7
TEL 03(3294)4801　振 替 00120-6-53909
http://www.koubundou.co.jp

本文レイアウト　高嶋　良枝
装　幀　ミュー　飯村　隆
印　刷　三報社印刷
製　本　牧製本印刷

ISBN978-4-335-16084-4